JINDU SHEHUI GONGZUOZHE ZHISHI JINENG SHOUCE

禁毒社会工作者
知识技能手册

王高喜 主编

中国社会出版社
国家一级出版社·全国百佳图书出版单位

图书在版编目（CIP）数据

禁毒社会工作者知识技能手册／王高喜主编．—北京：中国社会出版社，2021.6

ISBN 978-7-5087-6425-2

Ⅰ.①禁…　Ⅱ.①王…　Ⅲ.①禁毒—社会工作—中国—技术手册　Ⅳ.①D669.8-62

中国版本图书馆 CIP 数据核字（2020）第 199068 号

书　　名：禁毒社会工作者知识技能手册
主　　编：王高喜

出 版 人：浦善新
终 审 人：李　浩
策划编辑：孙武斌
责任编辑：李新涛

出版发行：中国社会出版社　邮政编码：100032
通联方式：北京市西城区二龙路甲 33 号
电　　话：编辑室：（010）58124841
销售部：（010）58124841
（010）58124842
网　　址：www.shcbs.com.cn
shcbs.mca.gov.cn
经　　销：各地新华书店

中国社会出版社天猫旗舰店

印刷装订：北京联兴盛业印刷股份有限公司
开　　本：185mm×260mm　1/16
印　　张：21.25
字　　数：300 千字
版　　次：2021 年 6 月第 1 版
印　　次：2021 年 6 月第 1 次印刷
定　　价：60.00 元

中国社会出版社微信公众号

编委会

主　编：王高喜

成　员：梁雪韵　莫能嘉　郑凯婉　刘　腾
周娜娜　刘真真　李孟林　钱　坤

目录

第一章　毒品的基础知识

第一节　毒品的定义及特性

一、毒品的定义

（一）法律定义

毒品的基本属性是法律属性。从法学的观点看，毒品被理解为对人和人类社会有严重危害的一种特殊物质，是法律禁止的违禁品，是受法律程序严格管理和控制使用的。根据《中华人民共和国刑法》第三百五十七条规定，毒品是指鸦片、海洛因、甲基苯丙胺（冰毒）、吗啡、大麻、可卡因以及国家规定管制的其他能够使人形成瘾癖的麻醉药品和精神药品。

（二）生物医学定义

毒品来源于药品，是具有某些特殊药理作用的精神活性物质。这些药品用于医疗目的时可起医疗作用，例如麻醉类药物是能使整个机体或机体局部暂时、可逆性失去知觉及痛觉的药物，能够帮助人们缓解身体的疼痛；精神类药物在临床中多用来治疗或改善异常的精神活动，使紊乱的思维、情绪和行为转为常态。

用于医疗目的的药品是合理地生产、管理和正确使用的，如果不合理地使用或者滥用，那这种“药品”（drug）便失去了医学上的含义和作用，遂被认为是毒品（drug）。

（三）社会学定义

在社会学中，把不符合正常社会道德规范的、非理性的、非医疗目的使用具有使人形成瘾癖物质的行为，定义为吸毒行为。从社会学的角度看，吸毒是不符合主流社会行为规范的越轨行为，吸毒可能会危害个人、家庭及社会，在宗教、乡规民约、企业文化制度等社会活动中通常被禁止。

二、毒品的特性

（一）非法性

毒品是国家管制的药品和精神活性物质，毒品的核心特性就是非法性。《中华人民共和国刑法》中规定了走私、贩卖、运输、制造毒品，无论数量多少，都应当追究刑事责任，予以刑事处罚。《中华人民共和国禁毒法》第三章规定了毒品管制的相关内容，包括对麻醉药品药用原植物种植实行管制；对麻醉药品和精神药品的实验研究、生产、经营、使用、储存、运输等进行规定；对麻醉药品、精神药品和易制毒化学品的进口、出口管理的内容等。《麻醉药品和精神药品管理条例》中具体规定了种植、实验研究、生产、使用、经营、储存、运输、监督管理和法律责任等内容。凡是未经国家批准非法参与原植物的种植，参与易制毒化学品的生产、储存、运输，参与走私、制造、贩卖、吸食毒品均属违法犯罪行为。

（二）依赖性

毒品是能够使人形成瘾癖的麻醉药品和精神药品（包括新精神活性物质），毒品的依赖性主要包括生理依赖和心理依赖两个方面。

1. 生理依赖

生理依赖又称躯体依赖，指反复使用某种毒品后机体调整内稳态（homeostasis）而出现的一种新的平衡状态（病理性适应态），处于适应态的机体需要持续用药以维持这种平衡。生理依赖主要表现为戒断症状、强迫性觅药行为等。

戒断综合征主要是指在机体长期大剂量接触某种毒品后，突然停药、减少用量，或因用受体阻断剂（拮抗剂）所引起的一系列症状和体征。在停止使用毒品一段时间后，主要戒断症状即可消除。但此后一段时间内药物成瘾者仍不能达到身心健康的良好状态，遗留有若干难以处理的症状，如失眠、焦虑、体力不支等，这些症状称为稽延性戒断症状。戒断综合征和稽延性症状都是生理依赖的表现。

对于药物成瘾者而言，强迫性觅药行为主要体现在无法将注意力从成瘾性药物上转移，并不计负性后果去寻找或使用药物的行为。若觅药行为不再受到药物奖赏作用的影响，而是在条件性刺激下（用药环境、用药线索）产生的自发的持久行为，具有行为不可控等特征，最后就发展成为强迫性用药行为和强迫性觅药行为。强迫性觅药是生理依赖的重要表现之一。

2. 心理依赖

心理依赖性又称精神依赖，俗称“心瘾”，是毒品长期作用于中枢神经系统产生的一种特殊的精神效应。心理依赖主要表现为心理渴求、精神症状等。

心理渴求是想要再次体验所用药物的强烈欲望。毒品有奖赏效应和强化效应，强化是指有助于行为重复出现而进行的奖惩过程。毒品通过两种方式协同作用引起精神依赖，即正性强化与负性强化。以往用药所体验到的某种欣快感会驱使用药者为了不断追求这种效果或感受而产生继续使用该药的强烈欲望，称为正性强化；而停止吸毒后则产生难以忍受的痛苦，吸毒者只得继续追求药物，称为负性强化。这两种强化使人成瘾并难以自拔。毒品的心理依赖性虽然表面上不如生理依赖性明显、强烈，但极难根除，它是吸毒者在生理脱瘾后复吸率居高不下的最重要原因。

长期吸食精神类毒品会对人的中枢神经系统造成巨大损伤，容易出现焦虑、抑郁、失眠等症状，这类症状的出现会让人在精神上更加难以戒断，会更容易出现精神依赖的现象。

（三）危害性

毒品成瘾不仅对吸毒者本人，而且对家庭、对社会都有极大的危害。吸毒的危害性主要包括吸毒的法律风险、身体危害、心理危害、家庭危害和社会危害五个方面。第一，吸毒是违法行为，吸毒者本人必须承担相应的法律后果，走私、贩卖、运输、制造毒品，无论数量多少，都应当追究刑事责任，予以刑事处罚；第二，长期过量吸食毒品会对人的呼吸系统、心血管系统、消化系统、生殖系统等造成伤害；第三，吸毒还可能损害人体的中枢神经系统，使人出现一系列精神健康问题，如抑郁、焦虑、失眠、被害妄想等症状；第四，吸毒对吸毒者家庭的危害主要表现为家庭信誉的损害、经济的耗损、社会资本的丧失，农村地区甚至可能影响家庭的生计发展；第五，毒品的泛滥还可能造成社会公共卫生和社会公共安全的危害，挑战国家法律权威，影响国家安全。

毒品的四个特性是互相联系的。毒品的依赖性和耐受性是使人形成瘾癖并不断加大剂量的主要特性；危害性是对吸毒者本人、家庭、社会造成不良影响的主要特性；正是基于对个人、家庭、社会造成的不良影响，国家规定除医疗目的不得非法使用鸦片、海洛因、甲基苯丙胺（冰毒）、吗啡、大麻、可卡因以及国家规定管制的其他能够使人形成瘾癖的麻醉药品和精神药品。因此，非法性是毒品的核心特性。

第二节　毒品的分类及介绍

毒品种类多，范围广，划分维度不同，分类方法也不尽相同，本书倾向于根据毒品对人体的药理作用属性进行分类。毒品属于药品或者是具有某种特定的药理作用的物质，从毒品对人中枢神经的作用看，可分为中枢神经抑制剂、中枢神经兴奋剂和致幻剂等。中枢神经抑制剂能降低中枢神经细胞兴奋性、抑制中枢神经活动，具有镇痛、镇静和放松作用，如鸦片类物质、镇静催眠类药物。中枢神经兴奋剂能刺激中枢神经活动、增加中枢神经细胞兴奋性，产生兴奋作用，如苯丙胺类。致幻剂能使人产生幻觉，导致自我歪曲和思维分裂，如卡西酮类、麦角酸二乙基酰胺（LSD）和北美仙人球碱等。由于可卡因类的麻醉作用是局部麻醉，而作为毒品使用的时候是直接兴奋中枢神经的全身作用，所以将其归为中枢神经兴奋剂。

一、中枢神经抑制剂

（一）麻醉类

麻醉类毒品以阿片类物质（opiates）为代表，包括天然的、半合成的和合成的，对机体具有吗啡类效应相似药理作用的一类物质。其中有的是阿片受体完全激动剂，有的是阿片受体部分激动剂。

1. 阿片类毒品的历史起源

罂粟的人工种植可以追溯到公元前4000—3000年。考古学家在瑞士的新石器时代村屋遗址中发现了公元前4000年的罂粟人工种植品种，公元前3400年前的两河流域的苏美尔人已经大面积种植罂粟，并称之为“快乐植物”（joy plant），说明古人已经发现了罂粟给人带来愉悦心境体验的作用。

罂粟用于医疗最早可追溯到公元前2世纪，古希腊名医加仑（Galen）曾记录了鸦片用于治疗头痛、腹痛、咳嗽、气喘等病症。我国三国时期名医华佗就使用了鸦片作为麻醉剂实施外科手术。在现代医学刚刚起源的时代，鸦片成了重要的药物之一，临床医学奠基人、英国医生托马斯·悉登汉姆（Thomas Sydenhan）曾经这样描述鸦片的药用价值：“无论从它能控制的疾病数量，还是从它能消除疾病的效果来看，没有一种药有鸦片那样的价值”，“没有鸦片，医学将不过是个跛子”。事实上，吗啡仍然是目前发现的最好的镇痛药，吗啡及阿片类的合成药是最常用的麻醉镇痛药，可以说没有阿片类药物的世界将是痛苦的世界。

鸦片成瘾很早就被发现了，《圣经》与荷马史诗《奥德赛》里的“忘忧草”实际上就是鸦片，公元15世纪就有人将鸦片混入烟草中吸食，造成大规模的鸦片滥用。

随着提取工艺和化学合成的技术进步，鸦片中的生物碱被分离提取出来，1806年，德国药剂师弗里德里希·史特纳（Friedrich Sertuerner）从鸦片中分离出一种生物碱，命名为吗啡（morpheus），有“梦幻之神”的意思。1898年，德国拜耳公司合成海洛因（heroin）。随着化学制药工业的发展，阿片生物碱的衍生物和人工合成吗啡代用品不断诞生，品种繁多。

2. 阿片类毒品的品种分类

阿片类物质的品种繁多，有天然的生物碱，天然阿片中含20多种生物碱，按化学结构分为菲类（吗啡、可待因、蒂巴因）和苯甲基异喹啉类（罂粟碱），吗啡是阿片中主要镇痛成分，约占粗制品的10%；有半合成阿片衍生物，如二乙酰吗啡（海洛因）；还有全化学合成吗啡衍生物，按化学结构可分为苯哌啶类（杜冷丁、地芬诺酯、枸橼酸芬太尼等）、二苯甲烷类（盐酸美沙酮、盐酸右丙氧芬、达宁片等）、吗啡喃类（酒石酸左啡诺、羟蒂巴酚等）、苯并吗啡烷类（喷他佐辛、氢溴酸非那佐辛等）和哌嗪类（强痛定等）等5类。

从禁毒工作的视角，阿片类物质还可以按照滥用风险高低而实施管制类别进行分类。1961年联合国《麻醉药品单一公约》中将麻醉药品按照滥用风险级别分为4个附表。附表Ⅰ包含有阿片类、可卡因类、大麻类、合成的杜冷丁、美沙酮等主要的麻醉药品品种109种，是具有高滥用风险的一类麻醉药品，其中大部分阿片类在附表Ⅰ中；附表Ⅱ是中等滥用风险的麻醉药品，包括可待因等10中需要持有医生处方才能使用的麻醉药品；附表Ⅲ是滥用风险较低的16中含有低浓度麻醉药品的制剂，如含2.5%以下可待因的止咳制剂；而附表Ⅳ是特别高滥用风险而且没有药用价值的麻醉类物质，包括海洛因、埃托啡、醋托啡、芬太尼类、地索吗啡、凯托米酮、大麻和大麻树脂等 17 种；但在 2020 年 12 月 2 日联合国麻醉品管制委员会（DNC）根据世界卫生组织（WHO）2019 年提出的建议，53 个成员国投票，以 27 票支持、25 票反对、1 票弃权将大麻从附表Ⅳ中移除，但仍然保留在附表Ⅰ中。中国在表决中投反对票，而且，在 2020 年 12 月 30 日，国家禁毒办组织召开了列管合成大麻素类物质专家论证会，将合成大麻素类物质及 18 种新精神活性物质列入《非药用类麻醉药品和精神药品管制品种增补目录》，也就是说我国对大麻类物质实施了整类列管。

3. 阿片类毒品的药理作用特点

（1）镇痛和镇静作用。阿片类物质进入人体通过兴奋内源性镇痛系统的 μ 受体，提高人体痛觉阈值，减弱机体对疼痛的感受而发挥镇痛作用。同时，阿片类物质还能使痛感受和痛反应分离，消除疼痛所伴随的焦虑、恐惧等情绪反应，有镇静的作用。

（2）呼吸抑制作用。阿片类物质通过抑制呼吸中枢而产生呼吸抑制作用，可使呼吸频率减慢、潮气量降低、动脉血氧饱和度降低。某些大剂量阿片类物质可导致呼吸停止而死亡，也有的阿片类物质呈现“封顶效应”，不会导致呼吸停止，临床用药相对安全。

（3）镇咳作用。阿片类物质通过抑制延髓咳嗽中枢和咳嗽反射而产生镇咳作用。

（4）缩瞳作用。阿片类物质通过兴奋眼球运动神经（副交感神经）的埃-韦核，收缩瞳孔括约肌而使瞳孔缩小。吸食大量阿片类毒品后会出现针尖样瞳孔，而当毒品代谢完后犯瘾的时候瞳孔会扩大（感觉像死人的瞳孔）。

（5）欣快感。高剂量的阿片类物质作用于中脑边缘系统的奖赏通路，产生强烈的欣快感。

（6）抑制胃肠蠕动。阿片类物质兴奋胃肠平滑肌，使其张力增高，甚至出现痉挛，从而抑制胃肠的蠕动。

4. 阿片类毒品的副作用和躯体伤害

（1）中枢神经系统损害。包括脑白质病变、慢性间质性脑损害、局部病灶性脑梗死、横断性脊髓炎等。

（2）呼吸系统损害。包括鼻炎、咽喉炎、气管-支气管炎及肺栓塞、肺水肿等，长期滥用阿片类物质导致免疫力低下，易感染结核杆菌患肺结核病。

（3）心血管系统损害。包括心肌炎、心内膜炎、心律失常和心肌梗死。

（4）消化系统损害。阿片类物质抑制胃肠蠕动和抑制消化液分泌导致消化功能障碍，导致胃炎、胃溃疡常见发生；损害肝功能导致药物性肝炎；阿片类物质兴奋胆道奥狄氏括约肌甚至痉挛，使胆汁排泄受阻，易致胆囊炎和胆结石。

（5）免疫系统损害。阿片类物质对人体特异性免疫功能和非特异性免疫功能均造成损害，导致细胞免疫功能和体液免疫功能降低，易造成细菌感染、结核杆菌感染和病毒感染。乙型病毒性肝炎、丙型病毒性肝炎、肺结核在阿片类滥用人群中都是高发病。

（6）泌尿生殖系统损害。阿片类物质兴奋膀胱括约肌甚至痉挛导致排尿困难和尿潴留；阿片类物质对男女生殖功能都造成损害，还可致性功能减退，女性月经不调甚至闭经，可致不孕不育。

5. 阿片类毒品成瘾的医学干预方法

（1）急性戒断症状脱毒治疗。使用药物脱毒治疗是专业医疗机构成瘾医学科室帮助成瘾者安全度过急性戒断症状期的治疗方法，主要有阿片受体激动剂替代递减疗法和非替代疗法。常用替代药物有美沙酮和丁丙诺啡，非替代药有可乐定、洛非西定和中药。

（2）稽延性戒断症状康复治疗。阿片类物质成瘾急性戒断症状过后很长时间还会出现以慢性疼痛、焦虑、失眠为主要症状的慢性稽延性戒断症状，需要长期使用药物、物理等治疗方法进行康复治疗，以防止因稽延性戒断症状痛苦而复吸。

（3）并发症和共病治疗。阿片类滥用者并发症很多，多数是对症治疗；共病分精神病共病和躯体疾病共病，精神病共病需要抗精神病治疗，躯体疾病共病如艾滋病、结核病、乙型肝炎和丙型肝炎则因病施治。

（4）社区药物维持治疗。从 2004 年启动社区美沙酮药物维持治疗项目，截至 2020 年底，我国有 769 家美沙酮社区维持治疗门诊，还有延伸点、移动车和外带药箱，最高峰时全国服药人员 24 万多人，目前还维持有 14 万人服药。丁丙诺啡和丁丙诺啡/纳洛酮复合制剂也可作为维持治疗药物使用，但我国没有推行。

（5）防复吸治疗。防复吸治疗药物主要有纳曲酮。但纳曲酮是阿片受体拮抗剂，必须保证完全脱毒后才能用药，否则会诱发严重戒断反应。由于纳曲酮的依从性较差，未能得到广泛推广使用。

（二）镇静催眠类

1. 镇静催眠药的滥用流行病学

镇静催眠药是指具有镇静、诱导睡眠、抗焦虑、抗惊厥和辅助麻醉等作用的一类物质，分为巴比妥类（苯巴比妥、戊巴比妥）、苯二氮卓类（地西泮、氯硝西泮、三唑仑等）、抗组胺类（苯海拉明、米氮平）、5-羟色胺类（曲唑酮）、褪黑素类（雷美替胺）和其他类。主要被滥用的是苯二氮卓类物质。

2. 镇静催眠药的分类

苯二氮卓类药物具有镇静催眠、松弛肌肉、抗焦虑、抗惊厥等作用，可以分为短效、中效和长效三类。短效药有三唑仑、咪达唑仑等，中效药有氯硝西泮、劳拉西泮、奥沙西泮、阿普唑仑等，长效药有地西泮等。常被吸毒者滥用的有氟硝西泮、三唑仑和 γ-羟基丁酸。

3. 镇静催眠药的药理作用特点

苯二氮卓类药是大脑神经递质 GABA 受体调节剂，通过增加 GABA 功能来降低相对应的神经细胞兴奋性发挥镇静催眠作用。

三唑仑是常被吸毒者滥用的毒品，具有强烈的镇静催眠效果，口服后能迅速使人昏睡，并可出现短暂记忆丧失，又称海乐神、酣乐欣或“蓝精灵”。过量使用可出现持续的精神错乱、严重嗜睡、抖动、语言不清、蹒跚、心跳异常减慢、呼吸短促或困难、严重乏力等症状。

氟硝西泮有催眠、遗忘、镇静、抗焦虑、松弛肌肉和抗惊厥作用，其中催眠和遗忘的作用更显著。其药理作用与其他苯二氮卓类药物相似，镇静催眠作用比硝西泮、地西泮强。

γ-羟基丁酸（GHB）小分量会使人产生微醉感，使人精神放松、减轻焦虑、产生愉悦的心境体验。与酒精合用作用增强。过量中毒症状包括：恶心、呕吐、头痛、短暂记忆丧失，严重的呼吸困难、意识丧失、昏迷甚至死亡。

4. 镇静催眠药滥用的躯体伤害

（1）成瘾和滥用。据统计，美国 12 岁以上的人有超过 8%曾因非医疗目的使用过镇静剂。滥用镇静催眠药会产生依赖和耐受，使用剂量不断增加，一旦停药即出现戒断症状，表现出更为严重的焦虑和失眠。

（2）戒断症状躯体表现为恶心、呕吐、失眠、噩梦、头痛、震颤，严重的出现肌肉痉挛甚至癫痫发作。

（3）精神障碍。表现为焦虑、情绪低落、烦躁不安、幻觉、惊恐以及人格解体、非真实感，严重的发生自伤自残和自杀倾向。

（4）呈现“点燃效应”（kindling）。戒断症状逐次加重，即戒断次数越多，戒断症状越严重。

5. 镇静催眠药成瘾的戒断治疗

（1）脱毒治疗。减量或替代递减，替代原则是长效的替代短效的、药效弱的替代药效强的、副作用小的替代副作用大的，苯巴比妥替代苯二氮卓类。

（2）适当使用抗抑郁、抗惊厥和抗精神病药，积极治疗稽延性戒断症状。

（3）给予经常性医学教育和支持性心理治疗。

（三）氯胺酮类

1. 氯胺酮的起源和流行病学

医用氯胺酮（ketamine）为注射剂，是一种非巴比妥类静脉全麻药，由美国药剂师加尔文·斯蒂文斯（Galvin Stevens）于 1962 年合成，有安眠、镇痛作用。毒品氯胺酮为固体粉末，俗称“K 粉”，又称开他敏、凯他敏，K 仔，茄。常在娱乐场所、特殊的社交环境或“性环境”（sexual environments）被滥用，20 世纪 90 年代开始由香港传入中国大陆，已成为我国内地排在苯丙胺类、阿片类后的第三大被滥用的毒品。

2. 氯胺酮类毒品的分类

氯胺酮（ketamine）是苯环己哌啶（N-1-phenycyclohexy-piperidine）的衍生物。氯胺酮类毒品主要有氯胺酮和苯环利定（苯环己哌啶，PCP）。

3. 氯胺酮的药理作用

分离性麻醉作用。即选择性地阻断痛觉，但边缘系统还兴奋，意识不完全丧失，呈现一种意识和感觉分离的状态。氯胺酮的滥用药理基础是产生“分离性幻觉”（dissociative hallucinatory），使用后出现“去人格化”（depersonalization）、“去真实感”（derealization）、人体形象改变、梦境、幻觉等，有的幻觉是愉悦性的，也有痛苦梦境。

苯环利定（PCP）作用与氯胺酮类似，但作用时间比氯胺酮长，效果更强烈，副作用也更大，过量会出现“中毒性谵妄”，在强烈的错觉、妄想、幻觉支配下，会产生不可预测的攻击性后果或自杀行为。

4. 氯胺酮的躯体伤害

（1）急性中毒。表现为兴奋、话多、判断力障碍、自我评价过高，严重的发生冲动行为，自伤自残或自杀行为。

（2）滥用和成瘾。作为毒品的氯胺酮俗称“K 粉”，长期滥用产生依赖，表现为耐受性增加、心理渴求和强迫性觅药行为，出现情绪低落、烦躁不安、焦虑、抑郁、精神差、乏力等。

（3）躯体并发症。主要表现为泌尿系损害和鼻部并发症。氯胺酮泌尿系损害表现为尿频、尿急、尿痛等下尿路症状，但细菌培养阴性。其机制不明。膀胱器质性和功能性损害，储尿量下降，严重的出现尿崩症。鼻部并发症主要有鼻炎、鼻出血和鼻中隔穿孔。

（4）认知功能障碍和精神病性障碍。认知功能障碍表现为使用后消除陌生感、产生亲近感，长期滥用使注意力下降、记忆力下降和执行任务困难。认知功能损害很难逆转。精神障碍表现为幻听、幻视、被害妄想、行为紊乱和行为冲动。严重的出现精神病性症状，临床上类似精神分裂症。

5. 氯胺酮的戒断治疗

急性中毒应遵循 A-B-C 抢救原则，予以呼吸支持和循环支持，出现谵妄应采取保护性措施和药物急救。依赖综合征和精神障碍给予抗焦虑药、抗抑郁药和抗精神病药。躯体并发症对症治疗。氯胺酮滥用者需采取心理行为干预和社会工作干预。

（三）大麻类

1. 大麻类毒品的起源和流行病学

大麻，学名 Cannabis sativa L. 是桑科大麻属一年生直立草本植物，高 1~3 米。大麻是最古老的滥用物质之一，《2020 年世界毒品报告》显示，2018 年全球使用大麻的有 1.92 亿人，大麻是全世界滥用人数最多的毒品。而且合成大麻素的出现，引起了全世界多数国家的高度关注。

2. 大麻类毒品的分类

大麻类毒品分为天然大麻和合成大麻素类。大麻中的主要精神活性成分是四氢大麻酚（THC）。大麻有很多品种，国际上有明确规定，THC 干物质重量含量百分比高于 0.3%的品种定为药品或毒品（drug）大麻（marijuana 或者 hashish），而四氢大麻酚（THC）含量低于 0.3%（干物质重量百分比）的大麻品种定为工业大麻（industrial hemp）。

合成大麻素是指人工合成的、结构上与四氢大麻酚（THC）相关的所有复合物。对人具有较强的致幻、镇定和中枢抑制作用。目前发现的合成大麻素主要有几类：苯甲酰基吲哚类（如 AM－694、RSC－4）、萘甲酰基吲哚类（如 AM－2201、JWH－018），还有萘甲基吲哚类、萘甲酰基吡咯类、环乙基酚类等，种类繁多、变化很快，无法一一列举，只能加强监测，好在我国已整类列管。

3. 大麻类毒品的药理作用

（1）四氢大麻酚（THC）主要通过作用于内源性大麻素的两个受体 CB1 和 CB2 释放内源性大麻素逆向通过神经元突触间隙而起作用。

（2）大麻具有镇痛作用。研究表明，大麻镇痛机制主要与 CB1 受体和 CB2 受体有关，CB1 受体是直接刺激中枢释放 GABA 和谷氨酸起到镇痛作用，CB2 则是通过肥大细胞和嗜中性粒细胞来抑制过敏性炎症，达到消炎止痛的效果，而 Δ9－THC 则有抗痛觉过敏作用，可用来治疗癌症所引起的疼痛。

（3）大麻具有抗菌、抗炎作用。研究发现，Δ9－THC 对人类致病真菌、CBD 对植物致病真菌有很好的抑制作用，Δ9 －THC 和 CBD 均可有效抗各种金黄色葡萄球菌（MRSA）等厌氧菌。Δ9 －THC 有良好的抗炎作用，CBD 及各种大麻酚类都有抗炎作用。

（4）大麻有抗肿瘤作用。研究发现，屈大麻酚（ Δ9－THC）通过 CB1 和 CB2 受体诱导神经胶质瘤细胞（ C6 细胞）凋亡和抑制 T3 淋巴细胞及 Lewis 肺癌细胞和 HeLa 细胞中的 DNA 合成，可用于恶性神经胶质瘤、多形性胶质母细胞瘤、肺癌等癌症的治疗。此外，大麻 CB1 受体是大麻“抗呕吐”受体。大麻可明显抑制癌症化学治疗和放射治疗引起的顽固性呕吐及其他不良反应。

（5）大麻有降压和抗血栓作用。

（6）大麻能降低眼内压和治疗青光眼。

（7）松弛支气管平滑肌治疗哮喘。

（8）大麻能抗风湿、治疗痛风等，还有人在开展大麻治疗艾滋病、黑热病等新的研究。

4. 大麻类毒品的躯体危害

（1）大麻对个体的伤害首先是成瘾。吸食大麻者描述自己被大麻控制了，不能摆脱没有大麻的日子。继而会发生心理改变，甚至人格改变。科学家大量的反应抑制（reactive inhition）实验并通过脑成像证实了大麻对成瘾者大脑认知功能的损伤和对大麻相关线索的位置偏好，久而久之大麻滥用人群可能形成偏执型人格。动物实验也证实，曾经使用过大麻的小鼠更容易海洛因成瘾。

（2）大脑学习记忆功能伤害。科学家通过 morris 水迷宫（Morris water maze，MWM）对使用了大麻的小鼠进行实验，证实了大麻对空间位置记忆和空间定位的学习记忆能力的损伤，认为 15 岁以下的青少年吸食大麻更容易损伤大脑学习记忆功能。

（3）幻听幻视、致幻和被害妄想。吸食大麻对人的感知觉会发生改变，对声音、色彩、味道等刺激变得更为敏感。吸食大麻后听到同样的声音会感觉更美妙、看到同样的色彩会感觉更绚丽。长期吸食大麻会产生幻听幻视和被害妄想，甚至出现精神病症状或严重的精神病。美国著名的游泳运动员 Michael Phelps 人设崩塌就是因为大麻，他描述吸了大麻后看见“耶稣在海面上行走”。

5. 大麻类毒品的戒断治疗

大麻的躯体戒断症状较轻，但大麻成瘾影响到人的方方面面，包括生活、工作、家庭、社会交往等。大麻的戒断治疗有以下几个原则：

（1）评估成瘾者的社会心理需求，制订长期的干预计划。

（2）为中毒症状或戒断症状的患者提供医学帮助和治疗。

（3）处理焦虑、抑郁情绪和精神病性症状，适当给予抗焦虑药、抗抑郁药和抗精神病药。

（4）开展心理行为干预和社会工作干预，包括动机强化、认知行为治疗、列联管理和个案服务等。

二、中枢神经兴奋剂

（一）苯丙胺类兴奋剂

1. 苯丙胺类兴奋剂的起源和流行病学

苯丙胺类兴奋剂（amphatamine type stimulants，ATS）是一类能上调高级皮质活动，导致精神活动短暂增加，具有显著中枢神经系统兴奋作用的精神药物。临床上用于治疗注意缺陷、多动障碍、情绪障碍和肥胖症等疾病。

由于苯丙胺类兴奋剂的中枢兴奋作用能给人带来愉悦的心境体验甚至产生幻觉，所以被广泛地娱乐性滥用，是我国目前被滥用最多的毒品种类，在世界范围内滥用人数也仅次于大麻类毒品。冰毒、麻古等苯丙胺类兴奋剂滥用趋势还在上升，形势严峻。

2. 苯丙胺类兴奋剂的分类

苯丙胺类兴奋剂按照药理作用侧重不同可分为四类：第一类是以兴奋作用为主的，主要有甲基苯丙胺（MA）、哌甲酯（methylphenidate）、甲卡西酮（methcathinone）；第二类是以致幻作用为主的，包括二甲氧甲苯丙胺（DOM）和溴基二甲氧苯丙胺（DOB）；第三类是兴奋和致幻混合作用，主要是摇头丸系列；第四类是以抑制食欲作用为主的，主要有苯甲吗啉、苯双甲吗啉、二乙胺苯内酮等。

3. 苯丙胺类兴奋剂的药理作用

苯丙胺类兴奋剂能通过血脑屏障直接作用于中枢神经，增加单胺类神经递质的释放，包括多巴胺、5-羟色胺和去甲肾上腺素，并且能阻断单胺类的再摄取，从而使人产生兴奋和愉悦的感受，另外还使人觉醒度增加、支气管扩张、心率加快、血压升高、口干、食欲降低、瞳孔扩大等。

4. 苯丙胺类兴奋剂的躯体伤害

（1）躯体症状：苯丙胺类兴奋剂损害心肌，会造成心动过速、心悸、心律失常、心肌缺血或梗死、心源性休克，严重的心跳骤停死亡；苯丙胺类兴奋剂刺激胃肠道导致恶心、呕吐，严重的导致肠系膜出血、肠梗死、肠穿孔；苯丙胺类兴奋剂损害肾脏导致多尿、肌红蛋白尿，严重的出现急性肾衰；苯丙胺类兴奋剂对肺也造成伤害，导致换气过度、呼吸困难、咯血、肺水肿、气胸等损害；长期滥用苯丙胺类兴奋剂溶解全身横纹肌和厌食，长期消耗身体，导致运动困难、消瘦和机体功能下降。

（2）精神症状：使用滥用苯丙胺类兴奋剂后会体验到欣快感、自信心和自我意识增强、精力旺盛、兴奋、谵妄，行为上表现为活动增多、话多、易激惹、坐立不安，药量增加可致严重焦虑情绪、幻觉、多疑、被害妄想，出现冲动甚至攻击行为。

5. 苯丙胺类兴奋剂的戒断治疗

苯丙胺类兴奋剂使用障碍的治疗原则一是对症支持治疗，伴有精神障碍或苯丙胺类精神病的给予抗精神病治疗；二是进行认知治疗、行为治疗等心理社会干预。

（二）可卡因类

1. 可卡因的起源和流行病学

可卡因是从古柯树叶中提取的一种天然植物生物碱，在古柯叶中的含量约0.2%~1%，是天然植物中最强的中枢神经兴奋剂，其中枢兴奋作用与苯丙胺类基本相同。同时，可卡因也是一种强效局部麻药，但是，可卡因在全身用药时不发生麻醉特性，它只起兴奋作用，因为作为毒品使用的时候是全身作用，所以归类为中枢神经兴奋剂类。

可卡因的滥用流行病学存在地区差异，欧美地区比较流行，亚洲人少用。2005年全球约有1430万人滥用可卡因，有近一半来自北美洲。根据美国国家药物使用和健康调查（NSDUH）数据，可卡因在美国滥用人数仅次于大麻，2010年美国药物滥用和精神卫生服务管理（SAMHSA）数据显示，美国有超过100万人在滥用或依赖可卡因。其余滥用人群有四分之一来自欧洲、四分之一来自中南美洲。

2. 可卡因的药理作用

（1）对中枢神经系统的兴奋作用。可卡因和钠离子（Na+）在多巴胺转运体（DAT）上的靶点相同，可卡因进入人体与钠离子（Na+）竞争结合同一点位，使多巴胺转运体（DAT）无法与多巴胺（DA）正常结合，导致多巴胺（DA）在中脑腹侧被盖区至伏隔核和边缘系统的神经元细胞突触间隙积累，神经纤维便产生持续性兴奋，从而让使用者产生快感。

（2）局部麻醉作用。可卡因作为一种古老的局麻药，麻醉作用强，其穿透力也强，一般主要用于表面性麻醉。临床上大多将可卡因用于局部黏膜麻醉，1~2分钟起作用，维持30~50分钟，适用于眼、耳、鼻、肠、咽喉、阴道等手术。但由于可卡因毒性较大，也怕渗透到全身而产生兴奋作用，现代医学已有很多局部表面麻醉药可替代。

（3）对心血管的作用及其他。可卡因对心血管系统的作用主要是收缩血管，滥用可导致一系列心脑血管疾病，常见有心肌梗死、脑血栓等。

3. 可卡因的躯体伤害

（1）急性中毒。健康成年人一次服用可卡因 20~30mg 以上，便使机体处于兴奋状态，变得亢奋，表现为爱说话、好动等，进而出现激动、易怒、不安感、被害妄想、暴力行为。剂量增加可致神经系统受到严重损害，出现肌肉抽搐，瞳孔散大，血压下降，面色苍白，呼吸麻痹，最后因呼吸麻痹而死亡。致死量可在 3 分钟内致人死亡。

（2）慢性中毒和成瘾。长期滥用可卡因导致严重的躯体依赖和心理依赖。慢性中毒表现为失眠、表情呆板、无精打采、瞳孔散大、被害妄想、幻觉、贫血，最后因腹水导致全身水肿、多器官功能衰竭而死亡。

4. 可卡因的戒断治疗

目前尚未发现可替代或阻滞可卡因作用的有效药物。临床上采用多巴胺激动剂戒酒硫（disulfiram）和兴奋剂莫达非尼（modafinil）有一定的疗效。物理治疗针灸和经颅磁刺激（TMS）有一定的临床疗效。其他主要采取对症治疗以及抗精神病治疗和抗抑郁治疗。营养支持、心理支持和社会支持很重要。

第三节　毒品的历史文化

一、毒品的起源

本节主要介绍毒品的产生、发展和流行的历史文化。罂粟、古柯、大麻是天然的毒品原料，但最初它们并不是用于制作毒品，而是用来榨油、煮茶、制药等，只是随着历史的发展，毒品原料的作用才让人类逐步发现。

（一）罂粟

早在新石器时代，人们就在小亚细亚及地中海东部山区发现了野生罂粟。罂粟在青铜时代后期（约公元前 1500 年）传入埃及，公元初传入印度，六七世纪传入中国。在古埃及，罂粟被人称为“神花”。古希腊人为了表示对罂粟的赞美，让执掌农业的司谷女神手拿一枝罂粟花。古希腊神话中也流传着罂粟的故事：有一个统管死亡的魔鬼之神叫作修普诺斯，其儿子玛非斯手里拿着罂粟果，守护着酣睡的父亲，以免他被惊醒。

人类第一次使用罂粟，是用来榨油，解决生活所需。后期随着芝麻和油菜的流通，罂粟就失去了最初的作用。而罂粟的其他作用也很快被人们挖掘出来，即用来煮茶喝，达到提神的目的，但一旦喝多了就会上瘾，甚至死亡。经研究，人类发现罂粟不仅有提神作用，还有镇痛作用，因此罂粟在很长一段时间里起到了镇痛安定的药物作用。

（二）古柯

南美原住民嚼食古柯叶的历史至少可以追溯到公元前 2500 年。对印加族而言，这种植物既神奇又神秘，他们在宗教仪式及医疗行为中都使用古柯叶。早在 5000 多年前，古柯植物就出现在美洲厄瓜多尔一带，被安第斯山的土著居民——古印第安人奉为“圣草”，因此他们自古以来就有咀嚼古柯叶的习惯，借此提神醒脑，消除疲劳，增加力量，还用以御寒、治病，减轻胃痉挛、风湿、头痛等引起的不适。为了减少古柯叶的苦味，他们常常把古柯叶和石灰、植物灰或贝壳灰混合后咀嚼，在登山时尤其如此，以消除或减轻高山反应的症状。4000年前，古柯已被现在哥伦比亚、秘鲁和玻利维亚地区的人们用作药物和兴奋剂。16世纪，欧洲探险家注意到它的存在，并学会了如何使用。早期咀嚼古柯叶曾是王族的特权，16世纪后才普及一般平民，包括西班牙的移民。迄今为止，它已是土著文化不可缺少的一个组成部分，90%的印第安人至今仍保持着这一嗜好，同时也逐渐成为阿根廷西北部、哥伦比亚、玻利维亚、秘鲁和亚马孙河谷等地约800万人的日常习惯。

与罂粟充当过药物的身份不同，古柯则自始至终都是印加居民的“口香糖”。混合着石灰的古柯叶片，能让人忘却疼痛，也能让人（特别是在高山寒冷地区工作的矿工）有更饱满的精神投入工作。不仅如此，古柯中的成分还可以影响人们的思维状态，让人感觉仿佛是在跟神灵沟通，因而巫师咀嚼古柯叶子，也成为印加当地宗教仪式的一部分。就这样，古柯渗透到安第斯山的文化之中，成为当地居民生活的一部分。独产于南美的古柯茶，是用古柯的叶子泡成的茶水，据称可以消除外来游客初上当地高原的不适。

（三）大麻

最早期的毒品或许可以追溯到人类早期文明。在北欧神话中，爱与黑夜之神弗莱娅就被认为是生活在雌性大麻的花蕊里。因此，每当大麻的收获季节到来，就是北欧人期待已久、最性感浪漫的季节，在这个季节里，人们会服下大麻的花蕊，以获得与神对话的权力。大麻的花蕊能够给人以幻觉，在这样的幻觉作用下，北欧人会感觉到自己仿佛灵魂出窍，觉得自己是在与神交流，更相信在弗莱娅的指引下，自己能够找到心爱的恋人。

大麻种茎皮纤维长而坚韧，可用以织麻布或纺线，制绳索，编织渔网和造纸；种子榨油，含油量30%，可供做油漆、涂料等，油渣可做饲料；果实中医称“火麻仁”或“大麻仁”，可入药，性平，味甘，可润肠，主治大便燥结；花称“麻勃”，主治恶风、经闭、健忘；果壳和苞片称“麻蕡”，有毒，可治劳伤、破积、散脓，多服令人发狂；叶含麻醉性树脂可以配制麻醉剂。

二、技术的发展

（一）毒品的提取

随着技术的发展，“聪明”的人类继续进行罂粟的研究，最终发现将罂粟的果实轻轻切开，将切口处涌出的白色乳汁干燥之后，就能提炼出鸦片。鸦片最初也是作为药用，主要用于镇咳、止泻等。

1855年至1860年间，两位德国科学家，菲烈德克·贾德克和阿尔伯特·尼曼，在古柯中提炼出单独的植物碱，尼曼将其命名为古柯碱（可卡因）。古柯碱是一种天然的中枢神经兴奋剂，在当地则被作为麻醉剂，药效强而有力，但持续性弱。

作为毒品使用的大麻提取物主要有三种：第一，大麻草，俗称大麻烟，其实就是植物干品，包括茎、叶、花和种子，是将其碾碎、晒干后的混合体。第二，大麻树脂，又称大麻脂，由大麻植物雌株花穗、嫩叶上分泌的有黏性的树脂样物质加工制得。一般将浸出的树脂进行压缩，即形成大麻树脂产品。所制得的大麻树脂产品因地区的不同有较大差异，其颜色呈黑色、暗棕色、暗绿色等。第三，大麻油，是从大麻植物或大麻籽、大麻树脂中提纯出来的液态大麻物质，为深绿色或棕褐色的油状液体。

（二）毒品的合成

当人们知道鸦片除了让人成瘾外还含有镇痛成分时，就开始研究如何利用鸦片的镇痛作用来进行医疗。第一次世界大战时期，德国科学家泽尔蒂尼将鸦片中的镇痛成分分离出来，用来救治战争中受伤的士兵，而这个成分就是吗啡。悲剧的是，吗啡的镇痛作用给战场上的伤兵带来很大的帮助，但也让他们得了吗啡依赖症。由于吗啡的依赖性，德国化学家菲利克斯又开始针对吗啡进行分析研究，生产出半合成毒品——海洛因。

1919 年左右，日本科学家首次合成了甲基苯丙胺，也就是冰毒，作为抗疲劳剂在士兵中广为使用。这种合成毒品是以化学合成为主，随着这种合成效果，新型合成毒品又陆续开发出新成员：麻古、摇头丸、K 粉（氯胺酮）。由此传统毒品走向末路，新型毒品横扫全球毒品市场。毒品开始从传统提炼进化成化学合成，更为方便直接制作、更为低廉，成为新时代残害人类的毒物。

三、毒品的流行

（一）战争

从原植物中提取的毒品，制作相对复杂，并且只限定在特定的地区，成长周期和环境都制约着毒品的产出。因此，一种更方便、更简单的全合成新型毒品诞生了。日本科学家合成了甲基苯丙胺（冰毒），作为抗疲劳剂在士兵中广为使用。战后，日本大量抛售库存冰毒，造成了世界上第一次冰毒大流行，战争是促成毒品流行的原因之一。

（二）文化

1. 享乐主义的发展

享乐主义又称伊壁鸠鲁主义，出现于 18 世纪，把纯粹的“享乐”看作是最高的目的。主张当前的快乐是人类行为的最高准则，人的行为目的是寻求当前的快乐或逃避眼下的痛苦。随着资本主义的发展，享乐主义越加盛行，19 世纪末 20 世纪初又增加了消费主义等新内涵。享乐主义者追求最大限度的感官刺激，而毒品可以帮助他们暂时忘记当前的痛苦，完全沉醉于幻想和刺激中，寻求“极致的快乐”。消费主义和享乐主义的发展也加快了毒品的流行速度，这一时期新型合成毒品大受欢迎。

2. 自由主义的泛滥

自由主义者主张，国家的政治生活、经济生活和社会生活都应以维护个人自由为目的，反对任何形式的专制，无论是国家的、教会的，还是社会习俗的、舆论的，生命、自由和财产是公民不可剥夺的基本权利。自由主义的理念是打破传统的教条、反对秩序，因而传统宗教所禁止的它就要鼓吹；资本主义的精髓是放纵，吸毒、性滥交等都是它的文化体现。在资本主义社会，自由主义者制造舆论，主张大麻合法化，认为吸毒是个人行为，个人拥有选择的自由，并把吸毒完全视为个人的自由。

3. 毒品文化的发展

在当今全球化趋势冲击世界的时代，全球化的发展使人们的文化生活更加多样化，人们追求的生活方式也更加多元化。毒品文化作为一种非主流文化对主流文化及价值体系发出了挑战，并形成一种具有负面影响的文化行为，成为全球腐朽文化的一分子。毒品文化更是圈子文化，赶潮流、奔时尚的圈子蒙蔽了一些人的双眼，给少数年轻人提供了寻找所谓人间幸福与满足的虚幻感觉，使他们在不知不觉中掉入新型毒品的深渊。

（三）社会变迁

随着经济全球化时代的到来、生产生活节奏的加快，人们的心理紧张程度也随之增长。为了使过于紧张的心理得到缓解和宣泄，吸毒便成为许多失意者的选择。可卡因在 20 世纪 70 年代末开始在美国盛行，这显然与当时整个资本主义世界以及美国内部经济衰退严重、社会竞争加剧有着很深的内在联系。美国食品与药物管理局 1994 年发表的统计数字表明，因苦闷、寂寞、孤独、压抑而使人们开始尝试吸毒的比例，在吸毒成瘾者中约占 1/3。这些因素导致人们去选择毒品，以寻求精神解脱、减轻心理压力、克服心理危机。而吸毒又使人们精神空虚、脱离现实社会、陷入更深的孤独和压抑，这种恶性循环是导致许多人无法摆脱毒品的主要原因之一。

与此同时，人类还面临环境的压力，如贫困、污染、生态恶化、失业、民族宗教冲突、恐怖主义、难民潮、不治病症增多等非传统安全问题，都会造成人们心理失衡，导致人们因压力无处宣泄而选择吸毒。

第四节　吸毒的后果

一、法律后果

（一）登记在册和动态管控

所谓吸毒人员登记，是指公安机关对吸毒人员的自然状况、吸毒情况、处理情况、戒毒治疗情况及其变更情况等加以记载和管理的活动。

具体而言，吸毒人员登记在册就是将吸毒人员名单和涉毒处遇信息登记在吸毒人员数据库，在册吸毒人员涉及使用身份证的行为都要进行身份核实，是国家机关对特殊人群管理的一种手段。例如在册吸毒人员在进行乘坐交通工具、酒店住宿等必须使用身份证的行为时，由于动态管控系统连接了警务综合系统，就会触发警情，最近的公安民警在接到警情后会前往处理，包括核实身份和进行现场尿液检测，必要时还会带回附近的公安派出所配合检测。一旦吸毒被登记在册，会给在册吸毒人员的生活带来极大的不便，这也是吸毒必须承担的法律后果之一。

《戒毒条例》第四条规定："县级以上地方人民政府公安机关负责对涉嫌吸毒人员进行检测，对吸毒人员进行登记并依法实行动态管控。"第七条规定，"对戒断3年未复吸的人员，不再实行动态管控。"

（二）特殊人群管理

在社会治理中，我国将吸毒人员与艾滋病人、社区矫正及刑满释放人员等一起纳入特殊人群管理。根据相关规定，针对吸戒毒人员要建立吸毒人员动态管控机制，依法责令社区戒毒、决定强制隔离戒毒、责令社区康复，落实禁毒链条式管理，充分利用强制隔离戒毒、社区戒毒、社区康复、戒毒康复场所、药物维持治疗等戒毒模式和戒毒资源，开展对吸毒人员的戒毒治疗、身心康复、行为矫治、就业安置等工作，帮助吸毒人员戒断毒瘾、回归社会。

（三）行政拘留

《中华人民共和国治安管理处罚法》第七十二条规定：吸食、注射毒品的，胁迫、欺骗医务人员开具麻醉药品、精神药品的，处10日以上15日以下拘留，可以并处2000元以下罚款；情节较轻的，处5日以下拘留或者500元以下罚款。

（四）强制性措施

为帮助吸毒人员规范其行为、维护社会安全稳定，公安机关可根据相关规定，责令社区戒毒，决定强制隔离戒毒和责令社区康复。国家法律对强制隔离戒毒的规定主要包括强制隔离戒毒的规定情形、戒毒时间及戒毒流程、不适用强制隔离戒毒的情形等；对社区戒毒的规定主要包括吸毒人员接受社区戒毒的地点、报到时间、戒毒期限和尿检及相关行为等事务；对社区康复的规定主要包括康复的报到地点、执行机构及康复期限。

1. 强制隔离戒毒

《中华人民共和国禁毒法》（以下简称禁毒法）第三十八条规定，对吸毒成瘾人员中拒绝接受社区戒毒的，严重违反社区戒毒协议的，在社区戒毒期间吸食、注射毒品的，经社区戒毒或强制隔离戒毒后再次吸食、注射毒品的，由县级以上人民政府公安机关作出强制隔离戒毒的决定。

《戒毒条例》第二十五条规定，对于吸毒成瘾严重，通过社区戒毒难以戒除毒瘾的人员，公安机关可以直接作出强制隔离戒毒的决定。吸毒成瘾人员自愿接受强制隔离戒毒的，经公安机关同意，可以进入强制隔离戒毒场所戒毒。

《戒毒条例》第二十七条规定，强制隔离戒毒的期限为2年，自作出强制隔离戒毒决定之日起计算。被强制隔离戒毒的人员在公安机关的强制隔离戒毒场所执行强制隔离戒毒3个月至6个月后，转至司法行政部门的强制隔离戒毒场所继续执行强制隔离戒毒。

对不适用强制隔离戒毒的吸毒成瘾人员，依照相关规定进行社区戒毒，由负责社区戒毒工作的城市街道办事处、乡镇人民政府加强帮助、教育和监督，督促落实社区戒毒措施。

2. 社区戒毒

禁毒法规定，对吸毒成瘾人员，公安机关可以责令其接受社区戒毒，同时通知吸毒人员户籍所在地或现居住地的城市街道办事处、乡镇人民政府。关于社区戒毒的具体地点，戒毒人员应当在户籍所在地接受社区戒毒；在户籍所在地以外的现居住地有固定住所的，可以在现居住地接受社区戒毒。

关于社区戒毒的报到时间和期限，《戒毒条例》规定，社区戒毒人员应当自收到责令社区戒毒决定书之日起 15 日内到社区戒毒执行地乡（镇）人民政府、城市街道办事处报到，无正当理由逾期不报到的，视为拒绝接受社区戒毒。社区戒毒的时间自报到之日起计算，期限为 3 年。

关于戒毒康复人员的检测工作，《关于加强社区戒毒社区康复工作的意见》规定，公安机关应当按照定期不定时的原则，认真做好社区戒毒社区康复人员的吸毒检测工作，社区戒毒社区康复工作人员应当给予协助。对社区戒毒人员的检测为 3 年内至少 22 次，第一年为每月 1 次，第二年为每 2 个月 1 次，第三年为每 3 个月 1 次。

3. 社区康复

《戒毒条例》第三十七条规定，对解除强制隔离戒毒的人员，强制隔离戒毒的决定机关可以责令其接受不超过 3 年的社区康复。社区康复在当事人户籍所在地或者现居住地乡（镇）人民政府、城市街道办事处执行，经当事人同意，也可以在戒毒康复场所中执行。

《戒毒条例》第三十八条规定，被责令接受社区康复的人员，应当自收到责令社区康复决定书之日起 15 日内到户籍所在地或者现居住地乡（镇）人民政府、城市街道办事处报到，签订社区康复协议。

（五）注销驾驶证

2016 年 4 月 1 日起，修改后的《机动车驾驶证申领和使用规定》第十二七条规定：“三年内有吸食、注射毒品行为或者解除强制隔离戒毒措施未满三年，或者长期服用依赖性精神药品成瘾尚未戒除的”，不得申请驾驶证。第六十七条规定：“被查获有吸食、注射毒品后驾驶机动车行为，正在执行社区戒毒、强制隔离戒毒、社区康复措施，或者长期服用依赖性精神药品成瘾尚未戒除的”，车辆管理所应当注销其机动车驾驶证。

成功戒毒 3 年未复吸后，持当地公安机关的证明，可重新申领驾驶证。

（六）其他影响

政治审查：国家公务员政治审查规定，参与吸毒等活动的考生考察（政审）不合格。

工作限制：根据《幼儿园工作规程》规定，有吸毒史的人不得在幼儿园工作；《金融机构高级管理人员任职资格管理办法》规定，有吸毒等不良行为的人员不得担任金融高级管理人员；《城市公共汽车和电车客运管理规定》明确规定，从事汽电车客运的驾驶员、乘务员需无吸毒记录。

生活歧视：吸毒行为是不符合社会规范的越轨行为，不被社会主流价值观认可，容易引起他人道德上的歧视。

二、健康后果

（一）形成瘾癖

毒品具有使人形成瘾癖的生物属性。瘾癖包括生理表现、心理表现和行为表现。生理表现如戒断症状等，心理表现如心理渴求等，行为表现如强迫性觅药行为等。

麻醉类毒品是作用于人的神经系统，产生麻醉作用、镇痛作用的一类物质。在身体正常的状态下，非医疗目的使用麻醉药品，会产生极度恬静的心理体验。同时，由于外来的镇痛物质相较于内源性的镇痛物质，剂量可以随意增加，产生的作用远大于机体的内源性镇痛物质。久而久之，疼痛感受的刺激阈值越来越低，加上体内产生内源性镇痛物质的能力衰退（脑成像发现纹状体变小），如果没有了外来的物质，机体也会有疼痛、不适的感觉，这就是戒断反应。为缓解戒断反应需要再次吸食毒品，这时候就成瘾了。

精神类毒品的成瘾机制主要是心理渴求，是想要再次体验所用药物药效的强烈欲望。精神类毒品有奖赏效应和强化效应，强化是指有助于行为重复出现而进行奖惩的过程。毒品通过两种方式协同作用引起精神依赖，这种痛苦唯有寻找到同样药效的药物，并服用同药效的剂量才能解决，这就是强迫性觅药行为，这时候就成瘾了。

（二）躯体伤害

吸毒可能的躯体伤害主要包括：成瘾、直接的躯体伤害、并发症和共病 4 个方面。

成瘾：毒品是能够使人形成瘾癖的麻醉药品和精神药品，长期吸食毒品可导致毒品成瘾，反复使用形成躯体依赖。躯体依赖主要表现为戒断症状（如恶心、肌肉疼痛、骨痛、腹痛震颤、呕吐、腹泻、失眠等）、强迫性觅药行为等症状。

直接的躯体伤害：毒品的药理特性不同，对人体的直接伤害也不同。海洛因注射会对血管造成直接伤害；苯丙胺类毒品的直接伤害是溶解横纹肌；吸食 K 粉多用鼻吸的方式，极易破坏鼻子黏膜功能，引起鼻炎或出血，容易造成鼻腔溃疡。

并发症：毒品对人体的伤害除了直接伤害还会带来并发症，麻醉药品类引起的并发症主要包括心血管系统并发症、呼吸系统并发症、消化系统并发症、神经系统并发症、泌尿生殖系统并发症等；精神药品类引起的并发症依具体的药理特性而定，如苯丙胺类以心血管系统、神经系统、运动系统并发症较常见，氯胺酮常见躯体并发症是泌尿系统损害和鼻部并发症等。

（三）心理改变

大多数吸毒者在吸毒后心理有很大的变化，他们的共同特点是行为不符合社会规范，情感、作为等都表现得和正常人大不相同。主要表现在：

认知改变：产生药物依赖后，吸毒者常常表现为思维内容贫乏、夸大吹牛、偏执多疑、对吸毒问题存在许多错误的认知，如“我已经摆脱心瘾了，偶尔去追求一次快感并没有什么危险性”等。

情绪多变：刚吸完毒时，体内毒品浓度较高，吸毒者情绪稳定或高涨，表现为平静、稳定、通情达理、关心家人，或无忧无虑、自信感倍增、成功期望高。但当体内毒品浓度降至有效水平以下时，吸毒者情绪完全逆转，表现为情绪不稳定而低落、烦恼、易激怒、焦虑、忧郁、紧张、惊恐、狂暴、自卑、自信不足等，刚才还存在的成功期望转眼间消失得无影无踪。吸毒者情绪多变，性情不稳。

抗逆力下降：吸毒时产生的愉悦高峰体验是驱使吸毒者一再吸毒的直接驱动力。当遭遇失败与挫折，一时很难在生活中获得高峰体验时，很多人一而再、再而三地希望从毒品中获得愉悦的高峰体验，逃避个体对失败带来的痛苦和不良情绪的体验。当吸毒者经受不住挫折与失败，抗逆力就会下降。

自控力下降：一旦毒品成瘾，吸毒者对毒品的强烈渴求会导致其四处寻找毒品，以求得到立即满足。而当这种行为方式迁移到其他需求上时，吸食者对其他需求也很难延缓满足，自控能力下降。

人格改变：撒谎型人格、孤僻、不合群、脾气暴躁、懒散、做事拖沓、浮躁，这些都是吸毒者普遍存在的性格缺陷。此外，吸毒者对人感情淡漠、冷酷无情，喜欢做出妨碍公众之事，伤害他人并习以为常。在毒瘾发作时，为了得到毒品甚至灭绝人性。

（四）精神障碍

情绪和记忆受损：神经兴奋剂类毒品会使整个神经系统过度兴奋，因脑力疲劳而精神紧张、压力过大等，从而导致神经衰弱的发生。情绪症状主要表现为易烦恼、易激惹；也可表现为自主神经功能紊乱，如心慌胸闷、呼吸困难、气短、焦虑、情绪低落、紧张性头痛。此外，还会导致精神疲劳、脑力迟钝、注意力难以集中、记忆力下降、工作不能持久。

（五）人格改变

人格的改变主要是指吸毒者在长期吸毒后性格发生了变化，例如，长期吸食海洛因导致的“海洛因人格”。

此种人格特征容易想要即刻满足、尚未学会延缓满足、情绪容易冲动，不考虑后果便行动、经受不住失败与挫折，持破罐破摔的生活态度。缺乏自信心与决策能力，自卑感强烈而隐蔽，内心孤独害羞，不会交知心朋友，冷酷仇恨，缺乏爱心，没有责任心。

（六）社会功能受损

吸毒对人的危害是方方面面的。人作为社会中的一员，吸毒对人社会功能的损害会对人产生更多的影响，吸毒人员社会功能的受损主要体现在以下几个方面：

1. 社会支持体系损害

社会支持体系的损害主要包括人际关系的损害、社会资源的丧失两个方面。

（1）人际关系的损害：多次吸毒，反复的戒毒经历，使吸毒人员不再以真实的自我面对现实，家庭成员或者朋友也会因其吸毒行为对其失去信任。吸毒者为了吸毒置法律和道德于不顾，责任意识淡薄，对其人际关系产生消极影响。

（2）社会资源的丧失：吸毒是违法行为，是社会越轨行为，是不符合社会道德规范的行为，吸毒者必然要承受吸毒带来的负面影响，如因不守诚信引发的生意受损等。

2. 劳动能力和生计发展损害

长期吸毒对人的劳动能力和生计发展损害主要表现为劳动能力的下降、就业受阻以及在以非正式关系为主的农村社区的生计发展受到阻碍。

（1）劳动能力下降：吸毒给人带来严重的躯体伤害，其可能导致的健康后果包括但不限于对消化系统的影响、对心血管系统的影响、对神经系统的影响等，以上对人健康的影响都会使人的劳动能力下降。

（2）就业受阻：吸毒人员因其吸毒行为可能会失去许多工作机会，如有吸毒史的人不得在幼儿园工作，不得从事汽电车客运的驾驶员、乘务员的工作等。除正式的影响外还可能会有非正式的影响，如部分企业不招收有吸毒史的员工等。

（3）影响生计发展：在以非正式关系为主的农村社区，人与人之间的信任是合作生产的基础，反复吸毒人员的信任被质疑，合作将遭受冷落，影响其生计发展。

3. 家庭结构损害

吸毒对家庭的损害主要包括经济的损害、家庭关系的破裂和对家庭后代的影响。

（1）吸毒耗费大量钱财，到了一定程度必然要靠变卖家中财产换取毒品，致使家徒四壁。

（2）吸毒会导致婚姻、家庭破裂。因为一个人一旦染上毒瘾，就会失去义务或责任观念，做丈夫的不能尽丈夫的职责，做妻子的不能尽妻子的义务，最终必然导致离婚。

（3）吸毒危及下一代。怀孕妇女吸毒将严重影响胎儿的正常发育，有的致使新生儿先天畸形或染上毒瘾。

三、社会危害

（一）公共卫生危害

吸毒对公共卫生产生极大的危害隐患。一是吸毒行为传播传染性疾病，如静脉注射使用者（IDU）共用针具或使用污染针具传播艾滋病，以及使用苯丙胺类中枢神经兴奋剂后发生不安全性行为，传播艾滋病和梅毒等性病；二是长期使用海洛因等毒品会导致机体特异性免疫功能和非特异性免疫功能都下降，容易患上乙型肝炎、丙型肝炎等病毒性疾病和结核病。吸毒还可能对人的精神带来严重损伤，引发精神障碍及精神病共病等。

（二）公共安全危害

吸毒者在毒瘾发作的时候可能会不顾一切寻找毒品，这种行为如若失控，可能伤害其家人、朋友及其他阻止其吸毒行为的人。同时，购买毒品产生的二次违法犯罪会引发一系列公共安全问题。毒品的过量吸食容易损害脑神经，如吸毒者出现被害妄想等症状时，可能会产生暴力行为，吸毒后的驾驶等行为也极易引发公共安全问题。

（三）扰乱社会秩序

吸毒是违法行为。法律是维护国家和社会运行的工具，违法行为破坏社会秩序。当前国家和社会都倡导法律公平公正，在国家全面推进依法治国的时代，吸毒这种挑战法律权威的行为绝不能被姑息。

同时吸毒是越轨行为，不符合主流的社会价值观。吸毒人员长期接触“毒友圈子”文化，为了能够吸食毒品不顾社会道德和法律，说谎成性，将吸毒最凶的人尊为“英雄”，把他看成是社会道德风尚的化身。毒品败坏了社会风尚后，就使吸毒的人有了更充分、更公开的理由去吸毒，而那些还没有吸过毒的青少年，则跃跃欲试，伺机步吸毒者的后尘。

（四）影响国家安全

许多国家出现了毒贩与恐怖主义勾结的现象，许多恐怖主义的经济来源主要依靠制毒贩毒，更有恐怖组织将毒品渗透作为恐怖活动的一种策略，威胁着社会稳定和民族团结，严重影响了国家的安全和发展。

第五节　吸毒检测的方式

2009 年 9 月 27 日，中华人民共和国公安部令第 110 号发布《吸毒检测程序规定》，于 2016 年 12 月 16 日修订。吸毒检测是运用科学技术手段对涉嫌吸毒的人员进行生物医学检测，为公安机关认定吸毒行为提供科学依据的活动。吸毒检测的对象，包括涉嫌吸毒的人员，被决定执行强制隔离戒毒的人员，被公安机关责令接受社区戒毒和社区康复的人员，以及戒毒康复场所内的戒毒康复人员。

吸毒检测分为现场检测、实验室检测、实验室复检。现场检测由县级以上公安机关或其派出机构进行。实验室检测由县级以上公安机关指定的取得检验鉴定机构资格的实验室或有资质的医疗机构进行。实验室复检由县级以上公安机关指定的取得检验鉴定机构资格的实验室进行。实验室检测和实验室复检不得由同一检测机构进行。

一、现场检测

（一）主要的检测方式

1. 尿液检测

尿液检测，是指运用科学技术手段对涉嫌吸毒人员的尿液样本进行检测，为公安机关认定吸毒行为提供科学依据的活动。毒品检测以金标法进行尿液检测为主，其特点是快速、方便、便于携带、准确率高。

2. 毛发检测

毛发样本检测，是指运用科学技术手段对涉嫌吸毒人员的毛发样本（头发）进行检测，为公安机关认定吸毒行为提供科学依据的活动。提取毛发样本时要注意，工作人员佩戴一次性手套，使用医用剪刀或锯齿剪刀紧贴被提取人员头皮表面剪取头顶后部（如头顶后部无法提取到足够头发的，可选择离该部位最近的头部部位）长度为 3 厘米以内的头发；长于 3 厘米的头发，需从发根端截取 3 厘米。

毛发样本检测结果为阳性的，表明被检测人员在毛发样本提取之日前 6 个月以内摄入过毒品。

（二）样本采集相关工作规定

检测样本为采集的被检测人员的尿液、唾液、血液或者毛发等生物样本。被检测人员拒绝接受检测的，经县级以上公安机关或其派出机构负责人批准，可以对其进行强制检测。公安机关采集、送检、检测样本，应当由两名以上工作人员进行；采集女性被检测人尿液检测样本，应当由女性工作人员进行。采集的检测样本经现场检测结果为阳性的，应当分别保存在 A、B 两个样本专用器材中并编号，由采集人和被采集人共同签字封存，采用检材适宜的条件予以保存，保存期不得少于 6 个月。

（三）现场检测结果相关规定

现场检测应当出具检测报告，由检测人签名，并加盖检测的公安机关或其派出机构的印章。现场检测结果应当当场告知被检测人，并由被检测人在检测报告上签名。被检测人拒不签名的，公安民警应当在检测报告上注明。被检测人对现场检测结果有异议的，可以在被告知检测结果之日起的 3 日内，向现场检测的公安机关提出实验室检测申请。公安机关应当在接到实验室检测申请后的 3 日内作出是否同意进行实验室检测的决定，并将结果告知被检测人。

二、实验室检测

（一）主要的检测方式

血液检测是常见的实验室毒品检测方式，通常用高效液相色谱-串联质谱法检测人血液中常见毒品残留量，结果精准。通过此方法可以检测出人体血液中鸦片类、巴比妥类和苯二氮卓类等 10 种常见毒品。

（二）实验室检测相关程序规定

公安机关决定进行实验室检测的，应当在作出实验室检测决定后的 3 日内，将保存的A样本送交县级以上公安机关指定的具有检验鉴定资格的实验室或者有资质的医疗机构。接受委托的实验室或者医疗机构应当在接到检测样本后的3日内出具实验室检测报告，由检测人签名，并加盖检测机构公章后，送委托实验室检测的公安机关。公安机关收到检测报告后，应当在24小时内将检测结果告知被检测人。

（三）实验室检测结果相关规定

被检测人对实验室检测结果有异议的，可以在被告知检测结果后的3日内，向现场检测的公安机关提出实验室复检申请。公安机关应当在接到实验室复检申请后的3日内作出是否同意进行实验室复检的决定，并将结果告知被检测人。

三、实验室复检

公安机关决定进行实验室复检的，应当在作出实验室复检决定后的3日内，将保存的B样本送交县级以上公安机关指定的具有检验鉴定资格的实验室。接受委托的实验室应当在接到检测样本后的3日内出具检测报告，由检测人签名，并加盖专用鉴定章后，送委托实验室复检的公安机关。公安机关收到检测报告后，应当在24小时内将检测结果告知被检测人。

接受委托的实验室检测机构或者实验室复检机构认为送检样本不符合检测条件的，应当报县级以上公安机关或其派出机构负责人批准后，由公安机关根据检测机构的意见，重新采集检测样本。

被检测人是否申请实验室检测和实验室复检，不影响案件的正常办理。公安机关认为必要时，可以直接决定进行实验室检测和实验室复检。现场检测费用、实验室检测、实验室复检的费用由公安机关承担。

参考文献

［1］郝伟，赵敏，李锦．成瘾医学理论与实践［M］北京：人民卫生出版社，2016. 10.

［2］郝伟，刘铁桥．成瘾医学精要［M］．北京：人民卫生出版社，2014. 12.

［3］赵敏，张瑞敏. 戒毒社会工作基础［M］．北京：军事医学科学出版社，2010.

［4］包涵．整类列管合成大麻素类物质：封堵“策划”路径［N］．中国禁毒报，2021-01-29.

［5］卢关伊，吴宁．药物成瘾强迫性用药及其神经机制研究进展［J］．中国药理学与毒理学杂志，2018，32（08）：587—594.

［6］杨黎华，牛何兰．阿片类毒品、麻醉品的药理毒理分析及滥用的防止［J］．云南警官学院学报，2009（01）：44—48.

［7］邓烈兴．浅谈新型毒品的泛滥与控制［J］．劳动保障世界，2016（26）：46—47.

［8］王焕丽，朱红娟．全球化时代毒品泛滥的文化根源分析［J］．网络财富，2009（12）：135—136.

［9］卢关伊，吴宁．药物成瘾强迫性用药及其神经机制研究进展［J］．中国药理学与毒理学杂志，2018，32（08）：587—594.

［10］杨黎华，牛何兰．阿片类毒品、麻醉品的药理毒理分析及滥用的防止［J］．云南警官学院学报，2009（01）：44—48.

［11］邓烈兴．浅谈新型毒品的泛滥与控制［J］．劳动保障世界，2016（26）：46—47.

［12］王焕丽，朱红娟．全球化时代毒品泛滥的文化根源分析［J］．网络财富，2009（12）：135—136.

第二章　毒品成瘾基本知识

第一节　成瘾的概念及分类

人类早就注意到毒品滥用相关成瘾问题会导致各种躯体健康、心理、社会问题，但对毒品成瘾相关概念的内涵并不明晰，一直争议不断。

一、成瘾的概念

成瘾（addiction）一词起源于拉丁语动词 addicere，意指古罗马法院将一个人绑定到另一个人的一项行为，后来意指附属于或献身于一项活动。十七八世纪，“成瘾”一词开始是指使用精神药物，后来则是指重复使用精神活性物质（如成瘾药物、酒精等），使用者长期沉醉其中，表现出强迫性使用精神活性物质，难以摆脱的状态。使用者为了获得精神活性物质，往往不择手段。通常情况下，在使用精神活性物质的过程中，使用者会出现耐受性，停止使用后会出现戒断综合征，医学上称之为物质使用障碍。

目前观点认为，成瘾是一种慢性复杂性的脑部疾病，美国成瘾医学会将成瘾定义为：涉及脑部奖赏、动机、记忆相关环路的原发性、慢性疾病。成瘾个体使用物质至少有两个目的：获得快感、减少痛苦。

其中，成瘾的核心症状是失控，即强迫性，病程呈渐进性发展。在成瘾早期，个体所追求的是用药后的快感；待成瘾成型后，相当一部分是为了渴求或者缓解戒断症状。成瘾后则出现以下特征：

（1）明知有害却欲罢不能，主要目的是不断追求使用药物的快感，或者为了解除戒断而不断用药；

（2）对成瘾物质有强烈的渴求感；

（3）药物使用带有强迫性，不择手段；

（4）无法控制使用的剂量和额度；

（5）复发不可避免，反复戒断，屡屡失败；

（6）惩罚对成瘾者收效甚微。

同时，成瘾概念有广义和狭义之分，狭义的成瘾是指那些纳入精神心理障碍诊断的药物成瘾、酒精成瘾、毒品使用等，属于物质滥用、物质使用障碍范畴，需要通过精神医学手段进行诊治。但随着社会发展，类似于成瘾现象的行为不断涌出。因此，广义上的成瘾还包括众多的所谓的行为成瘾，如网络成瘾、赌博成瘾、购物成瘾、性成瘾等。

二、行为成瘾

行为成瘾，又称为非物质相关障碍，是与使用生物化学物质（如成瘾性药物或酒精）无关的一种成瘾形式，指控制不住地反复进行产生不良后果的冲动行为。其特点为反复出现、具有强迫性质的冲动行为，给身体、心理、社会造成严重不良后果，尽管成瘾者深知行为所产生的不良后果，仍然执意坚持。这些行为包括不可控制的赌博、暴食、性滥交、观看色情作品、玩电子游戏、上网、购物等，甚至包括工作、运动、慈善活动等。

三、物质成瘾

物质成瘾分为药物成瘾和其他物质成瘾。药物成瘾主要包括麻醉药品和精神药品两大类药物，以及还未注册成为药物但具备麻醉或精神药理作用的新精神活性物质。物质成瘾是物质与机体相互作用所造成的病理性精神/躯体状态。物质成瘾者为了获得某种欣快满足感或为了避免停止使用某种（些）物质导致的躯体/精神痛苦，不顾不良后果，强迫性、持续性地寻求和使用这种（些）物质，可能伴有不同程度的个体健康及社会功能损害。除了药物外，其他成瘾性物质还有很多，如酒精、香烟等。

四、药物成瘾

药物成瘾是一种能够持续终生的病理性学习记忆过程，具有成瘾性潜质的药物在脑部犒赏中枢内发挥作用，使得该部位的神经结构和功能发生适应性改变，并对海马、杏仁核等学习记忆相关结构产生效应，从而对成瘾性药物的犒赏效应（如欣快）产生记忆，使用者为了追求再次得到药物所带来的犒赏效应而表现出强迫性用药症状和持续性渴求状态。

五、吸毒成瘾

吸毒成瘾包括药物依赖和药物滥用两种，两者的成瘾程度不同。

药物依赖的成瘾程度更为严重，多为阿片类和可卡因等药物成瘾。依赖者出于非医疗目的使用药物，使用后无法自我控制，在生理依赖上会出现强烈的强迫性觅药行为和综合性戒断症状，在心理依赖上则会出现强烈的主观渴求。从鸦片到海洛因，阿片类药物始终在人类历史发展长河中占据主要地位，由于其吸食后会使人体产生强烈的戒断综合征、强迫性觅药行为等，且国家在禁毒宣传方面尤为重视，大众对“成瘾”的理解更多等同于阿片类药物依赖。

然而，滥用也属于成瘾的一种表现形式，其对药物的成瘾程度相对较轻，多为精神类药物成瘾。同样也是出于非医疗目的使用药物，使用后滥用者无法自我控制，但相比较于药物依赖，滥用者在生理依赖上不会出现太强烈的强迫性觅药行为和综合性戒断症状，在心理依赖上也不会出现过于强烈的主观渴求，未达到依赖的程度。

在医学上，ICD11 精神与行为障碍诊断标准目前已被广泛应用于对成瘾的认定和判断。其中对于物质成瘾的判断标准主要由 3 条核心症状组成，并强调在过去 1 年中反复出现，或者既往 1 个月中持续出现下述核心症状中的至少 2 条即可以诊断为物质成瘾。第一，对物质使用行为难以控制，通常伴有主观强烈的渴求感；对使用某种物质的控制能力受损，指开始或停止使用该物质，以及使用该物质的量及使用环境等各方面的控制力都受到损害，通常（但非必需）还伴有对该物质的渴求。第二，物质使用在日常生活中处于优先地位，超过其他兴趣爱好、日常活动、自身责任、健康以及自我照顾等。即使已经有不良后果出现依旧坚持使用成瘾物质。第三，生理特征的出现（神经适应性的产生）：主要表现为耐受性；停止或减少使用后出现戒断症状；再次使用原来物质（或者药理作用相似的物质）可以避免或减轻戒断症状。必须是该成瘾物质所致的戒断症状，而非仅仅是“宿醉”效应。

第二节　毒品成瘾的原因

一、生物医学原因

（一）生物学原因

在漫长的生物进化过程中，包括人类在内的生物个体逐渐形成了一种能够辨别环境中刺激信号是否有利于个体生存和种族延续的能力，并且能够将其长期记忆，甚至可以通过遗传把这种能力传给子代，这就是趋利避害的能力。从生物学角度看，趋利避害是一切生物的本能。人类作为具有高级情感等精神活动的生物更是如此。在人类的天性中，本能的表现有两个：追求生理和心理上的快感、回避生理和心理上的痛苦。食欲、性欲、好奇、对未知领域的探索和对美好事物的向往等，都是快乐的源泉和追求的目标，而饥饿、疼痛、孤独、失去自由、失去关爱等都是痛苦的根源和回避的对象。正是由于这种趋利避害能力的存在，使人类个体得以生存、群体得以延续、社会得以发展。然而，也正是由于这种趋利避害能力的存在，造成毒品的滥用。毒品是具有精神活性的物质，直接作用于人的中枢神经系统，产生兴奋、抑制、致幻等精神药理作用，能给使用者带来无法用语言表述的兴奋或恬静的体验，并通过学习记忆系统形成牢固的记忆；而一旦停止使用，又会给他们带来不同程度的躯体和精神上的痛苦。吸毒者为了体验欣快、回避痛苦而不断强迫性用药和强迫性觅药，这是毒品成瘾的重要生物学基础。

从神经生物学的角度来看，使机体具备这一功能的神经生物学基础是“奖赏环路”的存在。“奖赏环路”是由位于中脑腹侧被盖区的多巴胺能神经元及其投射靶区如前额叶皮层、伏隔核等核团构成的。毒品及其他美好的刺激正是通过上调此环路功能而使机体出现欣快感的。

（二）治疗学原因

从治疗学的角度来看，正常情况下，没有药物使用障碍的精神疾病患者，在治疗完毕后，并不会对药物产生依赖。

然而，对于共患药物使用障碍的精神疾病患者而言，在治疗过程中，由于两者相互影响、相互作用，即使治疗完毕且各项生理指标恢复正常后，仍然会对药物产生心理渴求，一旦停止使用药物，以往的病症仍会出现，如此一来，轻则产生药物滥用，重则产生药物依赖。

其中最为常见的是面对患有精神疾病（比如焦虑、失眠、抑郁症患者）或者身体有疼痛的患者时，往往需要用到镇静催眠药物、抗焦虑药物以及镇痛药等。以难以入睡的失眠症患者为例，若没有药物使用障碍，在服用镇静安眠药、治疗完毕后，患者并不会对药物产生依赖。然而在治疗过程中，若共患药物使用障碍，即使患者各项生命体征恢复正常，其仍旧需要依靠安眠药进行辅助睡眠，否则难以入睡。

二、心理原因

心理原因主要包括以下两方面：

第一，精神障碍和药物滥用相互影响。患有双相障碍和人格障碍的患者在治疗过程中容易产生药物使用障碍（即药物滥用），同时在滥用药物的过程中也容易导致精神疾病的出现。

具有人格障碍的患者容易产生药物使用障碍，而在滥用药物后又容易出现人格障碍。以“海洛因人格”为例，在使用海洛因等阿片类药物时患者会出现以下特征：寻求即刻满足感、难以自我控制和延缓满足，情绪容易冲动、往往不考虑后果便行动；一旦停止使用药物后会出现焦虑不安、烦躁和易发脾气等情绪障碍。由于出现以上特征，“海洛因人格”障碍患者在行为方面，会表现出不顾一切后果的强迫性用药行为，主张用药压倒一切，用药比进食、睡眠、性等基本需要还重要。

第二，正性强化作用和负性强化作用。指人在多次用药后产生的在心理上、精神上对所用药物的主观渴求或强迫性觅药的心理倾向。

毒品通过两种方式协同作用引起精神依赖，即正性强化与负性强化：以往用药所体验到的某种欣快感会驱使用药者为了不断追求这种效果或感受而产生继续使用该药的强烈欲望，称为正性强化；而停止吸毒后则产生难以忍受的痛苦，吸毒者只得继续追求药物，称为负性强化。这两种强化使人成瘾并难以自拔。

三、社会原因

（一）价值观

价值观是人们对事物的判断，是基于个人对事物的认知、理解和判断形成的抉择。不同的价值观决定人对事物产生不同的判断，采取不同的行为方式，对毒品的价值观即毒品观。

第一，错误的价值取向容易导致吸毒等越轨行为的产生。由于个人主义、享乐主义的盛行，有的人将吸毒看作是一种高级享受，是富有的象征；认为吸毒代表自己有身份、有地位，并且崇尚吸毒。

第二，悲观厌世。一些人在理想破灭、信仰出现危机的时候，无所适从、精神空虚、悲观厌世，以吸毒寻求刺激，进而误入吸毒的歧途。在这些人当中，大多数都是一些感情比较脆弱、承受和应付周围环境能力较差的人。面对生活中遇到的突发性压力与冲突，他们难以应对，所以很容易受到外界的伤害，精神极易被摧垮。他们不仅感到前途渺茫，而且认为人生本来就没有任何价值，于是他们的人生价值观从悲观主义走向了虚无主义。他们在精神痛苦、无计排解的时候，唯有“一吸解千愁”，用吸毒的方式来回避矛盾、寻求刺激。

吸毒被社会大众看作是一种违背社会主流价值观、违反社会正常规范、扰乱社会运行秩序的越轨行为存在。吸毒者常常会因此遭受到来自家庭、朋友、社会大众、司法机关等主体的负面评价，感受到社会排斥和隔离，而产生自卑心理。由于无法获得社会主流文化的认可和接纳，吸毒者极易继续保持自我放逐、自暴自弃的心态，甚至开始对社会不公正对待进行报复和反抗，进而反复吸食毒品。

第三，对毒品的错误认知导致的价值混乱也会引起吸毒行为。对于很多吸毒人员来说，在其吸毒前并不十分了解毒品的危害，很多人对毒品的作用不甚了解，有的误以为吸毒不过像吸烟一样，偶尔吸一点没关系，而且想吸就吸，想戒就戒。更有很多人错误地以为毒品能治病，而且也正是为了治病而染上毒瘾。也有的人误以为在特定的情境下使用毒品具有某种兴奋作用，如司机长途运输时、学生考试之前，误以为毒品具有减轻疲劳、增强体力、集中精力等作用。一般说来毒品确实有某种暂时消除疲劳的作用，然而这种兴奋状态延续的时间是极短的，接着很快便进入抑制状态。而吸毒人员为了保持兴奋，只有反复使用毒品，久而久之便产生了一种对毒品的依赖性。还有的人误以为毒品可以激发人的灵感，于是一些从事艺术工作的人企图借助毒品寻求艺术灵感。以上价值认知的错误必然会导致价值判断上的混乱和价值选择上的失误。

（二）可获得性

物质能否轻易获得，与其被滥用的程度密切相关。

一方面，当前全球毒品制造、贩运、滥用问题突出，在境外毒品不断渗透的情形下，中国境内的毒品形势日益严峻。改革开放以后，国际贩毒组织利用我国云南省与“金三角”毗邻的地理优势，将我国作为“金三角”毒品流通转运站。

另一方面，获取毒品的途径日趋多元。人们通常能够通过以下途径获取毒品。一是合法购买。19 世纪人们对阿片类药物缺乏深刻了解，此类药物在当时可以自由买卖，许多阿片依赖者就是由于可自由获取阿片类药物所造成的。时至今日，有些国家已经开始实行对毒品的部分合法化，比如乌拉圭的大麻合法化，加拿大在 2018 年 10 月起开始实行大麻合法化。如此一来，获取和吸食毒品的成本和代价较低，极大降低了吸毒者承担吸毒后果的风险。二是通过医生开具处方获得。20 世纪早期，阿片类药物和巴比妥类药物被广泛地应用于临床中，当时很多阿片和巴比妥类药物的依赖就是如此形成的。而今苯二氮卓类药物的广泛应用，致使产生的依赖者增多。三是非法获取。即所谓的“街头药物”，如大麻、可卡因、苯丙胺、海洛因等。

（三）亚文化圈

来自朋友的赞同、支持及示范作用，是成瘾行为产生的重要外部因素。青少年是物质依赖的高危人群，这与青少年好奇心强、追求时髦、需要同伴群体的认同、鉴别能力差、价值观容易受其所在群体的亚文化影响等有关。研究显示，绝大多数人初次接触毒品是在好朋友处，往往不花钱使用，且在朋友的鼓动和怂恿之下反复尝试。青少年物质成瘾的相关研究提示，对青少年而言，同伴的影响比父母的作用更大。多数青少年看重同伴对自己的态度和看法，竭力想获得同伴的承认和赞许。

1958 年，Cohen 提出了犯罪亚文化（delinquent subculture），指的是社会中一些违法犯罪少年群体独特的生活和行为方式，其主要特征是该群体成员不顾任何规章制度的约束，以追求快乐为目标，进行冲动性、破坏性行为。所谓亚文化指的是同种文化下享有相同社会文化特征的小群体，文化特征包括身份认同、职业或价值观。在一些不良的同伴群体中，物质的获得、使用、体验和技巧等被津津乐道，或对吸毒行为进行默许、鼓励，同伴间的交往有助于使用物质的行为被模仿，并得以扩散，他们往往有类似的价值观和生活方式，往往以吸毒论英雄。在这种群体亚文化的影响下，青少年很容易发展出使用物质的行为。物质的使用在一个地区和社会中出现、传播、蔓延，有一定的特点和规律，开始往往局限在某一亚文化团体，随后便可逐渐向其他社会群体扩散，最终可蔓延至各个阶层，形成一种普遍的社会现象。

第三节　毒品成瘾的干预方法

一、法律约束

（一）社会面管控

我国对吸毒人员按照特殊人群管理办法实施在册登记动态管控。不同的管控状态采取不同的管控措施。社会面管控中约束力较强的有责令社区戒毒和责令社区康复两种管控措施。

1. 干预策略

（1）管控与服务并重

针对在社区戒毒社区康复期间内的戒毒人员，按照相关政策法规规定，实施以定期毒品检测（包括尿检和毛发检测）、定期谈话报到、身份证管控、驾驶证吊销、外出申请报告等一系列管控措施；同时也引入社会工作以及心理咨询等专业服务力量为戒毒人员重建和恢复社会功能，解决其在社区管控期间内的自身心理以及家庭关系问题，提升其戒毒成效，促使其更好融入社会。

（2）帮扶救助

对于有需要的戒毒人员开展就业帮扶工作，包括链接就业资源以及再就业技能培训、创业补贴申领等服务。此外，帮助生活有困难的戒毒人员进行低保补贴申请。

（3）服务前置

对于即将出所的戒毒人员，实行提前入所干预服务，包括建立个人档案、了解其出所后的计划以及需求，有针对性地开展个案辅导、就业技能培训等服务；此外，在出所时做好无缝对接工作，包括协同派出所民警，提前与所内社工取得联系，实现信息互通，促进戒毒人员出所后社区管控工作的开展。

2. 工作内容

（1）建立服务关系；

（2）提供禁毒专业服务；

（3）督促社区康复协议执行；

（4）监督尿检；

（5）协助解除管控等。

（二）强制隔离戒毒

1. 强制隔离戒毒的归口

我国强制隔离戒毒制度长期试行“公安–司法”强制戒毒双轨制模式，因此目前的强制隔离戒毒主要分为两种类型，分别是公安强制隔离戒毒和司法强制隔离戒毒。

公安强制隔离戒毒和司法强制隔离戒毒在具体的职能分工上各有不同，主要体现在以下三方面。

第一，法律主体地位不同。根据规定，公安机关是作出执行或解除戒毒人员强制隔离戒毒决定的决定主体，且有关的提前或延长强戒期限的处置决定都需要向公安机关提交申请。而司法行政机关则是作为执行戒毒人员强制隔离戒毒措施的执行主体。

第二，执行阶段不同。公安机关决定执行强制隔离戒毒措施后，吸毒成瘾人员在隶属于公安机关的强制隔离戒毒场所执行最低 3 至 6 个月、最长不超过 12 个月的强制隔离戒毒之后，由公安机关移送到司法行政机关的强制隔离戒毒场所继续执行剩余的强制隔离戒毒期限。

第三，执行功能的侧重点不同。一般情况而言，在作出强制隔离戒毒决定后，前 3~6 个月，公安强制隔离戒毒所对强戒人员执行以生理脱毒为主，教育矫治为辅的戒毒措施；完成第一阶段的强制隔离戒毒后，通过阶段性戒毒成效考核评估的强戒人员，交由司法行政强制隔离戒毒执行以心理和教育矫治为主，生理脱毒为辅的戒毒措施。

2. 公安与司法强制隔离戒毒的不同特点

第一，在强戒隔离戒毒的管理力度方面，公安机关作为执行或解除强制隔离戒毒的决定主体，相比于司法行政部门，对强制戒毒人员具有直接的管辖权，相对而言，更占据主导作用。

第二，在管理效率方面，由于公安机关是主要的决定主体，相比于司法行政机关，能够较为直观且快速地对戒毒人员的表现作出评价和反应，一定程度上节省了审批流程和时间成本。

第三，在戒毒成效方面，虽然目前公安强制隔离戒毒和司法行政强制隔离戒毒都会采用综合矫治手段，但两者的执行阶段和执行功能的侧重点不同。当作出为期两年的强制隔离戒毒决定后，公安机关主要负责执行第一阶段为期 3~6 个月的生理脱毒，司法行政机关则在此基础上执行剩余强戒时限内的心理和教育矫治。综合管理时限的长短等因素，司法行政强制隔离戒毒的矫治成效高于公安行政强制隔离戒毒。

第四，在职能范围方面，公安强戒在违法犯罪行为的审讯和侦察方面占据一定优势。

3. 强制隔离戒毒的执行过程

强制隔离戒毒的执行过程是指强制隔离戒毒所对强制隔离戒毒人员执行接收、康复、中止、解除的全过程。

二、生物医学干预方法

生物医学干预指的是采用生物医学的方法，对药物成瘾后产生的急性戒断症状进行脱瘾治疗、稽延性戒断症状进行康复治疗以及对并发症和共病的治疗。不同的药物成瘾停药/戒断后会产生不同的躯体症状、精神症状、并发症和共病，需采取不同的治疗方法。

（一）脱瘾治疗

脱瘾治疗的目的是让机体重新建立没有毒品也功能正常的状态，解除毒品对依赖者躯体上的控制。

吸毒者一旦停药后会出现急性戒断症状，主要包括主观症状和客观症状两大类。主观症状可表现为恶心、肌肉疼痛、骨痛、腹痛、不安、食欲差、疲乏、喷嚏、发冷、发热、渴求药物等。客观体征则表现为可见血压升高、脉搏和呼吸加快、体温升高、多汗、鸡皮疙瘩、瞳孔扩大、流涕、淌泪、震颤、呕吐、腹泻、失眠、男性自发泄精、女性出现性兴奋等。

目前主要采取硬性撤药法、替代递减法、非阿片类药物脱瘾治疗和中医药戒毒 4 种主流方法对吸毒者进行脱瘾治疗。

（二）稽延性戒断症状治疗

脱毒治疗后，随着外源性阿片类物质的逐渐消除，内源性阿片肽的合成及阿片受体数量的增加在短期内难以恢复到正常水平的，体内神经、体液免疫系统的功能仍会出现紊乱，在相当长的时间内机体仍可出现各种躯体、精神不适症状，即稽延性戒断症状。主要表现为三大症状，疼痛、焦虑、失眠。稽延性戒断症状治疗目前主要分为药物疗法、针刺疗法和物理疗法、运动疗法 4 种手段。

1. 药物治疗的原则

第一，对症治疗，疼痛使用镇痛药，失眠用镇静安眠药，抗抑郁抗焦虑使用奥氮平、帕罗西汀，镇静催眠使用安定，镇痛使用曲马多、羟考酮。第二，康复治疗，起到固本复原的作用。临床研究证明中成药益安回生口服液、福康片、济泰片在针对阿片类药物依赖者的稽延性戒断症状康复治疗中有良好的临床疗效。

2. 针刺疗法

针刺治疗可以有效调节患者的阴阳平衡，达到改善睡眠的目的。耳针治疗可调畅耳穴、疏通经脉，通过针刺能够调节自主神经功能，起到止痛作用，并且安全方便、长期反复使用不会产生依赖性。

3. 物理疗法

物理疗法目前常用的有经颅磁治疗。经颅磁刺激是一种通过交变磁场在颅脑内产生感应电流，对神经功能进行调节的经颅刺激技术，目前该疗法被广泛应用于治疗稽延性戒断症状。经颅磁刺激作为一种无痛、无创、无辐射的绿色疗法，其作用机制为利用法拉第电磁感应原理，将脉冲磁场作用于中枢神经系统，通过感应电流对神经细胞动作电位进行调节，影响脑内代谢、神经电生理活动、血流量、神经递质合成等。重复经颅磁刺激是指在同一部位给予重复经颅磁刺激，能兴奋更多的神经细胞，达到对皮质的可塑性调节效果。可以有效改善患者稽延性戒断症状，如抑郁、焦虑、失眠，且能够明显提升患者执行功能，疗效显著，安全性高。

4. 运动疗法

加强体育锻炼可以帮助吸毒者改善其精神状态和生理功能。例如，八段锦是一项历史悠久且独立完整的传统健身术式，长期练习可调节四肢、五官、腰腹部、脏腑等气血循环，帮助吸毒者集中注意力、放松精神，缓解焦虑、失眠症状，达到“形神合一”的训练效果和目的，有助于改善患者的心理需求和躯体症状，具有经济、简便、效果显著等优点。

（三）共病治疗

1. 共病的内涵

共病是指共患障碍，在成瘾医学中特指物质成瘾共患其他精神障碍，患有共病的个体至少患有一种物质（酒精或药物）使用障碍和一种其他精神障碍。例如海洛因与重性抑郁，多药滥用与精神分裂症，多药滥用与边缘性人格障碍等。共病的普遍存在表明个体患有一类疾病可能会导致另一类疾病的发生，或者患有共病的个体可能对物质成瘾和其他精神障碍均具有潜在的易感素质。比如，其他精神障碍导致物质成瘾，抑郁症患者通过服用药物改善睡眠，而反复服用安眠药可导致药物依赖的形成。

不同诊断之间相互作用，共病的诊断要求至少有一种物质成瘾的诊断与一种其他精神障碍的诊断之间是相互独立而不是附属的关系。

在《精神障碍诊断与统计手册》第 5 版（简称 DSM-5）中，独立的精神障碍要求精神症状（如抑郁症状、焦虑症状、精神病性症状）并非物质（如酒精、毒品、处方药物）或一般躯体疾病的直接生理效应。比如，对患有物质成瘾的患者来说，物质中毒和戒断可能直接导致类似心境障碍、焦虑障碍或精神病性障碍，但由于这些症状是物质中毒或戒断的直接生理效应，因此不能作为物质成瘾患者的共病诊断。此外，一般的躯体疾病也可能直接导致某些精神症状群，比如甲状腺引起的焦虑障碍，但由于该症状群是躯体疾病的直接生理反应，因此不是独立的精神诊断，也不能作为物质成瘾者的共病诊断。

因此，确定某一患者出现的精神症状并非物质或一般疾病的直接生理反应是判断该症状属于独立精神症状的关键。主要可以从作用源是否为物质或一般疾病进行排除和确认。比如，在海洛因戒断 1 个月以后，患者由于社会压力、社会歧视而产生的心理反应，或由于对毒品的渴求而出现或持续存在焦虑症状，根据 DSM-5 的诊断标准，这些心境症状或焦虑症状可被诊断为独立的心境障碍或焦虑障碍。又比如在兴奋剂戒断后的相当长时期（超过 1 个月），患者出现或持续存在精神病性症状或焦虑症状，而从病史、体检或各项实验室检查又不能发现脑器质性疾病或躯体疾病的证据，根据 DSM-5 的诊断标准，这些精神病性症状或焦虑症状也可被诊断为独立的精神病性障碍或焦虑障碍。

2. 共病治疗的原则与方法

共病可分为精神疾病共病和躯体疾病共病两大类。物质成瘾者中同时被诊断有其他精神障碍的比例极高，常见的精神疾病共病有：人格障碍、焦虑障碍、抑郁障碍、双相障碍、睡眠障碍等。躯体性疾病共病以疼痛性疾病最为常见，比如吸食海洛因导致胃病、牙痛等，而疼痛又导致持续不断吸食，最后形成药物依赖。

共病治疗的原则：共病主张一体化治疗和逐步治疗，即在同一治疗场所进行物质成瘾和精神障碍两方面的治疗，同时遵循首选非药物治疗，次选不具成瘾性的非精神活性药物治疗，再选精神活性药物治疗的原则。一体化治疗包括药物治疗以及与动机状况相匹配的社会心理治疗。

在药物治疗中，针对共病患者的具体用药，应根据所患疾病、药理作用和个体对药物的反应进行个体化选择，且需要注意以下几点：

第一，在共患精神障碍的药物成瘾者中，合理使用精神障碍治疗药物，可提高成瘾者接受药物成瘾治疗的依从性，从而提高整体疗效。比如在美沙酮门诊同时使用精神障碍治疗药物，将会延长共病患者接受美沙酮治疗的维持时间。

第二，针对共病进行药物治疗，要注意到不同治疗药物之间、治疗与所滥用药物之间的相互作用。比如使用苯二氮卓类药物治疗丁丙诺啡滥用者所共患的焦虑障碍时，要注意到苯二氮卓类药物和丁丙诺啡之间可能会产生严重的药物交互作用——呼吸抑制所致猝死。

第三，需要考虑到不同人对同一药物可能有不同反应。

第四，针对药物成瘾共患精神分裂症，常用非典型抗精神病药如奥氮平、氯氮平等。该类药在治疗精神分裂症的同时有减少药物成瘾的作用。

针对物质成瘾与焦虑障碍的共病，可根据焦虑障碍的不同类型和症状特点选择用药。比如阿扎哌隆类抗焦虑药丁螺环酮无成瘾性，可作为首选用药，对患有广泛性焦虑的共病患者，可显著改善焦虑症状和减少药物成瘾。

针对药物成瘾共患心境障碍，一项针对依从性的研究发现，药物成瘾和双相障碍共病患者对丙戊酸盐的依从性最好。此外，一些药物具有多种治疗作用，比如安非他酮可用于治疗抑郁和尼古丁依赖，对甲基苯丙胺滥用也可能具有抗渴求作用。

针对人格障碍共病，研究显示，奥氮平对海洛因依赖患者伴有攻击性人格具有更好的疗效，可减少攻击性语言和攻击/敌对行为，降低攻击事件发生。

针对物质成瘾与焦虑障碍共病，认知行为治疗（CBT）联合抗抑郁药是目前最受循证医学支持的综合治疗，近年来研究最多的是 CBT 联合 SSRI 类药物治疗成瘾与创伤后心理障碍共病。对一些个体还需要进行持续的防复发干预、个案管理和辅助课程，包括那些对慢性应激和负性生活事件缺乏应对能力、人际处理能力较差的个体。

针对患有精神分裂症的成瘾患者，最有效的一体化治疗包括 CBT、动机强化和团体心理辅导的组合。

针对有人格障碍的成瘾患者，辩证行为疗法（DBT）、双聚焦图示疗法和动态解构主义心理治疗对治疗边缘性人格障碍与物质成瘾的共病有一定作用。其中，DBT 最为常用，是为减少自伤、自杀和药物滥用而专门设计的。最初用于治疗边缘性人格障碍，尤其是针对有自杀或类自杀行为的患者。采用 DBT 合并药物替代治疗可减少成瘾患者的药物使用和提高治疗依从性。对有反社会性人格障碍的海洛因依赖患者，采用高度结构化的列联管理可提高治疗保持率、减轻社会心理损害。

（四）戒毒药物维持治疗

戒毒药物维持治疗（以下简称维持治疗），是指在符合条件的医疗机构，选用适宜的药品对阿片类物质成瘾者进行长期维持治疗，以减轻他们对阿片类物质的依赖，促进身体康复的戒毒医疗活动。

1. 规定情形

（1）适用对象的规定

《戒毒药物维持治疗工作管理办法》（以下简称《管理办法》）中对适宜采取维持治疗措施的对象范围进行了明确规定。《管理办法》第二十二条规定，年龄在 18 周岁以上、有完全民事行为能力的阿片类物质成瘾者，可以按照自愿的原则申请参加维持治疗。18 周岁以下的阿片类物质成瘾者，采取其他戒毒措施无效且经其监护人书面同意，可以申请参加维持治疗。有治疗禁忌证的，暂不宜接受维持治疗。禁忌证治愈后，可以申请参加维持治疗。第二十六条规定，符合维持治疗条件的社区戒毒、社区康复人员，经乡（镇）、街道社区戒毒、社区康复工作机构同意，可以向维持治疗机构申请参加维持治疗。

（2）申请流程的规定

《管理办法》第二十三条规定，申请参加维持治疗的人员应当向维持治疗机构提供个人身份证复印件、吸毒经历书面材料、相关医学检查报告。维持治疗机构接到申请人提交的合格资料后 5 个工作日内，书面告知申请人是否可以参加治疗，并将审核结果报维持治疗机构所在地公安机关备案。

（3）治疗流程的相关管理规定

《管理办法》第二十四条规定，申请参加治疗的人员应当承诺治疗期间严格遵守维持治疗机构的各项规章制度，接受维持治疗机构开展的传染病定期检查以及毒品检测，并签订自愿治疗协议书。

第二十五条规定，维持治疗机构应当为治疗人员建立病历档案，并按规定将治疗人员信息及时报维持治疗机构所在地公安机关登记备案。

第二十九条规定，维持治疗机构发现治疗人员脱失的，发现正在执行社区戒毒、社区康复治疗人员脱失的，应当及时报告当地公安机关并同时通报相关社区戒毒、社区康复工作机构。

第三十条规定，因户籍所在地或者现居住地发生变化，不能在原维持治疗机构接受治疗的，治疗人员应当及时向原维持治疗机构报告，由原维持治疗机构负责治疗人员的转介工作，以继续在异地接受维持治疗服务。正在执行社区戒毒、社区康复措施的，应当会同社区戒毒、社会康复工作机构一并办理相关手续。

第三十一条规定，治疗人员在参加维持治疗期间出现违反治疗规定、复吸毒品、严重影响维持治疗机构正常工作秩序或者因违法犯罪行为被羁押而不能继续接受治疗等情形的，维持治疗机构应当终止其治疗，及时报告当地公安机关。被终止治疗者申请再次参加维持治疗的，维持治疗机构应当进行严格审核，重新开展医学评估，并根据审核和评估结果确定是否接受申请人重新进入维持治疗。维持治疗机构应当将审核结果及时报所在地公安机关备案。

2. 治疗原则

（1）有效控制戒断反应，恢复成瘾者的正常生理功能；

（2）足量使用药物，充分抑制对药物的渴求感；

（3）提供心理行为治疗和社会支持，恢复家庭、职业和社会功能。

3. 干预方法

目前常用的维持治疗方法主要有美沙酮维持治疗、丁丙诺啡及复方丁丙诺啡/纳洛酮制剂维持治疗。

我国于 2004 年正式开始美沙酮维持治疗项目，目前已在 23 个省、自治区、直辖市开设了 769 个美沙酮维持治疗门诊。

丁丙诺啡（BMT）及复方丁丙诺啡/纳洛酮制剂维持治疗，适用于自愿接受治疗的所有阿片类物质成瘾者，两者在维持治疗的效果上无本质差别，且后者还能有效防止用药者静脉用药的行为。

（五）防复吸治疗

1. 治疗原则

（1）反复干预。吸毒是一种反复发作的脑疾病，偷吸、偶吸和复吸在戒毒过程中都是不可避免的行为。复吸不代表不能改变，这种改变是呈螺旋式上升的。防复吸是一项技能，需要药物滥用者不断学习、不断训练才能掌握。所以防复吸的干预也是反复进行的，直到药物滥用者发生改变、恢复健康、融入社会。

（2）多元干预。吸毒所带来的问题是多元复杂的，引起复吸的因素也是多元复杂的。生理因素比如疼痛，心理因素比如渴求、焦虑，行为因素比如金钱管理，甚至貌似无关的决定，社会因素包括歧视、就业、社会支持等。不同的因素需要不同的干预，生理因素可能需要医学干预、心理因素需要心理干预、行为因素需要行为矫正干预、社会因素需要社会干预。多元的、综合的干预利于戒毒人员保持操守、防止复吸。

（3）助人自助。所谓干预手段，最终目的都是为了戒毒者的自我改变。随着吸毒所带来的问题的解决，戒毒者自我效能感提升、行为约束力增强、适应社会能力增强、防复吸能力增强，最终形成自我的拒毒能力，达到助人自助的目的。

2. 干预方法

（1）药物治疗手段

阿片成瘾是一种慢性复发性脑疾病，临床症状包括躯体依赖、稽延症状、精神依赖和复吸，治疗的关键是防复吸。防复吸药物的研究包括以阿片受体和非阿片受体为靶标的药物。代表性药物分别为阿片受体激动剂美沙酮和受体阻断剂纳曲酮，新型阿片受体配体噻吩诺啡能够完全阻断吗啡等阿片类药物引起的躯体和精神依赖，防止阿片复吸。

目前使用较多的是纳曲酮维持疗法。阿片类物质成瘾者完成过渡后，机体阿片受体处于敏感状态，一旦被外源性阿片类物质激动就会产生强烈反应，呈现正性强化作用，强化渴求感和觅药及用药行为，导致复吸。纳曲酮是阿片 μ 受体长效拮抗剂，可阻断阿片类物质的正性强化作用，减少觅药和用药行为，起到抗复吸作用。纳曲酮有口服和注射缓释剂两种剂型，其疗法也分为诱导期和维持期。

（2）中医治疗手段

使用中医调理，疏通全身经络，协调植物神经系统，达到祛邪扶正固本、自补元气的目的，恢复身体平衡。

（3）物理疗法

经颅磁刺激戒毒治疗，作为一种物理防复吸治疗，是一项有效的脑功能康复治疗方法，其通过刺激大脑背外侧前额皮层（大脑调控情绪、认知、冲动和奖赏行为的综合脑区）可以降低成瘾者对相关物质线索的渴求度，促进戒毒人员脑组织的修复，改善脑功能，进而达到保持操守、预防复吸的目的。

VR 系统脱敏，基于 VR+AI 的毒瘾评估模型，VR 技术可以让吸毒者置身于仿真吸毒场景之中。一方面，通过线索暴露，唤起毒瘾渴求，另一方面，通过 VR 眼动跟踪技术、生理参数、脑电波检测，采集一系列客观生理指标，并与正常人数据库对比作出分类预测，利用人工智能算法评估其毒瘾渴求状况，从而实现对毒瘾渴求的客观量化评估与监测。然后根据场景提供厌恶治疗、脱敏治疗和回归社会康复，从而达到消除戒毒人员病理性毒瘾记忆的目的。

对比于传统戒毒诊断评估，VR 技术带来全新的改变，可以为戒毒管理工作提供毒瘾诊断评估及认知康复模块。运用 VR 技术能模拟真实的生活场景，可以给戒毒者带来特有的现场沉浸感，比如，戒毒人员通过 VR 头盔可以看到 360°全景式还原的酒店、KTV 等吸毒场景，通过分析眼动等数据后，运用高科技对戒毒人员的毒瘾程度、生理心理状况等综合分析，生成个性化的评估报告，并在此基础上准确为戒毒人员制订戒毒计划和康复训练。VR 技术的发展能快速、准确地筛选出戒毒人员可能的主要靶症状且不会造成身体损害，有利于推动禁毒工作的科学化、专业化发展。

三、心理干预方法

成瘾治疗的最终目标有 3 个方面：帮助依赖者控制或者停止成瘾药物的使用；减轻成瘾物质滥用导致的各种生理、心理、社会问题以及减少毒品相关的危害；帮助成瘾者恢复正常的家庭、工作与社会功能。心理干预是成瘾治疗的重要环节，其主要目标是提高患者对成瘾后果的认识、提高治疗的依从性、预防复发、重建健康的生活方式，保持长期戒断状态。心理干预需遵循一些基本原则，掌握一些基本方法。

（一）心理干预的目的

第一，提高治疗依从性。对任何疾病的治疗，都需要成瘾者遵从医生的建议，完成各种治疗程序。如美沙酮维持治疗需要成瘾者每天定时定量服药，否则达不到治疗的目的；又如纳曲酮理论上是一种有效的防复吸治疗药物，但因成瘾者依从性不高而未能达到最佳疗效。心理行为治疗可以通过帮助成瘾者改变对治疗的态度与不正确的认知，应对药物治疗过程中出现的种种问题，提高治疗的依从性及治疗效果。研究证实药物治疗结合心理行为治疗可取得更好的效果，而对于目前尚无有效药物治疗的物质依赖问题，心理行为治疗就显得更为重要了。

第二，改变认知。成瘾者将吸毒等同于吸烟，并且认为吸毒只是个人兴趣的选择，并不触犯法律，大部分成瘾者往往将自身的吸毒行为归因为外部环境因素。因此，需要通过心理干预的手段进一步改变成瘾者对吸毒的认知偏差，纠正其错误归因，进一步提升戒毒成效。

第三，强化动机。成瘾者内在想改变的动机是改变药物滥用行为的关键，因此心理干预的首要目标就是帮助物质依赖者认识到药物滥用对自己生活造成的影响、戒毒给自己生活带来的积极意义，帮助其解决对戒毒治疗的矛盾心理，激发其戒毒治疗的动机而促使其接受戒毒治疗。

第四，预防复吸。戒毒后有许多因素都可能导致复吸，心理行为治疗的一个主要目标就是针对复吸的心理、社会因素进行相应的干预，降低复吸的可能性。

（二）心理干预的原则

1. 建立良好的专业关系

良好专业关系的建立是干预成功的重要组成部分。在干预初期，应该和来访者建立平等、和睦、协作的关系。首先明确来访者的问题，给予尊重并认真倾听，本着同情和理解的态度，必要时给予指引和疏导，同时将教育、解释、指导、鼓励有机结合起来，使来访者建立正确对待和处理问题的自信心。

2. 尊重信任原则

在干预过程中，治疗师需要全神贯注倾听来访者的诉求，用同情、理解的目光和鼓励、启发式的提问方式来面对来访者。同时，也需要来访者充分尊重和信任治疗师，积极配合治疗，这样治疗过程才能顺利。

3. 保密原则

保密原则是心理干预中最重要的一条原则，要求治疗师不得把治疗过程中获得的保密资料泄露给第三方。除特殊情况外，比如当成瘾者存在明显的自杀企图，治疗师应与相关人员练习，尽可能避免出现不良后果，或者当成瘾者存在危害他人或社会的情况，治疗师应当避免他人伤害而做好防御工作。

4. 帮助成瘾者自律自立的原则

在心理干预过程中，治疗师应该有意识培养并且增强成瘾者自我解决问题的能力。随着治疗成效的推进，帮助的作用应该逐渐弱化，而成瘾者的自我能力应逐渐地加强。

5. 客观中立原则

治疗师在对来访者进行心理干预的过程中应该保持中立的立场，不将自身的价值观以及情感介入来访者的治疗中。此外，应该明确自身作为引导的角色，不随意替来访者做决定，而是保持中立的态度，让来访者根据自身情况做决定。

6. 关系限定原则

治疗师应尽量避免与来访者有超出工作以外的个人接触，与来访者的关系应保持在专业关系的范围内，保持恰当的距离，避免过度纠缠，比如应在工作时间进行接触，以及在工作场所进行双方见面等。

7. 时间限定原则

心理干预需要遵守一定的时间限制。一般而言，每次见面会谈的时间控制在一小时以内，每次会谈解决一个问题。治疗过程中控制时间十分重要，能够推动治疗过程的顺利开展，对来访者的成长具有积极意义。

（三）心理干预的方法

1. 心理调适

心理调适，亦称心理调节，是指运用心理科学的方法对认知、情绪、意志、意向等心理活动进行调整，改变个体心理活动绝对强度，减低或加强心理力量，改变心理状态性质，以保持或恢复正常状态的实践活动。心理调适分自我调适与他人调适两种，既可以自己进行心理调适，也适用于帮助别人进行调适。

其方法有认知结构调节、情绪调节、意志调节、个体调节以及注意记忆调节等作用。适用于临床心理诊断治疗、智力矛盾、应激救危困境等。

2. 认知行为治疗

认知行为治疗（简称 CBT）是根据认知过程影响行为的理论假设，通过认知和行为技术首先改变患者的不良认知，从而矫正不良行为的一种心理治疗。对物质依赖者的认知行为治疗，由 Beck 等于 20 世纪 70 年代中期首先开展，其理论基础是通过识别和改变其不正确的认知，来减少或消除不良行为（如物质滥用）和情绪，从而缓解来访者的痛苦并减轻其相关症状。

认知行为治疗可以用于治疗许多疾病和心理障碍，如抑郁症、焦虑症、神经性厌食症、性功能障碍、药物依赖、恐怖症、慢性疼痛、精神病的康复期治疗等。其中最主要的是治疗情绪抑郁病人，尤其对单相抑郁症的成年病人来说是一种有效的短期治疗方法。

3. 家庭治疗

家庭治疗是对包括从家庭水平进行评估与治疗的治疗方法的统称。在家庭治疗当中，家庭被看作是一个系统，系统中成员之间是密切相关的，任何一个成员的改变都会影响其他家庭成员的改变，从而导致整个家庭结构发生变化。家庭治疗利用家庭的力量解决药物滥用等问题。

家庭治疗始于 20 世纪 70 年代中期，把成瘾者放置于家庭系统内考虑，以整个家庭作为治疗单位，以改善家庭内部的关系（比如导致物质滥用的不良家庭内部沟通模式）为治疗重点，通过与所有家庭成员或成瘾者自身进行单独会谈干预而帮助他们解决问题。

常见的物质依赖家庭治疗主要分为以下两种类型：

（1）结构式家庭治疗

结构式家庭治疗认为，家庭是随着时间改变的，通过自身可以不断适应并重新构造以持续其功能；家庭次系统的界限应该清晰而坚固，但又必须有足够的弹性，在情况改变时能够重新结盟；家庭用于适应压力的方法，应该是在能够延续家庭的生命的同时，又能重建家庭结构。

结构式家庭治疗的主要技巧包括以下 3 种：

连接。连接是指社会工作者在接触案主家庭的过程中，要促使自己临时变成家庭系统的一分子，更好地融入家庭。

集中焦点。社会工作者在与家庭会谈的过程中，要始终把注意力放在问题相关的话题上。在交流的技巧上，也要善于控制好话题的范围，将话题围绕问题展开，并适时地在家庭会谈过程中给予总结和解释。

重演。社会工作者可以请求家庭成员重演一些特定的生活片段或某件事的过程，以便于工作者从旁进行观察，探知事情发生的原因和症结所在。

（2）策略式家庭治疗

短期策略家庭治疗（Brief Strategic Family Therapy，简称 BSFT）是用来针对由于多种问题行为而引发的青少年药物滥用问题。这些并发式问题行为包括家庭和学校的问题行为，如逆反行为、越轨行为、结交亚文化朋友圈、暴力行为和危险性行为等。短期策略家庭治疗注重解决痛苦的方式，而不是探究对痛苦的解释。

策略式家庭治疗的主要技巧包括以下 3 种：

关注此刻的状态。社会工作者需要关注的是家庭成员现存的互动状态，因为过去的互动情况已经从现在的互动中表现出来了，这个家庭目前的状态已经能够反映问题所在。因此社会工作者可以使成员按照平时应有的状态进行交流，并且在此过程中给予及时的回应与引导，在这个过程中使用技巧的效果是最好的。

重构。重构是社会工作者创造一个不同的视角或框架，而不是使案主家庭处于原来存在的状态。社会工作者需要用一种信任的方式去向案主家庭“出售”这一理念。从系统取向的目的来说，认知重建是为了改变家庭成员间的互动。其中，改变消极因素是重要的一点，包括责备、轻视、无理的言辞等表现。

瓦解三角关系。当权利较小的第三人加入两个人的冲突之中，就形成一种三角关系。家庭治疗有一条基本理论，解决两个人之间冲突的唯一方法，就是去三角化，正视他们两者之间的冲突。

4. 动机强化

动机强化治疗认为，药物依赖者的内在戒毒动机是发生改变的真正动力与关键因素。药物依赖者的戒毒动机不是指其内在拥有的某种特征，不是固定不变的，而是表现在戒毒者的态度、认知、情绪及行为的改变过程中。戒毒动机是多维度的、动态变化的，受内在因素如个人的知识、态度及外在因素如环境、家庭、治疗等因素的影响。因此咨询者可以采用一定的治疗策略来影响这些因素，激发戒毒动机而促进改变。

动机强化采用一定的访谈技巧来帮助来访者认识到自身的问题所在，强化成瘾者作出改变自己成瘾行为的动机，并帮助改变成瘾者的成瘾行为。其中，治疗者主要扮演激发者的角色，有时兼作教育者和合作者的角色，其目的是应用一定的心理治疗技术来激发药物依赖者自身的改变动机，然后制订计划，采取行动改变，这一过程就像一个向导带领药物依赖者康复的过程。

（1）基本原则

表达共情。需要从对方的角度来尊重和理解来访者的经历及其感受与需求，提供支持性、引导性的咨询，以促进其改变。

呈现差距。帮助、引导来访者集中注意力发现目前行为与所希望的生活之间的差距，并且认识到差距的产生与滥用成瘾物质有关，这能够在一定程度上强化其改变物质滥用行为的愿望。

避免争论。在咨询过程中，需要尊重和接纳来访者的观点和意见，而并非试图说服来访者。

化解阻抗。运用咨询技巧尽快取得来访者的配合与信任，改变也意味着不适感的伴随，面对这种现象，应该调整相应咨询策略进行化解。

支持自信。支持来访者的自信心，提高其自我效能感，促进其改变。

（2）基本步骤

反馈。咨询者通过评估来访者药物使用的方式和问题，进行信息反馈，保证来访者能够了解目前药物滥用对自身带来的影响和危害。

责任。对于药物滥用问题如何处理，咨询者尊重来访者自己的选择，强调改变是来访者自己的责任。

建议。咨询者以非评判性方式为来访者提供一些减少或停止药物使用相关危害方面的建议。

改变菜单。咨询者根据来访者的问题，提供可供他们自身选择的改变策略，能够进一步激发其改变动机，提升其自我控制能力和责任感。

共情。通过给予来访者尊重、理解和接纳，与来访者之间建立良好的、相互信任的治疗关系，提升积极的咨询和治疗效果。

提升自我效能感。帮助来访者建立自信和乐观情绪，让其相信自身有能力对使用药物行为作出改变。

5. 行为强化

行为强化是根据斯金纳的操作性条件反射原理而设计的，目的在于通过强化（奖励）而使某种期望的良好行为出现的一项行为技术。行为强化的方法主要包括塑造、代币管制法、消退法等。

（1）行为强化的方法

塑造。这是行为治疗中最常用的方法之一。塑造是通过强化的手段，矫正人的行为，使之逐步接近某种适应性行为模式。塑造过程中，采用正强化手段，一旦所需行为出现，立即给予强化。在塑造方法的应用时，要注意制定适当的目标。比如要塑造什么行为，每一步应怎么做，每步都要制定出可以给予强化的标准。在这一过程中要注意，有时标准可能定得高了，对方一下子达不到，需作出调整，把标准降下来一些。另外要有意制造利于对方出现此行为的环境。在治疗过程中，治疗者可创造良好的治疗气氛，利用此法帮助来访者一步步接近治疗目标。

代币管制法。代币管制是一种利用强化原理促进更多的适应性行为出现的方法。这是使用有形的可以得到实物奖励的正强化的方式之一。代币指可以在某一范围内兑换物品的证券，其形式有小红旗、小铁牌、小票券等。来访者可用这些证券换取自己所需的物品。我国许多精神病医院，已采用此法管理病人，使精神病人的不良行为减少，生活逐渐好转。此法亦可用于培养儿童的适应性行为。在治疗过程中，直接使用此法的机会可能很少，但治疗者可将此法教给来访者本人，或应用于集体治疗之中。

消退法。这种方法采用的方式是对不适应的行为不予注意，不给予强化使之渐趋削弱直到消失。在使用消退法时，注意要同时强化对方出现的适应性行为。而且一定要坚持使用，因为往往在开始时，情况可能比以往更糟。例如，小孩借哭闹的方式引起大人注意，若大人对此不予理会，孩子可能会以更激烈的行为吸引大人关注。此时，一定要坚持这样做下去，若稍有动摇去注意小孩，那么这种行为就会变成一种不定期的强化而使其不良行为不易消退。

（2）列联管理

列联管理是用于治疗物质依赖的一种最常用的行为强化治疗方法，能提高成瘾者的治疗依从性和治疗效果。列联管理是一种行为强化干预方法，是根据斯金纳的操作性条件反射和行为列联原理而建立的一种行为治疗，即建立某种行为时如果得到强化，就会增加将来再次发生该行为的机会。

列联管理的理论基础认为，人的行为是后天习得的。正性（阳性）的强化（奖励）指个体为了获得所希望的行为结果而维持或增加某些行为，而负性（阴性）的强化（惩罚）指个体为了避免不良的行为后果而减少或消除某些行为。物质依赖行为强化治疗认为药物滥用是环境因素与生物学因素共同作用的结果，正性强化因素可以影响物质滥用者的行为选择，从而增强物质滥用者的内在治疗动机，即戒断物质滥用的真正动力和关键因素。列联管理的干预方法主要包括代金券法和金鱼缸抽签法两种。

6. 其他心理干预方法

（1）暴露疗法

21 世纪初，系统脱敏疗法被我国引入用于治疗戒毒人员的心理与行为问题。按照由弱到强、由虚拟情境到真实情境的刺激强度，逐渐训练吸毒人员拒绝毒品的心理承受力和忍耐力，促使其达到对真实毒品和吸毒情境保持正常或接近正常的身心状态。

运用系统脱敏疗法的治疗原理，为戒毒人员呈现不同强度的刺激物，包括毒品或吸毒体验的暗示，毒品图片和仿真毒品，吸毒过程视频，真实毒品，模拟吸毒现场。制定因不同强度刺激物引起不同等级的焦虑治疗方案，改善戒毒人员大脑机能，逐步恢复其正常的“快乐机制”，帮助戒毒人员提高对毒品的抵抗能力，有效应对外在应激事件、不良情绪、家庭、失业等问题，让其不再产生复吸的冲动，消除过去的吸毒体验造成的焦虑，最终拥有一个健全的人格和良好的社会适应，达到降低毒品渴求度的效果。

（2）表达性艺术治疗

表达性艺术治疗作为一种心理治疗方法，以各种艺术活动为媒介，来调节、改变情绪，促进个体认知和行为的改变，最后实现身心功能整合。主要运用于团体心理辅导，解决心理和生理问题。

表达性艺术治疗是一种运用于团体心理辅导的团体心理咨询模式。治疗过程中，在追求艺术美的同时，要发挥表达性艺术的多元功能，唤醒团体成员的无意识，激活团体成员的原始动力，并通过成员之间的动力传递与能量渗透，赋予艺术元素以特殊的心理意义。在整合心理资源、拓展心理空间的过程中，达到心灵成长的目的。表达性艺术治疗主要应用于人际交往辅导、创伤性情感辅导等。艺术表达的方式使用最多的是绘画疗法、音乐疗法、家庭雕塑。

表达性艺术治疗因其独特的治疗模式在个体和团体心理辅导中具有广泛的应用，能够为人际交往障碍、创伤性情感体验、心理危机干预提供帮助。

（3）正念疗法

研究表明，正念干预对戒毒人员正念水平和睡眠质量都有良好的改善效果；能够减轻其成瘾行为并缓解焦虑症状；能够提高其个体接纳度，使其更好地接纳自己；能够增强其控制力，提高对毒品的忍耐性，降低毒品渴求度。还可以缓解戒毒人员的身体不适，改善其不良情绪及睡眠质量。因此为了提高戒毒人员的情绪调节能力，改善其负性情绪，以及降低他们的毒品渴求，可以选择运用正念疗法针对戒毒人员的心理健康进行干预。

正念练习首先要让戒毒人员知道心理渴求反应是一种身体感觉，而不是必须要采取某种行为的必要行为。戒毒人员通过观察自身，忍受毒品刺激带来的身体不适或负性情绪，提高对当下的专注力，把渴求状态视为短暂的认知和情感现象，在练习的过程中，调动大脑的社交神经网络来帮助自身内在更加和谐，并使身心更加健康，更好地适应社会。

四、社会工作干预方法

社会工作是一种职业化的助人活动，是秉持“助人自助”的价值观，运用科学的方法解决社会问题、开展助人社会活动的一门专业性服务。长期以来我国禁毒工作主要采用“司法控制”模式，即以强制与劳动的方法促使吸毒人员生理脱毒，再辅之以思想教育。然而，吸毒人员还面临着社会认知、家庭接纳、社会支持等问题，这些问题通过严厉性处罚、补救性管理与经验性帮教并不能解决。戒毒康复包括身体的康复、心理的康复和社会的康复，因此，禁毒领域需要引入社会工作专业力量，社会工作者通过专业干预的方法，帮助戒毒人员重建和恢复社会功能，更好地回归社会，进一步维护社会秩序的有效运行。

禁毒社会工作的应用场域主要有：强制隔离戒毒场所内的帮教服务、社区戒毒社区康复服务、美沙酮门诊治疗服务以及禁毒预防宣传教育等。

国家禁毒办等 12 部委办颁发的《关于加强禁毒社会工作者队伍建设的意见》中提出禁毒社会工作者的四大职业任务，包括提供戒毒康复服务、开展帮扶救助服务、参与禁毒宣传教育服务以及协助开展有关禁毒管理事务。

（一）提供戒毒康复服务

调查了解戒毒康复人员行动趋向、生活状况、社会关系、现实表现等情况，开展戒毒康复人员心理社会需求评估。

为戒毒康复人员提供心理咨询和心理疏导、认知行为治疗、家庭关系辅导、自我管理能力和社会交往能力提升等专业服务。

帮助戒毒康复人员调适社区及社会关系，营造有利于戒毒康复的社会环境。

开展有利于戒毒康复人员社会功能修复的其他专业服务。

（二）开展帮扶救助服务

为戒毒康复人员链接生活、就学、就业、医疗和戒毒药物维持治疗等方面的政府资源与社会资源。

组织其他专业力量和志愿者为戒毒康复人员及其家庭提供服务，协助解决生活困难，提升生计发展能力，改善社会支持网络，促进社会融入。

（三）参与禁毒宣传教育

参与组织禁毒宣传活动、普及毒品预防和艾滋病防治等相关知识、宣传禁毒政策和工作成效，增强公民禁毒意识，提高公民自觉抵制毒品的能力。

倡导禁毒社会工作理念，减低并消除社会歧视与排斥。

（四）协助开展有关禁毒管理事务

协助开展吸毒人员排查摸底工作。

协助建立相关档案资料，做好工作台账，对工作对象的戒毒康复情况进行定期评估。

协助做好强制隔离戒毒人员出所衔接，督促、帮助社区戒毒社区康复人员和戒毒药物维持治疗人员履行协议，努力减少现实危害。

发现社区戒毒社区康复人员拒绝报到或严重违反协议的、参加戒毒药物维持治疗人员严重违反治疗规定的，向乡镇（街道）禁毒工作机构报告，协助收集提供有关材料。

五、道德及其他社会干预方法

（一）道德约束

道德约束是指以美德、社会舆论、风俗习惯等对个人的吸毒行为施加心理压力，达到禁止或者改变其行为的目的。

因此，营造无毒的社会氛围，进行毒品预防宣传教育尤为重要。一方面，在潜移默化的意识形态教育中对社会大众进行自我行为的约束和规范；另一方面，通过“无毒社区”等社会良好氛围的营造，告诫社会大众，一旦吸食毒品所需要承担的道德谴责风险、舆论压力以及社会歧视等代价，能够对社会大众起到更好的道德文化约束。

（二）其他社会约束

1. 宗教信仰

通过培养和建立戒毒人员的宗教信仰，纠正戒毒人员对毒品的认知以及吸毒行为。目前国内发展较快的是运用基督教信仰对戒毒人员进行认知和行为干预的福音戒毒。福音戒毒借着基督教的力量，不靠药物或医护人员，只靠宗教信仰来戒毒。在我国港澳台地区都有福音戒毒的机构。

福音戒毒参加的条件是必须自己有意愿放弃毒品，在一段时间内（至少数个月）要和其他的戒毒者过宗教式团体生活。因为没有使用到美沙酮等药物，加上社会支持、收费低廉，有的甚至免费，福音戒毒成功协助了一些人脱离毒品，重新在社会中站立起来，这些人甚至还帮助其他的受害者脱离毒品的控制，重新找回自己的尊严和自由。

2. 乡规民约

为了规范村民的行为，维护广大村民的利益，村委会通过制定乡规民约，对吸食毒品的村民实施相应的惩罚措施。比如，享受相关政策红利、田地以及生产工具分配的资格免除甚至直接没收。吸毒也就意味着信用资本的丧失，在以农耕经济为主的农村地区，劳作资源的丧失会使一个家庭失去主要的经济来源，难以维持生存。村委会利用村规民约这一柔性社会约束力量能够对吸毒行为产生较好的震慑作用。

3. 企业规章

有的企业规章制度或行业规定也明确制定了对吸毒人员的行业准入限制，其中包括公交车、网约车、长途客运等营运车辆人员，娱乐业从业人员、旅游业从业人员、幼儿园从业人员等。根据《娱乐场所管理条例》规定，有因吸食、注射毒品曾被强制戒毒情形的人员，不得开办娱乐场所或在娱乐场所内从业。《网络预约出租汽车经营服务管理暂行办法》规定，网约车司机应当无吸毒记录。《城市公共汽车和电车客运管理规定》明确，从事城市公共汽电车客运的驾驶员、乘务员需无吸毒记录。《旅行社经理资格认证管理规定》明确，有赌博、吸毒、嫖娼等不宜从事旅游工作的不良行为的人员，不得参加旅行社经理资格考试。《幼儿园工作规程》规定，有犯罪、吸毒记录和精神病史者不得在幼儿园工作。近年来，不少企业在毒品预防中开始主动承担社会责任，扮演着重要角色。比如，政府联同企业共同开展对职工的专项尿检、毛发检测活动，企业积极配合毒品检测、以身作则，有利于营造良好的企业氛围，维持社会秩序。

4. 帮扶救助

政府职能部门和社会企业家专门为戒毒人员建立戒毒康复场所，如广东的三水康福苑、北京的天康戒毒康复所、云南的雨露社区等。在这种场所里，戒毒人员正常参加劳动，取得相应的报酬，进行长期戒毒康复。此外，一些药物维持治疗机构，提供维持治疗服务如美沙酮服务，也成为自愿戒毒人员进行主动戒毒康复的场所。

参与帮扶救助的力量从以往单一的强制性力量，扩充为由社区街道工作人员、村委会干部、大学生村官、志愿者、吸毒人员亲属和戒毒成功人士等组成的多元社会力量。

参考文献

［1］郝伟，刘铁桥．成瘾医学精要［M］．北京：人民卫生出版社，2014.

［2］郝伟，赵敏，李锦．成瘾医学理论与实践［M］．北京：人民卫生出版社，2016.

［3］赵敏，张瑞敏．戒毒社会工作基础［M］．北京：军事医学科学出版社，2010.

［4］施红辉，李荣文，蔡燕强．毒品成瘾矫治概论［M］．北京：科学出版社，2009.

［5］孙超，于海食，等．洋金花的现代研究［J］．中国医药指南，2013，11（26）：48-49.

［6］田唤，范存欣，罗春花，等．正念防复吸疗法对女性戒毒人员稽延性戒断症状的干预研究［J］．中华行为医学与脑科学杂志，2011（9）：806-808.

［7］江红，胡玉珍，宋娟．6 例 HIV 阳性吸毒者在自愿戒毒中的护理［J］．中国药物滥用防治杂志，2006，12（6）：360-361.

［8］杜颖，刘祺，谭常赞．34 例女性甲基苯丙胺依赖者共病情况鉴定分析［J］．中国药物滥用防治杂志，2016（04）：201-204.

［9］陈福明，车孟春，袁传兵，等．系统脱敏疗法在强制隔离戒毒工作中的引入与应用［J］．犯罪与改造研究，2010（9）：34-38.

［10］刘卫．"系统脱敏疗法"在戒毒治疗中的疗效评价［J］．中国药物滥用防治杂志，2006，12（3）：128-131.

［11］罗旭，刘雄文．系统脱敏疗法在强制隔离戒毒中的运用［J］．湖南警察学院学报，2017，29（02）：27-32.

［12］李栋．吸毒人员的艾滋病防治问题研究进展［J］．世界最新医学信息文摘：连续型电子期刊，2013（34）．

［13］孙秋生，李冠军，李娜，等．强制隔离戒毒人员心理健康状况分析［J］．中国药物依赖性杂志，2009（4）：82-85.

［14］郝伟．行为成瘾是否将成为一个新的疾病单元［J］．中华精神科杂志，2013，46（1）：1-3.

［15］刘金华，吴爱勤．海洛因依赖稽延性戒断症状的研究进展［J］．中国药物依赖性杂志，2008（03）：169-172.

［16］蔡兴慧，宋小鸽．中医药治疗稽延性戒断症状的研究概况［J］．安徽中医学院学报，2007（06）：58-60.

［17］王丽俊，李仁鸿．海洛因依赖者稽延性戒断症状的护理［J］．中国民康医学，2005（01）：55-56.

［18］赵敏，郝伟，李静．酒精相关障碍的非药物治疗［J］．中国药物滥用防治杂志，2018，24（02）：63-65.

［19］张百敏，马永慧．成瘾分析的两种进路：道德模型与疾病模型［J］．医学与哲学（A），2017，38（12）：1-4.

［20］黄书才，朱早晨，杨铖，谌红献，郝伟．药物成瘾行为相关学习记忆的研究现状［J］．中国药物依赖性杂志，2017，26（04）：293-299.

［21］何凤英，农彩云．酒脱瘾治疗中的护理风险及干预［J］．中外医疗，2011，30（30）：28-30.

［22］林杰，徐雨佳，杜辉，李洁，王俊杰．美沙酮与丁丙诺啡对海洛因依赖者脱瘾治疗效果比较［J］．国际医药卫生导报，2006（19）：56-58.

［23］周慧星，严序春．海洛因依赖者脱瘾治疗中的心理护理［J］．中国药物滥用防治杂志，2004（01）：43-44.

［24］姚文豪．阿片类脱瘾治疗——卡马西平合并氯氮平与可乐定合并硝基安定的疗效比较［J］．中国药物滥用防治杂志，2000（01）：28-30+41.

［25］齐廷荣．心理护理在脱瘾治疗中的应用［J］．天津护理，1997（04）：158-160.

［26］向小勇，李中祥，宋建华，毛晓霞，董克文．戒毒复康灵对海洛因依赖脱瘾治疗中的作用［J］．临床精神医学杂志，1997（03）：19.

［27］刘国清，郑有顺．阿片类药物脱瘾治疗研究进展［J］．中国中西医结合杂志，1996（12）：754-756.

［28］吴淑花．心理干预对戒毒人员信心及负性情绪的效果评价［D］．华中科技大学，2009.

［29］邓平．心理干预对情绪调节困难的戒毒人员焦虑和自我怜悯水平的影响［C］．浙江省心理卫生协会第十二届学术年会暨浙江省第三届心理咨询师大会．

［30］Nora D. Volkow，George F. Koob，A. Thomas McLellan. Neurobiologic Advances from the Brain Disease Model of Addiction［J］. NEJM，2016，374（4）：363-371.

［31］Dan L H. Angres，Kathy Bettinardi-Angres. The Disease of Addiction：Origins，Treatment，and Recovery［J］. Dis Mon，2008，54（10）：696-721.

［32］George F. Koob，Nora D. Volkow. Neurocircuitry of Addiction［J］. Neuropsy-chopharmacology Reviews，2010，35（1）：217-238.

［33］Milton AL，Everitt BJ. The Persistence of Maladaptive Memory：Addiction，Drug Memories and Anti-relapse Treatments［J］. Neurosci BiobehavRev，2012，36（4）：1119-1139.

第三章　禁毒工作法律法规与政策

第一节　我国现行涉及禁毒的相关法律法规

我国现行的禁毒相关的法律法规包括《中华人民共和国刑法》《中华人民共和国禁毒法》《中华人民共和国治安管理处罚法》《中华人民共和国药品管理法》《戒毒条例》等。本章将结合法律法规内容，具体阐述。

一、《中华人民共和国刑法》

在《中华人民共和国刑法》（以下简称刑法）分则第六章“妨碍社会管理秩序罪”的第七节中规定了“走私、贩卖、运输、制造毒品罪”，对毒品犯罪有着详细的规定，涉及内容有毒品犯罪的罪名、量刑标准、刑罚、犯罪的毒品类型等。具体规定如下：

（一）走私、贩卖、运输、制造毒品罪

刑法第三百四十七条规定，走私、贩卖、运输、制造毒品，无论数量多少，都应当追究刑事责任，予以刑事处罚。走私、贩卖、运输、制造毒品，有下列情形之一的，处十五年有期徒刑、无期徒刑或者死刑，并处没收财产：

（1）走私、贩卖、运输、制造鸦片一千克以上、海洛因或者甲基苯丙胺五十克以上或者其他毒品数量大的；

（2）走私、贩卖、运输、制造毒品集团的首要分子；

（3）武装掩护走私、贩卖、运输、制造毒品的；

（4）以暴力抗拒检查、拘留、逮捕，情节严重的；

（5）参与有组织的国际贩毒活动的。

具体量刑标准为：走私、贩卖、运输、制造鸦片二百克以上不满一千克、海洛因或者甲基苯丙胺十克以上不满五十克或者其他毒品数量较大的，处七年以上有期徒刑，并处罚金。走私、贩卖、运输、制造鸦片不满二百克、海洛因或者甲基苯丙胺不满十克或者其他少量毒品的，处三年以下有期徒刑、拘役或者管制，并处罚金；情节严重的，处三年以上七年以下有期徒刑，并处罚金。单位涉嫌犯罪，对单位判处罚金，并对其直接负责的主管人员和其他直接责任人员，依照相关规定处罚。

其中利用、教唆未成年人走私、贩卖、运输、制造毒品，或者向未成年人出售毒品的，从重处罚。对多次走私、贩卖、运输、制造毒品，未经处理的，毒品数量累计计算。

（二）非法持有毒品罪

刑法第三百四十八条规定，非法持有鸦片一千克以上、海洛因或者甲基苯丙胺五十克以上或者其他毒品数量大的，处七年以上有期徒刑或者无期徒刑，并处罚金。非法持有鸦片二百克以上不满一千克、海洛因或者甲基苯丙胺十克以上不满五十克或者其他毒品数量较大的，处三年以下有期徒刑、拘役或者管制，并处罚金；情节严重的，处三年以上七年以下有期徒刑，并处罚金。

（三）包庇毒品犯罪分子罪；窝藏、转移、隐瞒毒品、毒赃罪

刑法第三百四十九条规定，包庇走私、贩卖、运输、制造毒品的犯罪分子的，为犯罪分子窝藏、转移、隐瞒毒品或者犯罪所得的财物的，处三年以下有期徒刑、拘役或者管制；情节严重的，处三年以上十年以下有期徒刑。

缉毒人员或者其他国家机关工作人员掩护、包庇走私、贩卖、运输、制造毒品的犯罪分子的，依照相关规定从重处罚。

两罪通犯，事先通谋的，以走私、贩卖、运输、制造毒品罪的共犯论处。

（四）非法生产、买卖、运输制毒物品、走私制毒物品罪

刑法第三百五十条规定，违反国家规定，非法运输、携带醋酸酐、乙醚、三氯甲烷或者其他用于制造毒品的原料或者配剂进出境的，或者违反国家规定，在境内非法生产、运输买卖上述物品的，处三年以下有期徒刑、拘役或者管制，并处罚金；情节严重的，处三年以上十年以下有期徒刑，并处罚金。

明知他人制造毒品而为其提供相关物品的，以制造毒品罪的共犯论处。单位涉嫌犯罪，对单位判处罚金，并对其直接负责的主管人员和其他直接责任人员，依照相关规定处罚。

（五）非法种植毒品原植物罪

刑法第三百五十一条规定，非法种植罂粟、大麻等毒品原植物的，一律强制铲除。有下列情形之一的，处五年以下有期徒刑、拘役或者管制，并处罚金：

（1）种植罂粟五百株以上不满三千株或者其他毒品原植物数量较大的；

（2）经公安机关处理后又种植的；

（3）抗拒铲除的。

量刑标准为非法种植罂粟三千株以上或者其他毒品原植物数量大的，处五年以上有期徒刑，并处罚金或者没收财产。

非法种植罂粟或者其他毒品原植物，在收获前自动铲除的，可以免除处罚。

（六）非法买卖、运输、携带、持有毒品原植物种子、幼苗罪

刑法第三百五十二条规定，非法买卖、运输、携带、持有未经灭活的罂粟等毒品原植物种子或者幼苗，数量较大的，处三年以下有期徒刑、拘役或者管制，并处或者单处罚金。

（七）引诱、教唆、欺骗他人吸毒罪；强迫他人吸毒罪

刑法第三百五十三条规定，引诱、教唆、欺骗他人吸食、注射毒品的，处三年以下有期徒刑、拘役或者管制，并处罚金；情节严重的，处三年以上七年以下有期徒刑，并处罚金。强迫他人吸食、注射毒品的，处三年以上十年以下有期徒刑，并处罚金。引诱、教唆、欺骗或者强迫未成年人吸食、注射毒品的，从重处罚。

（八）容留他人吸毒罪

刑法第三百五十四条规定，容留他人吸食、注射毒品的，处三年以下有期徒刑、拘役或者管制，并处罚金。

（九）非法提供麻醉药品、精神药品罪

刑法第三百五十五条规定，依法从事生产、运输、管理、使用国家管制的麻醉药品、精神药品的人员，违反国家规定，向吸食、注射毒品的人提供国家规定管制的能够使人形成瘾癖的麻醉药品、精神药品的，处三年以下有期徒刑或者拘役，并处罚金；情节严重的，处三年以上七年以下有期徒刑，并处罚金。向走私、贩卖毒品的犯罪分子或者以牟利为目的，向吸食、注射毒品的人提供国家规定管制的能够使人形成瘾癖的麻醉药品、精神药品的，依照相关规定定罪处罚。

单位涉嫌犯罪，对单位判处罚金，并对其直接负责的主管人员和其他直接责任人员，依照相关规定处罚。

（十）毒品犯罪的再犯

刑法第三百五十六条规定，因走私、贩卖、运输、制造、非法持有毒品罪被判过刑，又犯刑法规定之罪的，从重处罚。

（十一）毒品的范围和毒品数量的计算

刑法第三百五十七条规定，刑法所称的毒品，是指鸦片、海洛因、甲基苯丙胺（冰毒）、吗啡、大麻、可卡因以及国家规定管制的其他能够使人形成瘾癖的麻醉药品和精神药品。

毒品的数量以查证属实的走私、贩卖、运输、制造、非法持有毒品的数量计算，不以纯度折算。

二、《中华人民共和国禁毒法》

《中华人民共和国禁毒法》（以下简称禁毒法）的制定是为了打击和预防毒品违法犯罪行为。禁毒法是我国第一部禁毒单行法，标志着我国禁毒法制建设取得重大成果。本节中列出的内容都是与禁毒专职工作人员的日常工作相关的规定，以帮助禁毒社工更好地理解禁毒法和禁毒日常工作。

（一）禁毒工作的方针和机制

禁毒法第四条规定禁毒工作实行预防为主，综合治理，禁种、禁制、禁贩、禁吸并举的方针。禁毒工作实行政府统一领导，有关部门各负其责，社会广泛参与的工作机制。

（二）禁毒工作的职责部门

禁毒法第五条规定国务院设立国家禁毒委员会，负责组织、协调、指导全国的禁毒工作。县级以上地方各级人民政府根据禁毒工作的需要，可以设立禁毒委员会，负责组织、协调、指导本行政区域内的禁毒工作。

（三）禁毒宣传教育的职责部门

禁毒法第二章规定了国家、各级政府、基层组织、教育部门、新闻媒体单位等，以及企事业单位、社会团体、未成年人监护人的禁毒宣传责任。

（四）社区戒毒的决定机关、执行机关、期限、执行地

禁毒法第三十三条规定，对吸毒成瘾人员，公安机关可以责令其接受社区戒毒，同时通知吸毒人员户籍所在地或者现居住地的城市街道办事处、乡镇人民政府。社区戒毒的期限为三年。戒毒人员应当在户籍所在地接受社区戒毒；在户籍所在地以外的现居住地有固定住所的，可以在现居住地接受社区戒毒。

社区戒毒的决定机关是公安机关，执行机关是城市街道办事处、乡镇人民政府。

（五）负责社区戒毒的机关

禁毒法第三十四条规定，城市街道办事处、乡镇人民政府负责社区戒毒工作。城市街道办事处、乡镇人民政府可以指定有关基层组织，根据戒毒人员本人和家庭情况，与戒毒人员签订社区戒毒协议，落实有针对性的社区戒毒措施。公安机关和司法行政、卫生行政、民政等部门应当对社区戒毒工作提供指导和协助。城市街道办事处、乡镇人民政府，以及县级人民政府劳动行政部门对无职业且缺乏就业能力的戒毒人员，应当提供必要的职业技能培训、就业指导和就业援助。

（六）适用于强制隔离戒毒的情况

禁毒法第三十八条规定，吸毒成瘾人员有下列情形之一的，由县级以上人民政府公安机关作出强制隔离戒毒的决定：

（1）拒绝接受社区戒毒的；

（2）在社区戒毒期间吸食、注射毒品的；

（3）严重违反社区戒毒协议的；

（4）经社区戒毒、强制隔离戒毒后再次吸食、注射毒品的。

对于吸毒成瘾严重，通过社区戒毒难以戒除毒瘾的人员，公安机关可以直接作出强制隔离戒毒的决定。

吸毒成瘾人员自愿接受强制隔离戒毒的，经公安机关同意，可以进入强制隔离戒毒场所戒毒。

（七）强制隔离戒毒的期限

禁毒法第四十七条规定，强制隔离戒毒的期限为二年。

执行强制隔离戒毒一年后，经诊断评估，对于戒毒情况良好的戒毒人员，强制隔离戒毒场所可以提出提前解除强制隔离戒毒的意见，报强制隔离戒毒的决定机关批准。

强制隔离戒毒期满前，经诊断评估，对需要延长戒毒期限的戒毒人员，由强制隔离戒毒场所提出延长戒毒期限的意见，报强制隔离戒毒的决定机关批准。强制隔离戒毒的期限最长可以延长一年。

（八）不适用于强制隔离戒毒的责令其社区戒毒

根据禁毒法第三十九条规定，怀孕或者正在哺乳自己不满一周岁婴儿的妇女吸毒成瘾的，不适用强制隔离戒毒；不满十六周岁的未成年人吸毒成瘾的，可以不适用强制隔离戒毒。不适用强制隔离戒毒的吸毒成瘾人员，依照相关规定进行社区戒毒。

（九）社区康复的适用情形

禁毒法第四十八条规定，对于被解除强制隔离戒毒的人员，强制隔离戒毒的决定机关可以责令其接受不超过三年的社区康复。

（十）戒毒人员的权利保障

禁毒法第五十二条规定，戒毒人员在入学、就业、享受社会保障等方面不受歧视。有关部门、组织和人员应当在入学、就业、享受社会保障等方面对戒毒人员给予必要的指导和帮助。

禁毒法第七十条规定，有关单位及其工作人员在入学、就业、享受社会保障等方面歧视戒毒人员的，由教育行政部门、劳动行政部门责令改正；给当事人造成损失的，依法承担赔偿责任。

（十一）禁毒工作人员违法犯罪行为的法律责任

禁毒法第六十九条规定，公安机关、司法行政部门或者其他有关主管部门的工作人员在禁毒工作中有下列行为之一，构成犯罪的，依法追究刑事责任；尚不构成犯罪的，依法给予处分：

（1）包庇、纵容毒品违法犯罪人员的；

（2）对戒毒人员有体罚、虐待、侮辱等行为的；

（3）挪用、截留、克扣禁毒经费的；

（4）擅自处分查获的毒品和扣押、查封、冻结的涉及毒品违法犯罪活动的财物的。

三、《中华人民共和国治安管理处罚法》

《中华人民共和国治安管理处罚法》（以下简称治安管理处罚法）虽然不是直接的关于禁毒的法律法规，但是其中关于毒品违法行为和具体处罚的规定，解决了我国禁毒法律法规在惩治涉毒违法行为的立法和适用上的部分问题。其中关于毒品处罚的内容主要如下：

（一）种植、买卖、运输、携带、储存、使用罂粟及毒品原植物种子

治安管理处罚法第七十一条规定，有下列行为之一的，处十日以上十五日以下拘留，可以并处三千元以下罚款；情节较轻的，处五日以下拘留或者五百元以下罚款：

（1）非法种植罂粟不满五百株或者其他少量毒品原植物的；

（2）非法买卖、运输、携带、持有少量未经灭活的罂粟等毒品原植物种子或者幼苗的；

（3）非法运输、买卖、储存、使用少量罂粟壳的。

其中，有第一项行为的，在成熟前自行铲除的，不予处罚。

（二）持有、提供、吸食、注射毒品，胁迫、欺骗医务人员开具麻醉药品、精神药品

治安管理处罚法第七十二条规定，有下列行为之一的，处十日以上十五日以下拘留，可以并处二千元以下罚款；情节较轻的，处五日以下拘留或者五百元以下罚款：

（1）非法持有鸦片不满二百克、海洛因或者甲基苯丙胺不满十克或者其他少量毒品的；

（2）向他人提供毒品的；

（3）吸食、注射毒品的；

（4）胁迫、欺骗医务人员开具麻醉药品、精神药品的。

（三）教唆、引诱、欺骗他人吸食、注射毒品

治安管理处罚法第七十三条规定，教唆、引诱、欺骗他人吸食、注射毒品的，处十日以上十五日以下拘留，并处五百元以上二千元以下罚款。

（四）通风报信

治安管理处罚法第七十四条规定，旅馆业、饮食服务业、文化娱乐业、出租汽车业等单位的人员，在公安机关查处吸毒、赌博、卖淫、嫖娼活动时，为违法犯罪行为人通风报信的，处十日以上十五日以下拘留。

四、《中华人民共和国药品管理法》

麻醉药品和精神药品是国家规定管制的药品，在药品管理法中规定了国家对麻醉药品、精神药品、医疗用毒性药品、放射性药品、药品类易制毒化学品等实行特殊管理。具体规定情形如下：

（一）受国家特殊管理的药品不得在网络上销售

药品管理法第六十一条规定，疫苗、血液制品、麻醉药品、精神药品、医疗用毒性药品、放射性药品、药品类易制毒化学品等国家实行特殊管理的药品不得在网络上销售。

（二）以易制毒化学品冒充其他药品，或者以其他药品冒充易制毒化学品

药品管理法第一百三十七条规定，以麻醉药品、精神药品、医疗用毒性药品、放射性药品、药品类易制毒化学品冒充其他药品，或者以其他药品冒充上述药品的，在药品管理法规定的处罚幅度内从重处罚。

五、《戒毒条例》

《戒毒条例》制定的目的是为了规范戒毒工作，其中的内容为禁毒法提供了辅助理解和实际操作参考，极大地推动了我国禁毒、戒毒工作的发展。

（一）戒毒工作体制、原则和工作体系

《戒毒条例》第二条规定，县级以上人民政府应当建立政府统一领导，禁毒委员会组织、协调、指导，有关部门各负其责，社会力量广泛参与的戒毒工作体制。戒毒工作坚持以人为本、科学戒毒、综合矫治、关怀救助的原则，采取自愿戒毒、社区戒毒、强制隔离戒毒、社区康复等多种措施，建立戒毒治疗、康复指导、救助服务兼备的工作体系。

（二）戒毒工作的职责部门

《戒毒条例》第四条规定，县级以上地方人民政府设立的禁毒委员会可以组织公安机关、卫生行政和负责药品监督管理的部门开展吸毒监测、调查，并向社会公开监测、调查结果。

县级以上地方人民政府公安机关负责对涉嫌吸毒人员进行检测，对吸毒人员进行登记并依法实行动态管控，依法责令社区戒毒、决定强制隔离戒毒、责令社区康复，管理公安机关的强制隔离戒毒场所、戒毒康复场所，对社区戒毒社区康复工作提供指导和支持。

设区的市级以上地方人民政府司法行政部门负责管理司法行政部门的强制隔离戒毒场所、戒毒康复场所，对社区戒毒社区康复工作提供指导和支持。

县级以上地方人民政府卫生行政部门负责戒毒医疗机构的监督管理，会同公安机关、司法行政等部门制定戒毒医疗机构设置规划，对戒毒医疗服务提供指导和支持。

县级以上地方人民政府民政、人力资源社会保障、教育等部门依据各自的职责，对社区戒毒社区康复工作提供康复和职业技能培训等指导和支持。

（三）社区戒毒/社区康复的负责部门

《戒毒条例》第五条规定，乡（镇）人民政府、城市街道办事处负责社区戒毒社区康复工作。

（四）戒毒医疗机构的职责、义务

《戒毒条例》第九条规定，国家鼓励吸毒成瘾人员自行戒除毒瘾。吸毒人员可以自行到戒毒医疗机构接受戒毒治疗。对自愿接受戒毒治疗的吸毒人员，公安机关对其原吸毒行为不予处罚。

第十条规定，戒毒医疗机构应当与自愿戒毒人员或者其监护人签订自愿戒毒协议，就戒毒方法、戒毒期限、戒毒的个人信息保密、戒毒人员应当遵守的规章制度、终止戒毒治疗的情形等作出约定，并应当载明戒毒疗效、戒毒治疗风险。

第十一条规定，戒毒医疗机构应当履行下列义务：

（1）对自愿戒毒人员开展艾滋病等传染病的预防、咨询教育；

（2）对自愿戒毒人员采取脱毒治疗、心理康复、行为矫治等多种治疗措施，并应当符合国务院卫生行政部门制定的戒毒治疗规范；

（3）采用科学、规范的诊疗技术和方法，使用的药物、医疗制剂、医疗器械应当符合国家有关规定；

（4）依法加强药品管理，防止麻醉药品、精神药品流失滥用。

（五）戒毒药物维持治疗的参与、管理办法

《戒毒条例》第十二条规定，符合参加戒毒药物维持治疗条件的戒毒人员，由本人申请，并经登记，可以参加戒毒药物维持治疗。登记参加戒毒药物维持治疗的戒毒人员的信息应当及时报公安机关备案。

戒毒药物维持治疗的管理办法，由国务院卫生行政部门会同国务院公安部门、药品监督管理部门制定。

（六）社区戒毒的决定机关、负责部门、期限

《戒毒条例》第十三条规定，对吸毒成瘾人员，县级、设区的市级人民政府公安机关可以责令其接受社区戒毒，并出具责令社区戒毒决定书，送达本人及其家属，通知本人户籍所在地或者现居住地乡（镇）人民政府、城市街道办事处。

第十四条规定，社区戒毒的期限为三年，自报到之日起计算。

（七）社区戒毒人员的义务

《戒毒条例》第十四条规定，社区戒毒人员应当自收到责令社区戒毒决定书之日起十五日内到社区戒毒执行地乡（镇）人民政府、城市街道办事处报到，无正当理由逾期不报到的，视为拒绝接受社区戒毒。

第十九条规定，社区戒毒人员应当遵守下列规定：

（1）履行社区戒毒协议；

（2）根据公安机关的要求，定期接受检测；

（3）离开社区戒毒执行地所在县（市、区）三日以上的，须书面报告。

（八）乡（镇）人民政府、城市街道办事处、社区戒毒专职工作人员的相关职责

《戒毒条例》第十五条规定，乡（镇）人民政府、城市街道办事处应当根据工作需要成立社区戒毒工作领导小组，配备社区戒毒专职工作人员，制定社区戒毒工作计划，落实社区戒毒措施。

第十六条规定，乡（镇）人民政府、城市街道办事处，应当在社区戒毒人员报到后及时与其签订社区戒毒协议，明确社区戒毒的具体措施、社区戒毒人员应当遵守的规定以及违反社区戒毒协议应承担的责任。

第十七条规定，社区戒毒专职工作人员、社区民警、社区医务人员、社区戒毒人员的家庭成员以及禁毒志愿者共同组成社区戒毒工作小组具体实施社区戒毒。

第十八条规定，乡（镇）人民政府、城市街道办事处和社区戒毒工作小组应当采取下列措施管理、帮助社区戒毒人员：

（1）戒毒知识辅导；

（2）教育、劝诫；

（3）职业技能培训，职业指导，就学、就业、就医援助；

（4）帮助戒毒人员戒除毒瘾的其他措施。

第二十一条规定，社区戒毒人员拒绝接受社区戒毒，在社区戒毒期间又吸食、注射毒品，以及严重违反社区戒毒协议的，社区戒毒专职工作人员应当及时向当地公安机关报告。

第二十二条规定，社区戒毒人员的户籍所在地或者现居住地发生变化，需要变更社区戒毒执行地的，社区戒毒执行地乡（镇）人民政府、城市街道办事处应当将有关材料转送至变更后的乡（镇）人民政府、城市街道办事处。

（九）严重违反社区戒毒协议的情况

《戒毒条例》第二十条规定，社区戒毒人员在社区戒毒期间，逃避或者拒绝接受检测 3 次以上，擅自离开社区戒毒执行地所在县（市、区）3 次以上或者累计超过 30 日的，属于《中华人民共和国禁毒法》规定的“严重违反社区戒毒协议”。

（十）社区戒毒解除的规定

《戒毒条例》第二十三条规定，社区戒毒自期满之日起解除。社区戒毒执行地公安机关应当出具解除社区戒毒通知书送达社区戒毒人员本人及其家属，并在 7 日内通知社区戒毒执行地乡（镇）人民政府、城市街道办事处。

（十一）社区戒毒终止、中止的规定

《戒毒条例》第二十四条规定，社区戒毒人员被依法收监执行刑罚、采取强制性教育措施的，社区戒毒终止。

社区戒毒人员被依法拘留、逮捕的，社区戒毒中止，由羁押场所给予必要的戒毒治疗，释放后继续接受社区戒毒。

（十二）强制隔离戒毒的决定机关、期限

《戒毒条例》第二十五条规定，吸毒成瘾人员有《中华人民共和国禁毒法》第三十八条第一款所列情形之一的，由县级、设区的市级人民政府公安机关作出强制隔离戒毒的决定。

对于吸毒成瘾严重，通过社区戒毒难以戒除毒瘾的人员，县级、设区的市级人民政府公安机关可以直接作出强制隔离戒毒的决定。

吸毒成瘾人员自愿接受强制隔离戒毒的，经强制隔离戒毒场所所在地县级、设区的市级人民政府公安机关同意，可以进入强制隔离戒毒场所戒毒。强制隔离戒毒场所应当与其就戒毒治疗期限、戒毒治疗措施等作出约定。

第二十七条规定，强制隔离戒毒的期限为二年，自作出强制隔离戒毒决定之日起计算。

被强制隔离戒毒的人员在公安机关的强制隔离戒毒场所执行强制隔离戒毒三个月至六个月后，转至司法行政部门的强制隔离戒毒场所继续执行强制隔离戒毒。

不具备执行规定条件的省、自治区、直辖市，由公安机关和司法行政部门共同提出意见报省、自治区、直辖市人民政府决定具体执行方案，但在公安机关的强制隔离戒毒场所执行强制隔离戒毒的时间不得超过十二个月。

（十三）强制隔离戒毒人员所外就医

《戒毒条例》第三十一条规定，强制隔离戒毒人员患严重疾病，不出所治疗可能危及生命的，经强制隔离戒毒场所主管机关批准，并报强制隔离戒毒决定机关备案，强制隔离戒毒场所可以允许其所外就医。所外就医的费用由强制隔离戒毒人员本人承担。

所外就医期间，强制隔离戒毒期限连续计算。对于健康状况不再适宜回所执行强制隔离戒毒的，强制隔离戒毒场所应当向强制隔离戒毒决定机关提出变更为社区戒毒的建议，强制隔离戒毒决定机关应当自收到建议之日起七日内，作出是否批准的决定。经批准变更为社区戒毒的，已执行的强制隔离戒毒期限折抵社区戒毒期限。

（十四）强制隔离解除

《戒毒条例》第三十四条规定，解除强制隔离戒毒的，强制隔离戒毒场所应当在解除强制隔离戒毒三日前通知强制隔离戒毒决定机关，出具解除强制隔离戒毒证明书送达戒毒人员本人，并通知其家属、所在单位、其户籍所在地或者现居住地公安派出所将其领回。

（十五）社区康复的适用对象、决定机关、执行单位和期限

《戒毒条例》第三十七条规定，对解除强制隔离戒毒的人员，强制隔离戒毒的决定机关可以责令其接受不超过三年的社区康复。

社区康复在当事人户籍所在地或者现居住地乡（镇）人民政府、城市街道办事处执行，经当事人同意，也可以在戒毒康复场所中执行。

（十六）社区康复的报到期限

《戒毒条例》第三十八条规定，被责令接受社区康复的人员，应当自收到责令社区康复决定书之日起十五日内到户籍所在地或者现居住地乡（镇）人民政府、城市街道办事处报到，签订社区康复协议。

（十七）社区康复工作人员的职责

《戒毒条例》第三十九条规定，负责社区康复工作的人员应当为社区康复人员提供必要的心理治疗和辅导、职业技能培训、职业指导以及就学、就业、就医援助。

（十八）社区康复的解除

《戒毒条例》第四十条规定，社区康复自期满之日起解除。社区康复执行地公安机关出具解除社区康复通知书送达社区康复人员本人及其家属，并在 7 日内通知社区康复执行地乡（镇）人民政府、城市街道办事处。

（十九）戒毒康复场所的职责

《戒毒条例》第四十一条规定，自愿戒毒人员、社区戒毒社区康复的人员可以自愿与戒毒康复场所签订协议，到戒毒康复场所戒毒康复、生活和劳动。

戒毒康复场所应当配备必要的管理人员和医务人员，为戒毒人员提供戒毒康复、职业技能培训和生产劳动条件。

第四十二条规定，戒毒康复场所应当加强管理，严禁毒品流入，并建立戒毒康复人员自我管理、自我教育、自我服务的机制。

戒毒康复场所组织戒毒人员参加生产劳动，应当参照国家劳动用工制度的规定支付劳动报酬。

（二十）对戒毒工作部门和人员的法律约束

《戒毒条例》第四十三条规定，公安、司法行政、卫生行政等有关部门工作人员泄露戒毒人员个人信息的，依法给予处分；构成犯罪的，依法追究刑事责任。

第四十四条规定，乡（镇）人民政府、城市街道办事处负责社区戒毒、社区康复工作的人员有下列行为之一的，依法给予处分：

（1）未与社区戒毒、社区康复人员签订社区戒毒、社区康复协议，不落实社区戒毒、社区康复措施的；

（2）不履行《戒毒条例》第二十一条规定的报告义务的；

（3）其他不履行社区戒毒社区康复监督职责的行为。

第四十五条规定，强制隔离戒毒场所的工作人员有下列行为之一的，依法给予处分；构成犯罪的，依法追究刑事责任：

（1）侮辱、虐待、体罚强制隔离戒毒人员的；

（2）收受、索要财物的；

（3）擅自使用、损毁、处理没收或者代为保管的财物的；

（4）为强制隔离戒毒人员提供麻醉药品、精神药品或者违反规定传递其他物品的；

（5）在强制隔离戒毒诊断评估工作中弄虚作假的；

（6）私放强制隔离戒毒人员的；

（7）其他徇私舞弊、玩忽职守、不履行法定职责的行为。

第二节 我国近年来涉及禁毒的相关政策

政策的制定是为了落实相关法律法规，是相关法律法规在具体实施过程中的规定、要求和指引。为了适应禁毒工作的需要，有关部门制定了很多政策，近年来禁毒工作主要的和禁毒社会工作相关的政策包括：《关于加强禁毒工作的意见》《禁毒工作责任制》《关于深化全民禁毒宣传教育工作的指导意见》《全国社区戒毒社区康复工作的规划（2016—2020）》《社会面吸毒人员风险分类评估管控方法》《关于加强戒毒康复人员就业扶持和救助工作的意见》《关于加强禁毒社会工作者队伍建设的意见》等，内容涉及毒品预防宣传教育、社区戒毒社区康复、社会面吸毒人员风险分类管控、戒毒康复人员就业扶持和救助工作、禁毒社会工作者队伍建设等，对象涵盖了包括青少年在内的所有社会成员。

一、《禁毒工作责任制》

《禁毒工作责任制》的制定是为全面加强禁毒工作，有效遏制毒品问题的滋生蔓延，保障人民群众健康幸福和安居乐业。

（一）总则

《禁毒工作责任制》规定了禁毒工作是各级党委、政府和禁毒委员会、禁毒委员会成员单位、禁毒委员会办公室和其他有关职能部门及其禁毒工作责任人履行禁毒职责所应承担的责任。其中，各级党委、政府主要领导是禁毒工作第一责任人，对本行政区域禁毒工作负总责。各级党委、政府分管禁毒工作的领导，禁毒委员会主任是主要责任人，对本行政区域禁毒工作负主要责任。各级禁毒委员会委员、其他有关职能部门负责人是本单位、本系统履行禁毒职责的直接责任人。禁毒工作坚持责任与职能相适应以及“谁主管、谁负责”的原则，实行考评和责任追究制度。

（二）地方各级党委、政府的禁毒工作职责

地方各级党委、政府领导本行政区域的禁毒工作，应将禁毒工作纳入当地国民经济和社会发展总体规划。定期听取禁毒工作汇报，建立与本地毒情形势和禁毒任务相适应、职能配置完善、岗位设置科学的禁毒机构队伍体系。地方各级政府应根据禁毒工作需要，将禁毒工作经费列入本级财政预算，建立健全相关保障机制。鼓励全社会力量参与禁毒工作，搭建社会力量参与禁毒工作的平台。乡镇、城市街道办事处应建立由党委、政府主要负责人为召集人、各村（居）民委员会主任参加的禁毒工作协调机制，做好禁毒宣传教育、社区戒毒和社区康复、禁种铲毒等工作。

（三）各级禁毒委员会的禁毒工作职责

各级禁毒委员会负责全面组织、协调、指导开展本行政区域禁毒工作；各级禁毒委员会成员单位负责组织、协调、指导本单位、本系统开展禁毒工作；各级禁毒委员会办公室承担本级禁毒委员会的日常工作。

（四）禁毒工作考评和责任追究

各级党委、政府应建立禁毒工作考评和责任追究制度，将禁毒工作纳入党政领导班子和领导干部政绩考核内容。对因领导不重视、责任不落实、措施不得力，导致毒品问题泛滥的，应追究禁毒工作责任，追究方式包括：通报批评并责令整改，约谈，取消评先受奖资格，不得提拔和交流重用，给予党纪、政纪处分。国家禁毒委员会建立突出毒品问题重点通报和重点整治制度，被列为重点通报和重点整治的地区，应予以通报批评、责令整改，并约谈该地区禁毒工作有关责任人。被列为重点整治的地区，因重视不够、措施不力、责任不落实而导致不能按期完成整治目标任务的，应延长重点整治期限，并视情给予禁毒工作第一责任人、主要责任人警告、严重警告等党纪、政纪处分。违反《禁毒工作责任制》规定的，应根据相关条例给予相应的党纪和政纪处分。

二、《关于深化全民禁毒宣传教育工作的指导意见》

为深入贯彻实施禁毒法，推动国家机关、社会团体、企业事业单位以及其他组织积极履行禁毒宣传教育职责，进一步提高全民抵御毒品的能力和参与禁毒斗争的意识，不断推进禁毒人民战争向纵深发展，中宣部、公安部、教育部于 2005 年 1 月 31 日联合发布《关于深化全民禁毒宣传教育工作的指导意见》。

（一）总体目标

通过深化全民禁毒宣传教育工作，使得全民禁毒意识显著增强，新吸毒人员增加速度明显减缓，合成毒品滥用势头和其他毒品违法犯罪活动得到有效遏制；禁毒宣传教育基本覆盖全体公民；全民禁毒宣传教育专兼职工作队伍基本覆盖基层街道（乡镇），禁毒志愿者队伍规模和专业化水平明显提高；禁毒宣传教育效果评估和竞争激励机制更加科学完善，宣传教育投入逐步增加；全民禁毒宣传教育领导体制、工作机制进一步健全，群众满意度进一步提高，全社会参与禁毒氛围更加浓厚。

（二）任务要求

1. 深化“六进”活动

（1）进一步深化“不让毒品进校园”活动，全面推动禁毒教育进学校，帮助学生树立远离毒品、健康成长的观念。

以防范合成毒品危害为重点，把预防毒品和药物成瘾知识与法制教育、心理健康教育有机结合起来，将其作为高等学校、中等职业学校和中小学德育的重要内容，纳入教学计划，同时完善生理卫生、生物、历史等相关课程的禁毒渗透教育，逐步建立全面系统的禁毒教育教学体系。

结合学生入学、入队、入团、成人宣誓、毕业典礼等活动，组织开展禁毒主题课外活动和社会实践，开展制作手抄报、模拟法庭、自护教育、参观戒毒所等禁毒教育活动。并通过选聘校外法制辅导员、开展“小手拉大手、大手护小手”、学生禁毒志愿者等活动，积极推动学校禁毒教育与家庭、社会禁毒教育有效衔接。

（2）进一步深化“社区青少年远离毒品”行动，全面推动禁毒教育进社区，提高社区禁毒宣传教育服务能力。

针对毒品问题严重地区、城中村、城镇周边聚居常住人员、流动人员及下岗失业人员开展禁毒宣传教育，预防和减少涉毒违法犯罪行为发生。

依托社区服务中心（站）、宣传文化站、居民会议、市民学校、阅报栏、法制宣传橱窗等社区公共服务设施和社区戒毒（康复）工作网络，发放禁毒宣传教育资料，建立禁毒宣传教育园地，开设禁毒讲座和居民论坛，结合群众性主题文化教育活动和“致社区居民一封信”等活动，深入开展禁毒公益宣传。

（3）进一步深化“不让毒品进我家”活动，全面推动禁毒教育进家庭，完善家庭自我教育、自我防范功能。广泛开展面向家庭的禁毒教育，使毒品预防知识家喻户晓、深入人心。要进一步扩大“无毒家庭”覆盖面，积极引导家庭成员开展防范涉毒的自我教育、自我管理，推动父母对未成年子女进行毒品预防教育；要加强妇女禁毒协会和巾帼禁毒志愿者队伍建设，以单亲家庭、流动人口家庭、涉毒家庭和妇女为重点，会同社区民警、居（村）民委员会等基层工作力量，深入居民家庭开展有针对性的禁毒教育和帮教活动；要利用家长学校和家庭文明指导中心等阵地，组织禁毒志愿者、家长、戒毒专家和青少年参加禁毒讨论会和培训班，提高家庭防范毒品意识，帮助克服家人吸食毒品的危机和困难；要配合禁毒、邮政部门开展“毒品知识进万家”活动，力争通过三年努力，依托邮政投递网络和巾帼禁毒志愿者队伍将禁毒宣传教育资料送进每个家庭。

（4）进一步深化“职工拒绝毒品‘零计划’行动”，全面推动禁毒教育进单位，帮助职工和个体劳动者认识和预防毒品危害。要将禁毒教育纳入全国职工素质建设工程，作为职工岗前培训、岗位培训的重要内容，实现禁毒宣传教育工作的经常化和制度化；要利用工人文化宫、工人俱乐部、职工书屋、职工之家、农民工业余学校及宣传橱窗、班组板报等工会文化设施网络，广泛开展为职工送图书、送电影、送法律、送文艺等多种形式的禁毒宣传教育活动；要以“千万农民工帮扶行动”为载体，结合就业培训、岗位援助、创业指导等措施，有针对性地在外来务工人员、下岗失业人员集中的地区、行业和企业开展禁毒宣传教育，提高广大职工特别是农民工和下岗失业群体抵制毒品的能力和自觉守法意识；要积极帮助吸毒职工戒断毒瘾、回归社会。

（5）深入开展禁毒“流动课堂”活动，全面推动禁毒教育进场所，提高流动人口和戒毒人员抵御毒品能力。各级党委宣传、禁毒、公安、卫生行政、民政、司法行政、工商行政管理、工会、共青团、妇联等部门、组织要结合各自业务工作，深入开展面向无业人员和流动人口的禁毒宣传教育。要重点在公共场所推进禁毒“流动课堂”活动，广泛发动禁毒志愿者，采取流动宣传车、宣传小分队等形式，深入毒品问题严重地区以及繁华街区、交通枢纽、大型建筑工地等复杂场所，开展经常性的禁毒咨询和宣讲活动。

（6）依托社会主义新农村建设，推动禁毒教育进农村，提高农民禁毒法制观念。乡镇人民政府、村民委员会要立足农村有线广播、墙报宣传栏等宣传阵地，抓住农贸集市、节假日等有利时机，在人群集中地点开展群众喜闻乐见的禁毒宣传教育，帮助广大农民特别是返乡农民工识毒、防毒、拒毒，免受毒品侵害。乡镇和村广播室要定时播放禁毒教育内容；毒品问题严重地区要做到乡乡有禁毒音像宣传品、村村有宣传挂图、户户有宣传手册。

禁毒、农业、林业、民政、公安等部门要指导基层组织、单位在可能种植毒品原植物地区，深入开展禁种宣传，增强群众禁种意识，防止罂粟种籽落地。

2. 营造全民禁毒的舆论氛围

充分发挥大众传媒禁毒宣传的主渠道作用。大众传媒要承担开展公益性禁毒宣传教育的社会责任，普及毒品预防知识，传播禁毒观念，加大常态化禁毒宣传力度，定期发布禁毒公益广告。

把互联网、手机等新兴媒体作为禁毒宣传教育的重要阵地。各地区、各有关部门要开展形式多样的网上禁毒宣传教育，特别是利用网络新技术、新手段，通过博客、播客、微客、QQ、社交网站、网络游戏等青少年乐于接受的方式，重点加强对防范合成毒品危害的宣传教育。

将每年6月作为“全民禁毒宣传月”。国家禁毒办要结合当年禁毒工作重点，参照联合国确定的主题，公布“全民禁毒宣传月”宣传主题。各地区、各有关部门要组织开展主题突出、特色鲜明、富有成效的集中宣传教育活动，掀起禁毒宣传高潮，使人民群众普遍受到一次禁毒教育。

发挥媒体优势营造浓厚的禁毒舆论氛围。“全民禁毒宣传月”期间，各级党委宣传部门要指导、督促各类新闻媒体开辟禁毒专栏、专版、专题，制作播出高质量的禁毒新闻和专题节目，开展禁毒集中宣传；社区和学校宣传橱窗要推出禁毒宣传教育专栏；公共场所和公共交通工具要利用橱窗、广播、闭路电视和电子显示屏开展禁毒集中宣传和禁毒公益广告宣传。

抓住有利时段开展禁毒集中宣传。各地区、各有关部门要抓住“6·1”禁毒法实施纪念日、“6·3”虎门销烟纪念日、“6·26”国际禁毒日以及“12·1”世界艾滋病日、“12·4”全国法制宣传日、“12·5”国际志愿者日等纪念日，有针对性地开展禁毒集中宣传。

3. 做好全民禁毒宣传教育保障工作

完善以政府投入为主、多渠道筹措资金的禁毒宣传教育经费保障机制。各级政府要把禁毒宣传教育经费作为禁毒经费组成部分列入财政预算，保障禁毒宣传教育工作需要，并随着社会经济发展逐步增加。

加强全民禁毒宣传教育领导机构建设。要完善分级负责、各司其职、齐抓共管的全民禁毒宣传教育领导体系。

加强全民禁毒宣传教育人才队伍和专兼职工作队伍建设。中央、省、市禁毒宣传教育领导机构要建立全民禁毒宣传教育咨询专家和培训师资资源库。

各级禁毒宣传教育工作小组要建立全民禁毒宣传教育专门队伍，各街道、乡镇、学校、社区医疗机构和特殊场所内要指定专人负责禁毒宣传教育工作，形成一支专兼职结合、素质较高、人数众多、覆盖面广的禁毒宣传教育工作队伍。

加强禁毒教育基地建设。各省、自治区、直辖市要建立一所大型禁毒教育基地，市、县要建立小型禁毒教育基地或园地，城市社区、农村行政村和中小学校要建立固定的禁毒宣传教育橱窗，形成因地制宜、规模适当的禁毒教育基地（园地）和阵地网络。

加强禁毒宣传教育资料建设。国家禁毒办将依托咨询专家组，统一规划、编写适应不同对象需要的禁毒教育材料，实现全国禁毒宣传教育资料共享。

加强禁毒宣传教育效果评估。各级禁毒领导机构要以协调组织禁毒执法检查等形式，加强对当地禁毒宣传教育工作的督导检查，推动基层政府和相关部门禁毒宣传教育职责的落实；要积极借助统计部门、社科研究机构等第三方力量开展全民禁毒宣传教育社会效果评估，注重群众对禁毒宣传教育工作的评价，根据评估结果和变化情况，不断改进工作。

三、《全国社区戒毒社区康复工作规划（2016-2020）》

该规划是为了深入推进社区戒毒社区康复工作，进一步补充禁毒法、《戒毒条例》的内容，完善戒毒治疗、康复指导、救助服务相结合的戒毒康复体系，提高对吸毒人员的服务管理水平而制定的。具体内容如下：

（一）指导思想、基本原则和任务目标

1. 指导思想

以党的十八大和十八届三中、四中、五中全会精神为指导，认真贯彻落实党中央、国务院关于加强禁毒工作的系列重要决策部署，深入贯彻实施禁毒法、《戒毒条例》，深入贯彻落实《关于加强社区戒毒社区康复工作的意见》（禁毒办通〔2013〕5号），紧紧围绕推进平安中国、法治中国建设的总目标，紧密结合社会管理创新，广泛动员各方面社会力量，统筹利用各方面社会资源，全面推进社区戒毒社区康复工作，建立集生理脱毒、心理康复、就业扶持、回归社会于一体的戒毒康复模式，形成政府统一领导、有关部门齐抓共管、乡镇（街道）具体实施、社会力量广泛参与的工作格局，积极帮助吸毒人员戒除毒瘾、融入社会，最大限度减少毒品社会危害。

2. 基本原则

坚持以人为本、关怀救助；坚持科学戒毒、综合矫治；坚持部门参与、社会共治；坚持因地制宜、分类指导；坚持以点带面、整体推进；坚持突出重点、改革创新。

3. 任务目标

通过五年努力，实现社区戒毒社区康复工作体系全面形成，社区戒毒社区康复专职工作人员队伍全面建立，各项戒毒康复措施全面落实，社区戒毒社区康复执行率稳步提高的目标。提出2016年，全国社区戒毒社区康复执行率达到60%以上；2017年，全国社区戒毒社区康复执行率达到70%以上；2018年，全国社区戒毒社区康复执行率达到80%以上；2019年，全国社区戒毒社区康复执行率达到90%以上；到2020年，全国社区戒毒社区康复执行率要保持在97%以上。

（二）健全工作体系

1. 成立领导小组

各地禁毒委员会要指导乡（镇）人民政府、城市街道办事处根据工作需要建立健全社区戒毒社区康复工作领导小组，由分管领导任组长，综治、公安、卫生计生、民政、司法行政等有关部门负责人为成员，依法履行社区戒毒社区康复工作职责。

2. 建立办事机构

社区戒毒社区康复工作领导小组负责组织开展社区戒毒社区康复工作，推动乡（镇）人民政府、城市街道办事处为社区戒毒社区康复工作提供办公用房、活动场所等工作环境，落实办公设备、办公经费等必备条件。毒情严重地区要按照“七有”建设标准，建立具备“六位一体”功能的社区戒毒康复服务中心，实现“五个化”，毒情较轻的地方可以联合几个乡镇、街道统筹开展社区戒毒社区康复工作。

3. 配备工作人员

要根据实际需要，配齐社区戒毒社区康复专职工作人员。至2016年，各地要基本配齐社区戒毒社区康复专职工作人员，并纳入禁毒工作考核范围，重点推动落实。

4. 发展社工队伍

完善社工人才队伍建设的制度规范，优先招录专业社工从事社戒社康工作。力争通过 2 至 3 年努力，到 2019 年底禁毒戒毒社工占社区戒毒社区康复专职工作人员的比例达到 30%以上。

5. 建立志愿者队伍

各地要根据实际，制定出台禁毒戒毒志愿者队伍建设规划，重点从“五老”、在校大学生和群团组织中发展志愿者力量，配合专职工作人员做好禁毒宣传、社会帮教、救助服务等工作。

6. 加强教育培训

依托高校、科研院所和社会组织等社会资源，线上线下结合开展教育培训，发挥专职工作人员的能力。

（三）落实工作措施

1. 严格依法查处

公安部依据有关法律和规定，完善毒品检测和证据规则，规范社区戒毒社区康复执法工作，根据社区戒毒、强制隔离戒毒、社区康复有关报到、违反协议等相关规定，切实落实管控责任。

2. 健全制度规范

各地禁毒委员会办公室要指导社区戒毒社区康复工作机构，进一步建立健全排查登记、出所衔接、维持治疗、吸毒检测、谈话教育、行为干预、综合评估等管理制度，规范档案管理标准，提高管理效率。

3. 落实衔接管控

建立衔接通报机制、沟通协调机制，完善动态管控机制，加强社区戒毒社区康复工作机构、强制隔离戒毒机构、戒毒药物维持治疗机构及戒毒康复场所的协调配合和工作衔接，建立定期通报制度。

4. 实行网格化管理

把社区戒毒社区康复工作纳入网格化社会管理服务体系，充分发挥网格员的作用，协助社区戒毒社区康复工作机构做好信息采集、跟踪监控、帮扶救助、宣传教育等工作，进一步提高吸毒人员服务管理水平。

5. 加强帮扶救助

根据相关文件精神，做好社区戒毒社区康复人员的就业扶持、职业培训、社会保障、救助服务等工作。各部门要加强合作，帮助戒毒康复人员解决困难，顺利融入社会。

（四）加强组织协调

1. 统筹规划部署

各级综治组织要把社区戒毒社区康复工作作为社会治安防控体系建设的重要方面；各地禁毒委员会要推动当地人民政府把社区戒毒社区康复工作列入经济社会发展总体规划；各级禁毒委员会办公室要把社区戒毒社区康复工作作为推进禁毒工作

社会化的系统工程来实施。

2. 明确责任分工

公安机关、卫生计生部门、民政部门、司法行政部门、人力资源社会保障部门、工会组织、共青团组织、妇联组织等有关部门或组织都要将社区戒毒社区康复工作纳入本部门或组织的工作规划当中，同时加强协作配合。

3. 完善保障机制

各地禁毒委员会要推动乡镇人民政府、城市街道办事处按照相关规定，统筹安排、有效保障社区戒毒社区康复工作的开展；人力资源社会保障部门要支持开展社区戒毒社区康复人员就业培训工作；民政部门要按照有关规定对吸毒人员特困家庭给予救助。

4. 创建示范典型

深入开展示范单位和示范点的创建活动，充分发挥典型示范带动作用。

5. 强化检查督导

各地要严格落实禁毒工作责任制，将社区戒毒社区康复工作纳入本地区、本部门的工作考核范围，定期开展检查督导。

6. 严格落实奖惩

各级禁毒委员会办公室要重视和加强评估工作，引入专业的第三方评估。对成效突出的，要给予表彰奖励。对毒品滥用问题趋于严重或者发生戒毒康复人员肇事肇祸的，要依据《禁毒工作责任制》相关规定严肃追究责任。

四、《社会面吸毒人员风险分类评估管控办法》

（一）总则

该办法是为了进一步规范和加强社会面吸毒人员动态管控工作，切实预防和减少吸毒人员肇事肇祸，降低毒品社会危害，维护社会和谐稳定而制定的。

社会面吸毒人员，是指全国禁毒信息系统登记有吸毒史且未在监管场所的人员。风险分类评估管控指的是根据社会面吸毒人员的染毒情况、行为特征、处置状态、社会危害程度等，综合评定出不同的风险类别，有针对性地实施不同管控措施的工作。社会面吸毒人员风险分类评估工作坚持“全面排查、逐人分析、科学评定、动态调整”原则；管控工作坚持“户籍地为主、居住地为辅，双向管控、双向追责”原则。社会面吸毒人员风险分类评估管控工作由各级禁毒办会同综治办牵头组织，公安、司法行政、卫生计生、民政、人力资源社会保障等相关职能部门协同配合，禁毒社会组织、村（居）民委员会等相关组织，以及禁毒社会工作者、网格员、吸毒人员家属共同参与。

（二）分类

依据分类标准，并结合实际情况，将社会面吸毒人员分为高、中、低三类风险类型。

高风险类型人员包括：拒绝接受社区戒毒、社区康复或者严重违反社区戒毒、社区康复协议的；因吞食异物、自杀自残或者因严重病残暂时无法收押、收戒的；

有精神障碍诊断或有精神异常、行为失控表现的；有因吸毒引发肇事肇祸前科或扬言报复他人、报复社会的；其他具有现实社会危害性，或者有肇事肇祸可能，需要纳入高风险类管控的。

中风险类型人员包括：正在执行社区戒毒、社区康复措施的；怀孕、正在哺乳自己婴儿的妇女等特殊情形暂时无法收押、收戒的；强制隔离戒毒期间所外就医的；被依法实行社区矫正或者刑满释放回社区未满三年的；解除强制隔离戒毒出所未满三年且未被责令社区康复的；其他存在潜在社会危害性，需要纳入中风险类管控的。

除了上述高风险和中风险类情形外的社会面吸毒人员，为低风险类型。

社会面吸毒人员风险分类评估工作由乡（镇）人民政府、城市街道办事处禁毒、综治工作机构牵头组织，公安派出所会同社区医疗卫生服务机构、禁毒社会组织、村（居）委员会等具体实施。对社会面吸毒人员的风险分类具有流动性，规定至少每半年开展一次风险类别评估，根据每半年的管控情况适当上调或者下调至合适的风险类型。

（三）管控

对于高、中风险类人员，县级禁毒办、综治办应当督促其居住地乡（镇）人民政府、城市街道办事处会同公安派出所落实管控责任，逐人制订管控方案，建立管控工作小组，确定社区民警管控责任，明确社区医疗卫生医务人员、禁毒社会工作者、村（居）民委员会成员、网格员等工作分工。对于低风险类人员，社区民警应当组织禁毒社会工作者、村（居）委员会成员、网格员等做好动态信息跟踪，了解其活动情况，关注其现实表现。

高、中、低三种风险类型的社会面吸毒人员有不同的表现，应根据不同的表现情况实施不同的管控措施。例如，对于高风险类型人员，社区民警应当密切掌握其行踪动向，发现其具备收押收戒条件的应当及时通知相关单位进行收押收戒，继续违法犯罪的应当依法予以查处打击。对于中风险类型人员，社区民警应当密切掌握其行踪动向，发现其具备收押收戒条件的应当及时通知相关单位进行收押收戒，继续违法犯罪的，应当依法予以查处打击。

（四）考评奖惩

根据《禁毒工作责任制》的相关规定，对社会面吸毒人员风险分类评估管控工作实行考评奖惩制度和责任倒查追究制度。各级禁毒办、综治办应当将社会面吸毒人员风险分类评估管控工作分别纳入禁毒工作年度考评和社会治安综合治理（平安建设）年度考评内容。

对工作措施落实到位，管控对象未发生因吸毒引发的肇事肇祸案（事）件的，在考评时应当对有突出贡献的管控单位和管控责任人进行评先评优。对管控措施不当、导致发生吸毒人员严重肇事肇祸的，应当对负有主要责任的管控单位和责任人进行追责。户籍地和居住地对人户分离社会面吸毒人员的双向管控不到位、导致发生严重肇事肇祸案（事）件的，应当双向追责。

该办法保护社会面吸毒人员的隐私，对于工作人员泄露吸毒人员个人隐私的，应按照规定给予处分。同时要完善社会面吸毒人员风险分类评估管控工作档案管理制度，对于档案问题处置不当的，应当追究相关责任人的责任。

五、《关于加强戒毒康复人员就业扶持和救助服务工作的意见》

吸毒人员具备三重身份属性：违法者、受害者和病人，吸毒行为不仅给自己和家人带来伤害，也给国家和社会带来沉重的负担。该意见是为了做好戒毒康复人员的就业扶持和救助工作，创新特殊人群管理服务、改善保障民生、维护社会稳定而制定的。主要内容如下：

（一）完善就业扶持政策，积极帮助戒毒康复人员融入社会

各地区、各部门要从实际出发，明确就业扶持对象，督促有就业能力和就业动机的戒毒康复人员就业。公安机关、人力资源社会保障部门要加强失业登记和就业援助。各地要探索建立就业安置基地，鼓励企业吸纳戒毒康复人员就业，充分利用国家现有政策，大力支持戒毒康复人员自主创业和自谋职业。积极开发社区就业岗位，利用戒毒康复场所促进就业。

（二）加强职业技能培训，提高戒毒康复人员的就业创业技能

人力资源社会保障部门要积极开展职业技能培训，同时落实职业技能培训补助政策。人力资源社会保障、财政部门对符合申领条件的戒毒康复人员参加就业技能培训或创业培训应当按规定给予职业培训补贴。

（三）落实社会保障政策，改善戒毒康复人员生活条件

人力资源社会保障部门和卫生计生行政部门要落实医疗保险政策。卫生计生行政部门要开展戒毒医疗，加强戒毒医疗卫生机构建设，人力资源社会保障部门要做好养老保险和失业保险工作，民政部门要落实戒毒康复人员及其家庭的社会救助服务。

（四）加强组织领导，切实落实戒毒康复人员就业扶持和救助服务工作措施

各级禁毒委员会、乡（镇）人民政府、城市街道办事处和社区戒毒工作小组、各有关部门要从工作实际出发，明确职责任务。各地区、各有关部门要坚持以人为本、科学戒毒、综合矫治、关怀救助的戒毒工作原则，进一步创新工作理念，创新管理机制。各级禁毒委员会办公室要组织有关部门深入开展调查研究，掌握工作进度，分析研究问题，做好日常监督检查和考评考核工作，加强督导考核。

六、《关于加强禁毒社会工作者队伍建设的意见》

禁毒社会工作者是禁毒工作中的重要力量，是推动禁毒工作社会化的重要一环。该意见是为了持续提升禁毒工作的社会化、职业化、专业化、科学化水平，不断完善毒品问题治理体系而提出的。

（一）加强禁毒社会工作队伍建设的总体规划

1. 重要性

充分认识加强禁毒社会工作者队伍建设的重要意义，禁毒社会工作者是从事禁毒社会工作的专职人员。发展禁毒社会工作、加强禁毒社会工作者队伍建设，是增强禁毒工作专业力量、完善禁毒工作队伍结构、推进禁毒工作社会化的重要途径。

2. 必要性

我国禁毒社会工作者队伍建设尚在起步阶段，还存在着很多问题，需要切实增强责任感和紧迫感。

3. 可行路径

在今后一个时期内，将着力完善高等学校人才培养体系，规范禁毒社会工作者职业评价，建立健全政府购买禁毒社会工作服务制度。

4. 目标

至2020年，建立较为完善的禁毒社会工作者队伍建设运行机制、工作格局和保障体系，禁毒社会工作者总量达到10万人，建成一批有影响力的禁毒社会工作服务机构，实现禁毒社会工作服务在城乡、区域和领域的基本覆盖，禁毒社会工作者队伍的专业作用和服务成效不断增强。

（二）明确禁毒社会工作者的职责任务

1. 提供戒毒康复服务

调查了解戒毒康复人员的基本情况，为戒毒康复人员提供心理咨询服务和心理疏导、认知行为治疗、家庭关系辅导、自我管理能力和社会交往能力提升等专业服务，帮助戒毒康复人员调适社会关系，营造有利于戒毒康复的社会环境。

2. 开展帮扶救助服务

为戒毒康复人员链接资源，提升生计发展能力，修复社会支持网络。

3. 参与禁毒宣传教育

普及毒品预防和艾滋病预防知识，宣传禁毒政策，提高公民自觉抵制毒品的能力，消除社会对戒毒康复人员的歧视。

4. 协助开展有关禁毒管理事务

协助开展吸毒人员排查摸底工作；协助建立相关档案资料，做好工作台账，对工作对象的戒毒康复情况进行定期评估；协助做好强制隔离戒毒人员出所衔接，督促、帮助社区戒毒社区康复人员和戒毒药物维持治疗人员履行协议，努力减少现实危害。

（三）培养壮大禁毒社会工作者队伍

1. 加强禁毒社会工作专业教育

鼓励高校开设禁毒社会工作专业课程，强化禁毒社会工作研究，加强禁毒社会工作师资队伍和实习基地建设。

2. 加强禁毒社会工作岗位培训和继续教育

对现有禁毒社会工作从业人员进行培训，建立健全上岗培训制度，鼓励支持禁毒社会工作者参加社会工作学历学位教育，推动建立一批禁毒社会工作培训基地。

3. 规范禁毒社会工作者职业评价

逐步形成职业水平评价和岗位考核相结合的禁毒社会工作者职业评价机制。

4. 优化禁毒社会工作者配备使用

积极培育、扶持禁毒社会工作服务机构，在各戒毒场所根据需要引入禁毒社会工作者提供专业服务，通过政府购买服务，在社区戒毒社区康复办事机构等配备使用禁毒社会工作者。

5. 强化禁毒社会工作者职业保障

各地要根据经济发展和整体工资水平，合理制定并适时调整禁毒社会工作者薪酬指导标准。用人单位要综合职业水平等级、资历、学历、业绩、岗位等因素确定薪酬待遇。

（四）建立健全禁毒社会工作服务制度

1. 建立健全政府购买禁毒社会工作服务制度

稳步推进政府购买禁毒社会工作服务，将禁毒社会工作服务列入政府购买服务目录，规范购买合同，加强服务资金管理，加强服务绩效评估。

2. 建立健全禁毒社会工作服务标准规范

各地要围绕禁毒社会工作服务的专业要求制定禁毒社会工作者的服务标准与岗位职责；围绕需求发现、服务承接、服务转介、服务评估等重要步骤，规范禁毒社会工作服务流程；围绕成本核算、服务购买、质量控制、监督管理、绩效评估、机构管理、能力建设等关键环节，建立禁毒社会工作服务管理标准。

3. 建立健全禁毒社会工作服务协同机制

建立禁毒社会工作者与禁毒志愿者服务协同机制，建立禁毒社会工作者与禁毒民警、医务工作者、心理卫生工作者、政府社会保障服务提供者、网格员及其他禁毒社会力量的服务协同机制，建立禁毒社会工作者与其他场所和领域社会工作者服务协同机制。

（五）加强对禁毒社会工作者队伍建设的组织领导

1. 明确责任分工

禁毒委员会办公室、综治部门、公安机关、教育部门、卫生计生部门、民政部门、人力资源社会保障部门、司法行政部门、财政部门、工会、共青团等部门和组织要发挥各部门、组织的作用，积极履行禁毒职责。

2. 加大资金投入

各地要建立健全财政资金、社会资金共同参与的多元化投入机制，切实加强禁毒社会工作服务资金保障。

3. 完善政策法规

明确禁毒社会工作者的法律地位，将加强禁毒社会工作者队伍建设内容纳入相关法律法规修订范围。建立健全法律法规、部门规章和政策性文件相配套的禁毒社会工作者队伍政策法规体系，完善政府购买禁毒社会工作服务政策，适时制定政府购买禁毒社会工作服务管理实施办法。

4. 加强宣传示范

积极宣传加强禁毒社会工作服务及禁毒社会工作者队伍建设的方针政策，提高各地、各部门对这项工作重要性和紧迫性的认识。

第四章　自愿戒毒

第一节　自愿戒毒概述

一、自愿戒毒的法律规定

（一）自愿戒毒的定义

通常所说的自愿戒毒是指法律规定的吸毒人员自行到具有戒毒医疗资质的医疗机构接受戒毒治疗服务。随着我国戒毒服务水平的提高，自愿戒毒服务逐渐延伸到相关单位对其开展的早期筛查和全病程管理，因此本书将其分为广义上和狭义上的自愿戒毒。广义上的自愿戒毒不仅包含筛查和全病程管理服务，还包含了吸毒人员在家自行戒毒、在戒毒康复场所戒毒的自愿的、非政府强制的行为。

（二）自愿戒毒的情形

我国相关法律法规对自愿戒毒作了明确规定，禁毒法第三十六条规定，吸毒人员可以自行到具有戒毒治疗资质的医疗机构接受戒毒治疗。禁毒法的出台，明确了自愿戒毒的法律地位，为自愿戒毒这一措施提供了法律依据。

《戒毒条例》第九条规定，国家鼓励吸毒成瘾人员自行戒除毒瘾。吸毒人员可以自行到戒毒医疗机构接受戒毒治疗。对自愿接受戒毒治疗的吸毒人员，公安机关对其原吸毒行为不予处罚。第二十五条规定，吸毒成瘾人员自愿接受强制隔离戒毒的，经强制隔离戒毒场所所在地县级、设区的市级人民政府公安机关同意，可以进入强制隔离戒毒场所戒毒。

（三）自愿戒毒的场所

1. 自愿戒毒医疗机构

戒毒医疗机构，是指经省级人民政府卫生行政部门批准从事戒毒医疗服务的戒毒医院或设有戒毒治疗科的其他医疗机构。从事自愿戒毒服务的医疗机构需具有独立承担民事责任的能力，符合《戒毒医院基本标准（试行）》《医疗机构戒毒治疗科基本标准（试行）》和《戒毒医疗服务管理暂行办法》文件规定以及省级以上卫生行政部门规定的其他条件。自愿戒毒医疗机构按营利性质分为民营医院和公立医院，民营医院多为专门从事戒毒医疗服务的专科医院，如广州白云自愿戒毒医院；

公立医院多数为设有戒毒治疗科的综合性医院，主要是精神病类医院，如上海精神卫生中心自愿戒毒科、湘雅二医院精神卫生研究所成瘾戒毒科。据不完全统计，目前全国在营业的自愿戒毒医疗机构约有 130 个。

2. 强制隔离戒毒所

强制隔离戒毒所是指专门针对吸毒人员设立的强制性、封闭性戒除毒瘾的场所。《戒毒条例》第二十五条规定，吸毒成瘾人员自愿接受强制隔离戒毒的，经强制隔离戒毒场所所在地县级、设区的市级人民政府公安机关同意，可以进入强制隔离戒毒场所戒毒。但是目前几乎没有强制隔离戒毒所开设自愿戒毒服务。

3. 其他戒毒康复场所

除上述法律规定的自愿戒毒场所外，社会上渐渐出现了一些专门为自愿戒毒人员建立的集戒毒、康复、恢复社会功能为一体的戒毒康复场所。第一种是依托于司法行政强制隔离戒毒所开设的自愿性戒毒康复场所。2006 年全国第一批有 18 家试点，后增加到 35 家。第二种是参照上述模式，在有的地区建立的康复场所，如贵州阳光家园、四川凉山州绿色家园。第三种是通过就业安置达到戒毒康复目的的民间康复工厂，如广东肇庆中杰鞋厂。香港和内地民间还存在信奉基督教教义的福音戒毒所等。

二、自愿戒毒医疗机构

（一）自愿戒毒医疗机构的定义

自愿戒毒医疗机构是指在法律的规定下，运用医疗器械、生物医药以及其他科学有效的治疗措施和医学方法为吸食毒品成瘾且自愿要求戒除毒瘾的患者提供综合性医学康复治疗，最终帮助患者摆脱依赖、戒除毒瘾的专业性医疗机构。其中自愿戒毒医疗机构分为营利性和非营利性的医疗机构；自愿戒毒医疗机构服务分为自愿住院服务以及门诊诊疗服务。

相比较一般的医疗机构，自愿戒毒医疗机构具有以下特征：一是医务人员需要具有成瘾医学资质；二是机构需要具有麻醉药品和精神药品使用资质；三是由于病人的特殊性，多采用封闭式管理。

相比较强制隔离戒毒所，自愿戒毒医疗机构的戒毒期限是根据戒毒人员的成瘾程度和病程情况，并由双方共同协商决定，时间相对自由。自愿戒毒医疗机构只满足戒毒过程中医疗需求问题，仅仅是戒毒过程中的一个环节。

（二）自愿戒毒医疗机构的权利和义务

禁毒法、《戒毒条例》《戒毒医院基本标准（试行）》《医疗机构戒毒治疗科基本标准（试行）》《戒毒医疗服务管理暂行办法》等对提供自愿戒毒服务的医院规模、硬件设施、人员配备、管理制度、权利义务、中止情形等作了明确的规定。

1. 权利

法律法规规定医疗机构可以根据戒毒治疗的需要，对接受治疗的戒毒人员进行身体和所携带物品的检查，对检查发现的毒品及其用具等按照有关规定交由公安机关处理；可以在治疗期间对有人身危险的人员，进行必要的临时保护性措施；发现接受戒毒治疗的戒毒人员在治疗期间吸食、注射毒品的，医疗机构应当及时向公安机关报告。

2. 义务

戒毒医疗机构应当与自愿戒毒人员或者其监护人签订自愿戒毒协议，就戒毒方法、戒毒期限、戒毒信息保密、戒毒人员应当遵守的规章制度、终止戒毒治疗的情形等作出约定，并应当载明戒毒疗效、戒毒治疗风险。此外，戒毒医疗机构应当履行下列义务：

（1）对自愿戒毒人员开展艾滋病等传染病的预防、咨询教育；

（2）对自愿戒毒人员采取脱毒治疗、心理康复、行为矫治等多种治疗措施，并应当符合国务院卫生行政部门制定的戒毒治疗规范；

（3）采用科学、规范的诊疗技术和方法，使用的药物、医院制剂、医疗器械应当符合国家有关规定；

（4）依法加强药品管理，防止麻醉药品、精神药品流失滥用。

3. 中止情形

《戒毒医疗服务暂行管理办法》第三十三条规定，戒毒人员在接受戒毒治疗期间有下列情形之一的，医疗机构可以对其中止戒毒治疗：

（1）不遵守医疗机构的管理制度，严重影响医疗机构正常工作和诊疗秩序的；

（2）无正当理由不接受规范治疗或者不服从医务人员合理的戒毒治疗安排的；

（3）发现存在严重并发症或者其他疾病不适宜继续接受戒毒治疗的；

（4）省级卫生行政部门规定的其他不适宜继续接受戒毒治疗的情形。

第二节　初筛

世界卫生组织很早就提出对药物滥用者要尽早发现，尽早干预。初筛服务能够帮助筛查出潜在吸毒人员以及现有吸毒人员的问题和行为，增强他们自愿戒毒的动机。初筛分为针对普通大众的全面初筛和针对在册吸毒人员的筛查。

一、全面初筛

全面初筛是指针对普通大众的筛查，目的是筛查出处在药物滥用高度威胁的社区和人群，或者是未被查获的隐性吸毒人群，以帮助他们认识到自己的问题和行为，尽早寻求专业的帮助。主要方法有宣传、咨询和评估。

（一）宣传

宣传能够帮助普通大众认清毒品的危害，使其树立正确的价值观和法制观念，并养成健康的生活方式。同时还能够促使高危人群觉察到自己的处境，主动寻求医疗机构、社会服务机构、法律援助机构以及心理咨询机构等社会力量的帮助。对普通大众的宣传可依托学校、社区、企业、单位、家庭等场所，对其开展授课、讲座、竞赛形式的知识传输类活动的宣传，展馆参观体验类活动的宣传，影视剧、小视频、微电影、动漫等形式的文艺活动类的宣传以及禁毒宣传专题类活动的宣传。宣传的内容主要有毒品知识的讲解、法律法规的普及和禁毒形势政策教育等。

（二）咨询

咨询能够为处于药物滥用威胁的高危人群或隐性吸毒人员提供一个渠道，使其对自身身心状况有更加清楚的认识，从而帮助其树立科学的认知，提高主观能动性。常见的咨询方式有线上咨询和线下咨询两种。线上咨询可通过一些咨询平台，如广东联众戒毒社会工作服务中心研发的药物滥用咨询平台，咨询者可以在平台上通过匿名咨询的方式获取专业的知识以及专业的建议。另外，一些热线如上海市自强社会服务总社的24小时戒毒咨询热线，能够对来电求助人员的生活状况进行风险评估，对来电人员的困扰问题进行解答，为其提供心理辅导和进行必要的心理危机干预。线下咨询如一些自愿戒毒医疗机构、心理辅导机构、戒毒康复机构等，为社会大众提供与戒毒咨询有关的服务。

（三）评估

评估能够准确判断社会大众的物质滥用情况和风险程度，对普通大众初筛常用的评估工具是新精神活性物质使用相关问题筛查访谈量表（ASSIST 量表）。

该量表是一个自评量表，共有8个问题，每个问题基本有9个条目，能够准确筛查使用者新精神活性物质的使用情况。

ASSIST 的统计量是一个总分量表，总分表示出服务对象一生和近三个月两个时间段在烟草、酒精、镇静安眠药、大麻、阿片类、可卡因、致幻剂、苯丙胺及其他药物，这9种常见的精神活性物质使用上存在的危险行为及问题。根据对每个ASSIST 访谈问卷回答进行不同评分，对每种精神活性物质使用的筛查结果可分为低、中、高三种风险水平。27分及以上为高风险，意味着服务对象处在高度危险中，目前的精神活性物质使用引起了其在健康、社会、经济、法律、人际关系等方面的问题，很可能存在依赖。筛查者依据 ASSIST 的测评得分情况对高危人群作出判断，可有效预防危险事件的发生。

二、在册吸毒人员的初筛

在册吸毒人员是指吸毒后被公安抓获并登记在禁毒系统的人员。由于长期药物滥用，吸毒人员会引发不同程度的身体、心理方面的疾病。从成瘾严重程度判断、精神障碍识别、并发症识别和传染病筛查四个方面对在册吸毒人员进行初步判断和筛查，能够早日发现其身体、心理方面的问题，促进吸毒人员重视自己的问题和行为，提升他们自愿戒毒的依从性和就诊率。

（一）成瘾者严重程度判断

对吸毒人员的成瘾程度判断可通过专业的量表实现，常用的量表是成瘾严重程度指数量表（Addiction Severity Index，ASI）。ASI 量表是针对药物滥用和依赖人群的结构式访谈问卷，主要用于评估成瘾行为的程度和治疗效果，适用于对可卡因、阿片类药物、致幻剂、苯丙胺类中枢神经兴奋剂、酒精等多种药物使用问题的评估。ASI 中文版包括 7 个分量表，共 108 个条目，采取主观和客观、自评与他评相结合的方式，分别从躯体健康状况、就业/支持情况、药物滥用情况、酒精滥用情况、违法犯罪情况、家庭/社会关系以及精神状况 7 个维度来评估药物成瘾严重程度，是目前药物滥用研究中应用最广泛、最专业的评估工具。

ASI 量表有着一套完善的测评体系，禁毒社会工作者运用 ASI 量表对吸毒人员进行成瘾程度筛查，对成瘾较轻的吸毒人员采取一定的戒毒康复措施，对成瘾严重的吸毒人员进行转介治疗。

（二）精神障碍识别

所谓的精神障碍，是大脑机能活动发生紊乱，导致认知、情感、行为和意志等精神活动不同程度障碍的总称。吸毒成瘾是一种复杂、慢性、反复发作性的脑疾病，长期吸食毒品导致吸毒者大脑机能发生紊乱，引发一些精神障碍。一般来说，大麻类、苯丙胺类、氯胺酮类药物滥用者都易引发精神障碍。对在册吸毒人员精神障碍识别的方法有一般精神症状识别和专业量表识别。

1. 一般精神症状识别

吸毒常引发的精神障碍有抑郁、失眠、焦虑、被害妄想、幻听、幻视、语言障碍等，这些精神障碍有明显的行为特征和症状表现，禁毒社会工作者对吸毒人员所表现出来的症状行为进行观察判断就能初步判断吸毒人员的精神状况。

2. 专业量表识别

筛查者除了通过言语交流等方式观察吸毒人员的症状表现对其进行精神障碍筛查外，还可以通过专业的量表对其进行精神障碍的筛查。常用的精神类量表有症状自评量表（SCL-90）、抑郁自评量表（SDS）、焦虑自评量表（SAS）、匹兹堡睡眠质量指数（PSQI）等。

不同的量表针对不同的测试条目有不同的评分标准和评价体系，筛查者运用专业的量表对吸毒人员所表现出来的症状进行专业的测评，能够有效判断戒毒人员的精神状态处于何种程度，并作出准确有效的评估、计划和干预措施。针对量表评分结果较严重的吸毒人员，筛查者需建议其进行专业的医学治疗。

（三）并发症识别

在毒品滥用过程中，由于长期滥用毒品导致各系统器官的损伤，成瘾者常常表现出多种比较复杂的临床症状，此时各种并发症也会随之产生。吸食毒品种类不同，所导致的病症也有所不同。药物滥用常引发一系列躯体疾病并发症，一些吸毒人员由于自身知识的缺乏，对并发症的产生不以为然。筛查者通过对吸毒所导致的各系统并发症症状有所了解并加以识别，对戒毒康复患者有很好的就医就诊指导作用。

（四）传染病筛查

吸毒人员由于长期吸食毒品导致免疫力低下，容易感染结核病、乙肝、丙肝等传染病；再加上卫生观念淡薄，多人共用注射器具以及不安全性行为更易感染艾滋病、梅毒等传染病。了解常见传染病的症状表现、传播途径，掌握一些预防措施，对吸毒人员进行传染病筛查并作出初步干预，能够有效从源头上减少社会危害的发生。

第三节　全病程管理

全病程管理在临床各病种中应用广泛，取得很好的效果。吸毒成瘾，作为一种WHO很早就定义为反复发作的脑疾病来说，引入全病程管理理念是值得去探索的。

我国在禁毒法颁布实施之前一直是以强制性戒毒为主要戒毒措施，自愿戒毒尽管客观存在，但法律上一直没有明确，一直按照一种病种在医政部门的规范下开展诊疗活动。禁毒法和《戒毒措施》出台后，我国完善了戒毒措施，有了社区戒毒、自愿戒毒、社区药物维持治疗、强制隔离戒毒和社区康复等更加多元的方法来帮助解决戒毒这一复杂的问题。

作为一种原因复杂、治疗和康复难的单一病种，引入全病程管理概念有其与普通病种全病程管理的相同点和不同点。相同点是都是在“生理-心理-社会”理念下开展全病程管理，不同点是在针对禁毒康复人员的全病程管理体系中问题优先级排序和解决问题的方法路径优先级排序不一定都是从医学出发的，要全面考虑。躯体疾病和医学干预只是全病程管理中非常重要的一部分。

在对戒毒康复人员的全病程管理流程中，要做好健康评估、心理评估、复吸评估和犯罪风险评估，需要专科医生、心理咨询师、禁毒社会工作者共同组成全病程管理团队来开展对戒毒康复人员的全病程管理。

一、健康管理

健康管理能够直观反映服务对象的健康状况、药物滥用情况，客观地反映服务对象疾病病情、检查、诊断、治疗及其转归的全过程，从而有利于为服务对象提供全方位的服务。

对服务对象的健康管理主要包含以下几个方面的内容：一是服务对象的基本信息（姓名、年龄、籍贯等）；二是吸戒史信息（药物滥用情况、戒毒康复经历等）；三是既往病史信息（既往健康状况、患病史、手术史、传染病史等）；四是家族病史信息（家庭成员的药物滥用情况、传染病史情况）；五是诊疗检查信息（最新的体格检查、疾病筛查情况）；六是其他的心理评估和社会评估信息等。

禁毒社会工作者在为吸毒人员建立健康管理档案时可通过吸毒人员本人、吸毒人员家属、强制隔离戒毒所、自愿戒毒机构、吸毒人员所在地社区居委会等途径多方面收集信息，并与其他戒毒康复档案、服务档案整齐存放在干燥通风的地方。此外，管理吸毒人员健康档案时注意保密原则，且需要不定期地整理、分析、更新吸毒人员的健康档案。

二、心理评估

心理评估是指对服务对象进行各种心理和行为问题的评估，主要用来评估其行为、认知能力、人格特质、个体及团体的特性，帮助对其作出判断、预测和决策。戒毒是一个长期的过程，禁毒社会工作者在服务过程中对服务对象进行心理评估，能够发现服务对象潜在的心理健康问题，了解服务对象的压力来源，帮助服务对象制订正确的戒毒康复计划。

（一）评估内容

1. 日常心理评估

日常心理评估是指禁毒社会工作者在服务过程中通过与服务对象的日常沟通交流，对其基本的身心健康状况进行的评估。通过对服务对象基本情况的了解，社工评估其日常的心理波动并给予一定的心理调适。

2. 有问题的专业心理评估

有问题的专业心理评估是指主动前来求助的或挖掘发现的服务对象出现了某一心理疾病症状、精神疾病症状或危机事件，如服务对象表现出明显的焦虑、抑郁或自杀等倾向时，禁毒社会工作者对其进行的专业心理评估。专业心理评估主要围绕吸毒人员的问题或需求进行有针对性的咨询，有严格的时间、地点要求，需要多次进行，评估内容主要是服务对象出现该心理问题的原因、症状表现等。

（二）评估方法

禁毒社会工作者本着灵活性、过程性、共同参与性等原则对服务对象进行心理评估，常用的评估方法有以下几种。

1. 观察法

禁毒社会工作者在服务过程中应有目的、有意识地留心观察服务对象身体、心理状态的变化。如有抑郁症倾向的服务对象会变得不善言谈、神情忧郁；长期患有睡眠障碍的服务对象会无精打采、记忆功能下降等。通过观察服务对象的面部特征、行为表现能够大体评估服务对象的日常心理状态。

2. 访谈法

禁毒社会工作者通过与服务对象日常谈话、或围绕某一具体的问题进行专业的访谈，能够快速了解服务对象的心理状态及其产生的原因。如在与服务对象访谈其个人的经历、家庭背景、遇到的问题时，通过其所表现出来的语气、声调可以感受服务对象的心理变化。访谈分为结构式访谈和非结构式访谈，结构式访谈通过提前设计好访谈提纲，对服务对象的心理评估较为聚焦。

3. 问卷量表法

当日常观察和访谈无法评估服务对象的心理问题时，专业的量表能够帮助禁毒社会工作者对服务对象所表现出来的心理问题和心理症状进行准确评估。根据服务对象所表现出来的症状行为，禁毒社会工作者可以有针对性地选择相应的量表。常用的心理类自评量表有症状自评量表（SCL-90）、焦虑自评量表（SAS）、抑郁自评量表（SDS）、贝克抑郁自评量表（BDI）、贝克焦虑量表（BAI）；他评类量表有汉密尔顿焦虑量表（HAMA）、汉密尔顿抑郁量表（HAMD）、简明精神病量表（BPRS）；自评和他评结合类量表有匹兹堡睡眠质量指数（PSQI）等。

三、复吸风险评估

戒毒人员复吸风险评估是对戒毒人员在整个戒毒康复期间生理、心理、社会交往等各方面的复吸危险和毒品需求的综合评估。戒毒人员的复吸率长期居高不下，加强戒毒人员的复吸风险评估有利于帮助禁毒社会工作者对服务对象采取有针对性的戒毒措施和行为，从而促使服务对象戒除毒瘾，降低复吸率。

（一）评估内容

造成服务对象复吸的因素有很多，与服务对象自身、家庭、社会生活环境有关的一系列高危情境都可引发服务对象的复吸行为。因此，对服务对象的复吸风险主要从以下几个维度进行评估。

身体状况：主要指服务对象的生理健康状况，尤其是生理脱毒后的稽延性戒断症状。一般来说，服务对象因吸毒导致身体各个器官的疼痛或功能减退，为了缓解疼痛或增强身体机能，复吸风险较高。

心理状况：指服务对象的认知、态度、动机、情绪、心理健康状态。一般来说，对毒品缺乏合理认知，自身敏感、抑郁、焦虑的服务对象复吸风险较高。

精神状况：主要指服务对象的精神健康状态。长期处于精神高度紧张、有精神病症状或因长期吸食毒品出现精神类疾病的服务对象复吸风险较高。

家庭状况：包括服务对象的家庭经济、家庭关系、家庭氛围、家庭结构、家庭支持体系等。长期以来家庭关系紧张、家庭氛围不和谐、家庭结构较为松散、家庭支持较弱的服务对象复吸风险较高。

社交状况：指服务对象的人际交往状况和社会支持体系。长期处在吸毒人群较多的高危环境、无法改变自己的社交环境且自身抵制力差的服务对象复吸风险较高。而社会支持体系完善、生活就业就学生计得以发展，强制隔离戒毒后、回归社会后得到支持力度较大的服务对象复吸风险较低。

行为习惯：主要指服务对象一些生活习惯的养成和生活状态。一般来说，有大量空闲、孤寂、沉闷时间，经常面临压力事件、生活受挫，不懂得金钱管理，有酗酒赌博行为的服务对象复吸风险较高。

劳动就业：指服务对象的就业状况。长期处于工作压力中、因缺乏劳动技能失业、收入低以及从事娱乐服务业的服务对象复吸风险较高。

保持操守情况：指服务对象距离上次戒断毒品的保持时间。一般来说，保持操守时间越短，复吸风险越高。

社会责任：指服务对象的社会责任感。通常来说，服务对象的社会责任感越低，如经常破坏社会规则和公共秩序，缺少社会公德心，复吸风险越高。

（二）评估方法

服务对象复吸原因往往多样复杂且循序渐进，因此根据上述几个维度来评估服务对象的一些行为频率或症状程度，能够对服务对象的复吸风险概率进行识别。对服务对象复吸风险评估有以下几种方法。

1. 观察法

禁毒社会工作者在服务对象家人及服务对象周边资源的协助下，通过观察服务对象戒毒康复过程中的表现，能够评估服务对象的复吸风险程度。

生理方面，可以观察服务对象有无身体器官的疼痛或不适感，以及有身体器官疼痛时会采取的措施等；心理方面，可关注服务对象有无出现明显的暴躁、焦虑、抑郁的情绪；精神方面，可观察服务对象的行为举止是否异常，有无出现幻听、幻视现象，有无自杀的举动；家庭方面，观察服务对象与家人的相处模式，家庭氛围等；社交方面，观察服务对象的朋友圈及交友行为，如是否与朋友经常出入酒吧、KTV 等娱乐场所；行为习惯方面，观察服务对象的作息时间是否与正常时间有很大出入，有无在服务对象家里发现过注射、吸食毒品器具，服务对象是否经常接听神秘电话、出现原因不明的金钱交易、出现偷吸行为等。

需要注意的是，当某一方面的行为产生时，就意味着服务对象存在复吸的风险，禁毒社会工作者在服务过程中对服务对象应给予充分的关注，并加强引导，防止复吸行为的产生。

2. 访谈法

禁毒社会工作者通过与服务对象及其周围资源的日常交流或进行专业访谈可以迅速了解服务对象的身体健康、家庭、社交、劳动就业及保持操守情况；并在访谈的过程中观察服务对象所表现出来的语气、态度、情绪和认知，判断服务对象的心理、精神健康状况和社会责任感。

3. 问卷量表法

为了较为准确地评估戒毒人员不同种类、不同程度的复吸风险，国内外已有研究者编制的测查药物成瘾者复吸因素的量表，大多是单独对服务对象复吸的某一风险因素进行测查。如测查药物渴求类的量表有渴求症状评分量表、海洛因渴求问卷、阿片类稽延性戒断症状评定量表、戒毒人员脱毒期药物渴求调查问卷、复吸倾向性调查问卷，测查药物使用非理性信念方面的量表有非理性信念量表等。

一些专家学者如黄宗祯等人关注复吸因素的系统性和复杂性，从生理、心理和社会三方面，编制非强戒期毒品成瘾人员复吸风险评估量表。此外，广东联众戒毒社会工作服务中心从服务对象的生理、心理、精神等 9 个维度研发了吸毒人员复吸风险评估量表，综合评估服务对象的复吸风险情况。这些专业量表有一定的评分机制，能够科学、定量地评估戒毒人员的复吸风险程度。

四、犯罪风险评估

毒品不仅对个人身体、心理造成危害，还常常诱发一系列犯罪问题，给社会公共安全造成极大的威胁。受毒品本身的危害性及吸毒人群特点影响，由毒品引发的犯罪类型也较为多元。有因缺少毒资而引发盗窃、抢劫等行为的经济型犯罪；神经系统受到损害而出现被害妄想对其他人实施伤害的暴力型犯罪；“毒驾”引发的交通肇事罪；以淫养吸的卖淫罪；非法买卖运输毒品的走私罪；等等。研究表明，毒品犯罪与复吸风险正相关，为了降低毒品犯罪率和复吸率，减轻社会危害，禁毒社会工作者需要在服务过程中对服务对象进行犯罪风险评估。

（一）评估内容

服务对象犯罪风险的高低与其人格特质、社会认知等因素息息相关，因此可从以下几个方面对服务对象进行犯罪风险评估。

染毒情况：包括吸戒毒人员的初吸年龄、毒龄、染毒原因、强戒史、染毒后身心健康状况、戒断经历等。一般来说，初吸年龄较小、毒龄较长、强戒次数较多且复吸次数多、吸毒后健康状况尤其是精神状况较差的服务对象犯罪风险较高。

违法犯罪情况：包括除吸毒以外的违法犯罪经历、违法原因及暴力行为。一般来说，有违法犯罪经历，长期携带武器并有使用武器威胁、攻击他人的暴力行为时，服务对象的犯罪风险较高。

遭受侵害情况：即吸毒前后遭受他人身体攻击、抢劫、性侵等情况的经历。一般来说，有遭受过他人侵害经历且萌生报复想法的服务对象犯罪风险较高。

家庭背景：包括家庭的经济情况、家人受教育程度、家人对服务对象药物滥用行为的接纳程度、家庭关系等内容。一般来说，家庭受教育程度较低，经济状况较差，家庭氛围不和谐、家庭关系紧张且家人对服务对象药物滥用行为不接纳时，容易诱发犯罪。

社会关系：即服务对象与亲戚、邻居、朋友的关系及其社会支持网络情况。一般来说，服务对象因吸毒与亲戚、邻居、朋友关系紧张且社会支持网络较低，或身边亲戚、邻居、朋友有过违法犯罪行为时，服务对象的犯罪风险较高。

工作状况：主要指服务对象自身的经济和就业情况。因长期无业、失业导致无经济来源或收入较低，或从事暴力行业的服务对象犯罪风险较高。

认知、情绪、行为：指服务对象对相关事物的认知、情绪状态以及药物滥用情况。一般来说，服务对象缺乏对毒品或其他事物的合理认知、情绪精神状态差、多药滥用且具有冲动性攻击行为时犯罪风险较高。

治疗依从性和反应性：包括服务对象的戒毒康复经历以及对治疗人员的态度等。一般来说，服务对象缺乏对工作人员的信任并不配合工作人员的工作时犯罪风险较高。

反社会性人格：即情绪极具爆发性，对社会他人冷酷、仇视、缺乏同情心的一种人格障碍。反社会型人格障碍的服务对象犯罪风险极高。

（二）评估方法

服务对象犯罪问题的发生往往是上述一种因素或多种因素相互作用的结果。服务对象的犯罪风险的评估内容不同，所选取的评估方法也不同。为了全方面了解服务对象的犯罪风险情况，可采取多种方法综合对其进行评估。

1. 查阅档案法

禁毒社会工作者通过查阅与服务对象有关的档案，如健康档案、戒毒康复档案、违法犯罪档案，可迅速了解服务对象的染毒情况、违法犯罪情况、家庭情况以及工作就业情况等，从而对服务对象的犯罪风险作出初步评估。查阅服务对象相关档案的渠道有很多，一般可求助于服务对象所在镇街的戒毒康复站、社区居委会，服务对象曾经所在的强制隔离戒毒所、自愿戒毒医疗机构等，必要时还可求助公安机关部门。通过翻阅服务对象的档案，若发现服务对象及身边家人有非法犯罪记录、暴力行为记录等时，禁毒社会工作者需要加强防范措施。

2. 观察法

禁毒社会工作者通过观察服务对象的行为举止和戒毒康复过程中的症状表现可以评估服务对象的犯罪风险程度。如观察服务对象的精神状态、与亲朋好友的相处情形、就业工作情况、社会支持网络情况等。

3. 访谈法

禁毒社会工作者通过与服务对象或服务对象周边资源的日常交流或专业访谈能够快速了解服务对象的染毒情况、违法犯罪情况、遭受侵害情况、家庭背景、社会关系、工作就业等情况；与曾接触过服务对象的戒毒康复机构的访谈能够了解服务对象接受治疗的依从性；同时，从服务对象交谈所表现出来的语气、神情等能判断服务对象对某件事物的认知、态度、情感和行为。根据上述服务对象的表现，能够评估服务对象的犯罪风险。

4. 问卷量表法

目前国内外并没有系统的针对吸毒人员犯罪风险的评估工具。一些专业的评估工具能够帮助禁毒社会工作者准确判断服务对象的心理、情绪、行为以及人格特质，从而侧面反映出服务对象的犯罪风险高低。常见的一些心理类评估量表有暴力风险量表（VRS）、攻击行为问卷（AQ）、反社会行为筛查问卷等。除此之外，一些专家如中国政法大学杨波教授带领其团队着手编制社会面吸毒人员的犯罪风险分类评估工具，并进行初步使用。

吸毒犯罪给社会带来极大的危害，禁毒社会工作者在做好对吸毒人员犯罪风险评估的同时，还要经常对吸毒人员进行普法教育宣传、经常关注吸毒人员的身心健康并给予必要的支持，以预防吸毒犯罪事件的发生。

参考文献

［1］赵敏，张锐敏．戒毒社会工作基础［M］．北京：军事医学科学出版社，2010.

［2］曲晓光，杨波，李庆安．戒毒与康复：自愿戒毒领域的探索与实践［M］．北京：北京日报出版社，2011.

［3］姬腊军，侯宗山，赵永俊．统一戒毒基本模式下戒毒人员复吸风险评估研究［J］．中国司法，2019（05）：102-106.

［4］黄宗祯，陈天勇，孙本良，罗贵伶，范文勇．非强戒期毒品成瘾人员复吸风险评估量表的编制［J］．中国药物依赖性杂志，2015，24（04）：267-271+295.

［5］褚宸舸．我国社会戒毒医疗机构存在的问题及其完善——以西安市四家戒毒医疗机构的调查为例［J］．山东警察学院学报，2017，29（06）：114-122.

［6］张薇，徐浩博．推进自愿戒毒工作的思考［J］．中国药物滥用防治杂志，2017，23（06）：355-356+367.

［7］靳澜涛．我国自愿戒毒制度的失范与规范［J］．四川民族学院学报，2017，26（03）：46-51.

［8］徐曦昊．现阶段“自愿戒毒制度”的缺陷与修正——以陕西省为例［J］．法制与社会，2017（06）：48+56.

［9］莫能嘉．社会面吸毒人员犯罪风险分类评估工具的开发与初步使用——以北京市朝阳区为例［D］．中国政法大学，2019.

［10］王绪轶．中国自愿戒毒机构调查报告［R］．中国药物滥用防治协会，2018.

第五章　社区戒毒社区康复

第一节　社区戒毒社区康复的意义

社区戒毒社区康复是整个戒毒体系的重要组成部分。这一举措对完善戒毒过程、完善社会治理以及坚持以人为本的戒毒措施具有重要意义。

一、完善戒毒过程

戒毒是一个长期的过程，禁毒法出台之前，我国的戒毒措施是以强制戒毒、劳教戒毒为主。这种单一的、强制性封闭性的戒毒措施能够在短时间内帮助戒毒人员实现生理脱毒，却无法从根本上帮助戒毒人员戒除毒瘾，回归社会。因此，容易导致“戒而不除”“归则复吸”的恶性循环。禁毒法实施以后，自愿戒毒、社区戒毒、社区康复首次被作为我国现行的戒毒措施并被立法确认，有利于完善我国的戒毒体系，完善戒毒人员的戒毒过程。

首先，禁毒法实施以前，对成瘾程度较轻、不构成强制隔离戒毒条件的戒毒人员，仅实行为期 7~15 天的行政拘留及罚款。禁毒法出台以后，对成瘾程度较轻的吸毒人员责令社区戒毒，该戒毒措施填补了对不符合强制隔离戒毒条件人员的处置措施的空白。其次，对出所后的强制隔离戒毒人员，公安机关有权责令其进行社区康复。在社区康复期内，禁毒社会工作者采取就业指导、家庭调适的方法帮助戒毒人员适应环境、顺利回归社会。社区康复这一后续照管措施的增设，保障了戒毒人员的戒治水平，形成了从脱毒到康复再到后续照管的闭环，使我国戒毒过程更加科学、完善。

二、完善社会治理

社区戒毒社区康复措施采用心理干预、家庭治疗等科学的戒治方法，帮助戒毒康复人员恢复社会功能，同时在一个相对自由安全的戒治环境中，给予戒毒康复人员更多关心体恤，使他们病有所医、困有所帮、有学可上、有业可就，帮助他们过上正常的生活，能够从根本上促使戒毒康复人员戒除毒瘾，降低复吸率。

吸毒除了与吸毒者个人有直接的关系，还会影响社会安全。毒品与犯罪息息相关。受毒品本身的危害性及吸毒人群特点影响，由毒品引发的犯罪类型也较为多元。其中包括因缺少毒资而引发盗窃、抢劫等行为的经济型犯罪；神经系统受到损害而出现被害妄想对其他人实施伤害的暴力型犯罪；“毒驾”引发的交通肇事罪；以淫养吸的卖淫罪；非法买卖运输毒品的走私罪等。由社区工作者、社会工作者、戒毒康复人员家属、禁毒志愿者等多人组成的戒毒康复人员帮扶小组对社区戒毒社区康复人员进行全方位、深层次、长时间的帮扶照管，做到对戒毒康复人员的“底数清、状态明”，有效防止了戒毒康复人员脱管、脱失，从而在一定程度上降低了毒品的犯罪率，减轻了毒品的社会危害，维护了社会和谐稳定。

此外，社区戒毒社区康复措施，将基层民警的精力从繁重的吸毒人员监管中解脱出来，把该属于基层政府、街道办事处和社会的工作科学转化，转变了政府职能，有利于节约人力成本、节约戒毒资源、提供专业服务，实现资源的优化配置。

三、以人为本的戒毒措施

《戒毒条例》明确规定我国戒毒工作坚持“以人为本、科学戒毒、综合矫治、关怀救助”的原则。社区戒毒社区康复措施从多个方面体现了以人为本的戒毒措施。首先，社区戒毒社区康复是一种不影响工作、学习和正常生活的人性化戒毒措施，保障了戒毒康复人员的基本权利。其次，社区戒毒社区康复本着以社区为先的原则，对吸毒人员去标签化，最大限度地避免了强制隔离戒毒给吸毒人员所带来的社会耻辱感；另外，强制隔离戒毒人员出所后的后续照管环节的增设，强调了管控与服务并重，体现了社会关怀。最后，社区戒毒社区康复措施将全程照顾的理念融入服务中，并采取综合的、科学有效的戒治方法，帮助戒毒人员戒毒康复、更好地融入社会。

第二节　社区戒毒社区康复的法律规定

一、社区戒毒社区康复的适用情形

（一）社区戒毒的适用情形

禁毒法规定，对吸毒成瘾人员，公安机关可以责令其接受社区戒毒，同时通知吸毒人员户籍所在地或者现居住地的城市街道办事处、乡镇人民政府。社区戒毒的期限为 3 年。戒毒人员应当在户籍所在地接受社区戒毒；在户籍所在地以外的现居住地有固定住所的，可以在现居住地接受社区戒毒。根据禁毒法、《戒毒条例》的相关规定，社区戒毒的适用情形有以下 3 种：

1. 未达到吸毒成瘾严重情形的吸毒人员

禁毒法第三十三条和《戒毒条例》第十三条规定，对于吸毒成瘾人员，公安机关可以责令其接受社区戒毒。根据公安部与卫生部 2011 年颁布、公安部和卫计委 2017 年修订施行的《吸毒成瘾认定办法》规定，吸毒人员同时具备以下情形的，公安机关认定其吸毒成瘾：

（1）经血液、尿液和唾液等人体生物样本检测证明其体内含有毒品成分；

（2）有证据证明其有使用毒品行为；

（3）有戒断症状或者有证据证明吸毒史，包括曾经因使用毒品被公安机关查处、曾经进行自愿戒毒、人体毛发样品检测出毒品成分等情形。

同时具备上述情形但未达到吸毒成瘾严重情形的吸毒成瘾人员均属于未达到吸毒成瘾严重情形的吸毒人员。

2. 不适宜强制隔离戒毒的吸毒成瘾人员

不适宜强制隔离戒毒的吸毒成瘾人员，是指本该执行强制隔离戒毒措施的吸毒成瘾人员，由于身体、年龄或其他方面的特殊原因不适合执行强制隔离戒毒措施。禁毒法第三十九条和《戒毒条例》第二十六条都规定了对不适用强制隔离戒毒的吸毒成瘾人员，县级、设区的市级人民政府公安机关应当作出社区戒毒的决定。具体来说有以下情形：

（1）怀孕或者正在哺乳自己不满一周岁婴儿的妇女；

（2）不满十六周岁的未成年人。

此外，有的地方法规政策也有其他不适宜执行强制隔离戒毒措施的规定，例如浙江省2008年出台的《公安强制隔离戒毒所处理不宜执行强制隔离戒毒人员暂行规定》，将以下吸毒成瘾人员也纳入不适宜执行强制隔离戒毒措施的范围。具体来说有以下情形：

（1）七十周岁以上的吸毒成瘾人员；

（2）生活不能自理的吸毒成瘾人员；

（3）患有严重疾病，可能有生命危险的吸毒成瘾人员。

3. 变更社区戒毒的吸毒成瘾人员

变更社区戒毒是指由于某种特殊原因，吸毒成瘾人员不再适用于原来的戒毒措施，故将其戒毒措施变更为社区戒毒。由于强制隔离戒毒具有强制性、封闭性的特点，给某些特殊吸毒成瘾人员带来不便，一般情况下，都由强制隔离戒毒变更为社区戒毒。

《戒毒条例》第三十一条规定，强制隔离戒毒人员患严重疾病，不出所治疗可能危及生命的，强制隔离戒毒场所可以允许其所外就医，对于健康状况不再适宜回所执行强制隔离戒毒的，强制隔离戒毒场所应当向强制隔离戒毒决定机关提出变更为社区戒毒的建议，强制隔离戒毒决定机关应当自收到建议之日起7日内，作出是否批准的决定。经批准变更为社区戒毒的，已执行的强制隔离戒毒期限折抵社区戒毒期限。

此外，强制隔离戒毒人员在强制隔离戒毒期间，其家庭发生重大变故，如未成年子女无人抚养，或重病老人无直系亲属赡养等其他特殊情况的，经戒毒人员本人及其家属申请，强制隔离戒毒所和决定机关评估审核后履行一定的程序即可将戒毒状态变更为社区戒毒。

（二）社区康复的适用情形

禁毒法第四十八条和《戒毒条例》第三十七条规定，对被解除强制隔离戒毒的人员，强制隔离戒毒的决定机关可以责令其接受不超过三年的社区康复。

强制隔离戒毒所依据公安部、司法部、国家卫生计生委共同制定的《强制隔离戒毒诊断评估办法》从生理脱毒评估、身心康复评估、行为表现评估、社会环境与适应能力评估四个维度对强制隔离戒毒期满的戒毒人员进行诊断评估。其中生理脱毒、身心康复评估与行为表现评估结果分为“合格”与“不合格”两类，社会环境与适应能力的评估结果分为“良好”和“一般”。其中，对社会环境与适应能力评估结果为“一般”的，强制隔离戒毒所应当提出对其责令社区康复的建议。

此外，《关于加强社区戒毒社区康复工作的意见》（禁毒办通〔2013〕5号）中指出，对被责令强制隔离戒毒两次以上的解除强制隔离戒毒人员，原则上应当责令其接受社区康复。

二、社区戒毒社区康复的违反情形

社区戒毒社区康复的违反情形是指违反社区戒毒社区康复的一些条件规定。禁毒法规定，社区康复参照社区戒毒的相关规定执行。结合社区戒毒社区康复的协议规定，以及社区戒毒社区康复需要履行的权利和义务，社区戒毒社区康复的违反情形大体可以分为以下几种：

（一）拒绝接受社区戒毒社区康复

《戒毒条例》规定社区戒毒社区康复人员应当自收到责令社区戒毒决定书之日起15日内到社区戒毒社区康复执行地乡（镇）人民政府、城市街道办事处报到，无正当理由逾期不报到的，视为拒绝接受社区戒毒社区康复。

（二）违反社区戒毒社区康复规定

根据禁毒法、《戒毒条例》，社区戒毒社区康复人员应该遵守下列规定：履行社区戒毒社区康复协议；根据公安机关的要求，定期接受检测；离开社区戒毒社区康复执行地所在县（市、区）3日以上的，须书面报告。

根据社区戒毒社区康复人员的协议告知书以及相关权利和义务规定，总结出戒毒康复人员在社区戒毒社区康复期间，有以下情形之一的，都属于违反社区戒毒社区康复规定：

（1）吸食、注射毒品的；

（2）未履行公安部《机动车驾驶证申领和使用规定》的，即无证驾驶机动车的；

（3）未按规定定期接受检测和随机抽检的；

（4）离开社区戒毒社区康复执行地未按照相关流程请假的；

（5）未按照规定变更社区戒毒社区康复执行地的；

（6）未按照规定向社区戒毒社区康复工作站报告戒毒情况的；

（7）不履行社区戒毒社区康复义务，不配合社区戒毒社区康复工作人员对其进行戒毒康复治疗服务的；

（8）无故脱失脱管的；

（9）有违法犯罪嫌疑或者违反其他规定的。

（三）严重违反社区戒毒社区康复协议

禁毒法规定，戒毒康复人员在社区戒毒社区康复期间严重违反社区戒毒社区康复协议的情形有以下几种：

（1）逃避或者拒绝接受检测 3 次以上；

（2）擅自离开社区戒毒社区康复执行地所在县（市、区）3 次以上；

（3）擅自离开社区戒毒社区康复执行地所在县（市、区）30 日。

对违反社区戒毒社区康复协议的戒毒康复人员，参与社区戒毒社区康复的工作人员应当进行批评、教育；对严重违反社区戒毒社区康复协议或者在社区戒毒社区康复期间又吸食、注射毒品的，应当及时向公安机关报告。

三、社区戒毒社区康复的解除条件

《戒毒条例》规定，社区戒毒社区康复自期满之日起解除，社区戒毒社区康复执行地公安机关应当出具解除社区戒毒社区康复通知书送达社区戒毒社区康复人员本人及其家属，并在 7 日内通知社区戒毒社区康复执行地乡（镇）人民政府、城市街道办事处。

在实际工作中，社区戒毒社区康复工作较为严格，戒毒康复人员需要同时满足以下条件方可解除社区戒毒社区康复：

（一）社区戒毒社区康复期满

社区戒毒社区康复期满是指戒毒康复人员自报到之日算起，执行社区戒毒社区康复戒毒措施时间满 3 年。

（二）规定时间内接受吸毒检测且次数合规

《关于加强社区戒毒社区康复工作的意见》（禁毒办通〔2013〕5 号）规定，社区戒毒人员的检测为 3 年内至少 22 次，第一年为每月 1 次，第二年为每 2 个月 1 次，第三年为每 3 个月 1 次；社区康复人员的检测为 3 年内至少 12 次，第一年为每 2 个月 1 次，第二年为每 3 个月 1 次，第三年为每 6 个月 1 次。

戒毒康复人员应该在公安机关“定期不定时”的吸毒检测原则下在规定时间内接受吸毒检测和随机抽检，吸毒检测次数合规是满足解除社区戒毒社区康复的条件之一。

（三）未违反社区戒毒社区康复工作规定

戒毒康复人员在戒毒康复期间认真遵守社区戒毒社区康复工作规定，方可按期解除，若有一条违反则无法按期解除。戒毒康复人员未违反社区戒毒社区康复工作规定的情形有以下几种：

（1）在社区戒毒社区康复期间未吸食、注射毒品；

（2）在社区戒毒社区康复期间未无证驾驶机动车；

（3）在社区戒毒社区康复期间外出离开执行地履行了请假制度；

（4）在社区戒毒社区康复期间变更执行地履行了一定的变更程序；

（5）在社区戒毒社区康复期间定期向戒毒康复工作领导小组报告了戒毒康复情况；

（6）在社区戒毒社区康复期间履行了社区戒毒社区康复义务，配合社区戒毒社区康复工作人员对其进行的戒毒康复治疗服务；

（7）及时向戒毒康复工作人员更新了自己的居住地、通信方式等信息，保持与戒毒康复工作人员的联系，未无故脱管脱失；

（8）社区戒毒社区康复期间，遵守了相关法律法规及其他规定，未做违反法律法规、违反社会道德、破坏社会秩序的事情。

（四）申请审批流程

戒毒康复人员在符合上述解除条件后，还需经历以下审批流程才能最终解除社区戒毒社区康复：首先由社区戒毒社区康复工作小组提出申请，社区戒毒社区康复执行所在地公安机关批注意见，并将相关申请材料寄往社区戒毒社区康复责令地公安机关，由双方禁毒办协调审批完成。最后由社区戒毒社区康复执行地公安机关出具解除社区戒毒社区康复通知书。

第三节　社区戒毒社区康复工作内容

一、所内提前介入

（一）提前介入的场所

1. 拘留所

拘留所，是指公安机关依法将特定的人短时间拘禁留置的场所。根据《中华人民共和国治安管理处罚法》第七十二条规定，对于吸食、注射毒品的，处 10 日以上 15 日以下拘留。

2. 强制隔离戒毒所

强制隔离戒毒所是指专门针对吸毒人员设立的强制性、封闭性戒除毒瘾的场所。禁毒法规定成瘾严重的吸毒人员、违反相关规定的吸毒成瘾人员处以强制隔离戒毒措施。强制隔离戒毒所按性质可分为公安强制隔离戒毒所和司法行政强制隔离戒毒所。一般情况下，戒毒人员在公安强制隔离戒毒场所执行 3 至 6 个月的强制隔离戒毒后，转至司法行政强制隔离戒毒场所继续执行剩余的强制隔离戒毒期限。部分地区取消了公安强制隔离戒毒所或公安强制隔离戒毒所只收治病残吸毒人员。

（二）所内提前介入的内容

社区戒毒社区康复相关单位的工作人员需要对查获的吸毒人员进行登记并依法实行动态管控，有义务建立健全的排查登记等制度，形成各部门紧密衔接、全程管控的工作机制。拘留所、强制隔离戒毒所具有强制性、封闭性的特点，所内吸毒人员因失去自由、不适应所内生活环境，容易变得情绪暴躁、心情低落，因此需要社会工作者对其进行提前介入，帮助其巩固戒毒成效。

禁毒社会工作者提前介入拘留所的主要工作内容有：与拘留所吸毒人员建立初步关系、向其宣传相关法律法规及社区戒毒政策、做好社区戒毒的衔接工作。

禁毒社会工作者提前介入强制隔离戒毒所的工作内容有：一是建立良好的专业关系，为戒毒人员出所回归社会、进行社区康复打下基础；二是搭建所内外沟通的桥梁，促进戒毒人员与家属、戒毒人员与外界的沟通与联系；三是对戒毒人员进行社会心理干预，帮助戒毒人员进行心理健康管理；四是进行所内帮教，提升戒毒人员的戒治效果。

二、无缝对接

无缝对接是指强制隔离戒毒所对强制隔离戒毒人员作出解除强制隔离戒毒决定或责令社区康复决定后，禁毒社会工作者协同强制隔离戒毒人员家属、户籍所在地派出所民警、街道社区戒毒社区康复站等部门做好对戒毒人员的后续照管帮扶工作的过程。

（一）无缝对接的重要性

无缝对接是提高对强制隔离戒毒人员出所管控以及对其进行后续照管的重要举措，这一举措不仅可以避免对戒毒康复人员的管控真空期，还可以有效防止戒毒人员的脱失脱管，促进其顺利执行社区康复。无缝对接机制不仅增强了强制隔离戒毒所与社区戒毒社区康复站的密切联系，促使其建立信息共享机制和沟通机制，也解决了对强制隔离戒毒人员管控难的问题。

（二）无缝对接的流程

1. 无缝对接前

为了顺利进行无缝对接，禁毒社会工作者要做一些准备工作。一是获取出所信息。二是通知家属在戒毒康复人员出所当天，同派出所民警、禁毒社会工作者一同前往戒毒康复人员所在戒毒场所，将出所人员接回；同时需要告知家属关于吸毒人员出所后的相关帮教事宜。三要联系派出所，核对出所人员的户籍所在地派出所，联系帮扶民警。四是建立社区戒毒社区康复工作小组。五是妥善安排交通工具。

2. 无缝对接时

禁毒社会工作者和家属、民警到达戒毒康复人员所在戒毒康复场所后，核对出所人员信息，确定无误后协助出所人员办理出所手续，将其接回。

3. 无缝对接后

戒毒康复人员出所后与禁毒社会工作者、民警一同前往户籍所在地派出所报到，由民警对其进行信息录入、社区戒毒社区康复政策宣讲，与其签订社区戒毒/社区康复协议。

三、建立档案

（一）建立档案的步骤

1. 一人一档

一人一档是指为每个戒毒康复人员建立一份档案。一人一档是为了精准了解每个戒毒康复人员的状况，规范对戒毒康复人员的登记工作，进一步加强对戒毒康复人员的动态跟踪管控。根据相关规定等规定，公安机关应当对登记的吸毒人员建立档案，并将登记信息录入“全国禁毒信息系统”吸毒人员数据库，实行信息化管理。禁毒社会工作者要根据各地要求协助公安机关整理完善戒毒康复人员档案。

2. 归档

填写档案盒上的信息，如姓名、地址、管控状态，并按照实际工作要求，以镇街、管控状态、责任禁毒社会工作者等作为归档分类的条件，进行归档。

3. 放置档案内容

戒毒康复人员基本档案应包括社区戒毒社区康复决定书、社区戒毒社区康复协议书、社区戒毒社区康复权利义务告知书，以及吸毒检测记录。还可能会包括行政处罚决定书、吸毒成瘾认定意见书、违法/违规行为报告、违规行为告诫书等内容。服务的档案主要包括禁毒社会工作者定期会谈记录。若缺少基本的档案如社区戒毒康复决定书、社区戒毒社区康复协议书、社区戒毒社区康复权利义务告知书，则为档案不全状态。

4. 逐步完善档案

戒毒康复人员档案不是短期内就能形成完整档案的，需要在服务的过程中不断完善与更新。如常规的不定期的吸毒检测记录、社会工作者走访谈话记录、就业安置材料；以及变更执行地的审批表、通知书，新的社区戒毒康复协议；根据实际情况更新的风险分类分级评估资料，外出请假审批表等。

（二）档案的框架

1. 基本信息

社区戒毒社区康复人员的基本材料主要包括基本情况登记表、服务需求评估材料等内容，主要涉及其生理状况、心理状况等方面的信息材料，对戒毒康复人员的身体、生理、社会交际等状况的记录和评估。特别是禁毒社会工作者需要对社区戒毒社区康复人员的药物滥用史有清晰的了解。在日常的服务过程中，通过观察、询问、检查等手段，明确其因为吸食毒品造成的疾病或其他生理伤害，了解其目前正在接受的治疗方案和服用的药物，对其健康状况进行评估，以便于为开展后续工作提供基本的信息。

2. 法律文书

法律文书的处理方式一般分为 3 类，接收存放、签署填写和呈报审批。具体分类如下：

（1）需要接收存放的文书主要包括社区戒毒社区康复决定书、解除社区戒毒社区康复通知书；

（2）需要签署填写的文书主要是社区戒毒社区康复协议书、社区戒毒社区康复权利义务告知书；

（3）需要呈报审批的文书主要包括社区戒毒社区康复人员违法/违规行为报告、社区戒毒社区康复人员违规行为告诫书、变更社区戒毒社区康复执行地审批表、变更社区戒毒社区康复执行地通知书、关于变更社区戒毒社区康复执行地的函、解除社区戒毒社区康复措施申请书、解除社区戒毒社区康复措施审批表。

3. 管控材料

管控材料主要用于禁毒社会工作者协助公安机关加强对社区戒毒社区康复人员的管控措施，主要包括社区戒毒社区康复人员吸毒检测、请假外出、未报到证明、严重违反戒毒协议证明、分级分类管理、评估等相关材料。针对这部分材料，禁毒社会工作者根据社区戒毒社区康复人员的日常表现进行每月评估，并呈报街道禁毒办进行审批。

4. 帮扶救助材料

帮扶救助材料是禁毒社会工作者为戒毒康复人员提供服务的证明和记录。帮扶主要包括就业帮扶、家庭关系修复、心理疏导、社会救助、社会功能恢复等方面，针对各类不同的帮扶，禁毒社会工作者制作社区戒毒社区康复人员帮扶服务记录、就业安置材料以及其他相关材料。

5. 健康管理档案

戒毒康复人员的健康管理档案主要指与其健康状况有关的档案信息。一个完整的戒毒康复人员健康管理档案主要包含吸毒人员的基本信息（姓名、年龄、籍贯等）、吸戒史信息（药物滥用情况、戒毒康复经历等）、既往病史信息（既往健康状况、患病史、手术史、传染病史等）、家族病史信息（家庭成员的药物滥用情况、传染病史情况等）、诊疗检查信息（最新的体格检查、疾病筛查情况等）以及其他的心理评估和社会评估信息等。

四、提供服务

禁毒社会工作者为社区戒毒社区康复人员提供的服务包括管控服务和专业服务两大类。

（一）管控服务

禁毒社会工作者协助公安机关对社区戒毒社区康复人员实行严格的管控措施，其目的是为了防止戒毒康复人员在戒毒康复期内发生偷吸、复吸和脱失、脱管现象。

1. 常规管控

禁毒社会工作者对社区戒毒社区康复人员的常规管控措施包括按期报到、吸毒检测和定期谈话。

（1）按期报到

根据禁毒法和《戒毒条例》的规定，社区戒毒社区康复人员应当自收到社区戒毒/社区康复决定书之日起15日内到社区戒毒社区康复执行地乡（镇）人民政府、城市街道办事处报到，无正当理由逾期不报到的，视为拒绝接受社区戒毒或社区康复。禁毒社会工作者将戒毒康复人员从强制隔离戒毒所或拘留所接回后，应当督促其按期到执行地负责社区戒毒社区康复的工作站报到，签订戒毒康复协议，开始戒毒康复工作。

社区戒毒社区康复人员报到时，禁毒社会工作者的主要工作包括以下几个方面：第一，与戒毒康复人员签订社区戒毒社区康复协议；第二，为戒毒康复人员建立档案；第三，根据戒毒康复人员的状况提供就业指导、法律援助、解决生活困难等帮扶服务；第四，在公安机关授权下对戒毒康复人员进行尿检工作并出具尿检报告；第五，对前来报到的戒毒康复人员进行评估工作。

（2）吸毒检测

尿液检测。根据戒毒康复协议的规定，社区戒毒人员在三年戒毒期内尿检次数不得少于22次。第一年每月至少检测1次；第二年每2个月至少检测1次；第三年每3个月至少检测1次。其中三年内突击检测不少于10次。

社区康复人员在三年康复期内尿检次数不得少于12次。第一年每2个月至少检测1次；第二年每3个月至少检测1次；第三年每6个月至少检测1次。其中三年内突击检测不少于10次。

在现场检测完毕之后，戒毒康复人员须手持尿检板拍照存档，并在检测报告上签名确认，加按手印存档。

戒毒康复人员必须在收到禁毒社会工作者或帮扶民警通知后才能进行尿检，社区戒毒社区康复工作站不接受戒毒康复人员自主前往进行尿检。自禁毒社会工作者或帮扶民警通知戒毒康复人员尿检起，戒毒康复人员必须在24小时内完成尿检，超过72小时则视为无效。

毛发检测。根据《吸毒检测程序规定》要求，公安机关采集、送检、检测毛发，应当由两名以上工作人员进行。根据《吸毒检测程序规定》制定的《涉毒人员毛发样本检测规范》中，对提取毛发的相关事项进行了详细说明，要求对提取毛发的全过程进行录像。工作人员应当佩戴一次性手套，使用医用剪刀或者锯齿剪刀紧贴被提取人员头皮表面，剪取头顶后部长度为3cm以内的头发；长于3cm的头发，需从发根端截取3cm。提取的毛发样本应当分为A、B两份，每份样本重量不少于50mg，用铝箔纸包裹，分别装入纸质信封后将其封装。信封上应标注受检人相关信息，背面由受检人本人确认无误后签名并按手印进行确认。把毛发样品送至实验室（由县级以上公安机关指定的取得检验鉴定机构资格的实验室或者有资质的医疗机构）进行检测。

（3）定期谈话

根据戒毒康复协议的规定，社区戒毒社区康复人员至少每个月向社区戒毒社区康复工作站报告戒毒情况1次；社区戒毒社区康复工作站每月找社区戒毒社区康复人员谈话或家访不少于1次。

谈话是帮教工作最简洁、最有效的方式，也是掌握有吸毒史人员戒断情况的根本，更是了解他们思想状况、现实表现的最直接的方法。在谈话或走访的过程中，禁毒社会工作者应做到以下几点要求：第一，谈话包括和本人谈话、和家属谈话、和志愿者谈话、和邻居谈话及相关知情人谈话。第二，谈话要讲究方式方法，注意保护当事人的隐私，工作时要因人而异进行谈话，每月必须和帮教对象谈一次话。第三，谈话记录要真实地反映当事人的思想状况、现实表现以及家庭情况、就业状况等。谈话要体现帮教的主题，但不能格式化，更不能千篇一律，每次谈话都要有所准备，不能每次重复谈一个内容。针对同一个有吸毒史人员的不同谈话对象，要采取不同方式，要了解的内容必须相互印证，不能印证的，要进行核实，查清事情的真相。第四，社区帮教谈话至少有两人以上，对不配合工作或出狱时间不长的人员，上门入户时要注意安全，至少两人入户（男性至少一人）。对有吸毒史人员本人的谈话材料，最好让本人签字。对有女性吸毒史人员的谈话，必须有女同志参加。社区工作人员在帮教谈话过程中，不能有歧视性或侮辱性语言的现象发生。

2. 特殊情况

除了以上常规管控措施外，还有一些特殊情况需要进行特别处理，主要包括以下情况：

（1）外出请假

根据《戒毒条例》第十九条的相关规定，社区戒毒人员应当履行社区戒毒协议；根据公安机关的要求，定期接受检测；离开社区戒毒执行地所在县（市、区）3 日以上的，须书面报告。

《戒毒条例》第二十条也有明确规定，社区戒毒人员在社区戒毒期间逃避或者拒绝接受检测 3 次以上，擅自离开社区戒毒执行地所在县（市、区）3 次以上或者累计超过 30 日的，属于禁毒法规定的“严重违反社区戒毒协议”的情况。社区康复的具体执行同社区戒毒工作规定，因此，戒毒康复人员如果需要离开执行地，须提前向社区戒毒社区康复执行机关提出外出请假申请，经审批同意后方可暂时离开。社区戒毒社区康复人员外出请假流程：戒毒康复人员暂时离开社区戒毒地 3 日以上，需提前一天到社区戒毒社区康复工作站填写社区戒毒社区康复人员请假审批表；社区戒毒社区康复工作站出具社区戒毒社区康复人员外出请假通知书；戒毒康复人员拿到通知书即可外出，但是外出不得超过 30 天，到期要按时返回销假。需要注意戒毒康复人员的请假外出时间累计不得超过 30 日。

（2）地点变更

社区康复的具体执行同社区戒毒工作规定。《戒毒条例》第二十二条规定社区戒毒人员的户籍所在地或者现居住地发生变化，需要变更社区戒毒执行地的，社区戒毒执行地乡（镇）人民政府、城市街道办事处应当将有关材料转送至变更后的乡（镇）人民政府、城市街道办事处。

社区戒毒人员应当自社区戒毒执行地变更之日起 15 日内前往变更后的乡（镇）人民政府、城市街道办事处报到，社区戒毒时间自报到之日起连续计算。变更后的乡（镇）人民政府、城市街道办事处，应当按照《戒毒条例》的相关规定，与社区戒毒人员签订新的社区戒毒协议，继续执行社区戒毒。

社区戒毒社区康复地点变更的注意事项有：社区戒毒社区康复人员应当自社区戒毒/社区康复执行地变更之日起 15 日内前往变更后的执行地报到；社区戒毒康复人员需将社区戒毒社区康复决定书等相关材料带往接受地办理手续；社区戒毒社区康复自新执行地报到之日起连续计算；无正当理由逾期不报到的，视为拒绝接受社区戒毒/社区康复。

关于社区戒毒/社区康复地点变更的操作流程需要按照以下步骤进行：戒毒康复人员到社区戒毒社区康复工作站提交地点变更申请书。工作站将申请人的执行情况和申请书同时向辖区公安机关报告，公安机关在 7 个工作日内与拟接受地公安机关和社区戒毒社区康复执行地取得联系，核实材料内容，并根据核实情况提出是否同意变更执行地点的意见，同时将决定报告区县决定机关。需要核实内容的材料包括：变更社区戒毒社区康复执行地申请书、社区戒毒社区康复决定书、社区戒毒社区康复协议书、社区戒毒社区康复计划执行情况、社区戒毒社区康复工作机构意见与建议复印件等。责令社区戒毒社区康复的区县决定机关在收到报告的 5 个工作日内给予批复。申请人持变更社区戒毒社区康复执行地通知书等相关材料自行到变更地办理手续，15 日内完成报到。

（3）违反协议告诫

禁毒法、《戒毒条例》规定，接受社区戒毒社区康复的戒毒康复人员应当遵守法律、法规，自觉履行社区戒毒协议，并根据公安机关的要求，定期接受检测。

对违反社区戒毒社区康复协议的戒毒人员，参与社区戒毒社区康复的工作人员应当进行批评、教育；对严重违反社区戒毒社区康复协议或者在社区戒毒期间又吸食、注射毒品的，应当及时向公安机关报告。

（4）终止与中止

《戒毒条例》规定社区戒毒社区康复人员被依法收监执行刑罚、采取强制性教育措施的，社区戒毒社区康复终止。禁毒社会工作者要对终止社区戒毒社区康复人员的家属进行走访，做好相关走访记录及备注，做好结案工作。

戒毒康复人员被依法拘留、逮捕的，社区戒毒社区康复中止，由羁押场所给予必要的戒毒治疗，释放后继续接受社区戒毒社区康复。禁毒社会工作者要对中止社区戒毒社区康复人员的家属走访了解情况并做好安抚家属的工作，待中止戒毒的人员期满释放后，禁毒社会工作者继续为其开展服务。

（5）撤销管控

基本条件：戒断三年未复吸。一种是社区戒毒社区康复人员，满足社区戒毒社区康复解除条件；另一种是其他管控状态人员，满足戒断三年未复吸。

申请流程：对于符合撤销管控条件的人员，由社区戒毒社区康复工作小组协助其提出申请并递交重点人员停止布控申请书、重点人员停止布控申请表等申请材料，申请材料中需要有派出所意见与区、县禁毒办意见等，由区、县禁毒办统一报送，公安派出所根据重点人员现实表现情况或者县级公安机关根据对重点人员的研判核查情况发起停止布控申请。

已经撤销管控的吸毒人员，在使用身份证的地区，因重大事件安全保卫级别上升的时候，该地区对特殊人群的管理级别相应会上升，这个时期已经撤销管控的吸毒人员会恢复到特殊人群管控状态，事件过后，随着安保级别的下降，会自动恢复到撤销管控。

（二）专业服务

1. 健康管理

禁毒社会工作者为社区戒毒社区康复人员提供的健康管理服务主要包括身体状况和精神状况两方面的服务。身体状况方面的服务主要是了解服务对象的伤残情况、是否有长期病患，记录服务对象的敏感史，了解服务对象的严重疾病或者受伤史，明确服务对象是否有艾滋病或其他传染疾病等。精神状况方面的服务主要是在日常的服务中，观察、记录服务对象的身体特征、衣着及个人卫生、清醒程度、肢体动作、面部表情、谈吐、知觉、情绪、自杀风险、暴力行为、接受治疗的经历等。

由于吸毒人员不仅是违法者，还是病人，因此还需要用医学上全病程管理的理念服务戒毒康复人员。全病程管理不仅仅包含对戒毒康复人员的健康管理，还包含对戒毒康复人员的心理评估、复吸风险评估和犯罪风险评估。

2. 心理干预

吸毒者存在众多的心理问题，有些表现为心理疾病，有些表现为行为异常，心理干预是解决这些问题的有效途径。禁毒社会工作者提供的心理干预服务主要有以下几方面：

（1）认知行为治疗

在干预治疗过程中禁毒社会工作者首先要引导戒毒康复人员辨识自身的非理性认知，如对毒品模糊、错误的认识，对吸毒行为的认识等，继而改变其不良认知。治疗的核心问题是帮助服务对象辨识可能发生药物滥用的情景和状态以及学会如何防范或避免的技巧。治疗的目的围绕纠正反社会行为、提高自我管理能力、有效对抗复吸，常用的方法有理性情绪治疗法等。

（2）动机强化

动机强化包括正强化和负强化。正强化是对戒毒康复人员进行正面教育，在其作出一些正确的决策和行为时及时给予鼓励和肯定。培养戒毒康复人员健康的生活习惯，开展劳动训练和技能培训，增强其适应社会的能力，通过一系列的规范性活动，培养其积极的生活态度，在反复治疗的过程中，加强正向强化，削弱负强化，帮助其对抗复吸的心理和行为。

（3）防复吸训练

防复吸训练是指禁毒社会工作者运用专业的方法和技术帮助戒毒康复人员进行认知和行为训练，以达到帮助其预防复吸、保持操守的目的。常见的防复吸训练技术有金钱管理、情绪管理 、高危情景应对、渴求应对等。

（4）其他心理干预

禁毒社会工作者除对戒毒康复人员进行上述心理干预外，还需要秉持个别化原则，时刻关注戒毒康复人员的戒治过程和心理发展水平。对出现急性情绪危机，因遭受重大突发事件而导致心理崩溃或有自杀风险的服务对象，有必要联系专业的心理咨询师，使用抗精神崩溃的药物治疗。在此基础上禁毒社会工作者对服务对象进行一对一的心理辅导，可采用个别谈话或释放压力等方式，帮助服务对象正视和面对正在经历的变故，逐步化解情绪危机，稳定情绪，防止自杀自残现象发生。

3. 社会功能恢复

（1）就业帮扶

戒毒康复人员进行社会功能恢复是实现基本生活保障的基础，其中解决就业直接关系到戒毒操守的保持。禁毒社会工作者应当为戒毒康复人员链接就业资源，进行职业技能培训，提供就业信息。

职业技能培训。禁毒社会工作者在社区戒毒社区康复过程中，通过职业技能培训，帮助戒毒康复人员学习技术，增强就业能力，促使他们能够自谋职业、自主创业，更好地回归社会、适应社会、融入社会。

职业技能培训从个人和社会两方面开展，通过相关教育提升、整合就业资源，帮助戒毒康复人员更好地回归社会。首先，加强劳动教育。通过开展一系列的劳动教育，让戒毒康复人员明确参加劳动、学习职业技能的目的是使他们能够恢复体能，磨炼意志，培养他们的生存能力，纠正不良恶习，为他们今后回归社会、立足社会、自食其力打好思想基础。其次，选择合适的就业方向。选择一些适合戒毒康复人员的生产方式，如电脑应用操作、缝纫、烹饪、驾驶、美发、种养殖等，进行专门培训，并根据戒毒康复人员的情况和社会需求灵活调整，以增强实用性和适用性；同时也可采取与社会相关企业的合作，对戒毒康复人员进行业务技能培训和实践操作应用。对培训成效明显，技能掌握突出、表现良好的，通过向企业推荐或者自主选择的方式，为戒毒康复人员提供某些合适的就业机会。最后，借助社会的力量。禁毒社会工作者要积极与劳动部门开展合作，对于一些考核达标的戒毒人员，颁发职业技能证书或结业证书，让其技能培训得到社会的认可，为戒毒康复人员回归社会就业创业创造条件。

提供就业机会。社会各界为戒毒康复人员创造和提供就业机会，让他们广泛地参与社会生活，这样不仅能够降低违法犯罪风险，挽救一个人、一个家庭，更重要的是能够引导他们对国家、对社会的安宁和发展作出贡献。禁毒社会工作者可通过线上招聘网站、社区居委会等渠道帮助戒毒康复人员获取就业信息，为其提供就业机会。

支持鼓励戒毒康复人员再创业。一些戒毒康复人员自身有创业经验或身边有较好的创业资源支持，禁毒社会工作者可帮助戒毒康复人员梳理创业资源，重拾创业信心，鼓励其再创业。

家庭应为戒毒康复人员提供就业支持。良好的就业帮扶离不开家庭的鼓励和支持，禁毒社会工作者通过改善戒毒康复人员与其家人的关系，劝说戒毒康复人员家人为其提供就业支持，帮助戒毒康复人员早日回归社会。

（2）重建社会支持网络

家庭支持专业化引导。现阶段的家庭支持都是建立在血缘基础上的，家人及亲人对戒毒康复人员的支持与帮助缺乏专业性。因此，禁毒社会工作者在为戒毒康复人员提供服务的过程中，要理解并尊重其家庭，为其提供专业的家庭支持和培训，帮助家庭成员掌握正确的戒毒方法，重新认识自我，改善家庭关系，完善家庭支持系统，提高家庭支持专业性。

整合社区资源，提供帮扶性支持。禁毒社会工作者要明确戒毒康复人员是受害者和病人的身份，妥善处理戒毒康复人员与邻里之间的关系，营造无歧视的社区环境。此外，为戒毒康复人员开展各种社交活动，提升其社交技能，满足其社会交往需要；同时整合社区资源，为戒毒康复人员提供就业机会及创业税收减免等，帮助其重新找回自我，实现自我价值。

（3）社会融入

促进戒毒康复人员社会融入是帮助戒毒康复人员恢复社会功能的重要组成部分。禁毒社会工作者可在戒毒康复期间对戒毒康复人员进行社交技巧训练、偏差行为的矫正等，帮助其融入社会，恢复其社会功能。

4. 家庭治疗

家庭治疗是以整个家庭而非某个特定的成员为治疗对象，着眼于整个家庭成员之间的互动和沟通关系，促进家庭成员之间的理解，帮助其解决问题，达成家庭和谐的一种治疗模式。禁毒社会工作者主要从以下几方面为社区戒毒社区康复人员提供家庭治疗：

（1）修复家庭结构

主要着眼于家庭体系评估与调整，具体从 3 个目标进行：

一是改变家庭看法。帮助家庭成员正确认识吸毒者既是违法者，也是受害者和病人的三重属性，引导家属重新认识吸毒行为，引起家属足够的重视，摒弃以往对戒毒康复人员一味责怪、埋怨、冷落、歧视或者纵容等非理性的态度。

二是优化家庭结构。指导家庭成员与戒毒康复人员友善互动，共同面对，共同承担责任，共同改善各自应对行为的过程，使家庭结构恢复常态。

三是重塑家庭价值观。一方面通过专业的建议和对现状的合理分析，引导家庭从客观的角度看待世界和生活环境；另一方面积极引导家庭欣赏个人的优点，协助家庭了解吸毒成员的长处，从而全面促进其发挥潜能，融入社会。

（2）恢复家庭功能

家庭承载着重要的生产功能、教育功能、娱乐功能与情感交流功能等，帮助戒毒康复人员恢复家庭功能有利于促进家庭成员之间的相互接纳和包容。因此可从以下几个方面着手恢复戒毒康复人员的家庭功能：

亲情接纳，加强沟通。不断促进家庭以亲情接纳戒毒康复人员，使其感受到家庭的温暖，及时与其沟通交流，了解其真实的想法和需求，为解决其问题打下基础。

生活照顾，精神支持，创造有利于康复的家庭环境。戒毒康复人员回归家庭后，禁毒社会工作者要为其提供生活支持，减轻其精神压力和心理压力，使其消除顾虑，稳定情绪，为其提供尽可能多的物质、精神支持。

规范生活习惯。协助戒毒康复人员建立正常的生活秩序和良好的生活习惯，同时注意培养其正确的金钱观和消费观。

调适心理，恢复功能。调适戒毒康复人员的社会适应心理，增强其自信心，逐步帮助其恢复工作能力，达到戒断目标。

（3）促进家庭和谐

促进戒毒康复人员的家庭和谐是家庭治疗的目的和归宿。发挥家庭监管和配合治疗的作用有利于促进戒毒康复人员的家庭和谐。禁毒社会工作者要逐步增加家庭和社会的黏合，引导家庭发挥监管作用，减少和避免戒毒康复人员出入娱乐场所特别是高危场所等的发生，督促戒毒康复人员减少与吸毒的人的接触，监督戒毒康复人员的消费行为，逐步培养其健康、积极的生活习惯。

5. 帮扶救助

禁毒社会工作者能够为社区戒毒社区康复人员提供的帮扶救助包括生活救助、医疗救助和社会服务救助。

生活救助方面主要是帮助符合条件的戒毒康复人员申请最低生活保障，提供就业辅导，减缓因生活贫困导致的家庭经济困难、失业、子女失学等问题。或者为无适当监护人的未成年子女提供救助，禁毒社会工作者按照民政部门相关规定，联系儿童福利院收留、抚养。对于丧失监护权的戒毒康复人员，禁毒社会工作者需联系相关部门重新寻找合适的监护人，同时倡导政府设立专门的社会福利机构，完善儿童福利保障制度。

医疗救助方面主要包括协助社区戒毒社区康复人员申请紧急医疗救助金、为阿片类成瘾者申请美沙酮药物替代维持治疗等。

社会服务救助主要指社区服务。禁毒社会工作者和社区志愿者通过社会福利和关怀服务，对戒毒康复人员进行贫困救助，解决其和家属的就业、子女教育和生活照顾等方面的问题。同时号召戒毒康复人员加入社区志愿服务活动，在社区中逐渐矫正认知行为，消除社会对吸毒人群的偏见，逐步营造有利于戒毒康复人员回归社区、回归社会的有利环境。

参考文献

[1] 赵敏，张锐敏．戒毒社会工作基础［M］．北京：军事医学科学出版社，2011.

[2] 莫关耀，曲晓光．禁毒社会工作［M］．北京：中国人民公安大学出版社，2017.

[3] 张宇莲．社会工作实务（下）［M］．上海：上海科学院出版社，2005.

[4] 刘静林．禁毒社会工作理论与方法［M］．北京：中国社会出版社，2016. 11.

[5] 郑烨．论强制隔离戒毒与社区康复的“无缝衔接”——以上海市宝山区社区康复个案帮

教工作为例［J］．上海政法学院学报，2011，26（1）：98-102.

［6］费梅苹．本土化视野下社区戒毒社区康复社会工作服务研究——以上海同伴教育为例［J］．华东理工大学学报，2017，32（01）：33-42.

［7］孟建柱．坚持以人为本　给戒毒人员更多人情关怀［EB/DL］．http：//www. gov. cn：8080/ldhd/2011-06/10/content_ 1881525. htm，2011-06-10.

第六章　强制隔离戒毒

第一节　强制隔离戒毒制度的历史发展

一、民国时期的禁烟运动

民国时期的禁毒，主要以禁鸦片烟为主，兼禁吸食金丹、白丸与其他麻醉品。为禁除烟毒，民国中央政府于1912年设立全国禁烟公所，1929年在各省市成立禁烟委员会，1935年又改设禁烟总监和禁毒总会，自此建立了一个由中央政府军事委员会委员长兼禁烟总监、由内政部掌管全国的禁烟事宜、各省民政厅掌管全省禁政的从中央到地方的庞大的禁毒体系。其间，民国中央政府曾先后颁布了46个禁烟法规和各种办法用于惩处烟贩和烟民，并于民国16年至29年、民国35年至36年发起过两次大规模的禁烟运动。

在民国禁烟运动时期，政府要求各地区设有戒烟公医院，负责承销戒烟药品、戒断烟民烟瘾；各县均成立了戒烟所，烟民较多的乡镇，还增设了戒烟分所，负责县内烟民戒断烟瘾的治疗工作。为了发现烟民，禁绝烟毒，民国政府采取一系列措施，如呈报制度、举报制度、连保连结连坐制度、调（抽）验制度等。此外，民国政府对烟民采取零容忍的态度，即一旦发现吸食鸦片者，无论是公务员还是普通公民，送往戒烟所或戒烟医院强制期限戒断，确已戒断并保证永不再吸者，发给戒烟证明书，以后复吸者，自甘重究。

民国时期各个省份、各个地区的戒烟所管理制度根据实际情况有所差别。北平烟毒戒除所于1934年9月成立，戒毒所规定初次入所者在出所时会在右臂刺一个“十”字，如以后再犯，捕获有十字者即行枪决。除中央颁布的法规外，北平市政府依照有关法令，参酌地方实际情形，还暂行拟定了一些单行法规。如1935年11月21日拟定的《修正吸食烈性毒品人犯实施劳役办法》十分具有创新性，它规定烟民凡是入烟毒戒除所戒毒出所后，均需在指定的劳役所内劳役满4个星期，并且辅以精神治疗，使烟民从生理上、心理上进一步脱毒，巩固戒毒效果。

可惜，民国时期禁烟经验虽日趋成熟，但由于政府腐败，加之内忧外患，毒品问题并未得到有效控制。

二、新中国的民政戒烟运动

新中国成立之初，为彻底铲除烟毒，中央人民政府发布了一系列禁毒法令、戒毒法规和政策，并于 1950 年年初至 1952 年年底进行了为期 3 年的禁烟禁毒运动。

1950 年发布的《严禁鸦片烟毒的通令》规定，各级人民政府设立禁烟禁毒委员会，由民政、公安部门及各人民团体派员组成，民政部门负组织之责；规定吸毒者限期向政府机关（城乡向公安局，乡村向政府机关）登记，并定期戒除，逾期未戒除者查出予以行政处罚；同时在烟毒较盛的城市设立戒烟所，戒烟戒毒药品由卫生机关统一掌管。1952 年，中共中央发布的《关于肃清毒品流行的指示》提出彻底禁绝鸦片烟毒，在全国范围内有重点地、大张旗鼓地发动一次群众性的运动，来一次集中、彻底的扫除，务将一切毒贩肃清。在断绝毒品来源和供应的情况下，数以万计的烟毒患者自然戒断了毒瘾。

禁烟运动后，一些少数民族地区和偏远山区的“老烟民”戒毒尚不彻底。中共中央 1963 年颁发的《中央关于严禁鸦片、吗啡毒害的通知》规定，对吸毒犯应强制戒毒，对已吸食鸦片或打吗啡针等毒品成瘾者，必须指定专门机构严加管制，在群众监督下，有计划、有组织、有步骤地限期强制戒除，在吸毒严重的地区可以集中戒除。

20 世纪 80 年代，毒品问题死灰复燃。1981 年，国务院出台的《关于重申严禁鸦片烟毒的通知》规定，对于鸦片等毒品的吸食者，应当由公安、民政、卫生等部门组织强制戒除。1982 年，中共中央、国务院发出的《关于禁绝鸦片烟毒问题的紧急指示》提出严禁吸食毒品，取缔地下烟馆；对于吸食毒品的人，要加强教育，令其到政府登记，限期戒除；对隐瞒或拒不登记，又逾期不戒除的吸食者，给予必要的惩处。在强制戒毒方面，1987 年 12 月，兰州市大滩戒烟所成立，隶属于甘肃省兰州市民政局，成为改革开放后第一个真正意义上的强制戒毒所。

从新中国成立到 80 年代以前，我国戒烟戒毒的场所多为戒烟所，戒烟戒毒事务多由民政部主管。

三、强制戒毒劳教戒毒时代

20 世纪 90 年代，毒品问题日益严重。1990 年 12 月，第七届全国人大常委会通过《关于禁毒的决定》（以下简称《决定》）。《决定》第八条规定：吸食、注射毒品的，由公安机关处以 15 日以下拘留；吸食、注射毒品成瘾的，除依照相关规定处罚外，予以强制戒除，进行治疗、教育。强制戒除后又吸食、注射毒品的，可以实行劳动教养，并在劳动教养中强制戒除。《决定》首次明确了中国的强制戒毒体系，明确了强制戒毒体系的基本机构，规定了对吸毒者的处置原则，并成为劳动教养戒毒的法律依据。此后，相关地方法规如《广州市戒毒收容管教的暂行规定》《西安市强制戒毒条例》《陕西省强制戒毒条例》陆续出台。

1995 年国务院依据 1990 年通过的《决定》，并整合地方做法，制定了《强制戒毒办法》（以下简称《办法》）。《办法》对强制戒毒加以系统的规范，并规定强制戒毒由公安机关主管，公安机关主管下的戒毒场所为强制戒毒所。这是中国最早规范强制戒毒的规范性文件。《办法》出台后，全国各地民政部门下的戒烟所纷纷改设为强制戒毒所，并渐渐归口到公安机关主管。

由于当时劳动教养制度尚未废止，为了对被采取劳动教养且吸毒成瘾的人员实施戒毒措施，司法部于2003年发布了《劳动教养戒毒工作规定》。其第二条规定，劳动教养戒毒实施的对象是“因吸食、注射毒品被决定劳动教养的人员，以及因其他罪错被决定劳动教养但兼有吸毒行为尚未戒除毒瘾的劳动教养人员”，而劳动教养戒毒的主管机关是司法行政机关，拘留戒毒人员的场所为劳动教养所。

自20世纪90年代开始到《中华人民共和国禁毒法》颁布之前，吸毒人员分别由不同的主管机关施以不同的行政处置方式，我国强制戒毒体系进入了强制戒毒、劳教戒毒时代，这也是中国特有的“公安-司法”强制戒毒双轨制模式。

四、强制隔离戒毒时代

2008年，《中华人民共和国禁毒法》出台。禁毒法以法律的形式规定了我国的戒毒制度为自愿戒毒制度、社区戒毒制度、强制隔离戒毒制度、社区康复制度，强制隔离戒毒制度由此确定。其中，强制隔离戒毒制度是由公安机关主管的强制戒毒制度和司法机关主管的劳教戒毒制度整合而来，强制隔离戒毒制度下戒毒人员的场所为强制隔离戒毒所。禁毒法虽然在形式上统一了强制性的戒毒措施，但是并未变更双轨制并行的固有模式。即公安机关是强制隔离戒毒制度的执行主体，具有决定权；但也赋予了司法行政机关在强制隔离戒毒措施中的主体地位。因此，禁毒法出台初期，公安机关和司法机关主导下的强制隔离戒毒场所在管理方式上并未发生根本的改变。

为了避免资源的浪费，在2011年通过的《戒毒条例》中，将公安机关与司法行政机关在强制隔离戒毒实施中的主体地位进行了分工，即将强制隔离戒毒两年的法定年限划分为两个阶段：公安机关决定执行强制隔离戒毒措施后，吸毒成瘾人员在隶属于公安机关的强制隔离戒毒场所执行最低3至6个月、最长不超过12个月的强制隔离戒毒之后，再由公安机关移送到司法行政机关的强制隔离戒毒场所继续执行剩余的强制隔离戒毒期限。同时，为了保障强制隔离戒毒工作的制度规范，公安部于2011年9月发布了《公安机关强制隔离戒毒所管理办法》；相应地，2013年4月，司法部发布了《司法行政机关强制隔离戒毒工作规定》，以此来衔接和规范不同机关各自负责的强制隔离戒毒工作。2013年12月28日，全国人大常委会通过《关于废止有关劳动教养法律规定的决定》。废止劳教制度后，司法部和各省司法行政机关已经转变工作职能，设立了戒毒管理局，全国绝大多数的劳教场所已转为强制隔离戒毒所。

强制隔离戒毒制度下，我国强制隔离场所按其执行主体分为公安强制隔离戒毒所和司法行政强制隔离戒毒所，就执行阶段和功能来看，公安强制隔离戒毒所主要实现对吸毒人员的生理脱毒功能，司法行政强制隔离戒毒所主要实现对吸毒人员的戒毒康复功能。近年来，国家渐渐意识到两种强制隔离戒毒模式在执行阶段上衔接不协调的问题。一些地方保留公安机关的决定权，取消了公安强制隔离戒毒所，采取一站式的强制隔离戒毒模式，将依法处以强制隔离戒毒的戒毒人员直接送往司法行政强制隔离戒毒所，如云南、重庆、广州等地。

一些地方就司法行政强制隔离戒毒矫治模式作出以下探索：如广东省的“三三六”模式、江苏省的“四三二”模式、浙江省的“四四五”模式、安徽省的“三四五一”模式等。2018 年，司法部推进全国统一司法戒毒模式。全国统一司法戒毒模式按照戒毒人员入所时间段分为生理脱毒区、教育适应区、康复巩固区、回归指导 4 个阶段和区；设置戒毒医疗中心、教育矫正中心、心理矫治中心、康复训练中心和诊断评估中心 5 大专业中心；以及一个衔接帮扶工作的延伸。由此可见，我国强制隔离戒毒本质上是以司法戒毒矫治为主，并且全国统一司法戒毒模式整合了各地区的戒毒模式。

第二节　强制隔离戒毒的规定情形

强制隔离戒毒是指将吸毒人员隔离在专门戒毒场所，除对吸毒人员进行法制教育外，还由专职的专业人员根据戒毒人员吸食、注射毒品的种类及成瘾程度等，对其进行有针对性的生理、心理治疗和身体康复训练的一种行政强制性戒毒措施。我国禁毒法、《戒毒条例》等法律法规对强制隔离戒毒的人员、时间期限等作了严格的规定。

一、强制隔离戒毒对象规定

《吸毒成瘾认定办法》是公安机关或者其委托的戒毒医疗机构通过对吸毒人员进行人体生物样本检测、收集其吸毒证据或者根据生理、心理、精神的症状、体征等情况，判断其是否成瘾以及是否成瘾严重的科学依据。结合相关法律法规，我国对以下 3 类吸毒成瘾人员作出强制隔离戒毒的决定。

（一）吸毒成瘾严重人员

禁毒法第三十八条规定，对于吸毒成瘾严重，通过社区戒毒难以戒除毒瘾的人员，公安机关可以直接作出强制隔离戒毒的决定。

根据公安部、卫生部 2011 年颁布、公安部、卫计委 2017 年修订的《吸毒成瘾认定办法》，吸毒成瘾人员具有下列情形之一的，公安机关认定其吸毒成瘾严重：曾经被责令社区戒毒、强制隔离戒毒（含禁毒法实施以前被强制戒毒或者劳教戒毒）、社区康复或者参加过戒毒药物维持治疗，再次吸食、注射毒品的；有证据证明其采取注射方式使用毒品或者至少三次使用累计涉及两类以上毒品的；有证据证明其使用毒品后伴有聚众淫乱、自伤自残或者暴力侵犯他人人身、财产安全等行为的。

（二）违反相关规定的吸毒成瘾人员

禁毒法第三十八条规定，吸毒成瘾人员有下列情形之一的，由县级以上人民政府公安机关作出强制隔离戒毒的决定：拒绝接受社区戒毒的；在社区戒毒期间吸食、注射毒品的；严重违反社区戒毒协议的；经社区戒毒、强制隔离戒毒后再次吸食、注射毒品的。

从规定中可看出，公安机关一般对首次抓获吸毒但成瘾不严重的人员不直接作出强制隔离戒毒决定，只有对拒绝、违反了社区戒毒的相关规定或经社区戒毒、强制隔离戒毒后屡教不改的吸毒人员才会作出强制隔离戒毒决定。

（三）自愿接受强制隔离戒毒的吸毒成瘾人员

禁毒法第三十八条还规定，吸毒成瘾人员自愿接受强制隔离戒毒的，经公安机关同意，可以进入强制隔离戒毒场所戒毒。但需经过强制隔离戒毒场所所在地县级、设区的市级人民政府公安机关同意，且强制隔离戒毒场所应当与自愿接受强制隔离戒毒的吸毒成瘾人员就戒毒治疗期限、戒毒治疗措施等作出协商约定。

二、强制隔离戒毒时间规定

禁毒法第四十七条规定，我国强制隔离戒毒的期限为二年。执行强制隔离戒毒一年后，经诊断评估，对于戒毒情况良好的戒毒人员，强制隔离戒毒场所可以提出提前解除强制隔离戒毒的意见，报强制隔离戒毒的决定机关批准。强制隔离戒毒期满前，经诊断评估，对于需要延长戒毒期限的戒毒人员，由强制隔离戒毒场所提出延长戒毒期限的意见，报强制隔离戒毒的决定机关批准。强制隔离戒毒的期限最长可以延长一年。由于各个地方戒毒人员状况不同，因此戒毒所可根据实际的情况制定具体的评估细则。

我国对吸毒人员作出强制隔离戒毒决定的是公安机关，但分别由公安强制隔离戒毒所和司法行政强制隔离戒毒所对其执行强制隔离戒毒。一般情况下，被处以强制隔离戒毒的人员在公安机关的强制隔离戒毒场所执行强制隔离戒毒 3~6 个月后，转至司法机关行政部门下的强制隔离戒毒场所。一些地方如云南省、广州市已经全面取消了公安强制隔离的执行制度，这种情况下吸毒人员直接进入司法强制隔离戒毒所。

第三节　强制隔离戒毒的执行过程

强制隔离戒毒的执行过程是指强制隔离戒毒所对强制隔离戒毒人员执行接收、康复、中止到解除的全过程。由于司法强制隔离戒毒在我国强制隔离戒毒体系中发挥着主导作用，本节重点介绍 2018 年全国统一司法戒毒模式下强制隔离戒毒的执行全过程。

一、强制隔离戒毒人员的接收

强制隔离戒毒所凭强制隔离戒毒决定书接收戒毒人员，戒毒人员无异议后，确认签署强制隔离戒毒决定书，经过办理建档、体检等一系列入所手续后，填写戒毒人员健康检查表、戒毒人员入所登记表、戒毒人员财务保管登记表等表格。

二、强制隔离戒毒人员的管理康复

强制隔离戒毒人员在经过一系列安全检查进入强制隔离戒毒所后，需要经过生理脱毒、教育适应、康复巩固、回归指导 4 个戒毒康复阶段。在每个阶段的戒毒康复过程中，戒毒医疗、教育矫治、心理矫治、康复训练中心对其进行专业的康复治疗和指导，并由评估诊断中心对戒毒人员的身心康复状况进行综合诊断评估，作为分期流转及出所的依据，最终完成戒毒康复。

（一）生理脱毒期

该阶段主要以确保安全脱毒为重点，戒毒医疗中心对生理脱毒区戒毒人员重点开展入所体检、吸毒史调查，建立戒毒人员健康档案；采取脱毒观察、脱毒治疗、脱毒看护和实时监控等医学戒治方法，帮助戒毒人员减缓或消除戒断症状，基本恢复体力、增强体质，初步适应戒毒所戒治环境。对新收治的需要急性脱毒的戒毒人员，戒治时间为 7 至 15 天，对已经度过急性脱毒期的新入所戒毒人员，在生理脱毒区进行不少于 7 天的入所观察。

（二）教育适应期

该阶段主要以适应戒治环境为重点，采取行为规范训练、戒毒专题教育、心理健康教育和心理疏导、身体康复训练等戒治方法，帮助戒毒人员树立和强化纪律意识、掌握戒毒基本常识和心理调适方法、增强身体素质、明确戒治目标、熟悉场所环境、适应戒治生活，为下一步康复巩固区戒治打好基础。戒治时间不少于一个月。

戒毒医疗中心对教育适应区戒毒人员重点开展稽延性戒断症状诊治、吸毒和精神相关疾病诊治、卫生健康知识宣教。教育矫治中心对教育适应区戒毒人员重点开展入所教育和行为养成教育，建立戒毒人员教育矫治档案。心理矫治中心对戒毒人员进行心理筛查，对有必要的人员进行心理干预，并为其建立心理矫治档案。康复训练中心以运动理论教育、广播体操、队列训练、脑功能恢复训练为主，建立戒毒人员康复训练档案。

（三）康复巩固期

该阶段主要以淡化心瘾为重点，采取戒毒医疗、教育矫正、心理矫治、康复训练、技能培训等戒治方法，帮助戒毒人员恢复体质，增强毒害认知能力、行为约束能力、拒毒和防复吸能力、心理调适能力、社会适应能力，提高身心健康水平。戒治时间为从教育适应区结束至解戒前一个月。

其中，戒毒医疗中心对康复巩固区戒毒人员重点开展日常诊疗、疾病防控、脑功能康复诊疗；教育矫治中心对康复巩固区戒毒人员重点开展课堂化教学、个别化教育、社会帮扶和职业技能培训等。心理矫治中心开展心理康复训练，通过心理健康教育、个案化心理矫治、团体心理辅导、抗复吸训练、心理评估等手段，对戒毒人员心理活动过程、心理健康状态及心理发展水平实施积极影响，改善其心理健康水平。为戒毒人员提供心理咨询服务，定期开展团体心理辅导活动；开展心理危机干预，对心理异常或因遭受家庭、婚姻、疾病等重大突发事件而心理严重失衡的，长期处于抑郁焦虑和自我封闭状态的，有逃跑、行凶、自伤自残等危险倾向的戒毒人员，及时实施心理危机干预。对怀疑具有精神病症的戒毒人员，应及时转送专业医疗机构或者司法鉴定机构鉴定；开展心理矫治个案总结和心理互助活动，提供心理支持和安全监护。对符合综合性诊断评估条件的戒毒人员进行心理康复评估。康复训练中心开展系统运动理论教学，力量、耐力、速度训练，柔韧性、平衡性、协调性、灵敏性训练等，开具运动处方，科学组织训练，帮助戒毒人员改善体质，磨炼意志力。

（四）回归指导期

该阶段以提升社会适应能力为重点，采取回归社会教育、社会适应性训练、心理辅导、就业指导和延伸帮扶等戒治方法，帮助戒毒人员巩固前期戒治效果，重建社会支持系统 ，增强社会适应能力和融入社会信心，促进其顺利回归社会。戒治时间为出所前一个月。

戒毒医疗中心为戒毒人员重点开展常规诊疗、吸毒专科疾病诊治和身体健康评估。教育矫治中心为戒毒人员重点开展回归社会教育，组织形势政策教育、就业指导、就业推介和戒毒康复体验。心理矫治中心为戒毒人员进行健康测评。康复训练中心主要开展运动理论教学、康复训练、拓展训练等，帮助戒毒人员巩固康复训练成效。

戒毒人员在 4 个戒毒康复期中流转，诊断评估中心对处在不同戒治期的戒毒人员从生理脱毒、身心康复、行为表现、社会适应 4 个维度开展安全风险评估和转区评估，对强制隔离戒毒期满一年、符合诊断评估条件的戒毒人员开展综合性诊断评估，并提出综合性诊断评估意见。

三、强制隔离戒毒人员的中止

强制隔离戒毒的中止是指被公安机关处以强制隔离戒毒决定，但因主客观原因无法继续执行强制隔离戒毒规定，导致其不得不中止强制隔离戒毒的情形。通常，强制隔离戒毒的中止有所外就医、变更社区戒毒以及其他中止情形。

（一）所外就医

《戒毒条例》第三十一条规定，强制隔离戒毒人员患严重疾病，不出所治疗可能危及生命的，经强制隔离戒毒场所主管机关批准，并报强制隔离戒毒决定机关备案，强制隔离戒毒场所可以允许其所外就医。所外就医的费用由强制隔离戒毒人员本人承担。

强制隔离戒毒所对所外就医的疾病范围或病重程度有着严格的控制。所外就医期间，强制隔离戒毒期限连续计算。对于健康状况不再适宜回所执行强制隔离戒毒的，强制隔离戒毒场所应当向强制隔离戒毒决定机关提出变更为社区戒毒的建议，强制隔离戒毒决定机关应当自收到建议之日起 7 日内，作出是否批准的决定。经批准变更为社区戒毒的，已执行的强制隔离戒毒期限折抵社区戒毒期限。

（二）变更社区戒毒

禁毒法第三十九条规定，怀孕或者正在哺乳自己不满一周岁婴儿的妇女吸毒成瘾的，不适用强制隔离戒毒；不满十六周岁的未成年人吸毒成瘾的，可以不适用强制隔离戒毒。此外，有的地方法规政策如2008年浙江省出台的《公安强制隔离戒毒所处理不宜执行强制隔离戒毒人员暂行规定》中将七十周岁以上的，生活不能自理的，患有严重疾病、可能有生命危险的吸毒人员也纳入不适宜执行强制隔离戒毒措施的范围。

对于上述不适宜强制隔离戒毒的吸毒成瘾人员，应按规定执行社区戒毒，由负责社区戒毒工作的城市街道办事处、乡镇人民政府加强帮助、教育和监督，督促落实社区戒毒措施。

（三）其他中止情形

强制隔离戒毒人员在强制隔离戒毒期间其家庭发生重大变故，如未成年子女无人抚养，或重病老人无直系亲属赡养等特殊情况的，经戒毒人员本人及其家属申请，强制隔离戒毒所和决定机关评估审核通过后，可将管控状态变更为社区戒毒。

强制隔离戒毒人员在强制隔离戒毒期间死亡的，强制隔离戒毒自动终止。强制隔离戒毒所及其相关部门应做好后续工作，并将戒毒人员死亡鉴定书和戒毒人员死亡通知书归入其档案。

四、强制隔离戒毒人员的解除

禁毒法第四十七条规定强制隔离戒毒期限为两年。戒毒人员被执行强制隔离戒毒一年后可进行诊断评估，对于戒毒情况良好的戒毒人员，强制隔离戒毒所可予以提前解除，并报强制隔离决定机关批准。

在强制隔离戒毒期满前，经诊断评估，对于戒毒情况一般需要延长戒毒期限的戒毒人员，强制隔离戒毒所可提出延长戒毒期限的意见，并报强制隔离戒毒决定机关批准。强制隔离戒毒的期限最多可延长一年。

（一）解除规定

强制隔离戒毒所依据公安部、司法部、国家卫生计生委共同制定的《强制隔离戒毒诊断评估办法》（以下简称《办法》），从生理脱毒评估、身心康复评估、行为表现评估、社会环境与适应能力评估四个维度对强制隔离戒毒人员进行诊断评估。其中生理脱毒、身心康复评估与行为表现评估结果分为“合格”与“不合格”两类，社会环境与适应能力的评估结果分为“良好”和“一般”。

强制隔离戒毒期满前，强制隔离戒毒所应当对戒毒人员进行综合诊断评估。对生理脱毒评估、身心康复评估、行为表现评估均达到“合格”，社会环境与适应能力评估结果为“良好”的，强制隔离戒毒所可以提出提前解除强制隔离戒毒的意见。对生理脱毒、身心康复、行为表现评估结果均达到“合格”的戒毒人员，强制隔离戒毒所应当按期解除强制隔离戒毒；对生理脱毒、身心康复评估结果中有一项以上为“不合格”的，强制隔离戒毒所可以提出延长强制隔离戒毒期限三到六个月的意见；对行为表现评估结果尚未达到“合格”的，强制隔离戒毒所根据其情况，可以提出延长强制隔离戒毒期限的意见，延长时间不得超过十二个月。

强制隔离戒毒所对解除强制隔离戒毒的人员，可以根据其综合诊断评估情况提出对其责令社区康复的建议，对社会环境与适应能力评估结果为“一般”的，强制隔离戒毒所应当提出对其责令社区康复的建议。

《办法》中还规定强制隔离戒毒人员不得提前解除的情形：拒不交代真实身份和住址的；脱逃被追回或者有自伤自残行为的；所外就医、探视、请假外出等期间或者回所时毒品检测结果呈阳性或者拒绝接受毒品检测的；被责令接受社区康复的人员拒绝接受社区康复或者严重违反社区康复协议，因再次吸食、注射毒品被决定强制隔离戒毒的；其他不宜提前解除强制隔离戒毒的。

其中，对被执行两次以上的强制隔离戒毒人员，应当严格控制强制隔离戒毒人员的期限。对强制隔离戒毒所提出提前解除强制隔离戒毒的意见后戒毒人员有脱逃、自伤自残或者殴打其他戒毒人员等严重违反所规所纪行为的，强制隔离戒毒所应当撤回提前解除强制隔离戒毒的意见。强制隔离戒毒决定机关已批准的，强制隔离戒毒所应当建议强制隔离戒毒决定机关撤销该决定。

（二）解除流程

强制隔离戒毒所对强制隔离戒毒期满经评估达到规定标准的戒毒人员予以解除强制隔离戒毒。《戒毒条例》第三十四条规定：“解除强制隔离戒毒的，强制隔离戒毒场所应当在解除强制隔离戒毒 3 日前通知强制隔离戒毒决定机关，出具解除强制隔离戒毒证明书送达戒毒人员本人，并通知其家属、所在单位、其户籍所在地或者现居住地公安派出所将其领回。”

禁毒法规定对于被解除的强制隔离戒毒人员，强制隔离戒毒的决定机关可以责令其接受不超过 3 年的社区康复。由于各个地方戒毒情况不一，被处以社区康复的规定情形也不一。例如《广东省强制隔离戒毒诊断评估实施细则》中规定被责令社区康复的情形有：对社会环境与适应能力评估结果为“一般”的；强制隔离戒毒期限按期解除，或被延长强制隔离戒毒期限的；被 3 次以上强制隔离戒毒的。被责令社区康复的戒毒人员，由强制隔离戒毒决定机关出具社区康复决定书送达戒毒人员本人，戒毒人员应在 15 日内到户籍所在地或者现居住地乡（镇）人民政府、城市街道办事处报到，并签订社区康复协议。

强制隔离戒毒所在解除强制隔离戒毒后，应妥善保管强制隔离戒毒人员档案。强制隔离戒毒人员档案包括：强制隔离戒毒决定书、强制隔离戒毒人员入所登记表、强制隔离戒毒人员入所健康状况检查表、财物保管登记表、病历、心理健康档案、诊断评估结果、提前解除强制隔离戒毒决定书或者延长强制隔离戒毒期限决定书、解除强制隔离戒毒证明书以及在强制隔离戒毒期间产生的重要文书、视听资料等。

第四节　病残吸毒人员戒治

病残吸毒人员是指一些患有艾滋病、心脏病、尿毒症、传染病等严重疾病和吞食异物自伤自残的吸毒成瘾严重人员。在相关政策未出台之前，强制隔离戒毒所没有能力对这些病残吸毒人员执行强制隔离戒毒，致使大量病残吸毒人员流散社会，有的公然在社会上吸食毒品，造成艾滋病等传染性疾病传播扩散，有的大肆进行盗窃、抢劫、敲诈、贩毒等违法犯罪活动，严重危害社会治安，影响人民群众安全感，损害法律严肃性和执法公信力，给强制隔离戒毒所带来了收治难题。

一、病残吸毒人员的戒治场所

2015 年，国家禁毒办等 8 部委联合下发了《关于加强病残吸毒人员收治工作的意见》(以下简称《意见》)。《意见》对收治病残吸毒人员的区域、场所和医疗机构作了明确规定；并要求相关部门对病残吸毒人员进行强制收戒治疗，积极提供救助帮扶服务。同时要加强对病残吸毒人员专门收治场所和区域的管理，完善各项管理制度。此外，还要切实加强对病残吸毒人员收治工作的组织领导，不断完善保障机制。

因此，各地因地制宜地开展病残吸毒人员收治，呈现出各种创新形式。目前全国对病残吸毒人员的收治主要有以下 3 种场所：

(一) 强制隔离戒毒所的专门区域

一些地方政府部门根据收治吸毒人员的实际需要，在现有强制隔离戒毒所开辟专门区域，用于收治病残吸毒人员；对患有传染病、其他疾病或残疾的戒毒人员进行分类分区管理；对患有严重疾病，不出所治疗可能危及生命的，强制隔离戒毒所对其进行所外就医。

(二) 专门的强制隔离戒毒所

部分省、自治区、直辖市禁毒委员会协调公安、司法行政等有关部门适应收治病残吸毒人员的迫切需要，结合当地实际，统筹规划布局，从现有强制隔离戒毒所中至少确定一个所专门负责集中收治病残吸毒人员。同时，根据《关于改进戒毒康复场所试点项目建设管理的意见》(禁毒办通〔2014〕49 号) 的要求，改建强制隔离戒毒所的戒毒康复场所试点项目重点收治病残吸毒人员。

(三) 特殊医疗机构或病区

一些禁毒委员会协调公安、司法行政、卫生计生行政等有关部门根据实际需要，依托当地戒毒场所、医疗卫生机构等资源，改建收治病残吸毒人员的特殊医疗机构，或者在医疗机构开辟专门病区，或者改建病残吸毒人员收治中心，用于收治患严重疾病、所外就医以及强制隔离戒毒所不具备治疗条件的病残吸毒人员。

二、病残吸毒人员的戒治模式

政策出台后的近几年，我国政府部门在病残人员的收治工作上取得了一定的成效。一些地方发挥政府主导作用，依托当地的资源，建立共建共管的合作机制，构建多方主体协同收治，完善病残吸毒人员的收治体系，营造多元收治的良好氛围，从而提高了吸毒人员的收治工作效率和水平，并形成了独具特色的病残吸毒人员戒治模式。

（一）贵阳铜仁民营医院模式

为破解病残吸毒人员“管不住、治不了、不敢收、没地戒”的难题，贵阳和铜仁市委、市政府按照相关文件精神，引进社会医疗资源，建立由民营医院负责医疗、公安机关负责管理的专门收治病残吸毒人员的贵阳阳光关爱医院和铜仁阳光康复医院。医院实行院长负责制，实行一院五处的组织架构，负责医疗、行政、后勤、法务等工作，公安机关派驻警力负责戒毒病员的管理教育和安全保卫工作，医院与民警定期举行联席会议，及时沟通解决工作中的实际问题。按照“公卫合作、公益为先、共同管理、政府协助”的基本原则，初步形成警医合作的病残吸毒人员收治工作新模式。

这种政府以包干的方式购买医院提供的病员基础治疗、基础生活服务，开创了“公助、民建、联管”的戒毒新模式，消除了社会治安顽疾，促进了禁毒工作和社会治安的整体好转。

（二）兰州市公安强戒与康复医院戒治一体模式

为了破解病残吸毒人员戒毒难题，兰州市于2012年建成兰州戒毒康复医院并投入使用，是国内仅有的由政府建设、公安管理的戒毒专科医院。

医院的运行模式有以下特点。对外直收：吸毒人员入所一律先行住院治疗。双向互转：住院脱毒后，大病住院，小病慢病转戒毒所；治愈、好转或病情稳定者转入戒毒所跟踪或实行慢病管理，即戒毒所急诊、大病入院。知情同意：住院签订住院协议，与家属签知情同意书。绿色通道：建有对内对外两个绿色通道。与省人民医院，兰州大学第一、第二医院建有“绿色通道”；戒毒人员外出就医一律通知家属陪同。戒毒所医院化运行：戒毒所作为医院的出口，病残人员集中，对戒毒人员实行医院化管理。会诊制度：每周对住院病人或戒毒所重点管控病人进行会诊，专科性强的大病重病到协作医院（省人民医院、兰大二院、省传染病医院、市精神专科医院）会诊或远程会诊。所有疾病都能得到明确诊断和规范治疗，充分保障了戒毒人员的就医权利和基本人权，提高了戒毒实效，提升了强制隔离戒毒的社会声誉，提升了家属对政府主导的强制隔离戒毒的满意度。

兰州戒毒康复医院依托戒毒所建立，由公安机关直接管理，承担了戒毒所的医疗任务，极大地改善了戒毒所的医疗条件，为戒毒所的规范化建设作出了重要贡献。医院的建立，结束了甘肃省没有戒毒专科医院的历史，对甘肃省药物依赖性研究和人才培养具有战略意义。

（三）广东公卫合作模式

病残特殊吸毒人群收治难、在押患病人员就医难，曾是长期困扰公安民警和医务人员的难题。为解决羁押人员疾病救治问题，2011年，中山市在市委、市政府的高度重视和大力支持下，投资建设了全省首家由公安部门负责安全管理、卫生部门负责专业治疗的“公卫合作”医院——中山市第二人民医院南区分院。

公卫合作医院管理模式如下：一是开展警医联勤。由公安民警负责对入院病人开展管理教育，并全程陪同警戒，协助医务人员开展医疗工作，保障了医务人员和病人的安全。二是规范收治流程。对送治违法犯罪人员的程序以及被送治人员的入院、医疗救治、警戒看护、出院等流程作出明确规定，确保了医院规范管理。三是实施等级管理。在落实入院谈话教育、病情跟踪与交流、心理干预的基础上，根据病情、案情将病人划分为红色、黄色和蓝色，形成“三色”管理模式，分类管理、重点看护，依法保障其生命安全。四是畅通收治出口。每周对住院人员的病情进行一次评估，对病情符合出院条件或各监所医务室可以完成后续治疗的，及时转监所羁押，做好病员分流工作，确保收治工作顺利开展。五是建立应急机制。制定了应对在治病人可能出现的急危重症以及其他突发情况的应急预案，定期组织开展应急演练，确保应急措施到位。

广东中山这种“医院负责医疗卫生，公安负责安全管理”公卫合作病残吸毒人员管理模式，实现对病残特殊吸毒人员的集中救治、统一管理，有效解决了病残特殊吸毒人员的及时救治问题，基本降低了公安民警的执法风险。

目前，广东省公安监管部门开展公卫合作模式正如火如荼地进行着，如佛山市顺德区、南海区公安分局以购买医疗服务的方式，设置合作医院驻监所分院以及监管病区，分别引进顺德中医院、南海高新区人民医院（罗村院区）负责被监管人员身体健康的治疗和预防措施，顺德、南海监所负责涉及监所日常管理、法律程序等安全管理方面的工作。广州市公安局依托武警医院司法综合病区和广州市第八人民医院相关病区，用以收治全市监所患有特殊类型传染病和患重病被监管人员。东莞市公安局与该市人民医院合作建设监管医疗区（红川院区），对因患病监管场所暂不予收押的违法犯罪嫌疑人进行集中治疗，并开辟专门的送押通道，有效避免该类人员在就医过程中，与公众近距离接触而引发的扰众、脱逃、自杀、自伤自残及影响办案等问题。

（四）其他模式

除上述3种模式，大部分地区都采用由强制隔离戒毒所设置专门的区域或场所来收治病残吸毒人员的模式。如浙江省构建了集“防、诊、治、救”为一体的病残吸毒人员救治工作体系，制定和出台了符合戒毒场所实际的重病戒毒人员管理制度、病情合议制度、首诊医师负责制度、二级病房管理制度、随访制度、服药制度、会诊和转介制度、病人档案管理制度等，最大限度地保障戒毒人员健康权益。同时，对病残吸毒人员实行分类识别和统编统筹。病残识别方法主要有3种：一是对患有艾滋病的戒毒人员进行识别，在浙江省拱宸强制隔离戒毒所和浙江省莫干山女子强制隔离戒毒所专门设置收治大队，调配专管民警进行集中管理；二是对患有严重疾病需要特殊照看的戒毒人员进行识别，由戒毒场所设病残专区进行诊治与管理；三是对患有其他疾病的戒毒人员，视病情进行识别，将无住院治疗的戒毒人员分散到各大队，实行所部医院统一指导、大队分别管理。在对病残吸毒人员的日常管理中，对艾滋病、严重传染病、严重精神病患者实行单独隔离管理，对其他患病者由常规大队按正常方式分散收治，管理、教育、生活、习艺、考核方法与其他戒毒人员相同。

浙江省这种病残吸毒人员的戒治一体模式是具有浙江特色的司法行政强制隔离戒毒场所病残吸毒人员收治管理新模式。

参考文献

［1］赵敏，张锐敏．戒毒社会工作基础［M］．北京：军事医学科学出版社，2010.

［2］马立骥，余洪．强制隔离戒毒模式创新与思考［M］．武汉：武汉大学出版社，2016.

［3］包涵．中国强制隔离戒毒的法律定位及制度完善［J］．北京社会科学，2015（05）：106-114.

［4］万艳，张昱．我国强制隔离戒毒制度与实践的断裂与重构［J］．云南大学学报（社会科学版），2019，18（02）：123-130.

［5］靳澜涛．强制隔离戒毒的性质厘清与制度修正［J］．宁夏大学学报（人文社会科学版），2018，40（03）：114-119.

［6］虞慧炯．上海最早的戒烟医院［J］．上海档案，1996（02）：34.

［7］胡青．病残吸毒人员收治问题及对策分析［J］．法制与社会，2018（26）：154-155.

［8］贾东明，姚永清，沈阳．浙江省病残吸毒人员收治管理状况研究［J］．河南司法警官职业学院学报，2018，16（02）：112-115.

［9］张闵，张卫国，曾虎，谢磊，张丽华．病残吸毒人员集中收治中相关医疗问题分析及对策探索［J］．中国药物滥用防治杂志，2018，24（03）：166-168.

［10］班宝才．强制隔离戒毒所引入民营医疗机构的思考［J］．云南警官学院学报，2018（02）：30-33.

［11］周秀银．病残吸毒人员收治困境分析［J］．中国刑警学院学报，2017（06）：54-57.

［12］黄清和．民国时期的禁毒运动［J］．湖南档案，2000（04）：38-39.

［13］黄仪，方立霏．从民国档案看北平的禁烟禁毒［J］．中国药物依赖性杂志，2001（03）：232-234.

［14］傅怡雯．强制隔离制度研究［D］．华中师范大学，2017.

［15］黄畅．论我国强制隔离戒毒制度的完善［D］．暨南大学，2017.

第七章　禁毒社会工作概论

第一节　社会工作概述

一、社会工作价值理念

（一）社会工作价值观

1. 社会工作价值观的作用

价值观是指人们认定事物、分辨是非的一种思维或取向，即在认识各种具体事物价值的基础上，形成对事物价值的总的看法与根本观点。社会工作价值观是一整套用于支持社会工作者开展专业服务的理念，是社会工作者专业共同体内部一种总体的价值偏好。社会工作是一门助人的职业，其助人性质决定了社会工作专业是具有强烈价值取向的专业。因此，社会工作价值观是社会工作专业区别于其他专业的重要标志，社会工作价值观的建立和履行是社会工作专业化的重要前提。总的来说，社会工作价值观的作用可以分为理论作用和实践作用。

（1）社会工作价值观的理论作用

社会工作价值观是社会工作专业使命的重要依据。社会工作的专业使命是通过专业服务，维护困难群体的合法权益，联动社会资源，发掘他们的潜能，增强其社会支持和社会功能，提升他们的生计发展水平。这就要求社会工作者坚信无论当前服务对象处境如何，社会工作者都可以通过开展专业服务保障服务对象的合法权益，使其享受应获得的福利，改善其生活，增进其福祉。在这个过程中，社会工作者也相信服务对象目前的困境只是暂时的，服务对象并不是没有能力、有问题的个人，只要给予他们一定的资源和机会去挖掘和培育能力，他们便能够去解决自己的困境，实现“助人自助”的社会工作价值理念。

社会工作知识是以价值为基础的知识。社会工作价值观是社会工作专业区别于其他专业的重要标志，而社会工作价值观主要体现在社会工作专业知识之中，它是社会工作实务技巧产生的源泉。社会工作方法是以社会工作价值观为基础，并与社会工作价值观相互作用的。没有社会工作价值观规范的社会工作方法与技巧，有可能偏离社会工作的价值理念和专业使命；而没有付诸具体的社会工作方法与技巧的社会工作价值观亦是站不住脚的，即不能高举社会工作价值观的旗帜而不将其付诸实践。

（2）社会工作价值观的实践作用

社会工作价值观能最大限度地保护服务对象的合法权益。社会工作价值观追求公平正义，同时相信服务对象有改变的潜力。在这种信念之下，社会工作者能公平、公正地对待每一位服务对象，让每一位服务对象都有机会发掘自身的能力，让困难群体能够更充分地获得社会的公平对待和支持，进而最大限度地保护服务对象的合法权益。这些权益主要包括：基本需要的满足、免受贫困的影响和暴力的侵害、促进人际沟通与交往、扩宽就业渠道，增加社会参与机会，从而更好地融入社会、适应社会。

社会工作价值观有利于指导社会工作者开展专业服务。社会工作专业是道德实践的专业。社会工作价值观可以增强社会工作者的社会责任感和使命感，使社会工作者将服务对象的需求和利益放在优先考虑的位置。在社会工作价值观的指导下，经过系统的学习和专业的训练，社会工作者结合服务对象的需求所开展的相关服务能遵循社会工作专业的使命。

社会工作价值观是促进专业健康发展的重要保障。社会工作者在专业实践中不断践行社会工作价值观，只有不断增进服务对象的福祉，最大限度地维护社会工作专业形象，才能获得社会对社会工作专业的信赖和支持，保护专业组织和服务机构的信誉。同时，社会工作者在价值观的引导下，在开展专业服务的过程中不断积累服务经验，创新实践方法，促进社会工作知识的本土化发展，进而推进社会工作专业的健康发展。

2. 社会工作价值观的内容

（1）国际社会工作界认同的专业价值观

从20世纪50年代以来，社会工作作为一门助人的专业，在各国得到了长足的发展，它在贫困救灾、教育医疗、地区发展、人道主义援助等众多领域发挥的显著作用也得到了国际社会的广泛认可。国际社会工作界把社会工作价值观归纳为以下内容：

服务大众。社会工作者的首要任务是为社会大众尤其是社会中的困难群体服务，保障他们的权益。

践行社会公正。社会工作者应该用发展的角度努力推动实现社会公平正义，在服务中了解服务对象的困境和需求，并不断推动和倡导社会政策的执行和完善。

强调服务对象个人的尊严和价值。社会工作者要尊重和关心每一位服务对象，相信每位服务对象都有自己的价值所在。要认识和理解每位服务对象由于生理、心理、家庭背景和社会文化等各方面的不同而存在差异是非常正常的，要对多元化的服务对象保持开放和接纳的心态。

注重服务中人与人之间关系的重要性。社会工作是协助解决人的问题的工作，不可避免需要涉及人与人之间的互动。因此，社会工作者应认识到服务中人与人之间关系的重要性，包括设身处地地为他人着想、协助建立积极的交流关系、帮助服务对象建立乐观的心态以及相互帮助。

待人真诚和守信。社会工作者要在社会工作价值观的指导下坦诚地对待服务对象，坚持社会工作专业的使命、价值观；对待服务对象要守信，不要轻易向服务对象承诺办不到的事。

注重能力培养和再学习。社会工作者要保持一种开放、谦虚和好学的精神，敢于承认自身的不足，并在实践过程中不断学习新知识、新技能、新方法，从而为服务对象提供更加专业的服务。

（2）我国社会工作价值观

立足于我国本土，社会工作价值观的形成和发展不能完全照搬国际社会工作价值观，而应在国际社会工作价值观的基础之上，结合我国具体的国情、社情和民情发展出具有中国特色的社会工作价值观。我国社会工作专业化和职业化是政府主导推动发展的，具有强烈的自上而下的色彩。结合我国的本土情况，我国社会工作价值观包括以下几个方面：

以人为本。社会工作专业是一门助人的专业，助人便意味着要实实在在地解决服务对象的问题，这就要求社会工作者要从服务对象的角度出发、从服务对象的立场去考虑，及时地回应服务对象的需求，认真对待服务对象的问题和需要。

接纳和尊重。社会工作者在与服务对象接触的过程中，应该持着开放的心态对服务对象采取接纳和尊重的态度，不能因为服务对象的性别、年龄、种族、生理和心理状况、宗教信仰等拒绝提供专业服务或者在提供服务过程中马虎应付。

个别化和非评判。世界上没有相同的叶子，也没有相同的服务对象。社会工作者应该充分认识、理解和尊重服务对象的差异；同时保持非评判的态度，即不评判服务对象的人格和行为，这既有助于服务对象畅所欲言，营造一种融洽的交谈氛围，也有利于社会工作者更好地为服务对象提供后续的服务。

权利与责任并重。社会工作者的首要任务是通过专业服务协助服务对象发掘自身的资源和潜能，提升其解决困难的能力，保障其合法权益。但与之相对应的，社会工作也要帮助服务对象树立责任意识，强化其改变自己问题的主观能动性，减少对福利体系的依赖，实现助人自助。

个人发展与社会发展相结合。社会工作的目标除了协助社会困难群体解决现实生活中的实际困境，促进他们更好地融入社会，还包括通过社会政策倡导推动政策改革和制度建设，增加社会福祉，从而推动社会实现平等和公正，推动社会层面的变革。

（二）社会工作专业伦理

伦理，即人与人的关系以及处理这些关系的原则。社会工作专业伦理来源于社会工作专业价值观，是社会工作专业价值观的具体化。社会工作专业伦理是社会工作者在开展专业服务过程中的具体指引，是协助社会工作者在实践中处理与服务对象、与同事、与工作机构、与社会工作专业以及与全社会关系的实践原则。

1. 社会工作专业伦理的内容

社会工作专业伦理的内容主要包括以下内容：

（1）社会工作者对服务对象的伦理责任

社会工作者在开展专业服务过程中要注重尊重、保密和公平的原则，具体表现为：

尊重并维护服务对象的最佳利益。无论服务对象的现实处境如何，社会工作者都要尊重并接纳服务对象，并通过专业服务为服务对象争取最大的利益。

尊重服务对象的自决。社会工作者在与服务对象相处的过程中，不可以专家身份自居并为服务对象做决定，而是要协助服务对象一起寻找解决途径，并且为服务对象分析各途径的利弊，由服务对象自己决定解决方案。社会工作者在这个过程中不能将自己的个人主观意见强加在服务对象身上，要尊重服务对象自己的决定。

保密原则。社会工作者要尽可能实现对案主隐私的尊重和保密，这也是维系社会工作者与服务对象良好专业关系的前提。

（2）社会工作者对同事的伦理责任

社会工作专业也注重同事之间的相互扶持与督导，具体表现为：

保持忠实和忠诚的态度。社会工作者之间应该相互尊重，与同事之间保持真诚的合作态度。

团队内相互协助。社会工作者必须秉持“为服务对象负责”这一核心原则而努力，团队之间可以跨部门合作，相互督导与支持。

（3）社会工作者对服务机构的伦理责任

社会工作者受雇于各种类型的社会服务机构，因此社会工作者在开展专业服务的同时也需要考虑对服务机构应负的伦理责任，具体表现为：

遵守机构的规定。社会工作者开展服务的流程以及内容必须在机构的规定下进行。

秉承机构服务宗旨。社会工作者提供专业服务的内容必须符合机构的服务宗旨，需要围绕机构的服务宗旨为服务对象开展专业服务。

（4）社会工作者对社会工作专业的伦理责任

社会工作者开展服务在一定程度上会影响专业的社会评价和专业权威。因此，每位社会工作者都需要对社会工作专业的发展负有一定的责任，具体表现为：

坚守专业价值观和伦理操守。社会工作者要在社会工作专业价值观和伦理操守的规范下开展服务。

提升专业技能。社会工作者要不断学习新知识、新技能、新方法，同时在开展服务的过程中不断总结经验，将经验传授给其他同事，在实践中提升专业技能。

遵循专业的评估和研究。社会工作者开展的服务需要遵循专业的评估，总结服务成效，找出服务不足，不断完善专业服务的质量；同时，社会工作者要通过调研，分析服务对象的需求，在实践中总结、提炼服务经验，促进社会工作服务经验的本土化，推动社会工作专业的健康发展。

（5）社会工作者对全社会的伦理责任

社会工作的核心目标是增加社会福祉、促进社会公平，具体表现为：

促进社会整体福祉。社会工作者应在专业能力范围内尽心尽力保障服务对象的合法权益，并为服务对象努力争取更多福利，从而增加社会的福祉。

促进社会参与。社会工作者有责任促进公共参与、践行政策倡导，致力于防止和消除歧视，推动社会参与和权益保障，这与社会工作致力于增加社会福祉从而推动社会公平与正义的使命是一致的。

2. 社会工作实践中面临的伦理难题

社会工作专业是一个道德实践的专业，需要在社会工作专业价值观和专业伦理的指导规范下开展服务。但是由于现实问题的复杂性，例如由于社会工作者个人因素、服务对象的因素或者服务机构等外部环境的因素，社会工作者在开展服务过程中难免遇到一些伦理难题。社会工作者在开展服务过程中经常会面临各种矛盾与挑战，其中不仅包括缺乏资源，也包括政策和体制的限制，还包括伦理原则自身的相互制约，本质上是价值多元性和矛盾性的结果，是价值观优先性与行动选择次序所产生的矛盾。处理好社会工作实践过程中的伦理难题，关键是平衡好个人与个人之间、个人与组织之间、个人与社会之间以及个人与专业之间的利益关系。在平衡的过程中，社会工作者必须协调好专业关系，做到关怀、治疗和改变三种目标的统一。具体而言，社会工作实践过程中常面临的伦理难题主要体现在以下几个方面：

（1）保密问题。社会工作者有责任保护服务对象的个人信息和隐私，这是社会工作者与服务对象建立专业关系的前提，也是服务对象信任社会工作者的前提。但是在实际开展服务过程中，这一前提可能会因为服务对象所处困境以及相关政策和体制的限制而不容易把握。

（2）人情与法规的冲突问题。中国社会是一个人情社会，社会工作专业是需要与人沟通交流的专业。因此社会工作者在开展服务过程中难免会遇到情、理、法之间的纠葛，如何处理好人情与法律法规之间的冲突，是社会工作者常遇到的难题。

（3）价值介入与客观性的矛盾。社会工作专业具有很强的价值关怀，但同时社会工作专业也是一种科学实践。因此，社会工作者在与服务对象接触过程中，需要尽量避免个人的主观判断，不能先入为主，需要多倾听服务对象的真实想法，通过专业、科学的方法并结合有效的证据来实施服务计划。

（4）社会工作者个人利益与职业的社会责任之间的冲突。社会工作者有自己的个人需求，也有自己的诉求。但是社会工作专业是在利他主义指导下的专业，在这个过程中社会工作者有时很难兼顾个人利益与集体利益，这就要求社会工作者寻找个人利益与集体利益的平衡点，尽可能减少两者冲突导致的不良后果。

（5）自我决定问题。社会工作者在开展服务中强调服务对象自决，充分尊重服务对象的个人意志和决定。但是有时在一些特殊情境下，服务对象可能没有足够的能力做决定，难以对自身的处境作出清晰的判断，这时便有可能需要专业社会工作者来代替其做决定。但是社会工作者要辨析清楚可以代替服务对象做哪些决定，哪些决定不可以代替。这需要社会工作者与伦理专家和同事商议并作出适当的决定，避免出现负面的后果以及相应的风险。

3. 处理伦理难题的基本原则

不管在何种情形下，社会工作者面对实践中的伦理难题时，必须作出价值观和伦理顺序的优先安排。为了帮助社会工作者在面临伦理难题时决定优先采用哪一个伦理原则、标准或法律条例，国外学者提出了伦理原则次序。

原则一：保护生命原则。保护生命原则高于其他伦理原则，这里的生命不仅包括服务对象的生命，还包括其他人的生命。在开展服务过程中，社会工作者有义务确保相关人的生命财产安全，即使在践行保护生命原则的过程中违反了其他伦理原则和法定义务也要以保护生命原则优先。

原则二：差别平等原则。每个人应该有平等的地位，并且被公平对待。但是在这个过程中，社会工作者要注重服务对象的差异，在助人过程中充分平衡好平等待人和个别化服务之间的关系。

原则三：自主自由原则。社会工作者要鼓励服务对象自主、独立地做决定，增强服务对象面对逆境的能力，提升服务对象解决自己问题的能力。社会工作者要充分尊重服务对象的意见，尊重服务对象在服务过程中的选择和决定。但是，服务对象独立行动的权利不是没有限制的。

原则四：最小伤害原则。社会工作者在做伦理决定时要尽量保护服务对象的合法权益不受侵害，尽量分析并选择伤害最小或者持续性伤害最小的服务方案，实现利益的最大化。

原则五：生活质量原则。社会工作者应该以提高个人、群体和社区的生活质量为考虑原则，通过社会服务和政策倡导，满足服务对象的需求，不断提高服务对象的生活水平，促进服务对象的社会融入和社会参与。

原则六：隐私保密原则。社会工作者不能轻易泄露服务对象的个人信息与隐私，要确保服务对象的利益不受侵犯。但是这个保密原则不是绝对保密，当出现以下情况时可以例外：服务对象或可确认的第三方遭遇可预见的、严重的、即刻的伤害，或是法律法规要求揭露而不需要通过服务对象同意的情况。

原则七：真诚原则。社会工作者在与服务对象接触过程中需要坦诚对待服务对象，同时为了达到更好的服务效果，社会工作者可以视情况进行适当的自我披露，即向服务对象袒露心声，分享自己的经历、感受和经验等。

在以上的伦理原则次序中，原则一优先于原则二到原则七，原则二优先于原则三到原则七，以此类推。

二、社会工作的工作方法

社会工作方法是指为服务对象提供专业服务时采用的方式与形式，一般分为直接服务方法和间接服务方法。直接服务方法是直接为服务对象提供服务，协助解决服务对象问题的方法，一般包括个案社会工作（简称个案工作）、小组社会工作（简称小组工作）和社区社会工作（简称社区工作）；间接服务方法是指为了达到更好的服务成效，在对服务对象提供专业服务前、后所需做的社会工作活动形式，一般包括社会工作行政、社会工作督导以及社会工作评估等。

（一）个案工作

1. 个案工作的含义

要简明扼要地概括个案工作的内涵并非易事。不同的个案工作专家对个案工作的具体理解不尽相同，但他们都强调个案工作应包含以下内容：

（1）个案工作是一个个别化的专业社会工作方法。其中，个别化是指个案工作是一对一的工作方式，区别于小组工作和社区工作。专业性是指个案工作不同于一般的慈善活动或者志愿活动，而是由受过专业训练的个案工作者结合服务对象的需求开展服务。

（2）个案工作的价值理念是承认人的价值与独特性。个案工作者相信每个人都有改变的能力，服务对象处于困境并不是没有能力，而是能力还没有被发掘出来。同时个案工作者相信每个人都是独特的，在开展服务的过程中要因人而异。

（3）个案工作的服务对象是遇到困难的个人或家庭。只要是有困难、有需要的社会成员，都能成为个案工作关怀、帮助的对象。

（4）个案工作强调调动资源。个案工作强调调动一切有利于服务对象解决问题的资源。在这个过程中，最终目的并不是问题解决，而是提升服务对象利用资源从而解决问题的能力。在这里，资源包括服务对象个人的资源和社会资源。

总体而言，个案工作是指运用专业的知识、方法和技巧，帮助有需要的个人或家庭发掘和利用自身的潜能、资源，从而改善生活环境，提高应对困难的能力，实现对人的肯定与尊重的过程。

2. 个案工作的目标

个案工作方法是社会工作专业方法之一，因此，个案工作的目标与社会工作专业目标是密不可分的。学者们普遍倾向于巴特莱特（Bartlett）的观点，认为社会工作的目标主要体现在社会功能。因此，社会工作的目标主要是以个别化的方式帮助服务对象恢复和增强社会功能。

（1）社会功能的恢复。社会工作者协助服务对象恢复社会功能，主要体现在以下几个方面：

一是服务对象解决困难的能力。个案工作者认为服务对象困难产生的原因，不仅是服务对象的能力尚待提高，还有社会支持网络遭到损害，服务对象没有合理利用其自身的资源以及社会资源。因此，协助服务对象解决困难能力的提升在一定程度上也意味着其社会功能得到某种程度的恢复。

二是服务对象的社会环境适应能力。个案工作者既关心服务对象个人问题的解决，也关心服务对象的社会适应能力。需要注意的是，有时服务对象的个人问题是由服务对象的社会适应能力不足引起的。

三是服务对象与社会环境相互促进。人是社会的人，服务对象身处在社会环境之中，社会环境对服务对象会造成一定的影响。通过社会环境的改善，服务对象能够更好地适应环境，并与之相互促进，形成良性的循环。

（2）社会功能的增强。个案工作者协助服务对象增强社会功能，主要体现在以下几个方面：

一是对服务对象自身能力的关注。个案工作者在为服务对象提供服务的过程中关注服务对象自身的能力，这里的能力不仅是指解决特定困境的能力，还包括其他方面的能力，充分发掘服务对象的无限可能。

二是服务对象运用周围环境资源能力的提高。问题的解决不仅要依靠服务对象个人能力的提高，还包括对周围资源的发掘与利用，从而更好地增强服务对象的社会功能。

三是服务对象预防问题和解决问题能力的提高。个案工作者除了协助服务对象处理当下的困境，更重要的是提升服务对象预防问题和解决问题的能力，从而真正达到“助人自助”。

3. 个案工作的过程

个案工作的过程就是开展个案工作时所需遵循的步骤。不同的学者对个案工作过程有不同的划分。但是结合社会工作者开展工作的实际情况，个案工作一般都需要经过接案和建立关系、资料收集与问题评估、制定目标和服务计划、实施服务计划、结案与评估等几个阶段。值得注意的是，划分这些阶段不代表这些阶段是截然分开的，这种划分主要是为了展现各个阶段的主要特点。事实上这些阶段有些甚至会交叉进行。

（1）接案和建立关系。通过与求助者的初步接触，了解求助者的基本情况，并对求助者的问题进行初步的预估，根据机构的功能以及求助者的意愿与求助者进行商讨，从而确定是否进一步提供服务，使求助者变成服务对象。这个过程便是接案。在这个过程中，建立良好的专业关系非常重要，这将影响到服务对象进一步寻求个案工作者帮助的动力和信心。事实证明，良好的专业关系更有利于服务目标的达成。

（2）资料收集与问题评估。当求助者成为服务对象后，社会工作者便需要尽可能详尽地收集与服务对象所处困境有关的资料，并对问题的成因和发展变化过程及其影响因素进行分析，从而诊断服务对象的问题。需要切记，服务对象问题的解决不一定在开展服务过程中，也有可能会发生在服务结束之后，甚至需要较长的时间，社会工作者不可操之过急。

（3）制定目标和服务计划。当社会工作者对服务对象的问题进行诊断之后，便可以制定明确的服务目标以及具体的服务计划。制定服务目标需要遵循的原则有：目标对服务对象来说通俗易懂；目标与社会工作者和服务对象解决问题的能力一致；目标与机构的功能保持一致；制定的目标是服务对象与社会工作者共同协商的结果。

需要提醒的是，在这个过程中，社会工作者不能以专家身份自居，一定要倾听服务对象的心声，充分尊重服务对象的意志，尊重服务对象自决。服务对象对服务目标以及服务计划的认同程度直接影响服务目标的达成情况以及服务效果。

（4）实施服务计划。本阶段主要是将社会工作者与服务对象共同制订的服务计划进行推进。在这个过程中充满了变数，社会工作者在完成计划的每一阶段都需要跟服务对象进行总结，并确定是否按照原计划进行下一步，了解服务对象的感受，同时视情况考虑是否需要调整服务计划。在计划实施过程中，社会工作者主要的工作内容包括支持与鼓励、情绪疏导、观念澄清、行为改变、环境改善、资源链接以及危机干预等。

（5）结案与评估。个案工作并不是没有期限的助人活动。本阶段的任务便是社会工作者结合服务对象的改变情况，结束与服务对象的专业关系。在这个过程中，社会工作者需要与服务对象对服务过程进行回顾、总结与评估，从而巩固服务对象已有的服务成效，增强其继续改变的动力。值得注意的是，需要合理处理服务对象的离别情绪。同时，结案不意味着完全终止服务，社会工作者需要与服务对象讨论后续跟进的方式，跟进的程度需要根据服务对象的情况而定。

（二）小组工作

1. 小组工作的含义

小组工作即小组社会工作，是一种通过团体活动（参与人数为两个人或以上）的形式为服务对象提供服务的社会工作方法。各学者对小组社会工作的定义各有不同，但从整体上看，仍然可以简单归纳为：小组工作是将有共同目标或者兴趣的个人组织起来，在社会工作者的策划与引导下，通过小组活动的过程以及组员之间的互动与分享，使小组成员获得群体经验、行为改变及社会功能的恢复，从而促进服务对象问题的解决以及能力的提升。

与个案工作不同的是，小组工作是一种以团队活动的形式开展的专业服务。在小组工作中，小组成员的问题具有共同性或者相似性，并且强调小组成员的民主参与，同时注重运用团体的动力共同寻找解决问题的方法，从而促进小组成员的改变与成长。

2. 小组工作的功能

小组工作的功能与社会工作的功能是一致的，但作为社会工作的专业方法之一，它也有自己突出的功能。

（1）创造互相帮助、共同成长的学习契机。小组是由有共同或者相似问题的成员组合而成的团体。在这个团体中，成员之间因为有相近的问题聚集在一起，在一定程度上可以缓解、减轻成员的警戒心、疏离感。同时，在社会工作者的指导下，通过一系列的活动以及成员之间的交流分享，能让成员了解其他小组成员的心路历程和解决方法，在共同讨论解决方法的过程中促使小组成员之间互相学习、共同成长。

（2）提供小组成员自我改变及“被肯定”的社会场景。小组工作为服务对象提供一个小型的社会场景，将服务对象的问题放置于团体之中，小组成员的任何细微的、新的改善都会被社会工作者乃至其他小组成员接受、肯定，从而激发小组成员持续改变的动力以及信心。

（3）培育小组成员的平等意识和共同体归属感。小组成员因为有共同或相近的问题而联结在一起，使得成员感受到自己的问题并不是特例，从而衍生出小组成员之间的“共同体意识”，这也是小组工作在开展过程中得以顺利进行的重要前提。在小组工作中，小组成员因为有共同或者相似目标而更加容易互相理解、彼此尊重、相互接纳，从而更容易对小组产生归属感和认同感。

（4）搭建增能的社会支持网络。增强服务对象的社会支持网络，是小组工作的一大特色功能。服务对象问题的产生在很多情况下是因为缺乏足够的社会支持，从而感到无助与悲观。而通过小组工作，在社会工作者的专业引导下，能短时间内为服务对象建立具有一定强度的社会支持网络。小组成员通过彼此分享、交流经验，在一定程度上能缓解服务对象的情绪，同时在小组成员讨论过程中为解决问题提供新的思路。在这个过程中，服务对象并不是一个人在面对问题，而是形成了相互支持的网络。这种支持网络对小组成员潜能的发掘、自我能力的提升的影响是深刻且持久的。

3. 小组工作的类型

根据小组形成的方式、组员参与的动机、组员间的联系等不同的标准可以将小组工作划分为不同类型。在社会工作实务过程中，常以小组工作的目标将小组工作划分为教育小组、成长小组、支持小组和治疗小组。

（1）教育小组。教育小组的目的在于通过帮助小组成员学习新知识、新方法、新技能，或者补充、更新相关知识、方法、技能，促进小组成员改变对自己原来问题的非理性认知和不恰当的解决方式，进而提高小组成员适应社会生活的能力。在社会工作发展较为成熟的国家或地区，教育小组被广泛应用于医院、学校、社区等公共场所。在教育小组中，首先要让小组成员认识到自身存在的不足及问题，并且拥有解决问题的动机，这有利于使小组成员在小组过程中更具主动性；其次，促进小组成员开阔视野，改变看待问题的视角，避免陷入固有思维；最后，开展具体的干预服务，改善小组成员的问题行为特征，从而达到小组成员改变自我的目的。

（2）成长小组。成长小组的目的在于帮助小组成员探索自我、认识自我、了解自我，在社会工作者的指引下最大限度地发掘自身的潜能，合理利用周边的资源，从而促进人的健康发展。成长小组常应用于各类学生及边缘群体的辅导工作。在成长小组中，社会工作者相信，问题本身不是问题，即使身处困境的服务对象也有能力解决问题，只是其能力尚需挖掘与锻炼。因此，在逆境中发掘自己的潜能，提升解决问题的能力便是成长的过程。由此可见，成长小组的焦点在于个人的成长以及正向的改变。

（3）支持小组。支持小组的目的在于通过小组成员之间提供的信息、建议、鼓励和情感上的支持，从而达到问题的解决和成员改变的成效。支持小组需要由具有某一共同性问题的小组成员组成。在支持小组中，小组成员通过表达对问题的感受与情绪，互相表达同理，相互理解、彼此支持，在接纳的氛围中探讨问题解决的方法。值得注意的是，在支持小组中，最为关键的是小组成员之间情感的支持，建立起能够互相理解的共同体关系。社会工作者在支持小组中只是协调者和推动者，在小组形成后一般处于“边缘化”的位置，大多数支持小组都属于自助性小组。

（4）治疗小组。与其他小组不同的是，治疗小组的成员一般是在生理或者心理上受到创伤或者社会关系网络断裂破损，从而影响日常生活的服务对象。治疗小组一般在心理卫生机构或者矫治机构中运用。治疗小组对社会工作者的素质要求较高，社会工作者除了要有扎实的社会工作理论和丰富的实务经验，还需要具备一定的心理学和医学等方面的知识和临床经验。通过治疗小组，协助小组成员分析自己问题以及问题背后的社会原因，在与其他小组组员分享交流的过程中，辅之以一定的资源整合，从而达到对小组成员问题的治疗，促使其成为在生理、心理上健康的社会人。

（三）社区工作

1. 社区工作的含义

社区工作是社会工作的三大工作方法之一。社区工作是指以社区和社区居民为服务对象，运用专业的方法解决社区问题，促进社区发展，从而增进社区居民福祉的工作方法。在社区工作中，社会工作者需要动员社区居民进行社区参与，共同界定社区问题，并共同探讨问题解决的方案。在这个过程中，社会工作者需要激发社区居民的主体意识，提高居民的社区参与能力，挖掘并整合社区资源，有计划、有步骤地解决或预防社区问题，从而提高社区的福利水平、促进社区进步。

2. 社区工作的目标

社区工作目标可以简单分为任务目标和过程目标。所谓任务目标，是指解决一些明确的、特定的社会问题，包括完成一项具体工作内容，开展具体的服务，从而满足社区的需要，例如解决老旧社区加装电梯、老旧社区安全隐患等问题。任务目标的达成意味着能为社区及社区居民带来实在的改变和福利。过程目标是指在实现任务目标的过程中所实现的中间目标，主要是指在这个过程中参与人的能力的挖掘、锻炼与提升，具体包括增强居民解决问题的能力、信心与技巧，提升其主人翁意识，培育居民间交流、协商、合作的能力，发掘和培育社区居民骨干等。具体而言，社区工作的目标主要有以下几个方面：

（1）以人为中心，促进社区居民能力的提升。这是社区工作的重要目标，只有社区居民能力提升，协助社区建立自己的集体能力，才能从根本上解决社区的问题、改善社区的状况。因此，促进社区居民能力的提升是长远且核心的任务。社区居民只有需要拥有一定的知识、方法与技巧，才能建立起持久且有效的群众力量，共同建设自己的社区。

（2）培育主体意识，推动社区居民的社区参与。社区工作解决的问题较为宏观，具有公共性。由于每位居民在社区中的利益与立场并不完全一致，有些社区问题未必与所有的社区成员息息相关。但从某种意义上来说，社区是由社区居民所构成的，只有社区居民才最了解本社区的问题与需要，因此社区问题的解决离不开社区居民的共同参与。社会工作者需要培育社区居民的主人翁意识，让其意识到自己在社区中的权利与义务，推动社区居民参与社区建设，群策群力解决社区问题，从而达到任务目标与过程目标的双重实现。在这个过程中，社区工作强调提升社区居民的社区意识、增强社区居民对社区的认同感与归属感，从而提升社区的凝聚力。

（3）挖掘并合理利用社区资源，满足社区需求，营造相互关怀的社区氛围。社区工作强调充分挖掘并整合社区资源，包括社区内商业机构、政府机构和非营利机构等资源，也包括社区内的人力资源。社区工作的重要目标便是使社区内的资源能得到合理的利用，避免浪费；同时，也能使社区居民得到有效的服务，提升服务质量。在一定程度上，通过整合并合理调配社区资源，有利于增进社区福祉，促进社区发展。在这个过程中也需要促进社区居民间的交流、沟通与互动，建立友善的邻里关系，促进形成相互关怀、互惠互助的社区氛围。

3. 社区工作的主要模式

罗斯曼在 1979 年对美国的社区工作实践经验加以总结，提出了社区工作的三大模式：地区发展模式、社区计划模式和社区行动模式。这三大模式得到了大多数学者的认可。

（1）地区发展模式。地区发展模式是指在一个社区之内，动员社区居民通过自助及互助的方式，广泛参与社区公共事务，满足社区需求，解决社区问题，从而推动社区健康发展。在地区发展模式中，工作的重点主要表现在民主的工作程序、志愿合作、自助、培养社区骨干领导人才和社区教育等方面。社会工作者主要扮演协调者、引导者和使能者的角色。

（2）社区计划模式。社区计划模式假定，社区中存在较为复杂的公共问题，需要社会工作者以及相关专家在收集和分析社区有关资料的基础上设计出各种计划和方案，计划和方案需以有效的方式执行，并最终服务于社区。在这个过程中，社会工作者的主要任务是收集和分析社区的有关资料，制订出符合社区情况的服务方案。在这里，社会工作者的角色是具有技术性的“专家”。

（3）社区行动模式。社区行动模式假设，社区内存在着一定数量的困难群体，需要把他们组织、联合起来，依据社会公平、正义的理念，对社区提出适切的要求，从而帮助他们获得自身的合理权益。在社区行动模式中，强调联合困难群体，寻求社区资源的合理配置。在这个过程中，社会工作者主要是倡导者和行动者，引领社区困难群体争取其应有的利益。

通过下表，可以更清楚地了解罗斯曼提出的社区工作三大模式的区别。

表 7-1　社区工作三大模式的区别

	地区发展模式	社区计划模式	社区行动模式
目标	核心理念是强调参与。注重过程目标的实现，即社区居民能力的提升	注重任务目标的实现，即解决社区中的实际问题	注重过程目标与任务目标的双重实现，动员困难群体改变自己的处境，促进社区资源合理配置
问题解决的策略	社会工作者引导社区居民、社区团体参与社区发展，让大多数社区成员参与讨论社区问题，分析社区需求并共同提出解决方案	社会工作者及其他专家在分析社区环境和形势的基础上，界定和研判社区问题，确定社区需要，并建立合理目标以及依据目标列出可行方案，通过评估选出最优方案后推进执行，并对结果进行评估	将社区矛盾、争论具体化，通过实际行动如辩论、磋商、直接采取行动或施加压力等促进社区制度、法规或政策的变革
社会工作者的角色	协调者、引导者、使能者	专家	倡导者、行动者
服务对象的角色	社区发展的主体、社区发展的原动力	服务的接受者，非社区活动方案或目标的决策者	不良制度下的牺牲者

我国台湾学者苏景辉将罗斯曼提出的社区工作三大模式进行对比，提出三大模式的适用条件，有助于进一步理解这三大模式。其中，地区发展模式适用于社区居民的意见比较容易取得一致的情况；社区计划模式适用于社区问题较为复杂，非一般社区居民所能自行应付的情况；社区行动模式适用于社区各团体之间存在矛盾冲突，且不容易协调各方利益之时。在选择采用何种社区工作模式之前，社会工作者要有足够的专业知识和素养分析社区状况，判断应采用何种模式解决问题，同时需要根据社区发展的不同阶段运用不同的模式，避免单独用某一特定模式而排斥其他模式。

（四）社会工作行政

1. 社会工作行政的含义

在社会工作学科发展过程中，由于本土化的情况各异，人们对社会工作行政抱有不同的理解。其中，以英国为代表的理解认为社会工作行政是通过开展社会服务，传递和实施社会政策的过程；以美国为代表的理解认为社会工作行政是作为方法的行政管理。我国学者对社会工作行政的理解，便是在英国理解的重心“政策”和美国理解的重心“管理”的基础之上形成的。总体上，我国学者对社会工作行政的理解分为两个方面：一是指政府通过实施社会政策而展开的行政活动，属于宏观社会工作行政领域；二是指实体社会服务机构中的社会工作行政管理方法。

机构社会工作行政是指社会服务机构为了达成机构使命，将社会政策转化为具体服务的一系列程序，通过计划、组织、协调、控制，促进目标的有效实现，是使社会服务机构功能能够有效发挥的科学工作方法。社会工作行政的主体是指依法获得实施社会工作行政的权利、承担社会工作行政责任的实践者，即机构管理人员。社会工作行政的客体是指社会工作行政的对象，即被管理的对象和具体事务。其中，“被管理的对象”主要是从行政过程的角度理解，具体包括机构的人、财、物等方面；“具体事务”主要是从管理方法的角度理解，主要表现为政策转化为服务的各种共性事务，例如机构战略规划、组织筹划设计、人力资源管理、薪酬管理等。

2. 社会工作行政的主要职能

社会工作行政的主要职能有以下内容：

（1）解释社会政策，根据社会政策的方向确定机构宗旨以及战略目标；

（2）根据机构宗旨和战略目标合理规划机构短期和长期的服务任务；

（3）建立、健全社会服务机构的组织管理系统以及结构体系，明确规章制度以及各类职责范围；

（4）招募、培训、任用机构工作人员，建立专业的工作方法和督导体系制度，并制定员工绩效考核方法；

（5）策划落实社会政策的具体运行服务方案；

（6）合理配置社会服务机构的资源，建立良好的社会公共形象，与其他相关部门建立并维系合作伙伴关系；

（7）建立科学、专业有效的服务评估体系，及时总结服务工作并不断完善。

3. 社会工作行政的功能

社会工作行政是社会服务机构将宏观的社会政策转化为具体的社会服务的动态过程。社会工作行政具有以下功能：

（1）落实社会政策，传递社会服务。社会政策是国家通过立法的手段为加强社会保障、改善社会福利、稳定社会秩序而制定的政策。社会政策的具体落实在一定程度上需要依靠机构的社会工作行政，使社会政策能够真正地惠及有需要的社会成员。从某种意义上来说，社会工作行政就是将社会政策目标转化为具体的福利活动，是将社会政策操作化、具体化和行动化的过程。在这个过程中，社会工作者行政主要起到规划和执行的作用。同时，社会工作者在落实相关政策的基础之上，也能不断总结相关社会政策的适切性，不断倡导社会政策的改善，进而增进社会福祉。

（2）运用专业方法，提高服务效率。社会工作行政强调运用专业、科学的工作，达到社会工作执行过程中的高度组织性以及资源的合理有效配置。社会工作行政通过服务机构的组织设计，对工作人员进行合理的分工，使其各司其职，从而实现服务活动保质保量开展。同时，社会工作行政可以有效整合相关社会资源，包括人力、物力和财力，避免资源浪费，促进资源合理调配，提高资源利用率。通过社会工作行政的高度组织性以及对资源的有效配置，提高服务效率，从而更好地为服务对象提供服务。

（3）监控工作效率与效果的一致性。社会工作行政通过科学有效的管理，有利于实现资源的最优利用，保证机构服务资源投入与产出的合理、有效运转。简单而言，社会工作服务效果是指机构服务的质量、品质，而服务效率是指尽以可能少的投入获得尽可能多的产出。但不能脱离效果谈效率，也不能脱离效率谈效果，需要同时对工作效率和工作效果进行监控。而社会工作行政能够通过评估实现这一功能，从而促进机构服务的总结与完善。

（五）社会工作督导

1. 社会工作督导的含义

在社会工作领域中，督导有两种词性，即动词和名词。当“督导”作为动词时，表示督导的工作、行为、过程、活动等；当“督导”作为名词时，表示督导工作的主体，即从事督导工作的人。大部分学者对社会工作督导的定义大同小异。本书参考学者赵静提出的社会工作督导的定义，即社会工作督导是由接受过系统的督导知识和方法训练、拥有丰富的社会工作实务经验、具备督导资质的资深专业人士，在一定的工作机制保障下，定期并持续对初级社会工作者或有需求的社会工作者开展的集教育性、支持性、行政性功能于一体的指导类活动。社会工作督导的目的是提升受督导者的专业服务水平，确保服务对象的合法权益，增进服务对象的福祉，并不断推动社会工作的专业化、职业化和本土化发展。其中，社会工作督导者是指执行社会工作督导的人。督导者一般由资深的社会工作者担任，他们一般系统地接受过正规的社会工作专业训练，同时具有丰富的实务经验，拥有扎实的专业知识和娴熟的督导技巧。社会工作督导对象又称被督导者，一般指新入职的社会工作者，或者服务年限较短、经验不足的初级社会工作者以及其他有需求的社会工作者。

2. 社会工作督导的类型

依据不同的标准可以将社会工作督导划分为不同的类型。常见的社会工作督导的类型是依据社会工作督导的主体和社会工作督导的方式来划分的。

根据社会工作督导的主体，可以将社会工作督导划分为内部督导、外聘督导和外派督导。内部督导是指由机构的内部人员担任督导，内部人员一般是机构内具有丰富实务经验的社会工作者或行政领导。外聘督导是指由机构聘请外部资深人员担任督导，一般包括高校社会工作系教师或境内外资深社会工作人士。外派督导是指由地方民政或社会工作专业协会牵头筛选出资深社会工作者，并派到社会工作机构担任外部督导，是一种由行政或行业力量主导推动的特殊督导类型。

根据社会工作督导的方式，可以将社会工作督导划分为个别督导、团体督导和同事督导。个别督导是由一名督导者对一名被督导者用面对面的方式，定期、定时（每周或每两周一次，每次半小时到一小时）开展督导。视被督导者需要也会有一些不定期的督导。团队督导是指一名督导者与数名被督导者以小组讨论的方式，定期（通常每两周或每个月举行一次，每次一至两个小时）开展督导会议。同事督导是指有相同需求、观点或服务技术层次的个人或一群社会工作者，通过个别互惠或团体讨论的方式进行互动督导的过程。

3. 社会工作督导的功能

一般认为，社会工作督导有三大功能，分别是行政功能、教育功能和支持功能。

其中，行政性功能是机构行政管理人员通过招募员工、分配工作、工作监督和协调控制，促使下属认同机构并且保质保量地完成工作任务；教育功能，是督导者对被督导者完成相关工作所需掌握的方法、知识与技能给予指导，协助被督导者更好地完成任务；支持功能主要是指督导者向被督导者提供情感和心理上的支持，使被督导者感受到自己的价值，提升自我效能感。

社会工作督导的行政性功能主要体现在正确、有效和恰当地贯彻实施机构的方针，聚焦为被督导者提供高效率的服务。行政性督导工作的主要内容包括：社会工作者的招募和选择；安置和引导工作人员；工作计划和分配；工作授权、协调与沟通；工作监督、总结和评估等。在这个过程中，督导扮演行政管理的缓冲器角色、倡导者角色以及机构变迁推动人的角色。

社会工作督导的教育性功能主要体现在协助社会工作者自我发展及专业发展，这要求督导者不仅要教授被督导者完成工作任务所需要的知识、方法与技能，还要协助被督导者由“知”转化为“行”。教育性督导工作的主要内容包括：教导有关服务对象群的特殊知识；教导社会服务机构知识；教导有关社会问题的知识；教导有关工作过程的知识；教导有关社会工作者本身的知识；提供专业性的建议和咨询。同时，社会工作者督导还可以通过教育性督导，缓解社会工作者的压力，例如发展压力管理培训课程、传授时间管理技巧等。

社会工作督导的支持性功能主要体现为缓解社会工作者在工作中产生的压力，如职业倦怠感、对服务对象失去同理心、对工作岗位认同感降低以及怀疑自我价值。支持性功能的基本问题是社会工作者的满意度和士气，主要内容包括疏导消极情绪、给予关怀与支持、发现工作成效、寻求专业满足感和价值感、增强专业认同以及对机构的认同等。

可以看出，行政性督导树立了工作高效率的社会工作者典范；教育性督导树立了专业知识扎实、实务技巧娴熟的社会工作者典范；支持性督导树立了富有同理心和充满人文关怀的社会工作者典范。社会工作督导三大功能相互补充、互相完善，从而更好地发挥社会工作督导的功能，不断促进社会工作专业化、本土化和职业化发展。

（六）社会工作评估

1. 社会工作评估的含义

社会工作评估是指运用专业、科学的方法对社会工作服务的设计、策划、实施过程和服务效果等方面进行测量与评价的活动。简而言之，就是系统、客观地考查社会工作服务的介入是否科学、是否有效、是否达到了预期目标的过程。在进行社会工作评估时，不仅要明确评估主体（谁来评估）、评估对象（对谁评估）、评估目的（为什么要评估）和评估方法（怎么评估）等基本要素，还要明确评估的一般过程，包括如何准备评估、实施评估、总结评估和应用评估结果。

2. 社会工作评估的功能

社会工作评估的功能主要体现在提高社会工作服务水平，即检验服务的质量、效率和效益，增强社会服务的活力和创新性，促进社会工作服务的发展。

社会工作评估是决定服务发展方向的科学依据。评估的科学性主要体现为：在社会工作服务开展前期，通过对服务对象的需求以及资源进行分析，初步确定服务或项目方案；在服务开展过程中，结合可能变化的实际情况以及服务开展情况进行评估，从而及时对服务方案进行调整和优化；在服务结束时，对服务开展的成效进行总结，为之后开展服务提供借鉴。

社会工作评估是检验服务质量、效率和效益的基本途径。社会工作服务需要有专门的方法去验证服务介入的有效性，这是社会工作评估最基本、亦是最重要的功能。通过社会工作评估，能够了解服务工作的开展进度，以及服务资源是否合理、有效地利用。服务开展所带来的效益也能通过社会工作评估获悉。

同时，社会工作评估在增强社会工作者综合能力素质，提升服务机构的公信力，促进社会工作专业化、本土化和职业化发展等方面都具有重要的作用。

3. 社会工作评估的类型

社会工作服务一般包括分析服务对象需求、确定服务方案、执行服务方案和结束服务四个环节。社会工作评估可据此划分为需求评估、方案评估、过程评估和结果评估。这四种评估是最常见的评估类型。

需求评估是指社会工作者对潜在服务对象或实际服务对象的需求进行分析的过程。通过对服务对象的需求评估，社会工作者能更有针对性地为服务对象提供个别化的专业服务。

方案评估是指根据科学性、有效性和可行性等原则，对众多的候选社会工作服务方案进行评价，最后择优选择的评估。服务方案除了需要满足服务对象的需求，还需要进行合理、科学的设计。因此，在方案评估过程中，除了对方案目的及目标、方案的流程和具体服务内容进行评估外，也要对这一方案可能涉及的人力、物力、财力以及时间进度等多种资源进行评估。

过程评估是指在项目执行或服务提供的过程中开展的一种评估方法。通过过程评估，可以及时获知项目或服务的开展情况以及执行进度，从而发现项目或服务执行过程的优点和缺点。在执行方案过程中，需要保证方案的有效执行。但有时常常需要根据现实情况对方案进行适当的调整，因此需要了解执行方案过程中的实际情况，结合实际情况与方案设计的吻合程度以及服务对象的需求合理调整具体方案。

结果评估是指服务项目结束后对服务成效进行的评估，旨在全面总结项目或服务的成效，并形成经验。结果评估对于保证服务目标的实现、提升社会工作服务质量、改善服务方式、促进专业成长具有重要意义。结果评估又包括效果评估、影响评估和效率评估。效果评估即对服务所达到的效果进行评估，主要是指服务对象行为、态度、情感、能力等方面的变化；影响评估主要是指对项目或服务的受众程度或社会效益进行评价；效率评估是对项目或服务投入与产出之间关系的评估，主要是了解和确定服务资源是否有效投入。

（七）社会工作研究

1. 社会工作研究的含义

社会工作研究是社会工作与社会学研究的交叉领域，是利用社会学研究的方法和程序，以社会工作为研究对象，获取、发现与社会工作相关的知识和事实的过程。

社会工作研究以困难群体及其议题为主要对象，采用社会工作视角，恪守社会工作伦理和社会研究伦理，旨在促进实务、提升理论和推进福利，体现出研究者角色多样性的特征。以困难群体的问题或需求为核心对象，是社会工作研究与其他社会研究的重要区别；从社会工作视角探讨问题，使社会工作研究更具有现实性和操作性；社会工作研究必须遵循尊重研究对象的价值与尊严、知情同意等社会工作伦理和社会研究伦理；社会工作研究应在临床或者宏观层面推动实务的发展，优化工作模式，探索理论的本土适应性，进而推动专业的进步；研究者既可以是资料的收集者、分析者，也可能是研究成果的应用者。理想的社会工作研究应该是实务与研究的动态结合。

2. 社会工作研究的功能

社会工作研究的功能主要体现在以下几个方面：

（1）解决和预防社会问题。通过社会工作研究，可以了解社会问题或社会矛盾产生的原因，探索问题解决的可能性，从而为解决社会问题并进一步预防社会问题的产生提供指导。

（2）提升社会工作服务水平。通过社会工作研究，可以为社会工作服务过程中的各阶段提供科学依据，同时也能借鉴社会工作研究成果，使得服务更加科学化、专业化，进而提升社会工作服务水平。

（3）发展和提炼本土化社会工作理论。社会工作实务需要在理论的指导下开展，而当前的理论主要来源于心理学和社会学领域。社会工作研究可以通过对社会工作实务过程进行研究，从而发现当前理论在本土应用中的不妥之处，通过局部修改与调整发展出适应本土的社会工作理论；同时，可以从社会工作实务过程中总结本土经验，提炼本土模式，从而建构出适应本土应用的社会工作理论。

（4）推动社会福祉与公平正义。通过社会工作研究，有利于解决和预防社会问题，提升社会工作服务水平，有利于增进民众的社会福祉，进一步促进社会的公平正义。

3. 社会工作研究的具体方法

常用于社会工作研究的具体方法包括问卷调查法、访谈法、参与式观察法、文献研究法等。

问卷调查法是针对所研究的问题进行问卷设计，并以问卷内容为导向，向研究对象收集相关信息的一种研究方法。问卷调查法在社会工作研究中常用于服务现状调查、服务需求调查、服务满意程度调查等。问卷调查方便收集及分析资料，同时也能为相关服务方案的设计提供较为科学有效的数据支撑。

访谈法是针对所研究的问题与研究对象进行访谈从而获取相关信息的方法。访谈法在社会工作研究中也常用于服务现状调查、服务需求调查、服务满意程度调查等。但与问卷调查法不同的是，接受访谈的研究对象的回答内容不用被研究者事先设定好的内容所限制，研究对象可以畅所欲言，使得收集的资料更具有信度。但对研究者分析资料的能力也提出了更高的要求。

参与式观察法是指研究者针对研究问题真正进入被观察的场景，通过感觉器官和其他手段，系统地收集研究对象正在发生、发展和变化的现象资料。由于需要参与被观察的场景，可能会面临较大的不确定性，因此参与式观察对研究者在心理方面、知识方面有一定的要求。在心理方面，既要求研究者做好准备，保持高度的注意力，观察研究对象的一举一动，又要求研究者有较为成熟的心智，从而对研究对象的行为以及研究场景的氛围作出更准确的判断。在知识方面，要求研究者具有充实的知识，为得出分析结果提供科学依据。

文献研究法是指针对研究问题收集、鉴别和整理相关文献和信息资料，通过对相关文献、信息资料的研究形成对研究问题的科学认知。文献研究法具有内容浓缩化、全面化、系统化，操作便捷化的特点。

在社会工作的实际研究中，通常是根据具体的研究目的以及研究场景，综合选择使用问卷调查法、访谈法、参与式观察法、文献研究法等研究方法。

4. 行动研究在社会工作研究中的应用

社会工作是一门实务性较强的学科，这意味着社会工作研究最终要以解决实际问题为导向。然而，在很多研究工作中，研究者的身份与被研究者的身份大多是对立的，研究成果也大多是理论性层面，缺乏实践检验，也缺乏本土思考。

基于对社会研究的反思，美国社会工作者柯立尔与社会心理学家勒温等人提出了行动研究法。行动研究又称实践研究，目的是为了改善社会现状或致力于社会正义，具有强烈的价值属性及政治意味，强调行动与研究相结合，联合行动者与研究者共同参与行动研究，参与者既是行动者又是研究者。行动研究方法的操作过程一般是研究者在实践中发现问题、分析当下实践的问题、制订新的行动方案、执行方案，并对自己的行动进行观察、记录与反思，进一步修正方案以推动新一轮的行动。最后，行动研究还主张将对知识的探究放在更宽广的历史、政治和意识形态脉络下进行，以使得行动更符合当前时代的发展。

与传统社会科学研究不同的是，行动研究具有很强的实用性关怀，它是致力于寻求改变的一种方法，是为了改进实务工作和更有效地完成专业实践而做的研究。学者古学斌认为，行动研究从理念、知识论到操作方法都与社会工作相匹配，是最具有社会工作性格的研究范式。目前行动研究也是社会工作研究和社会工作实务的重要方法。广东绿耕社会工作发展中心将行动研究应用到农村社会工作，在行动中致力于解决城乡社区的困境（比如生计困难、生态环境恶化、城乡关系割裂等），从而探索每个社区独特的振兴之路。广东联众戒毒社会工作服务中心将行动研究应用到禁毒社会工作中，分别聚焦在毒品预防宣传教育模式探索、强制隔离戒毒矫治模式优化以及禁毒社工技能提升，期望能通过研究与实践的互动来寻求禁毒社会工作发展的突破口。

第二节　禁毒社会工作价值伦理

社会工作价值观伦理是指导社会工作实践的灵魂，也是社会工作者的精神动力。禁毒社会工作是社会工作在禁毒领域中的应用。因此社会工作的一般价值观伦理同样适用于禁毒社会工作，但禁毒社会工作也需要根据吸毒人员这一特殊服务对象群体而发展出更具针对性的价值伦理。在总结国内近十多年的禁毒社会工作经验的基础上，结合我国现阶段禁毒社会工作发展状况，本书认为在禁毒社会工作领域应当遵循专注、专业、接纳、合规的价值伦理准则。

一、专注

在禁毒社会工作中，禁毒社会工作者需要格外秉持专注这一价值伦理，专注主要体现在热爱、负责、真诚上。禁毒社会工作者首先要热爱本职业与专业，对禁毒社会工作者这一职业和禁毒社会工作这一专业有认同感，这也是秉持专注这一价值伦理的先决条件。其次，禁毒社会工作者要负责。对待每一位服务对象，都要根据服务对象的具体情况和实际需求为其开展个别化服务，切不可马虎了事，只将服务对象简单归类就为其提供服务。最后，禁毒社会工作者要真诚地对待每一位服务对象，这也是禁毒社会工作价值观的核心精神。吸毒人员较为敏感多疑，因此禁毒社会工作者的所作所为要让服务对象觉得信任，让服务对象感受到社会工作者的真实诚恳、真心实意。很多吸毒人员经常受到来自家庭、单位和社会的歧视、拒绝，甚至被妖魔化。如果服务对象感受不到禁毒社会工作者的真诚，则不利于禁毒工作的开展，同时也可能给服务对象造成进一步的伤害。

二、专业

禁毒社会工作者要秉持专业的价值伦理。在这一价值伦理的驱使下，禁毒社会工作者不仅要学习社会工作者的价值伦理，了解社会工作者经常出现的伦理困境以及解决方法，并将之内化于心，还需要不断学习社会工作方法和相关理论，熟练掌握社会工作服务技巧，在实践中不断学习、积累、总结服务经验。同时，禁毒领域涉及生物医学、法学、心理学和社会学等学科。因此，禁毒社会工作者若要向服务对象提供更为专业的服务，除了熟练掌握社会工作专业的通识知识，还需要结合相关知识体系不断学习，掌握与禁毒领域有关的知识。禁毒社会工作者只有科学掌握跨学科知识，才能形成专业的价值理念，成为真正专业的禁毒社工；才能结合服务对象的特性和需求，灵活运用自己的专业知识为服务对象提供专业的服务，真正帮助服务对象解决实际问题。

三、接纳

接纳服务对象，是社会工作者做好禁毒工作应该秉持的重要价值观。在禁毒社会工作中，由于吸毒人群的特殊性，这一价值理念显得更为珍贵。接纳戒毒康复人员包含两个层面的意思：一是禁毒社会工作者需要理性看待戒毒康复人员，接纳其三重属性；二是禁毒社会工作者需要营造一个有利于戒毒康复人员回归社会的社会氛围。

禁毒社会工作者必须理性看待吸毒人员，即吸毒人员除了是违法者、病人以外，还是受害者。从违法者的角度来看，吸毒是扰乱社会秩序、危害社会公共安全的行为，需要受到法律的制裁；从病人的角度来看，毒瘾是一种容易反复发作的脑部疾病，这种疾病使得毒瘾很难通过个人意志与力量逆转；从受害者的角度来看，个体吸毒行为主要是由社会变迁、环境压力以及社会机制不完善引起的功能性障碍所导致的，因此需要得到社会的帮助。其中，违法者属性是本质属性，而病人属性和受害者属性非本质属性。但无论什么情况，禁毒社会工作者不仅不能因吸毒人员的违法者属性而歧视他们，还要将其区别于一般病人，严格管理、科学帮教，并结合戒毒康复人员的受害者的身份帮助其保持操守、戒除毒瘾、回归社会。同时，禁毒社会工作者需要营造有利于戒毒康复人员回归社会的社会环境。要帮助戒毒康复人员戒除毒瘾、保持操守、回归社会，需要社会力量的广泛参与，这意味着社会大众需要科学、客观、理性地看待戒毒康复人员。禁毒社会工作应该通过各种手段（新媒体、宣传活动等）、借助各种机会向社会大众表达不歧视、接纳、和谐友爱的社会氛围更有利于戒毒康复人员保持操守的观点。禁毒领域中秉持接纳这一价值理念，对禁毒社会工作具有重要意义，对社会工作者也提出了更高的要求。从另一个层面，也体现出禁毒社会工作者的专业性。

四、合规

合规是指禁毒社会工作者所开展的专业服务要符合相关禁毒法律和政策的规定。与其他领域社会工作不同的是，禁毒社会工作具有司法属性的特点。国家相关部门出台了一系列法律和政策文件为社区戒毒社区康复专职人员开展戒毒康复工作提供指导。2009 年公安部发布的《吸毒检测程序规定》对吸毒检测工作的检测对象、检测方法、检测流程等内容进行了明确规定。2011 年国务院颁布的《戒毒条例》对社区戒毒社区康复工作的内容进行了阐述。为进一步提高对吸毒人员的管理和服务工作水平，切实落实戒毒治疗、康复指导、就业安置、救助服务措施，最大限度地减少毒品社会危害，2013 年国家禁毒办等发布的《关于加强社区戒毒社区康复工作的意见》，对社区戒毒社区康复专职人员开展工作进行了进一步详细的指导。2017 年国家禁毒办等 12 部委发布了《关于加强禁毒社会工作者队伍建设的意见》，明确了禁毒社会工作的职责任务以及在开展禁毒工作中的角色地位。因此，禁毒社会工作者在开展专业服务过程中，必须要依据法律规定办事、依据政策办事，即禁毒工作要合法合规。

第三节 服务对象

一、社区戒毒社区康复人员

（一）被责令社区戒毒社区康复的人员

主要是指被责令实行社区戒毒社区康复的人员以及所内提前介入的人员（即潜在的社区戒毒社区康复人员）。这部分服务对象群体的特点与需求有：该类服务对象主要是依据法律条例等规定，被处以强制性戒毒措施的人群，实施场所为所在社区；法律条例的强制性使得戒毒人员处于一种较为被动的、不得不接受的状态，对执行强制性措施的工作人员常持有较强的抵触心理；强制隔离戒毒所内戒毒人员长期与外界社会隔离，需要开展关于入所适应、出所前适应等方面的服务；拘留所内为正处于戒毒状态的戒毒人员，其生理、心理和社会适应等方面均面临较大的挑战，禁毒社会工作者可提供相应的服务。

按照相关规定，戒毒康复人员除行动范围受到一定程度的限制之外，还需要定期不定时地进行吸毒检测。他们又常常面临着想要解除管控、考取驾驶证、就业等实际问题，以及脱离毒友圈、恢复家庭关系、回归社会等需求。禁毒社会工作者提供“柔性”服务，与“刚性”的规定相配合，共同达到预防复吸的目标。通过提前介入所内，在戒毒动机强化、脱毒心理支持、亲情帮教活动、社交技能训练、就业技能培训、认知行为治疗、就业动机强化、出所计划制订等方面为戒毒康复人员提供服务。

（二）其他管控状态的人员

戒毒人员除社区戒毒社区康复及处于监管场所内管控状态的人员之外，还有自愿戒毒、进入戒毒康复场所、参加药物维持治疗的人员，社会面有吸毒史状态的人员等。

（1）自愿戒毒、进入戒毒康复场所、参加药物维持治疗的人员。这些服务对象需要禁毒社会工作者协助链接相关资源或提供相关资源的信息，禁毒社会工作者应敏锐觉察到这部分群体面临的不知向谁求助的困境，并及时给予鼓励、支持和陪伴，使其得以妥善进入相关场所或机构。

（2）戒断 3 年未复吸人员。在实际生活中他们可能面临身份证响警的问题，此时禁毒社会工作者需协助其准备检测证明等材料，同派出所等工作人员沟通，更改其在吸毒人员系统的状态为“戒断 3 年未复吸”。禁毒社会工作者需要及时安抚服务对象的情绪并积极引导其通过正确的渠道解决问题，避免因响警受挫导致再度复吸。

（3）社会面有吸毒史状态的人员。主要分为两种情况，一是在出监管场所前的评估结果表明其复吸风险较小，出所后未被责令社区戒毒社区康复，但为了巩固戒毒效果，还可能会由禁毒社会工作者协助督促其进行检测。二是不属于上述状态且亦未脱管的人员，如已经戒断 3 年以上的人员，这类群体是禁毒社会工作者潜在的服务对象，他们基本上已经脱离原有的毒友圈，生活基本步入正轨。但有可能会再遇到被要求进行检测等情况。也可能会在禁毒社会工作者的引导下，作为同伴教育的“同伴”“过来人”分享自身经验、协助戒毒人员戒断毒品，并参与到禁毒宣传活动中。

（4）未被责令社区康复且出所未满 3 年的人员。

（三）主动求助者

主动求助者主要包括以下几类人群：

（1）未发现的吸毒人员，也称为隐性吸毒人员。隐性吸毒人员是相对登记在册的吸毒人员而言的，隐性吸毒具体指未在公安机关登记而非法使用能够使人形成瘾癖的麻醉药品和精神药品的行为。隐性吸毒与显性吸毒最大的区别就是吸毒人员是否被公安机关发现并管控。主动向禁毒社会工作者求助的隐性吸毒人员戒毒动机比较强，禁毒社会工作者可从肯定其具有较强的戒毒动机、做出主动求助的行为着手，进一步评估其具体需求，提供自愿戒毒机构、戒毒康复场所等信息，协助其进一步制订远离毒品的计划并实施，继而远离毒品。若此类人群的主动求助未得到回应与反馈，将有可能影响其戒毒的意愿与效果。

（2）吸毒者家属。吸毒者的身心都不同程度地受到毒品的影响，吸毒者家属作为吸毒人员重要的社会支持，也是吸毒者最密切接触的人群。吸毒者家属的配合与支持将会为吸毒者提供包容性的家庭环境，协助其面对因吸毒带来的各项挑战与困境。吸毒者家属往往不知如何应对才能为吸毒者提供最佳的支持，甚至会因为“恨铁不成钢”的心理加剧彼此间的矛盾。故禁毒社会工作者应将吸毒者的家属或者家庭作为自己的服务对象，从家庭关系或家庭系统的角度入手，为其提供各项服务，比如通过增加家属对吸毒者受毒品影响的后果，如情绪波动、身体健康受损等方面的了解，让家属能够比较有耐心地协助吸毒人员改变。

（3）高危人群。即处于比较容易接触到吸毒者或者毒品诱惑的环境中的人群，尤其是辍学青少年、流动人口、吸毒者的朋友等，或者常出没于非正规 KTV 等娱乐场所的人群，这些人群大多尚未形成正确的毒品价值观，不懂得如何对毒品说不，或不会识别此等危险，极易受到毒品侵害。禁毒社会工作者遇到此类求助的服务对象时，应首先了解其是否吸毒，并帮助其树立对毒品的正确认知，再回顾自己的相关应对方式是否恰当，接着开展后续服务。

（4）其他咨询者。如对毒品有好奇心理的学生，对如何教育孩子远离毒品议题感兴趣的家长和老师，毒品法规政策、医学知识等方面的咨询者等都可能成为主动求助禁毒社会工作者的服务对象。

二、其他

除上述服务对象之外，禁毒社会工作者还面对更广泛的服务对象群体。

（1）全体社会成员。重点人群为社区居民、青少年群体。社区居民是吸毒人员的生活环境中最常接触的群体，涵盖男女老少不同年龄和性别的人群；学生群体处于树立正确价值观和认知的关键时期，容易受到不良诱惑。禁毒社会工作者要协助社区、学校、禁毒职能部门进行宣传教育工作，帮助社会大众树立对毒品的正确认知，并帮助吸毒人员与学校、家庭、社区等重建良好的社会关系，促进其尽快融入社会环境。我国自古有“上医治未病”的说法，预防宣传教育便是“治未病”，防患于未然。

（2）企事业单位和社会组织。禁毒社会工作者及其所在机构或项目除了从事直接的面向服务对象的工作之外，与项目或项目评估、研究、督导等关联的企事业单位、社会组织也会成为其服务对象。

（3）政府相关职能部门。相关文件规定了政府相关职能部门的具体工作、责任要求，禁毒社会工作者需要协助并且配合其开展相关工作。此外，禁毒社会工作者有贴近社区、扎根一线的优势，能够准确评估吸毒人员和其家庭的需求及动态状况，是多项政策及规定的执行者，负责政策信息的上传下达。这有利于禁毒社会工作者从事研究工作，形成有价值的研究成果，向政府相关职能部门提出政策层面的意见，进行社会倡导，参与政策的制定与完善，从而服务于政府相关职能部门。

第四节　中国特色的禁毒社会工作

近年来，禁毒社会工作逐渐受到重视，国家层面陆续出台正式文件及规定，相关领导人曾在多次发言中强调要打赢禁毒人民战争，重视全民参与。禁毒社会工作作为我国禁毒工作的重要社会参与力量，在适应本国国情与实务土壤的基础上，逐步发展成为具有中国特色的禁毒社会工作。

一、政府主导

我国禁毒社会工作最鲜明的特色为政府主导，具体体现为：政府统一领导的禁毒工作机制；政府明确的工作体系；政府从制度安排的角度提出要求；政府提供财政保障。

1. 工作机制

2008 年颁布的禁毒法，确立了我国“政府统一领导、有关部门各负其责、社会广泛参与”的禁毒工作机制。国务院设立国家禁毒委员会，负责组织、协调、指导全国的禁毒工作。县级以上各级人民政府根据禁毒工作的需要可以设立禁毒委员会，负责组织、协调、指导本行政区域内的禁毒工作。该工作机制的确立，既直观地反映了我国对禁毒工作的重视程度，亦凸显了我国禁毒工作的特点。

2. 工作体系

2011 年国务院颁布的《戒毒条例》第二条明确规定，戒毒工作坚持以人为本、科学戒毒、综合矫治、关怀救助的原则，采取自愿戒毒、社区戒毒、强制隔离戒毒、社区康复等多种措施，建立戒毒治疗、康复指导、救助服务兼备的工作体系。该工作体系保障了我国戒毒工作科学化、合理化开展。

3. 制度安排

2014 年 9 月，国家禁毒委员会印发了《禁毒工作责任制》，进一步明确了各级党委、政府、禁毒委员会、禁毒委员会成员单位、禁毒委员会办公室，其他有关职能部门及其禁毒工作责任人履行禁毒职责所应承担的责任，并建立了考评与问责制度。

《禁毒工作责任制》规定，各级禁毒委员会负责全面组织、协调、指导开展本行政区域禁毒工作。成员单位需根据本级禁毒委员会制定的职责分工，制订工作方案，指导本单位开展禁毒工作，并定期向本级禁毒委员会汇报工作情况。参照国家禁毒委员会做法，各级禁毒委员会均下设办公室，作为日常办事机构，负责执行本级禁毒委员会的各项决定。

目前，国家禁毒委员会的 41 个成员单位，涉及党政军民学各方面，其中，属于中央政府行政机构的成员单位就有 29 个之多。同理，在地方政府中，禁毒委员会成员也要包含各个职能部门，如公安、司法、民政、教育、卫计、人力资源和社会保障等主要职能部门，以及农业、商务、旅游、邮政、应急办等相关职能部门。但各职能部门只对政府负责，互为平级关系。政府下设禁毒委员会正是为了打通各部门系统间的合作壁垒，强化领导能力。禁毒工作犹如建楼盖房，各职能部门就是准备就绪的工人们，党委负责出设计蓝图，政府负责领导部署，禁毒委员会负责统筹分工，这样大楼才能盖得牢、盖得高。

4. 财政保障

禁毒法、《戒毒条例》均提到，县级以上人民政府应当按照国家有关规定将戒毒工作所需经费列入本级财政预算。此外，《禁毒工作责任制》规定，地方各级政府应根据禁毒工作需要，将禁毒工作经费列入本级财政预算，建立健全相关保障机制，切实加强经费管理，严格经费开支，强化绩效考核，提高经费使用效益。

二、司法属性

司法属性是我国政府主导下禁毒社会工作的具体化呈现。2008 年禁毒法的颁布，标志着我国以强制机构为主导的司法惩戒模式，开始转向社区为本的全面康复模式，并为探究戒毒社会工作多元化干预路径奠定了政治基础。禁毒社会工作的司法属性主要从服务对象、管控与服务并重、社会工作教育来体现。

（一）服务对象

在禁毒社会工作实务领域，主要面对的服务对象是戒毒康复状态的戒毒人员，均为法律处遇下被公安机关责令的人员。《全国社区戒毒社区康复工作的规划（2016—2020 年）》《戒毒条例》《关于加强戒毒康复人员就业扶持和救助服务工作的意见》等相关文件规定了戒毒康复人员的法律处遇以及其应履行的义务和享有的权利。禁毒社会工作应基于这些规定为其提供具体服务。

（二）管控与服务并重

禁毒社会工作者对服务对象的管控与服务并重。专业服务方面，禁毒社会工作者需要基于服务对象生理、心理、人际、社会不同层面存在的问题，评估其需求，关注其作为个体的特别需求，为其个人功能和社会功能的恢复提供服务。管控方面，戒毒康复人员作为违法者，需要根据法律法规的规定实行管控，禁毒社会工作者需要代替、协助政府相关职能部门开展部分工作。

（三）禁毒社会工作教育

中国社会工作教育协会于1994年经民政部注册成立，是一个以推进社会工作教育和专业社会工作发展为目的的非营利组织，属于全国性一级学术社团，主管单位是中华人民共和国教育部。中国社会工作教育协会下设的专业委员会中，禁毒社会工作同社区矫正社会工作、青少年司法社会工作、人民调解社会工作一起被列入司法社会工作的范围内。

而学历教育的专业分类，从全国社会工作教育层面奠定了禁毒社会工作专业人才培养的基础。

三、管控与服务并重

（一）吸毒人员的三重角色定位

吸毒人员具有病人、违法者、受害者（有需要的人）三重角色定位。吸毒人员作为病人，因其病种的特殊性，在行为方面的约束和管控有利于其戒毒康复；我国在法律层面规定了采取自愿戒毒、社区戒毒、强制隔离戒毒以及社区康复多重措施，对吸毒人员提出具有强制性的要求；吸毒行为对吸毒人员的身体、精神、经济状况造成一定伤害，并为其家庭带来一定困扰。吸毒人员戒毒不仅需要公安部门的介入，同样需要医疗卫生部门和社会工作机构的介入，以对其生理疾病和社会疾病进行治疗，并对其社会关系、社会支持网络等多元需求进行回应，促使其自我发展，回归社会。随着禁毒工作法制化和规范化的不断深入，禁毒社会工作也逐渐走向规范化、专业化。

（二）管控

吸毒人员具有违法者的身份，又是患有特殊病种的病人。吸毒人员长期吸食精神类毒品容易产生心理渴求，引起强迫性觅药行为（即上瘾），并往往与违法犯罪行为相关联，如可能会为获取购买毒品的资金而进行偷窃，还有可能会因为吸食毒品影响身体健康，增加肇事肇祸风险，带来社会危害。由此，从法律规定、个人康复、减少社会危害等角度来看，管控对吸毒人员有着不可替代的作用。

（三）服务

吸毒人员因吸毒导致个人身心健康、家庭关系、人际交往、社会资本等各方面出现问题，产生多种需求，需要来自家庭、社会的关注和支持，以协助其尽快回归正常生活，戒断毒瘾，回归社会。禁毒社会工作者要从多角度开展服务以回应其多重需求。

（四）管控与服务并重

基于吸毒人员多重身份的特点，应将管控与服务相结合对其开展工作，管控与服务二者并重。

禁毒社会工作者应当注意避免陷入过度管控的困境。禁毒社会工作者常与派出所民警、禁毒专干合作完成管控工作任务，服务对象可能会因此对禁毒社会工作者产生抵触心理，禁毒社会工作者应警惕自己与之成为对立的关系；禁毒社会工作者也可能面临管控工作任务量或任务要求挤压禁毒社会工作专业服务的空间，导致专业服务难以深入进行的挑战。

禁毒社会工作者应尽力提升专业服务质量。禁毒社会工作者要有意识地从实务工作中总结经验，不断反思，并积极参加相关学习培训，提升自身专业服务能力，提高专业服务质量。

第五节　禁毒社会工作者的职责任务

为认真贯彻落实《关于加强禁毒工作的意见》《关于政府向社会力量购买服务的指导意见》和《关于加强社会工作专业人才队伍建设的意见》的文件精神，不断完善毒品问题治理体系，持续提升禁毒工作的社会化、职业化、专业化、科学化水平，根据《中华人民共和国禁毒法》《戒毒条例》等有关法律规定，2017 年 1 月 20 日，国家禁毒办、公安部、民政部、财政部等 12 部门联合出台《关于加强禁毒社会工作者队伍建设的意见》。该意见在提出加强禁毒社会工作者队伍建设的总体规划之后，又明确了禁毒社会工作者的四项职责任务。

一、提供戒毒康复服务

一是调查了解戒毒康复人员行动趋向、生活状况、社会关系、现实表现等情况，开展戒毒康复人员心理社会需求评估。即调查评估工作。禁毒社会工作者需要与戒毒康复人员及其家属面谈，并走访社区民警、居（村）委干部、亲朋好友及邻居等相关人员，调查了解其行为动向、生活状态、社会关系、现实表现等基本情况，并对其戒毒意愿、本人性格、行为认知和家庭婚姻状况、生活环境等进行评估，以便在与其正式建立专业服务关系前熟悉掌握其基本情况，根据其需求制订个性化的戒毒康复服务方案。

二是为戒毒康复人员提供心理咨询和心理疏导、认知行为治疗、家庭关系辅导、自我管理能力和社会交往能力提升等专业服务。即提供专业服务。针对服务对象认知错误、心理障碍、行为偏差、家庭矛盾、自制力差、社交能力减弱等情况，禁毒社会工作者要运用社会工作专业方法与技能，为服务对象提供心理咨询疏导、认知行为治疗、家庭关系辅导、自我管理能力和社会交往能力提升等专业服务，主要提升其个人抗复吸、抗挫折的能力。

三是帮助戒毒康复人员调适社区及社会关系，营造有利于戒毒康复的社会环境。禁毒社会工作者要聚焦于调适服务对象的社会关系，促使服务对象早日融入社区及社会，通过社区及社会宣传工作，营造一个接纳、关心、帮助戒毒人员，有利于戒毒人员戒毒康复的社会环境。

四是开展有利于戒毒康复人员社会功能修复的其他专业服务。例如，强化服务对象的就业意愿，提供就业指导，协助其解决就业问题；通过与服务对象家属的沟通联系，积极传授家庭戒毒后续照管的方法和技巧，帮助家属转变理念，共同修复亲情关系，帮助和支持服务对象戒毒康复。

二、开展帮扶救助服务

为戒毒康复人员链接生活、就学、就业、医疗和戒毒药物维持治疗等方面的政府资源与社会资源。组织其他专业力量和志愿者为戒毒康复人员及其家庭提供服务，协助解决生活困难，提升生计发展能力，改善社会支持网络，促进社会融入。

主要包括帮扶和救助两项内容。一是帮扶处于困境中的吸毒人员。吸毒人员的困境往往是长期存在的，禁毒社会工作者要通过链接相关资源协助其应对困难，如协助其寻找就业信息、链接就业技能培训资源等。二是救助突然处于危机状态中的服务对象，解决其实际的生活或经济困难。如服务对象因吸毒或其他因素导致的疾病，病情恶化但无力承担医药费时，禁毒社会工作者可以协助其个人及家庭向其他社会团体或志愿者求助，并帮助其寻找经济或物质方面的救助资源，解决当下的问题。

三、参与禁毒宣传教育

参与禁毒宣传教育，禁毒社会工作者主要有两项工作职责。

首先是参与禁毒相关知识的预防宣传教育活动：参与组织禁毒宣传活动，普及毒品预防和艾滋病防治等相关知识，宣传禁毒政策和工作成效，增强公民禁毒意识，提高公民自觉抵制毒品的能力。

其次是关于禁毒社会工作理念的倡导：倡导禁毒社会工作理念，减低并消除社会歧视与排斥。禁毒社会工作理念包含对吸毒人员三重角色身份的定位，助人自助的理念，强调人的尊严和价值，注重人际关系的重要性，注重个人发展和社会发展相结合等。在禁毒社会工作理念广泛宣传并为大众接受的情况下，能够减少社会歧视与排斥，营造良好的社会氛围，有助于吸毒人员良性回归并成功戒断。

四、协助开展有关禁毒管理事务

首先是行政类工作，主要包括以下三点内容：

一是协助开展吸毒人员排查摸底工作。禁毒社会工作者要协助乡镇（街道）排查摸清本辖区内吸戒毒人员的底数，了解掌握其基本情况。

二是协助建立相关档案资料，做好工作台账。对成为服务对象的戒毒人员，在摸清其基本情况的基础上，做好登记入册工作，按要求录入信息系统，建立相关档案，做好工作台账，并及时做好信息维护和更新工作。

三是对服务对象的戒毒康复情况进行定期评估。对服务对象接受帮教服务、戒毒康复服务等情况定期进行效果评价，明确下一阶段服务目标；对终结帮教服务关系的对象，填写结案评估报告。

其次是管控工作，该工作要求禁毒社会工作者：

一是协助做好强制隔离戒毒人员出所衔接。协同社区民警、禁毒干部和家属等，按时到戒毒所接服务对象出所，及时与其签订社区戒毒社区康复协议书，建立戒毒帮教专业关系。

二是督促、帮助社区戒毒社区康复人员和戒毒药物维持治疗人员履行协议，努力减少现实危害。如定期不定时协助戒毒康复人员进行检测，向其澄清、说明应履行的协议内容，从服务对象的角度真诚为其分析违反协议带来的不良影响。

三是举报工作，即：发现社区戒毒社区康复人员拒绝报到或严重违反协议的、参加戒毒药物维持治疗人员严重违反治疗规定的，向乡镇（街道）禁毒工作机构报告，协助收集提供有关材料。需要特别注意的是，禁毒社会工作者需要先告诫服务对象，再进行举报工作。

参考文献

［1］全国社会工作者职业水平考试教材编写组．社会工作综合能力（中级）［M］．北京：中国社会出版社，2018.

［2］赵敏，张锐敏．戒毒社会工作基础［M］．北京：军事医学科学出版社，2010.

［3］马尔科姆·派恩．现代社会工作理论［M］．北京：中国人民大学出版社，2008.

［4］刘静林．禁毒社会工作理论与方法［M］．北京：中国社会出版社，2016.

［5］莫光耀，曲晓光．禁毒社会工作［M］．北京：中国人民公安大学出版社，2017.

［6］许莉娅．个案工作［M］．北京：高等教育出版社，2013.

［7］周沛．社区社会工作［M］．北京：社会科学文献出版社，2002.

［8］时立荣．社会工作行政［M］．北京：中国人民大学出版社，2015.

［9］赵静．社会工作督导实务手册［M］．北京：中国社会出版社，2019.

［10］李晓凤．禁毒社会工作的“精细化”标准研究［M］．北京：中国社会出版社，2017.

［11］马立骥．强制隔离戒毒模式创新与思考［M］．武汉：武汉大学出版社，2016.

［12］蔡燕强．戒毒矫治康复手册［M］．广州：暨南大学出版社，2006.

［13］王高喜．全国禁毒示范城市创建实务指南［M］．上海：华东理工大学出版社，2018.

［14］赵成正，刘昱．降低危害的概念、范畴和方法［M］．降低危害资讯，2008，2（28）：1-12.

［15］李晓凤，马瑞民．我国戒毒社会工作的发展历史及实务运作模式初探［J］．社会工作与管理，2014，14（06）：5-10+89.

［16］费梅苹，洪佩．近十年我国禁毒社会工作研究的概况与前瞻——基于CNKI的文献计量分析（2006—2015）［J］．中国社会工作研究，2017（01）：34-53+209.

［17］谢川豫．新时期我国戒毒模式的发展及挑战［J］．中国人民公安大学学报（社会科学

版），2013，29（02）：38-46.

［18］张莹，王玥．中国禁毒社会工作的历史沿革研究综述［J］．中国药物依赖性杂志，2014，23（02）：156-160.

［19］齐磊．中国禁毒的历史述评［J］．兰州商学院学报，2005（02）：110-114.

［20］黄清和．民国时期的禁毒运动［J］．湖南档案，2000（04）：38-39.

［21］褚宸舸．我国禁毒立法的历史演进（1949—1998）［J］．江苏警官学院学报，2008（02）：20-28.

［22］张胜杰．"减害理念"理论与实践探微［J］．河南司法警官职业学院学报，2015，13（02）：6-61.

［23］杨克．美国社会工作的职业发展状况分析［J］．青少年研究与实践，2016，31（01）：78-84.

［24］周勇．美国精神健康领域社会工作及其对中国的启示［J］．四川大学学报（哲学社会科学版），2010（03）：127-132.

［25］张勇安．美国州与大麻管制"联邦化"的形成［J］．史学月刊，2005（04）：69-76.

［26］范志海．"过渡社会工作模式"的建构与上海禁毒经验［J］．社会科学，2005（06）：72-78.

［27］程峰，陈虹．降低危害的探索与实践［J］．中国药物依赖性杂志，2003，12（003）：233-234.

［28］李抒瞳．美国毒品控制政策的演进及启示［D］．中国人民公安大学，2017.

［29］林龙茗．台湾毒品管制政策之执行与评估［A］．台湾世新大学行政管理学系学生论文发表会，2001.

［30］国际降低危害联盟官网：https：//www. hri. global.

［31］联合国毒品和犯罪问题办公室官网：http：//www. unodc. org.

［32］香港特别行政区政府保安局禁毒处官网：https：//www. nd. gov. hk/sc/index. htm.

［33］中国社会工作教育协会官网：http：//www. caswe. org. cn.

第八章　禁毒社会工作知识体系

第一节　知识体系

禁毒社会工作是社会工作的专业理念和工作方法在禁毒领域中的具体应用。主要的职业任务是提供戒毒康复服务，包括动机强化、就业指导、法律咨询、心理辅导、行为矫治、宣传教育等，从而使戒毒康复人员能够戒断毒瘾、保持操守、融入社会。吸毒所带来的问题多元复杂，涉及的学科领域很多，包括了生物医学、法学、社会学、心理学、社会工作等学科领域。禁毒社会工作者需要了解相关的生物医学知识、法学知识、社会学知识以及心理学知识等综合性知识，提供更加专业有效的服务。

一、生物医学知识体系

禁毒社会工作者在开展专业服务过程中需要了解相关生物医学知识。医学是一门研究疾病发生原因、机制及其预防与治疗措施，以达到治病救人目的的科学。吸毒成瘾者具有违法者、受害者和病人三重属性。其中，把吸毒成瘾者看作病人主要是因为吸毒成瘾的机制以及吸毒可能对身体产生的危害，这便涉及生物医学体系的知识。因此，禁毒社会工作者要真正从心里认同吸毒成瘾者的病人属性，对相关的生物医学知识有一定的认识。下面主要从神经生物学、流行病学、基础医学和临床医学来简述禁毒社会工作者应该在这些学科中学习哪些相关的知识。

（一）神经生物学

从神经生物学的角度分析，吸毒者的成瘾行为是一种脑部疾病。涉及中枢神经系统、复杂的伴发的成瘾行为是脑组织功能失调的结果。首先，成瘾行为与人体大脑中的奖赏系统有关。简单来说，大脑中的奖赏系统能够让机体辨别哪些刺激是有利于人类生存、发展与种族繁衍的，并通过奖励这些刺激，使人产生愉悦的心境体验。使用毒品会产生欣快感、恬静感，就是让奖赏系统误以为毒品是有利于个体生存和种族延续，而生物天然的趋利避害功能使得机体对毒品产生渴求，甚至出现强迫性觅药行为。其次，机体的学习记忆功能使得个体在感受到与药物或者服药有关的感官刺激（视觉刺激或声音）后，能够重新产生对毒品的渴求，这也是为何当成瘾者暴露在以往吸毒的环境之中时会增加复吸的风险。同时，吸毒成瘾也与生物的遗传因素和环境因素有关。禁毒社会工作者应该从神经生物学的角度出发，科学认识成瘾行为的发生，而不能单纯认为成瘾行为是个体的自愿性选择。

（二）流行病学

流行病学是研究特定人群中疾病、健康状况的分布及其决定因素，并研究防治疾病及促进健康的策略和措施的科学。成瘾流行病学是流行病学基本理论和方法在成瘾医学实践中的具体应用，在掌握人群中药物成瘾基本现状及动态变化、了解药物成瘾流行特征、探讨成瘾行为发生的病因和流行规律、成瘾行为的预防及其政策制度等方面发挥着重要作用。药物滥用流行病学调查在了解毒情动态、毒品滥用形势、毒品滥用发展规律等方面，为药物滥用防治选择对策、禁毒决策科学化提供保障，是禁毒工作中的基础性工作。因此，禁毒社会工作者也应对流行病学研究方法，特别是成瘾流行病学的研究方法有一定的了解。

（三）基础医学

基础医学是研究人的生命和疾病现象的本质及其规律的自然科学。基础医学包含的内容较多，主要有人体解剖学、生理学、病理学、免疫学、药理学等。其中，从解剖学的角度而言，吸毒成瘾最常提及的是与大脑系统中的边缘系统、侧下丘脑、基底节和前额皮质紧密相关的结构。同时，吸毒成瘾有可能对吸毒者的身体系统（例如呼吸系统、消化系统、神经系统、心血管系统等）造成一定的损害。因此，在了解吸毒成瘾的生理原因以及吸毒是如何危害身体健康之前，需要对人体解剖学有一定的认识与了解。同时，也需要对基础医学中的生理学和病理学有一定的了解。生理学的任务主要是阐明机体及其各组成部分所表现的各种正常的生命现象、活动规律及其产生机制，以及机体内、外环境变化对这些功能性活动的影响和机体所进行的相应调节，并揭示各种生理功能在整体生命活动中的意义。病理学是研究人体疾病发生的原因、发生机制、发展规律以及疾病过程中机体的形态结构、功能代谢变化和病变转归的一门基础医学科学。通过了解生理学和病理学的知识，可以让禁毒社会工作者更加清楚毒品作用于机体的生理、病理发展过程，知其因，知其果。

（四）临床医学

临床医学根据病人的临床表现进行确诊，并通过预防和治疗最大限度地减轻病人痛苦、帮助病人恢复健康，主要包括内科学、外科学、妇产科学、神经病学、精神病与精神卫生学、传染病学和急诊医学等。吸食毒品的种类不同、吸食毒品的方式不同等都可能会引发不同的疾病，例如心血管疾病、呼吸系统疾病、消化系统疾病等。同时，长期滥用毒品易导致精神性疾病（例如抑郁症、躁狂症和焦虑症等）和传染病（例如结核病、艾滋病、丙肝和梅毒等）。禁毒社会工作者需要面对服务对象开展服务，了解常见疾病的诊断和治疗方法，既有利于禁毒社会工作者判断服务对象何时需要医学帮助，还有利于禁毒社会工作者在提供服务的同时保护自己，预防职业暴露。

二、法学知识体系

禁毒社会工作者在开展专业服务过程中需要了解相关的法律规定。通过熟悉相关法律规定，有利于对戒毒康复人员的法律问题进行帮助或转介，从而避免戒毒康复人员的合法权益受到侵害。

（一）《中华人民共和国宪法》（以下简称宪法）

宪法是国家的根本大法，具有最高的法律效力。宪法规定了国家生活中的根本问题：国家的性质、国家的根本制度、国家的根本任务和国家生活中的其他根本问题。国家生活中的其他根本问题包括我国的人民代表大会制度、国家的基本经济制度、公民的基本权利和义务、国家机关的组织与职权国家标志。无论是作为中国公民还是禁毒社会工作者，都要清楚宪法的内容。

（二）《中华人民共和国民法典》（以下简称民法典）

民法典是新中国第一部以法典命名的法律，在法律体系中居于基础性地位，也是市场经济的基本法。民法典共 7 编，依次为总则编、物权编、合同编、人格权编、婚姻家庭编、继承编、侵权责任编，以及附则。戒毒康复人员虽是违法者，但也是公民，也需要履行民法典所规定的义务，也能享受民法典所规定的合法权益。作为服务特殊群体的工作人员，禁毒社会工作者必须了解相关民法典的规定，运用民法典维护戒毒康复人员在日常生活中的合法权益。

（三）《中华人民共和国刑法》（以下简称刑法）

刑法是规定犯罪和刑罚的法律，是掌握政权的统治阶级为了维护本阶级的利益，以国家的名义根据自己的意志，规定哪些行为是犯罪并给予何种刑事处罚的法律规范的总称。刑法对走私、贩卖、运输、制造毒品罪的适用情形及处置措施进行了明确的规定。同时贩毒、吸毒也有可能诱发盗窃、抢劫、诈骗、卖淫和各种恶行暴力犯罪。因此禁毒社会工作者需要了解刑法的相关规定并在开展服务的过程中向戒毒康复人员普及，从而预防戒毒康复人员违法犯罪。

（四）《中华人民共和国行政法》（以下简称《行政法》）

行政法是行政主体在行使行政职权和接受行政法制监督过程中，行政相对人、行政法制监督主体之间发生的各种关系，以及行政主体内部发生的各种关系的法律规范的总称。行政法包括《中华人民共和国治安管理处罚法》《中华人民共和国行政复议法》《中华人民共和国行政诉讼法》等。其中，《中华人民共和国治安管理处罚法》对与毒品有关的违反治安管理的行为与处罚进行规定，而当戒毒康复人员对相关行政行为有异议时（如对尿检结果以及相对应的处置措施有异议），都可以通过《中华人民共和国行政复议法》《中华人民共和国行政诉讼法》的规定程序进行复议或诉讼。因此，禁毒社会工作者要了解行政法的相关规定，既有利于为戒毒康复人员解释相关法律规定，又有利于协助戒毒康复人员维护合法权益，从而提供更专业的服务。

（五）与禁毒相关的法规条例

禁毒社会工作者除了要了解宪法、刑法、民法典、行政法等基本大法，解决戒毒康复人员的一般法律事件，还需要了解禁毒相关法规条例。我国先后出台了《中华人民共和国禁毒法》《戒毒条例》等，通过法律手段对毒品违法犯罪行为进行打击和制裁，以规范和调整吸毒者的行为，维护社会秩序的安定，维护国家的政治经济利益，维护广大人民群众的合法权益，其中也包括戒毒康复人员本人的利益。同时，戒毒康复工作是一项执法工作。《公安机关强制隔离戒毒所管理办法》《全国社区戒毒社区康复工作规划（2016—2020）》《关于加强禁毒社会工作者队伍建设的意见》《关于加强戒毒康复人员就业扶持和救助服务工作的意见》等相关文件规定了戒毒康复人员的法律处遇以及其应履行的义务和享有的权利。因此，禁毒社会工作者需要熟练掌握相关法律政策文件，在为戒毒康复人员提供服务时必须以相关法律政策文件为依据，依法执行，使得戒毒康复工作顺利进行的同时，也维护戒毒康复人员的合法权益。

三、社会学知识体系

社会学是一门研究社会现象、分析和解决社会问题的学科，对社会问题的解决有着独特的见解和视角。毒品问题是当今世界范围内的一个严重社会问题。社会学的相关理论、常用的研究方法和社会治理对禁毒社会工作者分析毒品问题、开展禁毒相关工作有一定的指导作用。

（一）社会学相关理论

禁毒社会工作服务的开展离不开理论的指导。社会学对吸毒原因的解释更多集中在宏观的层面上，即认为影响人们滥用毒品的决定因素在于个体所处的外界环境、社会关系和社会结构。其中比较常用的理论包括标签理论、社会病理理论、越轨理论、社会化理论、社会场域理论、价值冲突理论等。

标签理论强调“标签人”对“被标签人”的影响。当前人们对吸毒人员往往产生刻板印象，采取躲避、歧视甚至妖魔化态度，既不利于戒毒康复人员回归社会，又有可能导致戒毒康复人员复吸。社会病理理论认为社会学家的任务是诊断并治疗社会这一有机体在运行过程中产生的各种疾病，主张建立新的社会运行机制和社会结构来消除不适应的、任性的、有缺陷的社会关系、社会结构和社会设置，并对戒毒康复人员进行新的道德和价值观灌输。越轨理论能帮助解释毒品行为产生、毒品问题泛滥的原因。社会化理论认为人在社会中习得的行为都是符合法律和道德规范的行为，吸毒行为是不符合法律规定和道德规范的越轨行为，因此戒除毒瘾、纠正习得偏差需要再社会化。社会场域理论认为场域制约着个人心理、个人行为及个人的地位和作用等，有利于禁毒社会工作者分析戒毒康复人员成瘾行为、复吸行为产生的原因，能够为禁毒社会工作者营造适合戒毒康复人员康复的社会氛围提供指导。价值冲突理论认为使用权力进行压制、打击是解决社会问题的方法和手段，从而解释了国际社会为何对毒品集团主要采用打击、压制、瓦解等的强制性举措。

社会学将个体行为上升为社会现象，从宏观的视角来解读吸毒行为与吸毒现象，和立足于人与环境关系调适的社会工作具有较强的契合性。

（二）社会学研究方法

分析毒品问题与毒品形式离不开研究方法的指导。无论是质性研究中的访谈法、参与式观察法、个案研究法、文献法，还是定量研究中的问卷法，都是社会工作者在开展实务过程中需要常用的方法。其中，访谈法是指通过与受访者进行面对面的交流以了解受访者心理状态和行为方式的基本研究方法；参与式观察法是指研究者不暴露研究身份，深入研究对象的生活背景对研究对象进行隐蔽性观察，从而获得相关信息的研究方法；个案研究法是指对某个体、某群体、某组织在较长时间里进行调查，从而研究其行为发展变化全过程的方法；文献法是指通过阅读、分析、整理有关文献材料来研究某一问题的方法；问卷法是指调查者通过提供统一设计的问卷向被调查对象了解情况或征询意见的调查方法。

通过系统地学习并熟练操作这些研究方法，可以让禁毒社会工作者更好地认识戒毒康复人员的背景环境、了解其吸毒成瘾的原因、分析其需求，并为禁毒社会工作者制订服务计划提供科学、合理的依据。同时，也有利于禁毒社会工作者总结服务经验，为禁毒社会工作者服务反思与经验推广提供清晰的逻辑思路。

（三）社会治理

毒品问题危害社会秩序，我国政府一直将毒品问题的解决摆在重要位置。社会治理是指政府、社会组织、企事业单位、社区及个人等主体通过平等协商与沟通的方式，依法解决社会问题的过程，是一种合作性、动态性、协调性的社会行动。治理毒品问题不能单纯依靠国家行政的强制力量，而需要政府、民众以及社会组织的共同参与。从社会治理的角度而言，禁毒社会工作者是解决毒品问题的一支重要力量，在对戒毒康复人员的管控与服务中发挥着重要作用。禁毒社会工作者需要在社区内对社区居民进行有效的动员，呼吁公众广泛参与、支持禁毒工作；在开展服务的过程中不断创新服务理念、优化工作手法，并通过倡导的方式不断提高禁毒工作的服务质量与服务水平。

四、心理学知识体系

心理学是一门试图描述、解释、预测和控制心理与行为过程的学科，有助于人们对个体以及群体中个体的心理和行为的理解。社会工作在发展过程中离不开对心理学的理论知识、技术和方法的吸收，因此心理学知识是社会工作专业教育的必修课之一，开展禁毒社会工作服务同样离不开对心理学理论、知识、技术和方法的应用。

（一）心理学的相关理论

心理学的相关理论对禁毒工作的开展具有重要的指导作用。在禁毒工作中，常用的心理学相关理论包括精神分析理论、行为主义理论、群体动力学、认知心理学和人本主义理论等。精神分析理论有助于挖掘戒毒康复人员被压抑在潜意识里的心理矛盾；行为主义理论能够对偏差行为的修正提供很好的帮助；群体动力学有助于禁毒社会工作者理解家人、同伴等群体积极或消极的行为对戒毒康复人员的影响；认知心理学有助于帮助戒毒康复人员纠正非理性信念，从而使其行为得到理性的指引；人本主义理论有助于禁毒社会工作者帮助戒毒康复人员形成正确的自我概念，发挥戒毒康复人员戒除毒瘾、保持操守、回归社会的主观能动性。心理学的一些治疗模式和方法是以心理学的相关理论为前提的，学习这些理论有利于禁毒社会工作者更好地理解相关治疗方法并有效地为戒毒康复人员服务。

（二）心理学的技术和方法

心理学的技术和方法的应用在禁毒工作中具有重要意义。常用的方法包括动机式访谈法、动机强化干预、行为强化干预、家庭治疗、认知行为治疗、任务中心模式以及沙盘游戏治疗等。这些方法的应用能够协助戒毒康复人员认识到现有的或潜在的问题、提升改变的动机、纠正非理性信念、调适家庭关系，并最终达到戒除毒瘾、保持操守、回归社会的积极的治疗作用。禁毒社会工作者应该熟练地掌握相关方法并应用，从而为戒毒康复人员提供更加专业的服务。

（三）心理学的相关量表

心理学的相关量表为服务的开展与指导提供了科学的依据。在禁毒社会工作中，常用的心理量表有焦虑自评量表（SAS）、抑郁自评量表（SDS）、自杀态度问卷（SAQ）、社会支持评定量表（SSRS）、社交回避及苦恼量表（SAD）、长处和困难问卷（SDQ）、创伤后应激障碍检查表（PCL）、安全感量表（SQ）、人际信任量表（ITS）、父母教养方式评价量表（EMBU）、家庭亲密度和适应性量表中文版（FACESⅡ-CV）、舒适状况量表（GCQ）、核心自我评价量表（CSES）、Rosenberg 自尊量表（RSES）、思维风格量表（TSI）、归因方式问卷（ASQ）等。通过专业心理量表的测量，结合戒毒康复人员的行为表现，可以更加科学地评估服务对象的心理状态，为禁毒社会工作者制订服务方案提供科学依据。

第二节　相关社会学理论

一、社会生态系统理论

（一）社会生态系统理论的主要观点

社会生态系统理论是用来考察人类行为与社会环境交互关系的理论，其主要观点包括：人生来就有与环境和他人形成良好互动关系的能力，人与环境的关系是互惠共利的；个人的行动是有目的性的，人类遵循适者生存的法则；个人的意义是环境所赋予的，要理解个人，就必须置身于个人所在的环境之中；个人的问题是生存过程中的问题，对个人问题的理解和判定也必须在其生存的环境中进行。

著名心理学家布朗芬布伦纳认为一个人会受到 4 个系统的影响，由主到次分别是——微观系统，是指个人在其中进行面对面接触或者直接接触的系统，如家庭、学校、同伴等。中观系统，指各微观系统之间的联系或相互关系，即个人关系网络。

他认为，如果微观系统之间有较强的积极联系，个人的发展可能实现最优化；相反，微观系统之间若存在非积极联系，则会产生消极的后果。外部系统，指个体不直接参与，但却对他们的生存发展产生深远影响的系统，如父母的工作单位。宏观系统，指的是微观系统、中观系统和外部系统所处的更大的文化环境，包括主文化、次文化及其他社会脉络在前述 3 个系统中所形成的模式。

（二）社会生态系统理论在禁毒社会工作中的应用

在社会生态系统理论指导下的社会工作实务，其焦点在于增强服务对象适应环境的能力，消除环境中阻碍服务对象成长和发展的因素，链接社会资源。因此，社会工作者的任务是帮助服务对象提高对环境的适应程度，提高环境对服务对象的社会支持，增强服务对象的社会适应能力，营造有利于服务对象生存发展的社会环境。

在禁毒社会工作领域中，社会生态系统理论能够指导社会工作者分析服务对象所处的环境系统，从不同的环境系统介入服务，从而提升服务对象的社会适应能力。在社会生态系统理论中，吸毒行为的发生不完全由个人原因引起，社会环境是导致吸毒行为的重要因素，例如家庭环境、同伴群体文化、社区氛围等。社会工作者为服务对象提供服务的着眼点不应只放在服务对象个人身上。要从根本上解决服务对象的吸毒行为，必须从整个社会生态系统出发，把问题放到不同层面的系统去看待和解决。例如在学校、社区开展禁毒预防宣传教育，开展科学的认知毒品教育，让社区居民建立正确的毒品价值观，理性看待戒毒康复人员，为戒毒康复人员营造一个宽容、友善、和谐的康复环境。同时，社会工作者也可以通过社会倡导，为戒毒康复人员的就业营造一个良好的氛围，从而有助于戒毒康复人员更好地保持操守，融入社会。总而言之，从服务对象的不同社会系统介入服务，是社会生态系统理论在禁毒社会工作应用中的应有之义。

二、社会支持理论

（一）社会支持理论的主要观点

社会支持理论认为，人与人之间的相互支持对维系正常的社会生活是必不可少的，人们生活中遇到的许多问题往往是由于缺乏必要的社会支持而产生的。社会支持的本质是指提供和接受来自外界的物质或者情感的帮助。这一帮助可能来源于正式的支持网络，如社会的群团组织，包括专业团体、群众组织、协会、学校、医院、派出所、社会服务机构等；也可能来源于非正式的支持网络，包括家庭、亲戚、朋友、邻居、同事等。有学者认为，社会支持的内容和功能主要包括 4 大类：一是情绪类支持，如舒缓压力、安慰、鼓励、赞扬等；二是经济类支持，如提供金钱、物资等；三是服务类支持，如法律协助、长者看护等；四是社会类支持，如社交支持等。

一般来说，影响个人社会支持程度的因素包括发展因素、个人因素和环境因素。其中，发展因素是指从发展的观点来看社会支持，过去的经验有可能影响个人社会支持资源和支持网络的建构；个人因素是指个人的人格因素，包括自信程度、自尊程度、社会性和控制场域对发展和利用社会支持的影响；环境因素是指个人的社会支持网络形成于不同类型的生活环境之中。总体而言，发展因素、个人因素和环境因素对每个个体而言有不同的组合，因此每个个体的社会支持都是不一样的，每个人对社会支持的利用程度也是不同的。而社会支持网络对个人的生存发展有何意义，还需依靠个人如何认知与运用社会支持网络。

（二）社会支持理论在禁毒社会工作中的应用

服务对象吸毒原因各异，包括个人、家庭、社区乃至社会层面的原因。相应地，要协助戒毒康复人员戒除毒瘾，成功回归社会、适应社会，仅仅从服务对象层面开展服务是不可能达到预期服务效果的。服务对象在个人层面有强化戒毒动机的需求、强化理性认知的需求、提高自我效能感的需求；在家庭层面有重构与家庭成员之间信任的需求、恢复家庭功能的需求；在社会层面有尊重与归属的需求。这三个层面的需求一旦有一项满足不了就有可能成为服务对象复吸的原因。因此，防止服务对象复吸，必须要有家庭、社区乃至社会的共同参与。这也就进一步说明了开展社区戒毒、社区康复服务需要社会方方面面的支持，需要链接各方资源。禁毒社会工作者可以在社会支持理论的指导下，为服务对象提供社会支持，包括正式的社会资源和非正式的社会资源。正式支持来自政府、社会正式组织的各种制度性支持；非正式的社会支持系统包括家庭、社区和社会，也是个人的支持网络。因此，禁毒社工首先要协助服务对象评估其身边的社会支持，挖掘社会资源；其次需要拟订具体的帮扶计划，实施帮助。

三、增能理论

（一）增能理论的主要观点

巴巴拉·索罗门在 1976 年出版的《黑人的增能：被压迫社区里的社会工作》中首次提出了增强权能这一概念，当时主要为了反映并缓解黑人群体在美国社会受到的“制度性种族主义”的疏离与压迫，而提出要增强黑人群体的权能。后来这一概念被广泛应用于社会工作界。增能是指增强人的权利和能力。增能理论有以下的假设：个人的无力感是环境压迫造成的；社会环境中存在着直接或者间接的障碍，使个人不能很好地满足需求；每个人都拥有权能，环境的障碍或者压迫阻碍了个人潜能的发挥；服务对象是有能力、有价值的；社会工作者与服务对象是一种合作性的伙伴关系。简而言之，增能理论认为，个人问题的产生以及需求未满足主要是由于环境对个人的压迫，社会工作者应注重并增强服务对象的权能，从而帮助其对抗外在环境和优势群体的压迫。因此，在增能理论指导下的社会工作实务可以从个人层面、人际层面和政治层面进行。个人层面需要让服务对象感觉自己有能力去解决当前的困境；人际层面是指促成服务对象与他人合作解决困境；政治层面是指推动政策的完善。

（二）增能理论在禁毒社会工作中的应用

戒毒康复人员在康复过程中常常会面临两大挑战：一是对自己的信心不足；二

是社会的歧视。戒毒康复人员对自己的评价负面居多，自我效能感也较低，对自己是否能够永久保持操守的信心不强。同时，当前社会对吸毒人员普遍存在歧视的现象，社区居民谈“毒”色变，进一步阻碍了戒毒康复人员顺利融入社会。因此，禁毒社会工作者可以在增能理论的指导下为戒毒康复人员提供服务，从而增强其权能感。可以从以下 3 个层面入手：首先是与戒毒康复人员建立合作关系，在解决戒毒康复人员当下困境的过程中促进其个人意识的觉醒，让戒毒康复人员认识到自己的价值；其次是结合戒毒康复人员的需求，促进其个人能力的提升，包括社交技能等各种能力；最后，禁毒社会工作者可以通过社会倡导，营造一个科学、理性看待戒毒康复人员的宽容、和谐的社区氛围，同时推动社会政策的不断完善。

在实务过程中，优势视角理论常与增能理论一同被提起，甚至二者会被混淆使用。不同于增能理论用于协助戒毒康复人员向当前的社会争取应有的权利，促使社会大众理性看待并接纳戒毒康复人员，优势视角理论用于协助戒毒康复人员发掘和利用自身及所处环境拥有的优势和资源，从而解决其困境。简单来说，增能理论强调协助戒毒康复人员争取受损的权利让其过得更好，而优势视角强调发掘、利用戒毒康复人员原本拥有的资源让其过得更好。这两个理论在应用过程中应注意加以区分。

四、认知行为理论

（一）认知行为理论的主要观点

认知行为理论认为，偏差或越轨行为往往是由错误的认知模式决定的。采用错误的认知模式去看待自我和周围环境，就会出现偏离事实的情况，从而产生异常情绪，进而发生不良行为。艾利斯提出的“ABC 情绪理论框架”是认知行为理论的重要组成部分。根据 ABC 理论，A 是发生的事件，B 是个人对该事件的认知，C 是个人产生的情绪反应结果。ABC 理论认为，并不是由事件 A 导致个人的情绪反应结果 C，而是个人对事件的认知 B 导致了情绪反应结果 C 的产生。简而言之，认知行为理论强调理性认知能带来正常的情绪和行为；非理性认知会发展出不正常的情绪、情感和行为。因此，在认知行为理论指导下的社会工作实务通常包括以下 3 个步骤：第一是理性认知的重塑，第二是理性情绪的转变，第三是理性行为的改造。

认知行为理论主要应用于行为修正上，在这个过程中强调认知的重要性，主要包括问题解决、归因和认知治疗原则 3 个方面。所谓问题解决，是指增强个体界定问题、行动目标、规划及评估不同行动策略的认知能力，以能够在不同情况下不断调整自己的认知，从他人的角度看待问题和行动目标。所谓归因，是指个人对事件发生的原因的解释。所谓认知治疗原则，是指修正一些认知上的错误假定，包括过度概括、选择性认知或归因、过度责任或个人肇因假定、自我认错或顶罪、灾难化思考、两极化思考等。

（二）认知行为理论在禁毒社会工作中的应用

认知行为理论认为，吸毒者的吸毒行为是由非理性认知造成的，例如存在吸毒可以摆脱烦恼、吸毒不会对身体造成太大的伤害、即使有毒瘾也很容易戒除等谬论。同样，戒毒康复人员在康复期间也存在着例如偶尔偷吸一两次不会上瘾、毒瘾不可能戒除等非理性认知，进而再次触发吸毒行为的产生。通过认知行为理论的指导，禁毒社会工作者可以与服务对象的错误认知进行对质，帮助服务对象重新建立科学、理性的认知，让服务对象客观了解毒品的危害、毒品的上瘾机制等知识，改变服务对象不良的情绪与行为，从而进一步坚定服务对象保持操守的信心。认知行为治疗是禁毒社工必备技能之一。

五、标签理论

（一）标签理论的主要观点

标签理论是解释越轨行为产生与发展的理论。一般来说，越轨行为是指违反一定社会行为准则、价值观或道德规范的行为。标签理论认为每个人都会有“初级越轨”，但只有被贴上“标签”的初级越轨者才有可能走上“次级越轨”甚至“严重越轨”的道路，即违法犯罪。因此，标签理论强调社会反映才是越轨行为的成因，某种现象之所以成为问题，是因为社会给行为人贴上了标签，不利于行为人各方面的健康发展。标签理论非常重视“标签人”对“被标签人”的不良影响。虽然标签理论有一定的局限性，例如夸大了社会反映的作用，忽视了越轨行为与行为人之间的内在联系，但是标签理论强调初级越轨和次级越轨的相关性以及贴标签对行为人的不良影响，具有一定的合理性和科学性，因此对社会工作者开展禁毒工作也具有一定的指导作用。

（二）标签理论在禁毒社会工作中的应用

在禁毒领域中，对吸毒人员的“标签”具有一定的正功能，例如符合社会公正的原则、对吸毒行为起到一定的预防作用，我们要承认毒品具有违法性、危害性的特征。但是社会标签对戒毒康复人员的负面影响往往大于它的正功能。如何避免标签理论对戒毒康复人员的负面影响是禁毒社会工作者在开展服务过程中需要关注的问题。首先，禁毒社会工作者需要正确看待戒毒康复人员，认识到戒毒康复人员除了是违法者之外，也是受害者和病人。值得一提的是，广东联众戒毒社会工作服务中心社工站名称的设置便体现了禁毒社会工作者去标签化的努力，例如广东佛山的社区戒毒社区康复工作站全部取名为“启明星驿站”，又为社区戒毒社区康复异地管控服务专门注册了“牵聚”商标作为社工站的品牌。这些站点名称以及站点内的装饰都没有涉及与“毒”有关的词语，在一定程度上有利于戒毒康复人员在接受服务时放下戒备心与不安，这些去标签化的做法从细节上体现了禁毒社会工作者的专业性。其次，要引导戒毒康复人员多角度地看待问题，辩证地评价自己，形成积极的自我认知，并不断提高戒毒康复人员解决困难的能力。最后，要做好社会层面的舆论引导工作，包括媒体的导向、政策制定等都应将人道主义贯彻其中，真正体现人文关怀，从而为戒毒康复人员顺利回归社会提供一个包容、和谐的社会氛围，进一步为戒毒康复人员增强戒毒动机、保持操守提供信心。

六、社会化理论

（一）社会化理论的主要观点

社会化理论认为人是社会中的人，人的行为都是从社会习得的，而习得的行为都是符合法律规定和道德规范的行为。在这个过程中，若出现不符合法律规定和道德规范的越轨行为便是习得偏差，假若需要纠正习得偏差便需要对其进行再社会化。再社会化是社会化的一种形式，是指个人在与其原有经验、价值规范不同的环境中重新社会化的过程，在这个过程中必须重新学习价值、社会角色与行为，从而使得个人行为符合法律规定和道德规范。再社会化地点一般包括工读学校、监狱、强制隔离戒毒所等全面控制的机构。

（二）社会化理论在禁毒社会工作中的应用

吸毒行为是一种不符合法律规定和道德规范的越轨行为，因此需要对戒毒康复人员进行再社会化，重新学习能够适应社会环境的心理结构、知识结构、自我意识和价值体系等，从而戒除毒瘾、保持操守、回归社会。强戒人员再社会化是指在强制隔离戒毒所内通过各种习艺、劳动、思想教育和严格的规章制度，迫使强戒人员改变以前有偏差的或错误的价值标准和行为方式，例如吸毒行为，并重新接受一种符合社会利益的价值观念、社会规范和行为方式。

戒毒所是我国强制性戒毒的重要基地，是强制戒毒人员再社会化的重要场所。其通过感化、教育矫治以及挽救等手段，实行戒毒康复人员教育矫治工作，被惯称作挽救戒毒康复人员的特殊学校。戒毒康复人员在戒毒所通过专门的人员治疗以及设施训练，再结合生理治疗以及身体治疗，加强戒毒康复人员对自己的认同感以及对社会的认同感。禁毒社会工作者可以在戒毒所里面开展多元化活动来增强戒毒康复人员的身体活动能力、帮助其培育积极的心态。通过这些方式力求使戒毒康复人员摆脱对毒品的身心依赖，重塑健康的价值体系和重获新生。

禁毒社会工作者还可以通过个人、家庭、大众传媒和政府等不断促使戒毒康复人员再社会化。在个人层面，禁毒社会工作者要提升戒毒康复人员解决困难的能力，促进戒毒康复人员社会功能的恢复。家庭在戒毒康复人员实现再社会化过程中起着重要的作用。如果戒毒康复人员的家庭营造出和谐欢乐的氛围，使其能感受到家庭的温暖，得到家人内心真正的接纳和认可，不但有利于戒毒康复人员内心重新焕发生机，而且使得他们更有勇气融入社会。因此，禁毒社会工作者可以帮助戒毒康复人员调适家庭关系，让家庭真正成为戒毒康复人员的避风港。大众传媒是戒毒康复人员再社会化过程中重要的角色。禁毒社会工作者通过大众传媒宣传积极向上的信息，在精神上为戒毒康复人员提供鼓励与支持，减少或避免歧视的眼光，摘除戒毒康复人员的标签效应，同时在强戒人员回归社会问题上，通过广泛的大众传媒力量吸引各阶层社会群体的积极关注，为戒毒康复人员再社会化提供一个有利的氛围。政府是我国禁毒工作中的重要主体，发挥着“掌舵人”的作用。禁毒社会工作者可以通过与政府相关部门进行对话与协商，不断倡导并推动有利于戒毒康复人员再社会化的相关政策的完善。

参考文献

［1］全国社会工作者职业水平考试教材编写组．社会工作综合能力（中级）［M］．北京：中国社会出版社，2018.

［2］何雪松．社会工作理论［M］．上海：上海人民出版社，2007.

［3］赵敏，张锐敏．戒毒社会工作基础［M］．北京：军事医学科学出版社，2010.

［4］郝伟．成瘾医学理论与实践［M］．北京：人民卫生出版社，2016.

［5］Cavaculti C A. 成瘾医学精要［M］．北京：人民卫生出版社，2014.

［6］马尔科姆·派恩．现代社会工作理论［M］．北京：中国人民大学出版社，2008.

［7］刘静林．禁毒社会工作理论与方法［M］．北京：中国社会出版社，2016.

［8］莫光耀，曲晓光．禁毒社会工作［M］．北京：中国人民公安大学出版社，2017.

第九章　禁毒社会工作方法内容

第一节　禁毒个案社会工作

一、禁毒个案社会工作的通用过程

（一）接案

接案是社会工作者开展服务的第一步，在禁毒社会工作领域，接案是极其重要的一个步骤。禁毒社会工作者首先要熟悉禁毒社会工作领域中接案的特点，并根据案主的来源安排计划和介入工作。

1. 禁毒社会工作接案的特点

（1）案主的非自愿性

禁毒领域的服务对象，大部分都是在公安机关的责令下，来接受社区戒毒社区康复的人员，对禁毒社会工作者的服务呈现出抗拒的心理，增加了社工的接案难度。针对案主的非自愿特点，禁毒社工在接案时应及时澄清自身的身份和角色定位，同时向案主说明戒毒康复服务的重要性和必要性，尽可能让其接受并转变态度。

（2）司法性质的服务

禁毒社工除了提供社会工作专业性质的服务，还需要提供协助尿检、定期谈话、摸底排查等兼具司法特质的服务。由于禁毒社会工作的特殊性，在接案中需要和服务对象签订协议并建立档案，和一般社会工作不同的是，此协议具有一定的强制作用，其中硬性规定了服务对象的尿检次数、谈话频次、请假、终止服务等情形，违反协定则需要接受惩罚。

（3）服务定位沟通

在接案过程中，禁毒社会工作者首先要向服务对象介绍自己的职责和任务，让服务对象知道禁毒社会工作者的主要工作内容；其次要介绍自己的能力和具备的资质，使其明白社工是有能力帮助自己戒除毒瘾、重新回归社会的；最后是要与案主建立初步信任关系，建立共同目标，表明方向的一致性。

（4）管控与服务并重

禁毒社工一方面要提供戒毒康复、帮助救助和禁毒宣传等服务，另一方面还需要协助开展有关禁毒管理事务，司法性质的服务也决定了禁毒社会工作是一种管控与服务并重的特殊社会工作。社工需要和服务对象进行沟通，消除服务对象的戒备心理，使其了解社工会为其提供内容丰富的专业服务，知晓违反社区戒毒社区康复协议会受到的处罚。

2. 案主的来源

由于禁毒社会工作的特殊性，禁毒领域的案主来源也比较复杂，主要有以下几种渠道：

（1）主动报到

主动报到是社区戒毒社区康复中比较常规的一种案主来源渠道。戒毒康复人员在收到社区戒毒社区康复责令书时，需在规定的15日期限内到户籍地或者居住地的乡（镇）人民政府、城市街道办事处报到，签订协议，建立档案。

（2）排查走访

当无法联系到服务对象时，社工就需要和禁毒专干一起开展排查走访工作，根据动态管控系统中的家庭住址、联系电话、家庭成员等信息寻找服务对象，督促其来社工站报到和签订协议。

（3）所内提前介入

为了将强制隔离戒毒和社区戒毒社区康复服务连接起来，防止脱管和失联现象的出现，当辖区内的戒毒康复人员还在强制隔离戒毒期时，社工也会定期地前往所内进行帮教服务，当该戒毒康复人员强戒期满之后，会通过无缝对接完成接案。

（4）协同转介

属于协同转介的情况有异地管控、短期托管、变更执行地等，这种情况中，社工需要协调户籍地和居住地（原执行地和变更后执行地）两地之间的沟通，在处理好协同转介的相关手续后，开展接案服务。

（5）责令报到

责令报到是指服务对象违反报到协议，在有关部门出具告诫书之后，依照规定前往社工站进行报到和签订协议的情况。

（6）美沙酮门诊接案

当美沙酮门诊发现阿片类药物滥用者需要接受其他戒毒康复服务时，可将该服务对象转介至社工站，社工也需要完成接案。

（7）自主求助

除了责令进行社区戒毒社区康复外，还存在自愿戒毒的服务对象，这些案主为了能够戒断毒瘾，会主动前往社工站接受服务，此时社工也要进行接案，建立专业关系。

3. 收集资料

在接案阶段，需要尽可能地掌握服务对象的全部信息，为接下来的计划和介入做好准备。

（1）已有的信息

已有的信息主要是吸毒人员动态管控系统内的信息，包括基本资料、被处罚的情况、犯罪记录、戒毒史和吸毒史、法律文书等。社工需要和驻站民警或公安机关进行申请和协调，获取动态管控系统内的信息。

（2）需要收集的信息

当戒毒康复人员的信息出现变动，而动态管控系统内并未及时更新时，就需要社工对系统内的信息进行核实，常见的需要核实的内容主要有电话号码、家庭住址。可以通过询问向服务对象核实，也可以通过走访家庭成员、邻居和村民，获取正确的信息。

（3）个案的信息

个案的信息需要在基本信息的基础上进行整合和归纳，以方便后期预估工作的开展。常见的个案信息有家庭结构、生计能力、社区资源和社会支持网络等。做好个案信息的收集，是开展社会工作专业服务的基础，由此为案主制订切合的服务计划。

4. 建立专业关系

按照禁毒法和《戒毒条例》的规定，禁毒社工在与戒毒康复人员建立专业关系的过程中，首先要签订协议和建立档案，其次要在初次访谈中明确双方的角色定位和服务内容，建立初步的专业关系。

（1）签订协议

在无缝对接之后，禁毒社工需要按规定与服务对象签订协议，用以规范双方的专业关系。与其他社会工作领域不同的是，禁毒社会工作者与戒毒康复人员签订的协议具有一定的强制性，其中对于尿检次数、谈话次数、暂离居住地、管控期限等都有着严格的规定，社工需要向服务对象明确协议内的内容，督促其遵守协议。

（2）建立档案

在接案中，禁毒社工需要严格按照“一人一档”的标准帮助服务对象建立档案。档案中的信息来源于前期收集的资料，包括动态管控系统内的信息以及个案的信息。吸毒人员档案包括基本信息、法律文书、管控材料、帮扶救助材料等具体条目。社工需要按照标准建立档案，遵守保密原则，定期整理，严格管理服务对象的个人档案，及时更新完善档案信息。

（3）明确角色和服务的内容

在建立专业关系中，禁毒社工和服务对象需要了解双方的角色定位。戒毒康复人员既是服务对象，也是依法接受公安机关管控的对象，需要遵守社区戒毒社区康复协议。禁毒社工既是戒毒康复服务的提供者，又有协助管控的职责。服务的内容既有社会工作关顾性质的，也有司法性质的。

（二）预估

禁毒社会工作预估是根据掌握的资料预判服务对象戒毒的难度、复吸的风险，同时设计合适的服务内容。

1. 根据处遇情况对应管控内容

不同的处遇情况需要对应不同的管控内容。例如，社区戒毒需要接受 3 年共 22

次尿检，社区康复需要接受3年共12次尿检。社工在收到相关的责令文书之后，需要根据其中的处遇情况告知服务对象需要接受的管控内容。

2. 根据药物滥用的类型初步判断戒毒康复服务的复杂性

社工需要根据戒毒康复人员的药物滥用情况来判断服务的复杂性。如果服务对象是多药滥用，则服务较为复杂，如果是阿片类药物滥用者，就可能需要进行社区药物维持治疗，苯丙胺类药物滥用者则可能会出现精神障碍。

3. 根据以往的戒毒经历判断戒毒的信心

戒毒次数越多，服务对象的戒毒信心就越低，戒毒动机越弱。若服务对象有多次戒毒经历或多次强戒经历，社工应该对其戒毒信心和戒毒难度进行预判。

4. 根据生计发展能力判断康复和融入社会的难度

服务对象的生计发展能力包括就业技能和就业经历，以及案主的家庭和社会支持力度。若服务对象具备一定的就业技能，说明其康复和重新融入社会的难度较小，如果服务对象缺乏就业技能和就业经历，其家庭的经济能力又较差，社工在之后服务计划的制订应该注重激发就业动机，培育就业技能。

5. 评估复吸和犯罪风险

根据服务对象的药物滥用史、戒毒史、生计能力和社会支持体系，预估服务对象的复吸概率。如果服务对象有犯罪经历，则具有一定的犯罪风险，更难保持操守。

（三）计划

服务计划是服务活动开展的依据，计划的制订，需要发挥戒毒康复人员的主动性，以此提高案主对服务计划的依从性。服务计划的撰写是禁毒社工必备的技能之一。

1. 了解相关政策背景

由于禁毒社会工作领域的特殊性，社工在制订服务计划时，应充分考虑相关政策背景。社工应对禁毒法以及《戒毒条例》《全国社区戒毒社区康复工作的规划（2016—2020年）》《关于加强戒毒康复人员就业扶持和救助服务工作的意见》等法律法规及其他地方性法规政策有较为深入的学习，利用政策中有关社会保障、就业创业扶持、管控等的规定开展工作，使得服务计划既符合服务对象的需求，也不偏离政策现实。

2. 结合站点工作计划

禁毒项目是一种长期的规划，服务计划的制订应考虑到站点工作计划，使之不孤立于整体规划之外，以保证服务的完整性。例如本月的工作重点是社区禁毒宣传，禁毒社工在制订计划时，要参考站点整体服务计划，将本月的工作聚焦于禁毒宣传，鼓励案主参与社区宣传活动。

3. 吸纳戒毒康复人员的意愿

戒毒康复人员作为服务对象，是整个服务的主导者和践行者，因此在制订服务计划时，应充分考虑服务对象的意愿。社工应主动询问，“在这一阶段，你想要接受什么样的服务，你希望社工能为你提供什么？”让服务对象意识到自己是戒毒康复计划的主导者，从而减少对服务的阻抗心理。

4. 管控与服务并重

计划的内容应该既有专业服务内容，例如认知行为治疗、家庭关系调适等，还应兼具管控内容，体现戒毒康复服务的司法强制性，例如尿检、谈话、请假等。

5. 计划应具有逻辑性

服务计划应该遵守一定的结构，服务内容的设定应有逻辑性。服务计划应有个案背景分析、问题的诊断、目标、服务内容、评估的整体架构。服务内容应遵循从易到难的原则，先从解决个别性问题开始，然后再过渡到结构性问题的解决。

6. 计划应具有整体性

社区戒毒社区康复的时限为 3 年，所以计划的制订应具有整体性，每月或每年的服务内容应连续、有节奏。社工协助禁毒专干做好管控工作，谨防服务对象脱管失联，避免打破整体规划。

（四）介入

禁毒社工在与服务对象确定服务计划之后，就可以依照服务计划提供相应的服务。

1. 介入的流程

（1）知情同意

在介入之前，需要保证服务对象的知情同意权。告知服务对象服务的具体内容，其在服务中的权利和必须遵守的义务。在取得戒毒康复人员的同意之后，社工方可开始介入工作。

（2）开展服务

按照之前拟订的服务计划实施服务内容。由于整个戒毒康复计划的涉及面广、时间跨度长，实际情况可能会与计划有所出入，此时社工应该根据实际情况和案主的需求适当调整服务计划。社工在开展服务时可以应用一定的技巧，如同理心、倾听、对质、澄清等。使用辅助工具，例如沙盘、仿真毒品等。

（3）评估效果

在服务计划施行一段时间之后，社工应结合案主的表现进行评估，评估的手段有量表、问卷、观察和案例讨论等，评估时应多关注服务对象的想法。除了评估服务成效，社工还应对自身的服务过程进行反思，反思是否有超出社工伦理的行为出现，若有应及时并予以改正。

（4）调整计划

在对服务内容和服务手法进行评估之后，社工需要适时地调整服务计划，使服务计划符合实际。社会工作的实施过程是一个不断反思的过程，实际上，“服务—评估—调整计划”这 3 个步骤是不断循环的，社工要在服务中评估，在评估后调整，之后再完成新一轮的“实施—评估—调整”。

（5）继续服务

调整计划之后，继续实施服务，直至服务期结束。

（6）完成计划

当 3 年戒毒康复期结束，所有的服务完成之后，经评估案主已经不需要继续接受服务，就可以完成服务计划，着手准备结案。

2. 介入方法

禁毒社会工作领域常用的介入方法有动机强化法、行为强化法、认知行为疗法、家庭治疗法、个案管理、防复吸技术和艺术疗法等，每种方法都有侧重点和独特的作用，社工需要根据服务对象的情况，选择合适的介入方法，制订个别化的服务方案。

（五）结案及后续跟进

1. 结案的类型

禁毒社会工作中，禁毒社会工作者在以下情况下会选择结案：

（1）社区戒毒/社区康复期满，且服务对象已能够顺利回归社会；

（2）服务对象在服务期间因自身原因导致再次进入强制隔离戒毒所、坐牢、出国、重病求医、离世等，使得禁毒社会工作者长期无法接触到服务对象而选择结案；

（3）服务对象明确表示自己不需要禁毒社会工作者服务，表现出极度厌恶、烦躁，甚至出现人身攻击，禁毒社会工作者可考虑选择结案并转介。

2. 结案的步骤

（1）申请解除

社区戒毒期满，社工协助服务对象提交解除社区戒毒措施申请书，申请解除管控；社区康复期满，社工协助服务对象提交解除社区康复措施申请书，申请解除管控。

（2）明确结案时间

服务对象提交解除申请后或处于其他即将结案状态时，禁毒社会工作者要与其共同商定结案时间，以保障结案能够按照计划有序地完成。

（3）巩固已有成果

结案期间，禁毒社会工作者要根据服务对象的实际状况，通过回顾、总结、角色扮演、鼓励等专业方法，协助服务对象巩固并强化已经习得的正向情绪及行为，促使服务对象能够保持操守，不再复吸。

（4）处理离别情绪

在明确结案时间的基础上，禁毒社会工作者要与服务对象共同商讨其之后将要面对的生活以及可能遇到的困难，探讨服务期间的成长，肯定其当下解决问题的能力，从而降低服务对象的负面离别情绪，保障服务成效。

（5）解除专业关系

禁毒社会工作者与服务对象解除专业关系，是指不再为其提供专业服务，而并不代表以后不再接触。如果服务对象还有其他需求，禁毒社会工作者可考虑将其转介。

（6）撰写结案记录

结案记录内容包括服务对象何时求助、求助原因、服务过程中提供了哪些专业服务、服务对象有什么改变、为什么结案，以及禁毒社会工作者的评估和建议等。

（7）回访

许多服务对象都是因解除强制隔离戒毒或社区戒毒社区康复期满而停止服务，选择结案。实际上，戒毒康复对于有吸毒史的人来说是一项终身任务，禁毒社会工作者在结案后应该定期或不定期回访服务对象，了解其当下的生活状况，以便在有需要的情况下及时给予支持和帮助。

（六）评估

结案后，要对整个服务过程进行评估，具体可以从以下几个方面入手：

1. 目标达成度评估

将计划设定的目标与最终达成的目标相比较，评估已完成目标的效果。如果目标没有实现，分析其原因以及可能的改进措施。例如，针对服务目标中的协助服务对象顺利求职，评估这一目标是否完成，服务对象对该职位是否满意，该职位是否符合当下生活需要等。

2. 服务对象评估

服务对象作为当事人，最具有发言权，他们的自我感受是整个服务评估过程中最有价值的部分。但是有些服务对象可能会受自我表述能力、情感等因素影响，在一定程度上不能用语言完全描绘，禁毒社会工作者可以尝试采用“叙述+量表”的方式，让服务对象更好地阐述整个服务过程。

3. 禁毒社工的自我评估

自我评价一方面有助于禁毒社会工作者认识到自己的不足，提升改变的动力；另一方面有助于禁毒社会工作者看到服务过程中自己的成长和改变，提升自我效能感。

4. 机构对服务成效的评估

机构内部都有一套自己的评估体系，定期、全方面地评估机构所开展的服务项目、机构下属的服务站点，以及管理者、督导者和禁毒社会工作者的工作成效。

5. 督导对专业服务方法及过程的评估

除了机构内部评估，外部督导也是整个评估体系中十分重要的环节。督导能够跳出经济利益的角度，更多地从专业服务角度出发，对禁毒社会工作者进行全方位的过程及结果评估，有助于禁毒社会工作者专业能力的提升。

6. 项目购买方（包括第三方）评估

项目购买方包括禁毒办和镇街领导，他们对项目实施过程和效果的满意程度十分重要，甚至决定着项目是否能继续实施下去。社工日常工作中应该多请示、多报告，使领导了解社工的工作内容。还可以通过开座谈会，获取项目购买方的意见，从而调整项目计划。

第三方评估更关注项目实施过程中的专业问题，包括财务、服务成果、进度安排、服务内容设置等，在每个条目内设置不同的分数占比，综合得出总分用于评估项目实施的成果。社工应该注意保存项目实施过程中的每一份文书资料，并且留档保存，作为第三方评估的资料。

二、禁毒个案社会工作的使用场域

（一）院舍化个案社会工作

院舍化个案社会工作是指禁毒社会工作者为在强制隔离戒毒所、拘留所等监管场所，以及戒毒医院、戒毒康复基地等场所内接受戒毒康复的人员提供服务。一般来说，禁毒社会工作者服务最多的是强制隔离戒毒所内的人员。在这里以禁毒社会工作者介入强制隔离戒毒所为例说明院舍化个案服务如何开展。

在戒毒所内，适合开展的个案社会工作有：

心理干预：为案主提供心理慰藉服务，改善不健康的心理状态。

行为矫正：协助服务对象改变不良的行为，培养良好的行为习惯。

功能康复：包括社会功能恢复、家庭关系调适、社交技能训练。

个别化服务：根据服务对象的具体需求，提供个别化的服务。例如家庭关系调适、家庭困难帮扶救助等。

（二）社区个案社会工作

禁毒社会工作者开展的社区个案社会工作，其服务对象大多是社区戒毒社区康复人员。在社区开展社区个案社会工作，对象是社会面吸毒人员、社区戒毒人员和社区康复人员等，适合开展的服务有防复吸治疗、戒毒动机强化、心理康复服务、家庭关系调适、就业就学协助、社会支持网络搭建、家庭生计维持发展以及其他个别化服务。这些服务对象由于在社会上活动，法律约束力较弱，需要注意防脱管和失联。

三、禁毒个案社会工作的特殊性

（一）非自愿案主

禁毒社会工作者的服务对象都是被强制性要求服务的，例如强制隔离戒毒人员、社区戒毒社区康复人员等。因此，禁毒社会工作者的工作重点要放在如何消除与服务对象之间的疏离与抗拒，进而才能够为其提供帮扶救助服务。

（二）不结案的结案

严格来说，禁毒社会工作者提供的服务没有真正意义上的结案。许多禁毒社会工作者选择结案，是因为服务对象解除强制隔离戒毒，或服务对象的社区戒毒社区康复期满。实际上，戒毒康复对于有吸毒史的人来说是一项终身任务，禁毒社会工作者在结案后应该定期或不定期联系服务对象，了解其当下的生活状况，以便在有需要的情况下及时给予支持和帮助。因此，称之为“不结案的结案”。

（三）管控与服务并重

禁毒社会工作者在为服务对象提供服务的过程中，还有一项重要任务就是协助政府禁毒职能部门对服务对象开展法律规定的管控措施，监测他们的现状。吸毒成瘾是一种特殊的行为，包括强迫性觅药行为等在内的很多行为都不能自控。因此，有利于戒除毒瘾的措施有时候不一定是自愿的，需要一定的强制性的、非自愿性的管控措施。管控与服务并重是中国特色禁毒社会工作的核心理念。

（四）服务问题多元复杂，跨学科跨领域

毒品问题涉及生物学、医学、法学、心理学、社会学等多学科领域，禁毒社会工作者必须要对这些专业的相关知识有所涉猎，才能准确预估服务对象的问题和需求，进而提供专业服务。

四、禁毒社会工作个案管理

美国社会工作者协会给个案管理的定义是一种提供服务的方法，由专门的工作者评估服务对象及其家庭的需求，并安排、协调、监督、评估及倡导一整套包含多种项目的服务，以满足特定服务对象的复杂需求。个案管理模式区别于一般社会工作方法的优势在于，它具有极强的整合资源的能力，适用于解决多重问题的案主。同时，在个案管理模式中，社会工作者可以扮演多种角色，包括资源链接者、服务协调者、政策倡导者、问题解决者、心理辅导者等。社工的工作不再只局限于为案主提供具体服务，而是依据案主的实际需求，为案主寻找社会资源，作为中介者，为案主搭建起社会资源网络。

禁毒社会工作者遇到的服务对象经常会出现就业就学、医疗、心理康复、防复吸治疗、法律援助、社会支持、家庭生计发展等多元复杂的问题亟待解决。在这种情况下，使用个案工作会使服务较为薄弱，难以满足服务对象的问题和需求。个案管理作为一套包含多种项目的服务，从多种角度分析服务对象的问题和需求，并将其按照问题优先级予以排序，进而更好地为服务对象开展服务，因此禁毒社会工作者要养成个案管理的思维，为服务对象提供相应服务。

（一）个案管理在禁毒社会工作领域的适用性

1. 问题多元复杂

禁毒领域的案主问题往往较为复杂，问题形成的原因也比较多元，既有生计发展需求，也有精神慰藉需求、戒毒康复、家庭结构治疗等，涉及医学、社会学、社会工作、法律等专业领域，解决案主问题需要不同领域专家的共同努力。

2. 跨部门、跨学科、跨领域

由于案主的问题多元复杂，涉及的专业领域较多，在解决问题的过程中需要社工联系不同领域的专家，整合不同学科、不同部门的资源。

3. 需要使用倡导的方法

在一般的社会舆论中，吸毒是一种受到唾弃的行为，戒毒康复人员因为过往的经历，自身和家人受到社会的歧视。为了打破这种歧视，促进社会大众对戒毒康复人员的接纳和关怀，帮助他们重新融入社会，需要社工进行广泛的倡导和宣传。

4. 权衡管控与服务的关系

禁毒社工的日常工作兼具管控与服务，需要权衡二者的关系，对问题和解决问题的方法进行排序。对于中高风险的吸毒人员，需要注意管控，谨防脱管和肇事肇祸风险，对于低风险类型的吸毒人员，社工可以多提供专业类服务。

（二）禁毒社工个案管理的思维养成

1. 禁毒社工的能力是有限的

禁毒社工日常工作较为繁杂，单靠社工一人去面对具有多元复杂问题的案主是比较困难的，不仅难以满足案主的需求，也容易打击社工的专业积极性。因此，社工应看到实际条件的限制，利用个案管理方法的优势，为戒毒康复人员联系不同领域的专家，培养向外链接和对内整合的思维与意识。

2. 社会工作不是万能的

社会工作的成长路径是曲折的，作为社会工作者，应该看到社会工作作为一个专业还存在着很大的发展空间，有时候难以满足所有案主的需求。加之社会工作天生就具有链接和统筹资源的特质，与个案管理较为配适。

3. 戒毒康复工作的特殊性

戒毒康复工作涉及公安、司法、社会保障等多部门，需要掌握法学、医学、社会学、心理学、社会工作等专业知识。禁毒社工在日常工作中应注意多联系、多接触各专业人士，积极建立人脉资源，认识到自己不仅需要具备专业服务能力，还要提高统筹管理的水平。

（三）如何启用个案管理

1. 面临多元复杂的问题时需要启用个案管理方法

当社工接收了一名戒毒康复人员，在资料收集和预估阶段发现案主存在着多元复杂的问题，且普通的个案工作难以满足案主的需求时，社工就要及时启用个案管理方法，运用沟通、协调、倡导、整合资源、排序的技巧来确定问题、需求、个案管理计划。

2. 责任社工即为个案管理师

在启用个案管理方法时，禁毒社工除了作为禁毒康复服务的提供者，更多的是担任个案管理师的角色，负责联系相关领域专家、倡导社会资源、整合环境资源、促进多方的沟通与合作、协助制订个案管理计划等。需要责任社工在此过程中培养和提升自己的统筹规划能力。

3. 组成个案管理小组

责任社工在明确了自己的角色和身份后，可以联系各领域的专家共同组成个案管理小组。小组的运行需要遵守一定的规范，发挥小组中每位专家的特长，为案主提供法律、医学、社会保障等专业服务。

4. 问题和解决问题的方法需要优先排序

在个案管理中，因为服务对象存在复杂多元的问题和需求，所以在实施个案管理的过程中，首先要确定案主的问题、目标和解决问题的方法，以及在使用方法时可能遇到的障碍。其次要根据问题的轻重缓急程度进行排序，在所有的目标和方法中选择要执行的优先级。

5. 协商谈判机制

个案管理团队是一个涉及多部门、多学科、多领域的团队，为了能够整合不同专业的服务，需要社工作为个案管理师在其中进行协商。在与个案管理小组中的不同专家进行协商的过程中，个案管理师发挥作用，使价值理念有差异的各方互相协调，使服务全面而有序。在为服务对象争取政策支持、就业保障等外界资源的时候，个案管理师可以通过和各方的协商谈判来打破限制。

第二节　禁毒小组社会工作

一、禁毒小组社会工作的通用过程

（一）准备阶段

1. 招募人员

禁毒社会工作者依据日常工作需要以及服务对象的共性需求和问题，拟定需要开展的小组类型，明确本次小组需要解决的问题。

依据小组类型，禁毒社会工作者挑选合适的服务对象参加小组，并取得服务对象的同意。在此过程中，禁毒社会工作者要告知服务对象以下信息：

（1）小组的性质和目标；

（2）小组的时间、地点和频次；

（3）小组负责人的基本信息和联络方式；

（4）组员的权利和义务。

2. 设定目标

目标包含总目标和具体目标。总目标是整个小组最终想要达成的效果，是依据小组的特点和组员的共同需求制定的。分目标是为了达成总目标而设立的每个阶段需要达成的任务要求，分目标应尽量详尽具体。目标设定的要求如下：

（1）目标要明确具体、可量化，以便于执行与评估；

（2）目标的实现要有明确的截止时间；

（3）目标的设定要符合小组成员的能力及需求；

（4）分目标应循序渐进，围绕总目标开展。

3. 撰写小组计划书

计划书需要包含小组的名称、目标、组员人数，小组理念、小组类型、小组总时长，每次小组活动的时间、内容、所需物资、应对方案、预算、评估等。

4. 协调资源

禁毒社会工作者要依据小组计划的内容，做好小组开展所需资源的协调工作，如小组活动场地申请，向所在机构申请资金支持、技术支持等。例如开展就业帮扶小组，可以链接企业资源，但是要注意保密原则以及获取服务对象的许可。

资源协调过程中，最为重要的是场地选择。一个合适的场地能帮助服务对象释放紧张情绪，尽快融入小组氛围当中。合适的活动场地需大致满足以下几点要求：

（1）半封闭：在小组活动开展过程中，为了使组员能够说出心里话，一个半封闭的没有外人活动的场所显得尤为重要；

（2）舒适：小组活动室内的装饰布置要让人感到舒适，颜色不要刺眼，不要出现禁毒、毒品、戒毒人员等令服务对象敏感的语词；

（3）安静：小组活动室要保障小组活动期间没有其他杂乱的声响干扰小组活动，以保障小组的进程；

（4）环形座位：小组活动室内的座椅安排要尽量选择环形围绕的布置，这有助于拉近组员之间的距离，减少排斥感，同时也有利于组员间的沟通。

（二）初始阶段

初始阶段是指小组成员刚刚进入小组，成员之间、成员与禁毒社会工作者之间彼此疏离，小组目标模糊，小组概念模糊的时期。在此过程中，禁毒社会工作者要带领组员在小组中完成如下任务：

1. 相互认识

小组活动初期，组员之间彼此陌生，禁毒社会工作者可采取游戏、互动的形式进行破冰，让组员之间彼此了解。同时，这也有助于禁毒社会工作者观察每位组员的个性，以便于后期小组活动的开展。

2. 制定小组规范

禁毒社会工作者在第一次小组活动中，要与组员共同制定包含保密协议在内的小组规范，其中保密的具体原则可以在小组内共同探讨，吸纳小组成员的想法和意见。此外，规范还应该涉及在小组活动中的文明用语、小组活动时间、注意事项等内容。最后，禁毒社会工作者将所有探讨确定的内容撰写下来后，再次征询组员同意，大家共同签字从而保障小组成员共同遵守小组契约。

3. 形成良性小组氛围

在小组形成初期，建立组员对小组的信任是第一要务。禁毒社会工作者可以采用强调小组契约、鼓励小组成员发言、通过活动增强组员之间默契等方式提升组员对小组的信任感，进而建立起良性的小组氛围。

4. 内化目标

小组成员在招募过程中对小组的目标已经有所了解，禁毒社会工作者在小组初始阶段要与小组成员进行对峙，明确共同的任务目标，并将其强化到小组成员的内心，促使小组成员了解小组可以达成的效果，从而使组员在后期更好地融入小组。

（三）中期强化阶段

中期阶段是指小组成员彼此较为熟悉，组员之间开始逐步探索自己在小组中的角色，但也较容易产生矛盾、冲突的磨合期。在此过程中，禁毒社会工作者要协助组员在小组中完成如下任务：

1. 强化整体目标

小组中期，组员之间讨论增多，组员个体关注自身的讨论也随之增加。在讨论过程中，经常会出现个人目标取代小组目标的现象。禁毒社会工作者要适时提醒组员，强化小组整体目标。禁毒社会工作者可以选择团体活动的方式强化小组目标。

2. 协调缓解冲突

组员间在探讨问题的过程中不可避免会有意见分歧，禁毒社会工作者要冷静、理智地对待。可采取的方法有：

（1）焦点回归法：禁毒社会工作者先对组员的积极发言表示肯定，随后引出小组目标，再次将问题抛回给组员，提升组员自己解决问题的能力。

（2）澄清：禁毒社会工作者协助组员澄清冲突的本质，了解冲突产生的原因，如个人价值观差异、成长轨迹等。

（3）重制规范：重新调整小组契约和规范，制定面对冲突的解决办法。

（4）角色扮演：换位思考，增进小组组员自我认识以及对他人处境的了解。

3. 消除防卫心理

小组进入中期阶段，组员真实表露自我，有助于小组进程的推进。部分组员可能会出现既想表达自己又害怕他人异样眼光的矛盾心理。禁毒社会工作者要及时给予支持鼓励，肯定组员的发言，带领其他组员给予正面评价，帮助有矛盾心理的组员缓解焦虑，从而更好地融入小组中。

（四）后期转折阶段

后期转折阶段是指小组成员之间关系和谐，组员之间彼此熟知和了解，能够相互合作、支持和肯定的阶段。这也是达成小组目标最有效的阶段。在这个过程中，禁毒社会工作者需要完成以下任务：

1. 维持小组良性氛围

本阶段组员之间关系紧密，小组氛围良好，禁毒社会工作者要促使组员在良好氛围中有效沟通，以便于小组目标的达成。

2. 协助组员达成目标

禁毒社会工作者要协助组员澄清其面对的问题的关键，建立合理的目标，调动组员自我解决困难和协助他人解决问题的积极性，共同探讨问题的焦点，促使小组目标的实现。

3. 提供资源、信息链接

组员在尝试转变的过程中，可能会遇到各种困难和问题，禁毒社会工作者要及时给予帮助，提供信息、给予资源链接等，以协助组员更顺利地整合和运用资源实现所需目标。

（五）结束阶段

结束阶段是指小组目标已经实现，需要处理小组成员离别情绪的分离期。此阶段，禁毒社会工作者的工作任务有：

1. 处理离别情绪

禁毒社会工作者要在即将进入结束阶段之前，告知成员小组的结束时间，给予组员心理准备，有助于其接受小组即将结束这一事实。

2. 巩固已有经验

禁毒社会工作者要协助组员巩固、加强在小组中已经获得的技能和已经实现的目标。可采用的方法有模拟练习、鼓励支持、树立信心等。

3. 小组评估总结

评估贯穿于整个小组活动当中，本阶段的评估是指对小组进行整体评估。涉及禁毒社会工作者自评、组员评价、观察人员评价、督导评估、机构评估等。

二、所内小组工作

（一）所内开展小组常用类型

所内戒毒人员大致问题和需求包括生理脱毒治疗、所内基本生活保障、了解法律法规、文化素养教育、心理健康矫治、错误认知行为矫正、塑造正确毒品观、康复巩固训练、劳动技能培训、家庭关系调适、动机强化训练、恢复自信心和自尊心等。针对戒毒人员的问题和需求，所内可以开展的小组包括：

（1）适应性训练小组：调节戒毒人员之间以及与干警之间的人际关系；

（2）动机强化小组：强化戒毒人员的戒毒动机、出所前就业动机强化等；

（3）相关技能训练小组：劳动技能培训、沟通技能培训、高危情景应对技能培训等；

（4）自我效能感提升小组：增强戒毒人员的自我效能感，增强其自信心；

（5）职业生涯规划小组：回顾过去的人生经历，规划出所后的生活。

（二）所内小组工作示范案例——动机强化小组

1. 小组基本信息

小组名称：心动不如行动——戒毒动机强化小组

小组性质：成长性小组

小组对象：市戒毒所本地户籍服务对象

小组人数：6~8 人

小组时间：2019 年 3—4 月

小组地点：市戒毒所

2. 小组背景

动机是由一种目标或对象所引导、激发和维持个体活动的内在心理过程或内部动力，是人类大部分行为的基础。戒毒康复人员的内在戒毒动机是其发生改变的真正动力与关键因素。戒毒康复人员的戒毒动机不是指其内在拥有的某种特征，动机也不是固定不变的，而是表现在戒毒康复人员的态度、认知、情绪及行为的改变过程中。因此通过在所内开展动机强化小组，增强服务对象的戒毒动机，帮助戒毒康复人员认识目前存在的或潜在的问题，引导他们去处理问题，从而激发其自身的改变动机，促使其采取行动改变。

3. 理论依据

动机强化干预以动机式晤谈法为主要干预手段。动机式晤谈法（Motivational Interviewing，MI）也叫动机访谈、动机促进访谈，通过帮助服务对象找寻并挖掘改变自身行为的内在愿望和动机，通过愿望与现实的对比，使服务对象从内心的意愿出发，达到彻底改掉不良习惯的目的。动机式晤谈法强调不以强制为手段，而是在充分尊重案主的基础上，使之认识到不良行为的隐患，鼓励案主憧憬改变后的美好未来，激发改变的动机，达到彻底改变的目的。

4. 小组目标

（1）增强戒毒者保持戒毒操守的动机，协助组员探索并认识自身的价值观；

（2）帮助组员对自己作客观的分析与检查，协助组员了解自身的吸毒动机以及戒毒动机；

（3）协助组员了解吸毒的利弊，从而强化戒毒动机。

5. 小组过程

（1）第一节小组过程

主题：很高兴认识你!

时间：40~50 分钟

目的	内容	所需物资
1. 组员间相互认识 2. 通过破冰游戏活跃气氛 3. 订立小组契约	1. 总体介绍： 社工自我介绍，并向组员们介绍小组内容、目的等；组员相互认识 2. 热身游戏——抢沙包： 社工将组员分成两组，而后根据规则进行抢沙包，游戏共有三轮，计分最高的一组获胜 3. 制定小组规范： 与组员共同讨论，制定小组规范。邀请组员帮忙记录，讨论通过后，组员在契约上共同签字 4. 观看视频： 观看相关成功戒毒的视频，引出主题，激励组员保持戒毒操守的自信心 5. 总结： 总结本节小组内容，让组员分享感受以及对小组的期待	沙包、大白纸、签字笔

（2）第二节小组过程

主题：探索，挖！

时间：40~50 分钟

目的	内容	所需物资
1. 提高组员的参与度以及凝聚力 2. 帮助组员自我剖析，协助组员了解吸毒动机以及增强戒毒动机	1. 热身游戏——拆字游戏： 社工将组员分成两组，每组拿一条尼龙绳，每位组员需听社工指挥，用绳拼出指定的数字、字母或者汉字，速度最快的一组获胜。游戏视现场情况可分几轮进行 2. 人形画纸 PART1： 准备一张画有整个人形的报纸，并播放成功戒毒志愿者自我分享的视频。社工引导组员写下视频中同伴吸毒的动机以及吸毒带来的害处，并贴在人形上，邀请组员分享感受 3. 人形画纸 PART2： 播放成功戒毒志愿者的分享视频，社工引导组员写出视频中成功戒毒志愿者的戒毒动机有哪些，并贴在人形外面，邀请组员分享感受 4. 组员分享： 社工对吸毒动机与戒毒动机进行总结，并邀请组员分享感受 5. 总结： 全体共同唱《凭着爱》结束本次小组。社工总结并澄清本次活动的主要目的，预告下次小组的主题	两卷尼龙绳、报纸、视频、便利贴、签字笔

（3）第三节小组过程

主题：你的时间！

时间：40~50 分钟

目的	内容	所需物资
协助组员认识到吸毒会浪费宝贵的时间，并错过美好的事物，从而强化戒毒动机	1. 我心中的乌托邦： 准备多张图纸，让组员写下最想做的事或最想要的东西，然后放在桌面上。邀请组员表达其最想要的或者最想做的，并分享是否达到目标，如果没有达到，原因是什么 2. 观看视频： 观看《0~100 岁女性》的视频，让组员思考生命是短暂且美好的 3. 时间都去哪儿了： 社工给组员一张纸，纸上有代表寿命的 100 个格子，组员根据年龄来画格子。社工再准备一个人像，其代表组员自己喜欢的人，然后将便利贴贴在人形外面。社工询问组员还有多少时间可以与爱的人一起度过，然后由社工一张张撕掉便利贴。在让组员明白时间重要性的同时，通过唤醒组员对心中爱的人的责任感，邀请组员分享感受，强化其戒毒动机 4. 总结： 以歌曲结束本次小组，总结本次小组，再次澄清本次活动的主要目的，并预告下节小组内容	电脑视频、白纸、时间条

（4）第四节小组过程

主题：你最重要！

时间：40~50 分钟

目的	内容	所需物资
1. 协助组员探索并认识自己的价值观 2. 协助组员寻找自己的追求 3. 协助组员理解他人的价值观	1. 热身游戏——拍手掌： 游戏内容为 10 秒内可以拍多少下手，分 3 次进行，每一次开始前都设下目标，看看能否达到自己的目标。游戏结束后，组员分享讨论，引出人要有所追求，才有无限可能 2. 播放视频： 播放《飞驰人生》片段，引申价值观的重要性，强调对追求要有所坚持	卡纸、纸、签字笔

续表

目的	内容	所需物资
	3. 拍卖面面观： 每个组员有5000元，可以拍卖其想要的东西。每样东西都有底价，每次出价以500元为单位，有出价5000元的，立即成交。拍卖活动完成后，引发组员对自己价值观的思考，组员间分享感受。最后社工需要引出每个人的价值选择都有自己的理由，应该尊重他人的正向选择 4. 总结： 以歌曲《喜欢你》结束小组，总结小组内容，澄清本次活动的主要目的，并预告下节即最后一次小组的内容	

（5）第五节小组过程

主题：明天，我来了！

时间：40~50分钟

目的	内容	所需物资
1. 回顾每次小组活动的内容 2. 总结经验，强化组员的动机，增强组员的自信心	1. 热身游戏——接力抛气球： 社工为组员每人准备一个气球。组员围成一个圈。游戏共五轮：第一轮是向上抛气球，根据向左或向右的指示，接住旁边第一个人的气球；第二轮，操作与第一轮一样，但是向相反方向接住旁边人的气球；第三轮，是正方向，向左或者向右，接住旁边第二个人的气球；第四轮，正方向，向左或者向右，接住第十个人的气球；第五轮，向左或向右，接住第八个人的气球（根据人数而定）。最后引入主题，让组员明白只要用心，所有问题的解决方法都有共通之处 2. 观看视频： 观看戒毒康复人员成功回归社会的视频，引导组员认识到在面对问题时，不要悲观，社会上总会有关心自己的人，同时要学会理解他人 3. 组员分享、回顾小组历程： 社工引导组员回忆共同参加过的活动，展示活动过程、成果以及收获，填写小组评估表 4. 总结： 社工适时告诉组员，小组已到最后阶段，并希望组员在未来的生活里能更加自信，拥有勇气与信心，为组员送上祝福	电脑、气球、签字笔

6. 预计困难

预计困难	应对方案
小组初始阶段气氛沉闷	在自我介绍环节，主持人用轻松的语气缓解沉闷，调动气氛，鼓励大家积极发言
组员对小组契约产生怀疑或抗拒情绪	主持人根据组员产生怀疑或抗拒的具体条目，进行安抚及解释
部分游戏不太适合	准备一些备用游戏
空间不够大，开展游戏活动不方便	事先确定小组开展地点，开展游戏时做好安排，尽量保证游戏有序进行
时间控制不够，导致活动内容未完成	应规划好时间，并给突发情况留有一定的弹性时间
组员中途退出	组员流动性较大，有可能存在组员要“上场”而离组的情况，社工应处理好这种情况，尽量不影响其他组员的情绪

7. 评估

目标达成情况	评估方式	评估内容
了解自身的吸毒动机以及戒毒动机	组员面谈	通过组员面谈，了解组员是否明白自身的吸毒动机以及戒毒动机
了解吸毒所带来的弊端，从而强化戒毒动机	组员面谈	通过组员面谈，了解组员是否明白吸毒所带来的弊端，从而强化戒毒动机
增强戒毒者保持操守的动机，协助组员探索并认识自己的价值观	问卷调查	通过组员填写反馈表，了解组员参加小组后，是否能探索并认识自己的价值观，强化戒毒动机

（三）所内开展小组注意事项

1. 遵循所内规定

禁毒社会工作者进入强制隔离戒毒所需要携带身份证进行登记，不得带通信设备、摄像设备等。对于需要拍照留作档案的情况，需要提前、及时跟所内工作人员协商，办理好相关手续。

2. 保障人员、场地到位

禁毒社会工作者进入所内开展小组，要提前与所内工作人员沟通好小组开展的时间，确保戒毒人员能够准时参加。同时还要协调好适合小组开展的场地，保障小组能够顺利进行。

3. 做好人员规划

禁毒社会工作者进入所内开展小组要提前预演，做好人员规划，保障有足够的人手。禁毒社会工作者还要明确自己的责任，以便遇到突发事件能够及时处理。

4. 处理好管教与小组成员的关系

禁毒社会工作者在所内为戒毒人员开展小组的过程中，所内的管教人员会全程跟随。为了给戒毒人员一个较为放松的环境，禁毒社会工作者要适当调节。在允许的情况下，可以让管教远程视频监管，或坐在较远的地方监管，或采用其他方式，尽量弱化管教给戒毒人员带来的紧张与压力。

5. 不要跟所内活动相冲突

在活动时间的安排上要错开所内的其他活动，避免时间上的冲突，让学员有更多的选择，参加活动也更加投入。

6. 配合所内教育矫治工作

禁毒社会工作者开展的小组活动如戒毒动机的强化等，在某种程度上也是教育矫治的一部分，社工要提前了解所内的教育矫治计划，配合其进度开展活动。

三、社区小组工作

（一）社区开展小组常用类型

针对戒毒人员，社区适合开展的小组包括就业就学支持小组、认知行为治疗小组、社会回归适应小组、就业动机强化小组、戒毒动机强化小组、自我效能感提升小组等。

（二）社区小组工作示范案例——社交技能提升小组

1. 小组基本信息

小组名称：社交技能提升小组

小组性质：成长性小组

小组对象：本地户籍服务对象

小组人数：10 人

小组时间：2019 年 11 月

小组地点：小组工作室

2. 小组背景

禁毒社会工作者在日常的社区戒毒（康复）工作过程中发现，许多刚出所的戒毒康复组员都向社会工作者表达了自己与家人关系紧张，工作中与同事交流困难的困惑。随后，社会工作者就此问题进行大量访谈及查阅大量文献。

基于戒毒人员提升社交技能的迫切需要，为更好地改善戒毒人员与家人的关系、帮助戒毒人员克服沟通障碍、提升戒毒人员社交技能，禁毒社会工作者为戒毒人员开展社交能力提升小组活动。

3. 理论依据

认知行为理论认为，在认知、情绪和行为三者中，认知扮演着中介与协调的作用。

认知对个人的行为进行解读，这种解读直接影响着个体是否最终采取行动。在现实生活中，戒毒康复人员由于吸毒亚文化圈子的影响，头脑中存在着许多非理性的、错误的沟通方式，小组通过不同沟通方式的情境模拟以及绘画对比来协助组员将理性的信念（好的沟通方式）和非理性的信念（不良的沟通方式）分开。在这个过程中，社会工作者鼓励、说服，甚至指导当事人参与对抗信念的活动，激励组员发展一套理性的沟通方式，在正确认知的指导下去修正自己的沟通方式，从而摒弃沟通障碍，避免组员在出所后成为其他非理性沟通方式和信念的牺牲者。

4. 小组目标

（1）习得与家人的良性交流方式，改善家庭关系，重塑家庭结构；

（2）习得社会交往技巧，提升社会交往能力；

（3）增加戒毒人员自我效能感，实现再社会化需要。

5. 小组过程

（1）第一节小组过程

主题：认识你我

时间：40~50分钟

目的	内容	所需物资
1. 组员们相互认识 2. 学会识别日常生活中的不良沟通方式	1. 开场介绍： 社工开场自我介绍，并介绍小组目的与安排，之后邀请组员自我介绍 2. 制定小组契约： 为保证小组的顺利开展，社工邀请组员对小组规范进行制定 3. 游戏环节——正话反说： 组员围成半圈，社工讲述规则。社工发出一个动作指令，组员要做出相反的动作，出错的组员随即淘汰，最后留下的组员获胜 4. 不良沟通方式对对碰： 向组员介绍常见的不良沟通方式的类型，如指责埋怨型、迁就讨好型、打岔啰唆型等。之后，社工给出相关不良沟通方式的图文和情境图片，让组员共同商量完成配对 5. 观看视频： 通过播放超级育儿师协调问题少年儿童家庭沟通障碍的视频，让组员进一步对不良沟通方式有具体的认识 6. 分享并总结： 邀请组员分享感受。社工总结小组内容，并预告下节小组的主题	A3纸、油性笔、小礼品

（2）第二节小组过程

主题：沟通预演

时间：40~50 分钟

目的	内容	所需物资
1. 组员正视自身存在的不良沟通方式 2. 让组员意识到不良沟通方式带来的伤害	1. 热身游戏 I ——协助贴画： 组员两两组合，社工讲述规则：一位组员用眼罩蒙住眼睛，另一位组员站在蒙住眼睛组员的旁边，指挥协助蒙眼组员贴好墙上人物的五官。负责指挥的组员要与蒙眼的组员沟通好怎样协助其去完成人物五官的贴画 2. 热身游戏 Ⅱ ——我说你画： 用两种方式体验画画，第一种只说画什么，而不说要求；第二种既说画什么，也说明要求。让组员分享画画的感受。通过两个热身游戏引出有效沟通的重要性 3. 角色扮演： 让组员思考出所后，在社交场面或与家人沟通时，自己会如何应对（针对不良的沟通方式）。组员分组扮演社工设定的场景，让观察的组员分享观察感受。社工与组员一起总结场景或语言中存在的不良沟通方式，组员分享自己在扮演角色时的感受 4. 总结： 社工总结本节小组内容，同时预告下节小组内容	彩笔、A4 纸

（3）第三节小组过程

主题：挖掘感受

时间：40~50 分钟

目的	内容	所需物资
1. 组员更快进入状态 2. 让组员分析产生不良沟通方式的原因	1. 热身游戏——蒙眼吹球： 组员两两一组，一位组员蒙眼睛，另一位组员负责指导其将水杯中的乒乓球吹出，一分钟内吹出球最多的组别获胜 2. “图画接力”： 组员轮流在纸上循他人的笔调继续追随丰富作品内容，依次讲述自己所画含义和意境，并引出主题：同样的图案在每个人心中可能会有不同的想象，也有不同的理解；同样的话语在不同人心目中可能也有不同的理解，因此有时要作适当澄清 3. 情景模拟： 结合之前常见的不良沟通类型，社工邀请组员分享自己曾经或经常出现哪种类型，并进行情景模拟（社工也可预先设计好情景）。社工与组员一起讨论分析产生不良沟通方式的原因并交流感受，同时邀请组员分享问题产生的原因 4. 分享与总结： 组员分享感受，社工总结本节小组内容，并向组员预告下节小组的内容	彩笔、A4 纸、小礼品

（4）第四节小组过程

主题：自我提升

时间：40~50分钟

目的	内容	所需物资
传授正确的沟通技巧，提升与人交往的能力	1. 破冰游戏——比画扮演猜猜猜： 组员坐成一排，社工讲述规则：让一名组员用肢体比画或者相近的语言来提示，但不能说出词语中的任何一个字，然后让其他的组员来猜。同时引出主题，即正向沟通的重要性 2. 沟通技巧我来学： 根据上一节小组进行的原因分析，社工向组员传授、提供一些沟通技巧，如简化运用语言、积极倾听、重视反馈、控制情绪、亲和力、同理心等，并通过适当的情景模拟巩固学习成果 3. 观看视频： 社工让组员们观看关于正向沟通的视频，进一步巩固学习成果，同时反思在刚才的情景演练中有哪些需要完善的地方 4. 分享并总结： 让组员分享感受，社工总结本节小组内容，并预告最后一节小组的内容	电脑、U盘

（5）第五节小组过程

主题：感恩的心

时间：40~50分钟

目的	内容	所需物资
巩固小组经验，增强组员家庭责任感	1. 热身游戏——戴高帽： 组员坐成一圈，一位组员坐在中间并戴上帽子，其他组员需要说出该组员的优点，并轮流戴高帽，从而让组员学会赞美他人 2. 一封家书寄思念： 鼓励组员给家人写一封信和贺卡，把想对家人说的话写下来，由社工转交给家人。鼓励组员在沟通存在障碍时选择用书信的形式来表达 3. 巩固学习经验： 社工与组员一起讨论分析产生社交障碍的原因、带来的负面影响以及积极的沟通方式带来的正面影响（通过损益分析图），让组员明白两利相衡取其大，两害相较取其轻 4. 回忆绵绵看： 播放小组回忆视频（或展示小组过程图片）供组员欣赏。让组员分享前几节小组内容的收获 5. 总结： 社工适时告知组员，小组到了最后的阶段，并祝愿组员在未来的生活中能更加自信，拥有勇气与信心巧妙地与人沟通	帽子、信纸、贺卡、信封、胶水、小礼品

6. 评估反思

（1）总结评估

小组的最后，经过问卷调查显示：每位组员至少能识别4种不良的沟通方式；超过80%的组员能通过小组认识到自身存在的不良沟通方式；超过80%的组员增强了交往的勇气与信心，提升了与人沟通交往的能力与技巧。本次小组目标成效达成。

本次小组开展5节，共服务44人次。本次小组主要围绕“认识你我”“沟通预演”“挖掘感受”“自我提升”“感恩的心”这5个主题来开展。7名组员在小组活动中分享了自己存在的不良沟通方式，并在小组中进行了修正，增强了自信心与社交能力。小组成员投入度高，对小组内容比较感兴趣。社会工作者通过游戏的形式让小组成员感悟出道理，组员比较容易接受和理解。

（2）专业反思

图文配对、合作贴画、情境扮演和分析环节设计合理，小组成员能通过游戏找出自身存在的社交心理障碍并寻找原因、分析原因。本次小组通过情景模拟和分享的环节，让小组成员感受两种不同的沟通方式所带来的巨大差异性，以此来实现良好沟通方式的内化和角色知识的学习，教化组员出所后和他人沟通尽量运用良好的沟通方式，实现社会化。

社会工作者通过认知行为疗法鼓励、说服，甚至指导组员参与对抗信念的活动，激励组员发展一套理性的沟通方式，在正确认知的指导下去修正自己的沟通方式。

环节设计中可增加分享的情景，使用不同的处理方法，解决表现出来的不良沟通方式。

可以引导组员分享社交时的场景，或者曾经遇到的场面，而不一定是社会工作者事先设定的情境。组员回顾发生的情景及事情，从中可以反映出自身内心的社交障碍。

（三）社区开展小组注意事项

1. 做好风险管理

禁毒社会工作者在选取小组成员时，要挑选一些状态相对稳定、风险评估等级较低的戒毒人员参加小组活动，尽可能避免小组成员出现言语攻击和暴力行为。

2. 尽可能减少组员之间不良沟通方式的交叉感染

选取积极主动、愿意改变的戒毒人员参加小组，并制定强有力的小组规范，使其可以对组员产生约束力。同时，禁毒社会工作者要随时注意组员动向，一旦发现有可能出现组员间不良沟通方式交叉感染的苗头，立即适当调整小组的活动安排。

四、同伴教育小组工作

（一）同伴教育

同伴教育是指以具有相同背景、相似经历，或者是由于某些特殊原因而有共同语言，并且可以分享信息、技能等的同伴为主要对象，从而实现教育目标的一种新兴的方法。

开展同伴教育小组工作有助于改变戒毒人员的认知行为，在实践中帮助戒毒人员进行戒毒康复。应用在戒毒过程中的同伴教育，主要是由有吸毒经历并保持操守的同伴辅导员，自愿加入同伴教育，经过专业培训为戒毒人员提供榜样力量和支持，以同伴辅导员自身的经验，帮助戒毒人员对戒毒有正确的认知，改变对戒毒的错误认知，树立戒毒信心。同伴辅导员作为榜样，能够激励戒毒人员，使其引起共鸣，从而达到更好的戒毒效果。

（二）同伴教育小组工作示范案例

1. 小组基本信息

小组名称：改变，他行我也行——同伴教育小组

小组性质：成长性小组

小组对象：刚出戒毒所的本地户籍服务对象

小组人数：6~8 人

小组时间：2019 年 2—3 月

小组地点：小组活动室

2. 小组背景

戒毒人员的同伴教育，就是戒毒人员相互之间互助式的心理互动和心理救助。其意义在于：一是能够消除戒毒人员的孤独感，使其通过群体安慰和心理互助来缓解心理压力；二是能够强化戒毒人员的自制力，使其通过群体感染和心理互动来增强信心和自制力；三是能够强化戒毒人员的心理实践，使其通过群体影响和同伴教育来推动心理戒毒实践，从而巩固和提高心瘾戒治成效。

3. 理论依据

同伴教育指的是具有相同或相近年龄、背景、社会经历、生活经历与社会地位，或由于某些原因而具有共同语言的人在一起分享信息、观念或行为技能的教育形式。同伴教育起源于澳大利亚，最初被广泛使用于艾滋病预防等领域。禁毒社会工作者在开展同伴教育时，往往先树立一个典型，也就是引入一个成功脱毒且有助人意愿的榜样作为同伴，戒毒者能从这样的戒毒同伴身上获得心理支持，从而增强戒毒的自信心，保持戒毒操守。

4. 小组目标

（1）促使小组组员学会理性对待身边的事情，学会合理的排解方式；

（2）促使小组组员提升自我效能感，恢复自信心；

（3）促使小组组员认识到生命的美好，珍爱生命。

5. 小组过程

（1）第一节小组过程

主题：涅槃重生

时间：40~50 分钟

目的	内容	所需物资
1. 建立关系，消除组员陌生感 2. 讲解小组的目标、性质 3. 建立小组规范	1. 成员相识： 社工先自我介绍，并介绍小组的目的与安排，同时欢迎组员的到来 2. 破冰游戏——击鼓传花： 组员围成一圈，社工传递信物，组员按顺时针传递，社工控制音乐，音乐停止时信物在哪位组员手中，哪位组员便要作自我介绍 3. 订立小组契约： 引导组员一起参与小组契约的制定 4. 同伴示范——告别昨天： 同伴辅导员讲述自己的经验，同时组员可以对同伴辅导员进行提问 5. 分享与总结： 组员分享本次小组活动的感受，社工总结小组内容后预告下节小组主题	A4 纸、大头笔、信物

（2）第二节小组过程

主题：走出困境

时间：40~50 分钟

目的	内容	所需物资
1. 让组员了解情绪对身体和行为的影响 2. 引导组员学会调节自己的情绪	1. 热身游戏——抓豆豆： 组员围成一圈，左手伸出食指，右手张开手掌，并与左右的组员对接。在社工的指令下，左手需要躲开其他组员的抓捕，右手需要抓捕其他组员。引出紧张情绪可能会出现判断失误，进一步引出主题：情绪对身体行为的作用 2. 组员分享： 情绪对我的影响 3. 同伴示范： 同伴辅导员讲述在戒毒康复过程中，不良情绪对自己的影响，以及正向情绪对自己的影响，同时分享调节情绪的经验，并邀请组员分享感受 4. 总结： 社工总结正向情绪对戒毒康复的重要性，同时预告下节小组内容	A4 纸、大头笔、胶布、剪刀（备用）

（3）第三节小组过程

主题：培育自信

时间：40~50分钟

目的	内容	所需物资
1. 促使组员进一步认识自我 2. 提升组员的自我效能感	1. 热身游戏——鸡蛋变凤凰： 每位组员都是鸡蛋，通过组员间猜拳，赢了的组员可以变成小鸡、凤凰并依次晋级，输了的组员便要退化，一分钟内进化为凤凰的组员胜利 2. 组员分享： 组员分享人生中最引以为傲的事件，社工要引导其他组员对其适当鼓励 3. 同伴示范： 同伴分享自己成为同伴辅导员的心路历程，在助人中提升自我效能感，同时引导组员进一步增强社会责任感 4. 小组讨论： 结合同伴辅导员的分享，社工引导组员探讨提升自我效能感的途径 5. 分享并总结： 组员分享感受，社工对小组内容进行总结，并预告下节小组的内容	A4纸、大头笔、胶布、剪刀（备用）

（4）第四节小组过程

主题：见证美好

时间：40~50分钟

目的	内容	所需物资
引导组员对生命进行思考，珍惜生命，勿虚度时光	1. 热身游戏——蒙眼出迷宫： 组员两人一组，一人蒙眼一人指导，走出社工设计的迷宫（可直接在地上贴绳指示），最快的一组胜利。引出失去视觉可能会带来很多不便，进一步引出要珍惜当前所拥有的 2. 小组讨论——当生命只剩下3天： 社工引导组员讨论，假如生命只剩下3天会怎么计划这3天的生活，并邀请组员分享 3. 同伴示范——生命的美好： 同伴辅导员分享自己戒毒前后生活的变化，以及自己是如何开始热爱生活的 4. 组员分享讨论： 如何珍爱自己的生命，在这个过程中可能会遇到什么难题，如何去克服 5. 分享与总结： 社工总结小组内容，并邀请组员分享收获，同时预告下节小组	绳子、剪刀、胶布

（5）第五节小组过程

主题：未来无限

时间：40~50 分钟

目的	内容	所需物资
1. 处理组员的离组情绪 2. 强化同伴支持的效应	1. 总结回顾： 通过照片回顾，让组员回忆每个环节的内容，以及分享自己在每个环节的收获 2. 同伴分享： 同伴辅导员分享自己在参与小组过程中看到的组员的成长 3. 组员分享： 组员分享自己在参与小组过程中所感受到的其他组员的成长 4. 总结： 社工进行最后总结，并合影留念	电脑、PPT、拍照工具

6. 预计困难

预计困难	应对方案
小组气氛紧张或沉闷	主持人积极调动气氛，同伴发挥带头示范作用，消除组员紧张情绪，鼓励组员积极发言
小组成员面对当前问题时情绪低落	主持人引导同伴分享自己的心路历程，起到榜样带头作用

第三节　禁毒社区社会工作

社区工作作为社会工作三大方法之一，是禁毒社会工作者解决社区毒品问题、满足社区健康发展需求的重要手段。因领域的特殊性，社区工作方法更多地被用于毒品预防宣传教育以及戒毒人员的康复回归中，尤其是在农村吸毒严重地区，采用社区社会工作可以更有效地协助当地戒毒康复人员回归社会。禁毒社会工作领域开展社区社会工作的步骤一般是社区调查、资源评估、社区动员、社区活动和社区营造，各环节相辅相成、可交叉进行。

一、社区调查

禁毒社会工作者需要进入不同类型的社区开展活动，在正式活动开始前要先进行社区调研，以掌握社区现状、了解社区的问题及需求，形成符合社区需求的服务方案，满足本社区居民的利益需求。同时，这对于禁毒社会工作者再次进入同类型社区开展活动有一定的参考价值。

社区调查的方法没有固定的模式，通常先平面后纵深，从社区生活状况和现象的观察过渡到对社区生活主体的考察；先历史后发展，从社区的过往生活过渡到现在的发展，再到全面的考察；先具体后分类，全面了解社区的情况后再进行分类，最后到网络的考察。如果说有关社会的各专题调查是纵向专业性调查，那么社区调查就是一个横向综合调查。它非常符合社会学作整体综合性研究的特点。这种调查研究可取得较全面的第一手资料，经过综合分类、分析，列出问题，作出结论，提出建议，引起社会重视，供决策部门参考。

禁毒社会工作者开展社区调查主要从以下五个方面入手：

（一）社区地理环境、人口结构调查

了解社区常住人口和暂住人口数，常住人口的年龄、性别分布、职业状况、吸毒史等基本信息。

（二）社区资源环境调查

了解社区现有以及潜在的公共资源，如公共基础设施、企事业单位、非政府组织、医疗机构、学校等，在此基础上绘制社区资源地图，并将社区资源按照人力、物力、财力、文化、组织进行划分，以便于后期活动的开展。

（三）社区权利结构调查

了解社区管理人员的责任分工以及社区内的权威人员，并积极与他们建立良好关系。

（四）社区文化调查

了解社区居民的传统文化和风土人情，有助于禁毒社会工作者后期的活动策划以及活动的顺利开展。

（五）社区问题及需求调查

了解社区居民实际生活中的问题和需求，是禁毒社会工作者顺利开展社区工作最为重要的环节，是开展社区工作最有效的切入口。

二、资源评估

禁毒社会工作者对社区资源进行综合评估，有助于确定社区的问题及需求。在此基础上结合机构毒品预防宣传教育以及戒毒人员康复回归需要，协助社区采取必要的行动，有助于提升社区意识，促进社区参与，挖掘社区资源，满足社区需求，解决社区问题，改善社区关系，促进邻里团结，建构社区资本，对推动禁毒预防宣传教育和戒毒人员社区康复回归有着深远意义。

资源评估涉及地理环境、人文环境和生计发展环境的评估：

（一）地理环境

（1）分析社区处于城市还是乡村，了解乡村是否呈现出家族文化，城市邻里关系如何，明确家庭成员吸毒对于家庭及当地的影响；

（2）若属于城市，分析社区位于城市的住宅区、工业区、商业区、大学城还是其他。分析社区是否有环境污染、噪声干扰等问题，是否拥有可利用的优势资源等。

例如工业区可能会有环境污染问题需要解决；商业区可能会有噪声污染问题需要解决；大学城附近有着优质的教育资源可利用等；

（3）分析居住环境是否宜人，居民在此环境中生活是否健康。

（二）人文环境

（1）分析社区居民资料，包括年龄分布、性别比重、婚姻状况、种族规模、职业以及文化教育程度、社区吸毒人员比重等；

（2）分析居民健康状况，存在哪些共性健康问题，原因是什么。此外，还要分析社区暴力事件比重、低收入人群比重，这些都可以从侧面反映出居民的整体健康水平；

（3）分析居民业余文化生活是否丰富，社区娱乐设施、保健服务是否能满足居民日常生活需要；

（4）分析当地宗教是否对当地居民产生较大影响，当地宗教信仰对禁毒社会工作者开展活动起到什么样的作用。

（三）生计发展环境

（1）分析当地社区居民生存可依赖的环境资源有哪些，是否能够循环利用、可持续发展；

（2）分析当地社区居民的整体经济状况如何，综合评估社区居民的生活水平和生活质量；

（3）分析当地社区居民的周边建筑环境以及交通情况，是否便于社区居民的日常生活，有哪些可以改进。

三、社区动员

社区动员的开展是尊重社区居民主体地位的体现，禁毒社会工作者调动社区居民广泛参与社区活动，落实其对社区事务的知情权、表达权、参与权和监督权等权利，能够把满足社区居民需求的社会目标转化成社区成员广泛参与社区行动的过程。协助禁毒社会工作者开展社区动员有助于增加居民对吸毒人员的了解，促使他们参与到戒毒人员康复回归的道路上来，改变过去厌恶、躲避的想法和态度，为营造一个有利于戒毒人员康复回归的社区环境打下基础。

禁毒社会工作者在协助戒毒人员康复回归的社区动员过程中，要因地制宜，可以选用以下一个或多个动员方式：

（一）传媒动员

借用广播宣传、海报宣传、传单宣传、手册宣传、社区工作人员定点宣传、其他媒体宣传方式进行宣传动员。

这种动员方式注重社区工作人员在社区进行各种形式的宣传时，与社区居民的互动沟通，居民会根据互动对宣传内容作出自己的评价，并基于人情、血缘或地缘关系接受动员。

（二）参与动员

让社区居民参与到公共事务管理当中，参与到民主活动、政治生活当中，参与到有关居民个人发展和利益相关事件，以及其他社区活动当中。

（三）情理动员

指社区工作人员运用“晓之以理，动之以情”的方法使社区居民认同并接受动员。比如通过入户劝说，调动社区有权威、影响力的人劝说，设置咨询点宣传，周围亲友劝说等方式，将新理念、新思想内化到社区居民的自我意识当中。

（四）奖惩动员

指将动员划分为奖励、惩罚两种方式，居民如果能够积极支持、参与动员会受到一定的物质或精神奖励。相反，如果面对动员消极懈怠则会遭到相应的物质或精神处罚。

四、社区活动

禁毒社会工作者在社区开展工作的过程中，组织社区活动是最常见的工作方式。活动组织、开展得好，对禁毒社会工作者与社区居民建立良好关系、得到社区认可和支持以及社区服务的顺利开展至关重要，但是需要一系列的精心筹备。

（一）明确活动目的

禁毒社会工作者在设计活动时，首先应明确此次活动的目的。很多禁毒社会工作者似乎是为了活动而开展活动，没有把握住活动的真正目的，导致活动效果不明显，没有达到预定的目标。明确活动的目的，可分为对外和对内，对外即站在项目整体的角度去思考活动目的，让开展的活动能够推动项目发展。其次，活动的开展和设计对禁毒社会工作者活动组织能力、居民联系能力的培养发挥着重要的作用。因此活动负责人清晰活动的目的，既能够更加有效地做好活动，也能有效地培养禁毒社会工作者队伍。

（二）写好活动方案

一场活动无论大小，活动方案的重要性都不言而喻，因此，在撰写活动方案时要给予足够的重视。活动负责人在撰写活动方案时，除了要注重活动方案应具备的15个要素，即活动背景、目的、意义、概况、主题、时间、地点、参与对象、内容、人员分工、流程、物料、预算、风险及防控、待协调事项以外，还需要把控活动的整体性，对整个活动流程要有清晰的思路，也就是说要在脑海中将活动整体过一遍。在此过程中需注意以下几点：一是活动的人员分工应分工到人，避免出现一人多工或多人一工的情况。二是活动的流程应是从活动前到活动后的一整套流程，以时间线的形式安排流程，确保活动整体推进。三是方案中的风险防控部分应提前预估风险，并整理应对风险的方案，风险的预估应从场外的风险（如天气、场地、交通等风险因素）和场内的风险（如人员参与、场地设备、消防安全等风险因素）这两大方面综合考虑。

（三）做好活动执行

写好一份活动方案只是做好活动的开始，有效的执行才是确保活动方案变成现实的关键。做好活动执行，需要重点关注人、事、物这三个因素。在活动准备阶段，既要确保活动工作人员按照各自职责有序执行，也要确保活动参与人员有序准备。在事的方面，活动执行的负责人需要及时跟进需要协调的事项，确保外联事宜、协调事宜能够有序推进，在户外举办活动时，活动场地的使用以及水、电的使用都需要协调街道、社区、物业等相关主体方。在物的方面，活动的物料准备是活动执行的重中之重，物料在活动的筹备过程中要及时进行调整，以确保物料充足，同时要及时跟进物料的落实情况，确保在规定时间内到位。

在活动开始前，需要进行针对活动执行人员的彩排以及活动参与人员的彩排，以期及时调整活动人员、流程、物料的情况。在活动开展过程中，要通过既定流程明确每个流程中各负责人需要做的工作并整体推进，确保活动完整有序地开展。活动结束后，还要及时总结活动中的不足和好的地方。

（四）充分调动资源

在开展活动的过程中，社工应充分调动社区的资源，如志愿者、骨干居民、社区、企业单位等。志愿者作为社工开展工作的同行者，应让其充分参与到活动的设计、准备、执行中。居民骨干也可以在活动的组织和开展过程中充分参与，并带动其他居民参与其中，确保活动开展的影响力。辖区的企业和单位能够为活动的开展提供更多的助力和支持。多方共同参与，能够有效提升活动的影响力和参与度。

五、社区营造

社区营造是人们发现社区问题，如社区空心化、人与人的关系疏离、公共事务难以推动等，打造社区公共空间，举办社区活动，提倡居民参与，逐渐自下而上地调动居民自我解决这些社区问题的过程。

前面提及的社区调查、资源评估、社区动员以及社区活动都可以看成是社区营造的一部分。其最终目的是协助戒毒康复人员走进社区、融入社区、进行有效的社会联结和再社会化，以重塑自身的主体性及降低复吸、保持操守。禁毒社会工作者可以尝试采用社区营造的思路，为戒毒康复人员提供一条被他人尊重、接纳的回归之路。

结合国外实证经验和本土情况，社区营造大致可以划分为以下五个步骤：

（一）绘制资产图谱

社区资产图谱（Asset Graph）是指利用可视化的形式呈现社区资产的状态、结构以及相互之间的关系。一些学者将社区资产分为个人资产和组织机构资产两大类，也有学者将社区资产分为物质资产、人力资产和社会资产三大类型。

（二）发掘社区资产

发掘社区资产是建立社区资产关系的前期投资环节。通过发掘社区资产，搭建社区资产平台，产生磁场效力，吸引其他资产参与社区发展。

发掘社区资产可采取以下行动策略：

（1）利用现有资产开展常规性社区服务；

（2）利用现有资产开展针对性服务；

（3）利用现有资产协助社区其他资产的归属者开展其领域内的工作；

（4）根据目前的社区发展规划开展推介和宣传工作。

采取这一系列行动策略的目的并不是立刻获得资产，而是在众多的目标和利益中寻找共同点，让资产与资产从陌生走向熟悉，并形成基本的信任与联系。

（三）构建资产关系

当与社区资产发生持续的联系时，就可以考虑构建资产关系。资产关系既包括合作资源库的建设，也包括社区自组织的培育。构建健康的资产关系，关键是规则先行，强调制度化，坚持用契约关系代替人情关系，形成一套完整的资产管理机制。其中，资产管理机制至少包括互动机制、合作机制、反馈机制和危机介入机制四个方面。

（四）解决内在冲突

社区资产关系并非静止不变，其可能在某个阶段已经达成理想状态，但运行到下一个阶段时又会出现新的问题，甚至出现倒退的情况。因此，禁毒社会工作者要做好准备，提前防范，找到缘由，进而解决资产内部冲突。

（五）拓展外部联系

资产为本的社区发展模式虽然强调社区内在的动力，但并不排斥社区之外的力量介入。因此，在发掘和驱动内在能力的同时，社区工作者还需要协助社区成员拓展和引入外部的能力，让围绕社区的内外资产形成稳固的网络，共同作用于社区的发展。

社区戒毒社区康复实是本着方便戒毒人员重新修复社会关系，更好地回归社会的目的而作出的一种新的制度设置。然而在实践中，国内当前社区戒毒社区康复的社区基础仍是脆弱的，社区性存在较大缺失，对戒毒康复的发展构成很大挑战。

社区戒毒社区康复人员真正回归社会需要社会的接纳和包容，需要社区的积极参与，需要的是社区性回归，社区营造作为社区居民公共美好生活实现的有效手段，与戒毒康复目标不谋而合。因此，社区营造有助于无毒社区建设及禁毒示范创建，同时，也有利于为戒毒康复人员营造一个康复回归的环境。

❖ 示范案例

农村吸毒严重地区毒品问题治理社区社会工作案例

——以 DF 镇 DG 村为例

DG 村是一个典型的广东农村，常住人口 6200 多人，以养殖种植业为主，土地存量 7450 亩，农用土地 6300 多亩。改革开放初期，该村许多年轻人到香港贩卖木材及从事其他营生，不少人吸上了海洛因。由于吸毒人员多，该村多年来都被当地称为“大毒村”。2013 年到 2015 年，在当地政府的推动下，广东开始购买专业禁毒社工服务。DF 镇是第一批购买禁毒社工服务的街镇之一。禁毒社工在开展服务前进行需求评估时发现，该镇的 DG 村毒情较为严重，全村有在册吸毒人员 140 名，其中有 81 名需要管控的现有吸毒人员，占全镇现有吸毒人员的四分之一，于是禁毒社工将 DG 村列为工作重点之中的重点，决定率先从 DG 村开始开展工作。面对毒情严重的 DG 村，如何落实开展社区戒毒社区康复，并且使其行之有效，是禁毒社会工作者面对的最重大的难题。经过多次走访调研，禁毒社会工作者最终决定选用社区工作的方法在 DG 村开展社区戒毒社区康复服务。

（一）社区调查

禁毒社会工作者通过实地走访村民、领袖、村组织、正式部门等多群体，采用焦点小组访谈等方式，运用绘制社区资源地图等技巧，进行多方面、全方位的资料收集，以便于更加准确地进行评估分析。另外，禁毒社会工作者通过创建戒毒人员档案，摸清底数，采用分类管控的方式，全面收集戒毒人员的资料。

该村因吸毒行政拘留、强制隔离戒毒或犯罪的户籍村民达到 140 人，占全镇吸毒人员的四分之一，其中，有 81 名吸毒人员进出强制隔离戒毒所平均达 4 次或以上，平均年龄 40 岁。

早先，毒品通过水运流入 DG 村，而后，附近几个发达乡镇均可对 DG 村提供货源，DG 村毒品货源充足。此外，为赚“大钱”，在货源充足的情况下，做贩毒成为部分村民的选择，以贩养吸顺理成章。各部门对这些吸毒人员可谓束手无策，只要一复吸马上进行强制隔离戒毒。DG 村背负“大毒村”的“盛名”已久，被传为“生人勿进”“有女不嫁 DG 男”的地方，不仅吸毒人员被贴标签，整个村落都被“标签化”。

（二）资源评估

村里工业用地较少，多是农业用地，使得村集体经济收入相对较低，人均年终分配较低，村民主要依靠经营农业生产和外出打工维持生计。村民劳作以捕鱼、种植业为主，存在淡旺季，经济水平较低，难以支持生活。

大多村民都拥有土地资源。同时，村内的渔业经济较好，有较多的鱼塘，可以安置较多的以捕鱼为生的劳动力。村内还有工厂，可以安置希望从事安稳生产的村民。

（三）社区动员

禁毒社会工作者对村民开展禁毒预防宣传教育以及戒毒人员康复回归宣讲，对吸毒人员家庭进行干预救助，为营造一个有利于戒毒人员康复回归的社区环境打下了基础。

协助公安干警转变观念，从过去的以打击为主，用强硬的手段捉捕，以强戒为主要任务，转变成为以柔克刚，先帮后硬，真正做到帮而不纵。禁毒社会工作者与镇公安、镇禁毒办、戒毒所沟通签订无缝对接协议，组建帮扶小组。

禁毒社会工作者在DG村培养同伴辅导员，这些同伴辅导员在该村吸毒人员中有比较大的“威望”，让他们在活动中宣传接受社区帮扶的成效及感受，一方面可以使这些同伴辅导员重新认识自己，更好地保持操守，另一方面还可以为其他戒毒康复人员树立榜样。

禁毒社会工作者采用列联管理的方法，与驻村民警依据戒毒康复人员的现实表现，对其进行评估，实施分级分类管理，奖励标杆、惩罚落后。社工将戒毒人员进行分类，每月对戒毒康复人员进行现实表现评估，A级为最好，C级为最差，同时A级人员有现金奖励200元，C级人员则可能被重新强制隔离戒毒。

（四）社区活动

组织戒毒人员家属进行职业技能培训，开展茶艺、糕点制作等职业技能培训，帮助戒毒人员及其家属提升就业技能，扩大就业面，改善家庭经济情况。另组织戒毒人员及其子女开展“亲子同乐，相约六一”的亲子活动，增加戒毒人员与子女的沟通，增强戒毒人员家庭的凝聚力和解决问题的能力。

带领DG村小学学生到市强制隔离戒毒所参观学习，举行禁毒手抄报比赛，增强村小学生的禁毒意识，引导他们正确认识戒毒人员。

到村内开展VR禁毒体验、禁毒迷宫等系列创新禁毒宣传活动，让村内群众都能更加了解毒品，远离毒品。

通过播放禁毒电影、设立禁毒小游戏摊位等方式到村内进行宣传，让村民在轻松有趣的环境中学习禁毒知识，同时向村民派发禁毒传单、展示毒品模型。

建立戒毒人员禁毒志愿者队伍，以身传教。社工组织操守稳定、表现良好的戒毒人员成立禁毒志愿者队伍，并对其进行培训，使其能够协助社工一起开展各种宣传活动，得到了群众的一致肯定。

与基层合作，多方联合宣传，扩大影响面。结合村内特点，联合多个基本部门开展禁毒宣传活动，让宣传多样化。

参与市公益创投活动，为村内禁毒工作争取更多的财力、物力资源，帮助因毒致贫致孤的涉毒家庭。

链接多方资源，提高就业率，稳定戒毒人员操守。密切跟踪戒毒人员，评估戒毒人员需求，多方链接资源，如为戒毒人员薪资追讨提供法律援助，与村内部分爱心厂企进行合作，提供工作岗位接收部分戒毒人员等，安置就业，协调经济，最大限度为戒毒人员保持操守提供环境支持。

开展生日会活动。通过为戒毒康复人员祝贺生日，给予其家庭式的温暖，从而使其产生感恩的心理，重拾信心，早日回归社会。通过布置，使得整个活动场地既温馨又美丽。通过与戒毒人员一起做游戏、唱生日歌、分享蛋糕，欢声笑语，欢聚一堂，以浓浓的亲情和不离不弃的关爱增强戒毒人员戒断的信心。

联合公安、村委会、戒毒康复人员、社工、义工一同举办了一场别开生面的趣味运动会。通过趣味运动会丰富戒毒康复人员的业余文化生活，促进了戒毒康复人员的身心健康，增强了公安、村委会、社工与戒毒康复人员之间的沟通交流，提高了村内的团队意识，帮助戒毒康复人员树立戒除毒瘾的信心和决心。

大力发展同伴辅导。扶持优秀且具有声望的戒毒人员作为“带头大哥”，在村内树立戒毒的典型标杆，发挥示范引领作用，同时服务戒毒康复工作；集合操守保持好的戒毒康复人员，使其变身为志愿者，让更多人亲眼见证戒毒康复人员的改变，从而更有效地降低社会歧视，实现构建和谐社区。

为高年级学生开展禁毒教育讲座。普及毒品知识，提高防毒意识，传授拒毒技巧，增强青少年识毒、防毒、拒毒能力。

（五）社区营造

1. 建立“三对一”帮扶模式

禁毒社会工作者、公安部门、村内治保会以“三对一”的合作模式开展工作，民警、专职禁毒社会工作者进驻DG村，大力发动基层的力量，与村委会的工作人员一起开展帮扶工作。治保会工作人员都是本村的人，都是戒毒人员家庭的街坊邻居，低头不见抬头见。对于村民而言，特别是有些戒毒人员家庭，一开始不熟悉禁毒社会工作者，也不清楚禁毒社会工作，这时，禁毒社会工作者可作为村治保会的“朋友”，由治保会介绍禁毒社会工作者给家属认识，从而将其带入成熟友好的帮扶圈子。此外，禁毒社会工作者也可作为协调者，改善村—警—民的关系。

2. 创造平等对待的环境

针对负性交往情况，禁毒社会工作者协同民警和治保会定期为戒毒人员创建条件。让他们大方地聊天，毫无顾忌地回首当年强制隔离戒毒时的种种，无疑是对他们的一种特别的信任，加上有民警、治保会工作人员在场一起畅谈，可方便他们有话说话，有气出气，创造一种他们最需要的平等对待的环境。

3. 建立激励机制，督促保持操守

在村治保会墙上有一张特别的“积分表”，每个戒毒人员以编号代替，每个月都有专人在表上记录，并划定不同的颜色区域，配合者加分，不配合者减分，各个戒毒人员的“成绩”一目了然，每个人都争着向高分者靠拢，进入“黄色”区域的低分者可能面临被再次强制隔离戒毒的风险。

4. 搭建互助机制，开展同伴辅导

对于DG村来说，同伴辅导是一个非常大的尝试，因为仍有不少人担心这些戒毒人员间的负性交往会产生“交叉感染”。但对这个自然村落来说，负性交往的情况防不胜防，一条巷子左邻右舍几乎家家都有戒毒人员。因此，禁毒社会工作者在定期召集戒毒人员开展活动时，会让同伴代表在活动中宣传接受社区帮扶的成效及感受，不仅宣传履行社区戒毒社区康复义务的好处，同时道出现今社会对他们的不同待遇，让他们重新认识自己、定位自己。

5. 全面落实戒毒康复人员帮教责任制

按照上级下发的文件，将村党委干部纳入帮扶小组中，组建以禁毒社工、禁毒办、驻村民警、村党委、义工、家庭成员、社会团体为主的帮扶核心力量，最大限度整合各方资源，构建禁毒帮扶新模式，精细帮扶戒毒人员，破解戒毒人员回归难、融入难的社会难题。着力推进网格化服务管理工作，创新吸毒人员服务管理，力争做到发现一个、戒断一个、帮教一个、巩固一个。

（六）成效评估

从2015年购买禁毒社工服务以后，2016年和2017年每年都只有2人复吸，2018年未发现该村户籍吸毒人员复吸。戒毒康复人员就业率达到60%以上。禁毒社工和村“两委”干部、村民骨干共同开展多次戒毒人员主题座谈会与康乐活动，并通过团队决定出同伴辅导员的候选人，开展了多次同伴教育活动。禁毒社工取得村“两委”干部的支持，村“两委”多次在村民大会上对表现突出的人员进行表彰。少部分戒毒人员有参与到社区活动中的意向，是潜在的禁毒志愿者。下一步将在现有的工作基础上，在个人层面深化服务，在社区层面注重良好氛围的营造。

参考文献

[1] 全国社会工作者职业水平考试教材编写组．社会工作实务（中级）[M]．北京：中国社会出版社，2018.

[2] 范明林，林德．社会工作实务：过程、方法和技巧[M]．北京：社会科学文献出版社，2018.

[3] 赵根磊．如何做好一场社区活动[J]．中国社会工作，2018（06）：25.

第十章　禁毒社会工作实务技能

第一节　访谈技术

一、访谈的过程

访谈也被称作是晤谈、会谈，是由英文 interview 一词翻译过来的。访谈在禁毒社会工作实务当中是指禁毒社会工作者有目的地与服务对象进行面对面的专业谈话，且具有访谈目的的明确性、访谈内容的选择性、访谈过程的计划性、访谈角色的规定性、访谈的非互惠性以及访谈的非娱乐性等特征。

访谈过程在这里指的是单次访谈的谈话过程。在禁毒社会工作实务当中，禁毒社会工作者需要根据服务对象问题的性质、难易程度、复杂性，以及服务对象自身解决问题的能力和条件等因素相应地为其提供禁毒个案工作服务。多次且内容相关的一系列访谈是个案工作服务的构成要件，有的个案长达两年甚至更长，每月 1~2 次访谈，有的需要 5~6 次访谈。

一般而言，单次访谈的时长在 40~50 分钟。虽然每次访谈的内容略有不同，但其谈话结构具有共性特征，主要分为准备阶段、开始阶段、发展阶段和结束阶段。

（一）准备阶段

1. 准备阶段的定义

访谈的准备阶段是社会工作者在访谈前为访谈顺利进行而做的准备工作，包括与服务对象提前预约、准备访谈提纲、做好会谈前心理准备等。

2. 准备阶段的内容

（1）提前预约

访谈开始前，需要与服务对象提前预约好时间、地点，并约定本次访谈的主题或主要内容、目的等。

（2）访谈前的准备

第一，访谈场所需要具备以下条件：独立封闭的房间，空间大小适宜，房间布置简明单纯，房间空气畅通、清新，光线适宜，温度、湿度适宜，访谈时不受电话铃声、敲门声或他人的打扰，房间外围环境清静。

第二，尽量选择在工作场所，避免独自前往服务对象私人住所，若有特殊情况，提前告知同事这次访谈的地点以及时间安排，并找人陪同前往。

第三，每次访谈时长以40~50分钟为宜，最好安排在工作时间。不同会谈的时间间隔要求在15分钟以上，以访谈者做好了新的访谈准备为准，特别是心理准备。

（3）准备访谈提纲

禁毒社会工作者的每次访谈都是解决服务对象问题的一次推进，所以，在访谈前一定要先制订好访谈提纲，做好充分的访谈内容准备。访谈提纲的制订需要分维度、分板块，分面向、分层次以及要有逻辑。

分维度、分板块。根据访谈目标划分相应的维度、板块进行访谈，且需要将访谈问题聚焦，将模块问题谈透，避免逻辑跳跃。以一次收集资料为目的的访谈为例，需要将服务对象的基本情况划分为家庭状况、婚育状况、居住状况、教育程度、就业情况、财政状况、违法犯罪记录、社交状况八大板块。然后分别开展访谈提纲的设计，以保证能够全方位且完整地收集服务对象的基本资料。

分面向、分层次。对每一个板块，进行由浅入深的纵向访谈问题设计，遵循“点—线—面”的原则。以一次解决服务对象的家庭关系问题为目标的访谈为例，先将访谈问题划分成基础面、分析面、拓展面三个面向。首先，基础面是对服务对象的家庭基本情况的了解。如“家里有几口人，跟你分别是什么关系，家庭成员各自的职业、年龄、健康状况”，层层递进询问。其次，分析面是指服务对象与家庭成员之间线性关系的问题。如“你与父母的关系怎么样，有发生过什么冲突吗，可以举例详细说明吗”。最后，拓展面是指了解服务对象对所存在家庭关系问题的内心看法。如“你对父亲这样打骂你的行为有什么看法或态度”。

有逻辑。在进行访谈问题设计时，需要保持上下问题的连贯性、一致性和逻辑性。避免因访谈提纲的逻辑问题导致访谈不顺畅，出现尴尬、冷场的现象，甚至不能完成访谈。

（4）做好会谈前心理准备

禁毒社会工作者需要整理自身的情绪，保证访谈是在良好情绪下进行的，若存在心事困扰，可考虑转介给其他禁毒社会工作者负责或者更改访谈时间。另外，在访谈开始前，需要对服务对象的档案信息进行回顾并且明确本次访谈的目标，尽可能想到访谈中会出现的一切情况及其应对措施。

（二）开始阶段

1. 开始阶段的定义

开始阶段是指进入正式访谈之前，为了能够明确本次访谈目的、调整好访谈状态而进行的一个简短的访谈过程。其目的是为了让服务对象了解当前的服务进度，确认当日的访谈主题及流程，帮助服务对象尽快进入角色，确保接下来访谈的顺利进行。

2. 开始阶段的内容及要素

开始阶段的要素主要包括寒暄、开场白、总结以往的访谈并寻求服务对象回应、确认当天的访谈内容并引入主题。

（1）寒暄

寒暄主要是为了与服务对象一起回顾之前的帮扶工作，缓和与服务对象之间的关系，与服务对象保持良好的沟通。另外，也可以通过关怀服务对象的家庭情况、工作情况以及生活当中遇到的一些趣事或者印象深刻的事情等，来帮助服务对象减少紧张和戒备情绪，更快进入角色，投入到访谈当中。

（2）开场白

开场白主要包括自我介绍、本次访谈的目的、约定或告知访谈规则、澄清误会及消除阻抗、达成共识。

进行自我介绍，建立良好专业关系。良好的专业关系是访谈顺利进行的前提和基础，主要包括三方面的内容。第一，社工个人及所提供的服务介绍，包括称谓，服务内容有哪些，如何提供服务，所擅长的服务领域，与禁毒办工作人员、派出所民警之间的关系和角色区别等。第二，介绍机构所能提供的资源和服务范围。第三，在访谈过程中始终保持尊重、平等、开放、接纳的态度，营造安全、信任的氛围。

说明本次访谈的目的。明确告知服务对象访谈的目的，包括本次访谈的方向以及访谈所收集的资料的用途、作用等，是访谈顺利进行的关键。例如，社工可以告知服务对象："这是一次收集资料的访谈，所收集的资料主要是用作建立日后的个人服务档案，也是为下一步制订个人的专属服务计划做准备。"

约定或告知访谈规则。在开始阶段，社工需要与服务对象重申访谈的规则，包括本次访谈的时间、内容以及访谈中需要遵守的行为规范。例如，"本次访谈主要是想进一步谈一下你的家庭关系问题（与父母、妻子、孩子之间），大概需要 40 分钟左右，整个过程如果有什么地方让你觉得不舒服的可以告诉我，我们一起解决，你也可以放心，今天的聊天内容也会做好保密工作。"若是第一次访谈，社工需要与访谈对象协商制定访谈中双方共同遵守的行为规范，以确保访谈顺利进行。比如准时出席，约定双方的联系应建立在工作日时间或者有突发事件时，遵循保密义务等。

澄清误会、消除阻抗。服务对象来到机构后，一般希望自身的问题能够得到完全解决。当了解到机构不可能完全满足其期望后，有可能产生失望、沮丧等情绪。对此，禁毒社会工作者需要做到：一方面，明确服务对象和禁毒社会工作者的角色关系以及禁毒社会工作者的职责范围，尽可能减少因此而带来的误会；明确告知双方需要共同履行的责任和义务，比如对于服务对象而言，要完成禁毒社会工作者布置的家庭作业，保证个案辅导的时效等，对于禁毒社会工作者而言，则需要遵守职业伦理，对访谈内容保密等。另一方面，禁毒社会工作者要清楚告诉服务对象，问题的解决需要共同努力，减少服务对象的依赖心理，增强服务对象解决自身问题的责任心。

达成共识。若是第一次访谈，禁毒社会工作者和服务对象需要就共同的目标以及需要改变的现状、程度达成共识。

(3) 总结以往的访谈并寻求服务对象回应

禁毒社会工作者可以对以往的访谈内容进行总结，使服务对象对整体的访谈逻辑有大致且清晰的了解；总结之前已取得的工作成果，使服务对象明白目前的进展，并争取得到服务对象的回应。

在回应方面，禁毒社会工作者可以询问上次访谈之后的这段时间里服务对象的特别经验与感受，比如围绕服务对象解决或未解决的问题，了解在上次访谈后的这一段时间内，服务对象的看法和行为是否有什么变化。若经过上次的访谈，服务对象的问题有积极变好或得到解决的趋势，则需要进一步巩固成果，并且探究服务对象产生变化的过程；若服务对象的问题未能得到解决且出现恶化的情况，除了了解导致恶化情况出现的原因外，还要及时调整当天的访谈计划。

(4) 确认当天的访谈内容并引入主题

以上工作结束后就正式进入访谈的主题，禁毒社会工作者可以运用专业技巧引出本次访谈的主题，围绕主题开展本次访谈。比如，问题清单法，向服务对象罗列目前需要解决的问题清单，询问或确认服务对象解决问题的先后次序，进一步落实当天访谈所需要解决的主要问题。

(三) 发展阶段

1. 发展阶段的定义

发展阶段是禁毒社会工作者与服务对象围绕访谈的主题进行访谈的主体部分。这一阶段需要禁毒社会工作者与服务对象一起合作，针对本次访谈的目标，分析问题，评估问题，找出解决问题的途径，力求通过一次高效的访谈达到本次会谈的目标。

2. 发展阶段的访谈技巧

(1) 提问

每次访谈的目标以 1~2 个为宜，主要围绕 1 个问题进行访谈，若问题相关可以适当将访谈目标调整为 2 个。在发展阶段进行访谈，应该在保证访谈内容及结构完整的前提下，完成访谈的目的，可根据实际情况调整访谈问题的先后顺序，对于已在对话中体现的内容可不提问。

初期探索式提问。第一，初期的探索提问代表第一次实质性地进入问题领域。通常所谓的提问是指通过这样的方式让服务对象有更多的机会来充分自由地表达自己。主要可以表现为两种形式，分别是提出要求和提出问题的发问。提出问题的发问如，“当你打电话来时提到有些家庭问题，在家庭中发生了什么事吗?”或“是什么原因让你在当时想到跟我们联络呢?”提出要求的发问如，“请告诉我困扰你的事。”

第二，除了掌握以上两种初期探索形式的发问以外，还需要明确初期的探索式提问是用于探索个人问题情况，包括被认定问题的原始环境、发展情况和目前状态等相关方面。例如，“这些困难是如何发生的?”“在你成长过程中有哪些家人和你在一起?”“你怎么形容你的父母?”“当它发生时你是怎么想的?”“你想如何改变?”“那时你是怎么做的?”

积极追索式提问。提问的问题来源于对有关“个人—问题—情境”信息的积极追索。问题的类型基本上有两类：封闭式问题和开放式问题。

封闭式问题被认定是一种诱出简单答案的方式，有时答案只有“是”或“否”。封闭式问题可以在短时间内收集到很多信息。特别是在紧急情况下，对快速收集到生死相关的信息是很有用的。例如，“你在哪里工作?”“你是否服用了任何药物?”“你服用了多少药物?”

封闭式问题存在一定的利弊，好处在于能够快速收集，但同时也限制了自由和充分探索个人问题情境的其他方面。封闭式问题容易使服务对象感觉是被研究的对象，会有被质问的感觉而不是访谈的感觉，从而影响专业关系。因此，除非是有威胁生命的紧急状况发生，否则最好将封闭式问题和开放式问题结合。

开放式问题是用以鼓励人们广泛表达自身的一种方式，与引导式问题有所区别，用以探索更深或更广的层面。主要分为“3W”，分别是“who \ what \ why”类型问题的提问。

（2）澄清

澄清是指禁毒社会工作者引领服务对象对模糊不清的陈述作更清晰、清楚的解说，使之成为清楚、具体的信息。澄清也包括禁毒社会工作者解说自己所表达的不甚清楚的信息。

社会工作者在运用澄清技术时应注意以下几点：一是多用开放式的提问引导服务对象作更多的表达，例如，“从他离开你到现在的这三天你都做了些什么”；二是适当运用封闭性的提问澄清具体的信息，例如，“你是说他离开你之后你再也没有去找他”；三是邀请服务对象作举例说明是澄清的较好方法，例如，“你不喜欢他处理问题的方式，你可以具体说说，例如……”；四是感觉到不清楚的信息应及时澄清；五是禁毒社会工作者传递给服务对象信息后，应注意观察服务对象的反应，如发现服务对象疑惑、不解，要及时澄清；六是澄清的技术应该贯穿于个案会谈的始终。

（3）同感

反映感受与意义需要禁毒社会工作者直接反映服务对象的情绪以及同他们相关的事实和思想。下面将举例说明五种不同层次的感受反映。

在一次会谈中，服务对象说了如下一段话。

服务对象：“我觉得很难过，很难过，我明明一直遵守规则、按时尿检，我已经决心改过了。这次外出出差谈生意，本来眼看就要成功了，结果遇上身份证响警，警察找上门了，被合作伙伴知道后又改主意了，合作多半是泡汤了，我很气愤，为什么我努力了这么久，一夜之间就又得重新开始，过一个正常人的生活对我来说怎么就这么难呢？我身边的家人朋友都劝我看开一点，坚持下去一切都会变好的，我很气愤、很无助，不知道接下来应该怎么做才好。”

对服务对象说的这些话，工作者可以有不同的回应，但不同的回应所产生的效果是不同的，下面五种回应方式反映了同感的五个层次（见表 10-1）。

表 10-1　同感的五个层次

禁毒社会工作者	同感的层次	五个不同层次的具体阐述	感受	程度	内容
一	5	从你每次按时尿检、积极工作可以看出你戒断毒瘾的决心，你在很努力地想改变自己原本的生活状态，想变得更好。这次身份证响警导致警察上门让你感觉到之前做的努力都白费了，你感到非常失望和难过，甚至有点不甘心，被人怀疑的滋味一定很不好受吧。虽然朋友都劝你看开点，但是你害怕、迷茫，心里也很矛盾，不知道自己的坚持是否有结果，也不知道自己的选择是否正确的	√	√	√
二	4	因为身份证响警导致警察找上门，让你这么长时间的努力和坚持都白费了，所以你感到很失望、难过，也不清楚前面的路该如何走，心中很混乱	√	√	√
三	3	因为身份证响警导致警察找上门，所以你感到很失望、难过	√	○	√
四	2	你一向保持操守，但想不到一次警察上门就把你的努力全白费了	○	○	○
五	1	你为什么会感到如此悲伤呢	○	○	○

在第一个层次的回应中，禁毒社会工作者似乎根本没有留意服务对象所说的话。问服务对象为何如此悲伤，是十分不适当的问题，反映了社工没有留心倾听，完全忽略了服务对象所表达的重要感受。

在第二层次中，禁毒社会工作者与服务对象表面所讲的一致，但只领会了较为表面的感受，缺乏感情的要素，反映了社工的倾听不是很准确，以致了解不够全面。

卡科贺夫提出，若要在个案工作过程中产生治疗功效，最低限度需要达到第三个层次的共鸣同感。在第三个层次中，禁毒社会工作者的回应与服务对象所表达的意义和感受协调一致，禁毒社会工作者的回应显示其对服务对象的表面感受有正确的了解，但仍未能对服务对象隐藏在言语背后较深的感受作出回应。

在第四个层次中，禁毒社会工作者达到相当深的同感，在回应中禁毒社会工作者所表达的感受深于服务对象所表达的。换句话说，由于禁毒社会工作者可以将服务对象深藏在言语背后的感受表达出来，服务对象可以经历和表达原来没有觉察和没有表达的感受，因此也能掌握这些感受背后的意义。

第五个层次做到了最准确的共鸣同感，不但明白服务对象很失望、难过这些表面感受，连深入的害怕、迷茫、矛盾也作了准确的回应。在这一层次作出回应的禁毒社会工作者掌握并向服务对象传达了全面且正确的同感。

（4）对焦

对焦是指禁毒社会工作者对服务对象偏离的话题或者宽泛的讨论进行引导，使讨论集中于某个焦点。通常禁毒社会工作者可以通过让服务对象自己列出话题或者问题的重要次序聚焦讨论的焦点。例如在实际的个案面谈中，禁毒社会工作者可以向服务对象建议，“您有很多话题（问题）想谈，因为时间有限，您这次最想谈的话题（问题）是什么？其他的我们放在以后。”或者“您能否把接下来想做的事情排一下次序？这样我们就可以从您最希望做的事情开始。”

但是，在使用对焦技巧时，需要避免过分生硬，应考虑偏离主题的程度及所持续的时间，来决定在恰当的时机进行对焦。同时，禁毒社会工作者应避免出现自身将话题带偏的现象。

（5）摘要

即禁毒社会工作者将服务对象的长段谈话或者不同部分的话题进行整理，概括和归纳其中的要点。对于服务对象的长段谈话，禁毒社会工作者需要进行必要的概括和归纳。例如，“您刚才讲的是不是包含……几个方面的要求?”或者“您刚才讲的，我的理解是……您有什么补充吗?”通过这样的归纳和概括，可以帮助服务对象增进对自身的理解。

在使用摘要技术时，需要注意不要大篇幅重复服务对象的话，只需要点出谈及的主题和重点即可；在完成摘要后，还应向服务对象确认摘要是否准确，允许服务对象否定、接纳或更正摘要。

3. 发展阶段的注意事项

（1）注意把控谈话节奏及方向

部分服务对象可能会出现跑题或者思维跳跃的情况，此时禁毒社会工作者要注意控制谈话的范围及方向，适时插问，不要随意离开主题，注意问题间的衔接。

（2）提问要明确清晰

口语表达，语气婉转。所提问题短小、具体，避免使用含混的、抽象的专业术语。发问的语气和态度不要咄咄逼人，要以平等的态度提问。

（3）对回答不作任何评价

保持客观、公正的立场，可以重复问题，也可以进行解释，但不能给予暗示，只能作中性的反应，如“我明白你的意思了”“请继续说”等话语，以鼓励对方把话说下去。

（4）维持服务对象的访谈动机

当访谈双方的关系趋向紧张时，禁毒社会工作者必须设法缓和紧张气氛，可以转换一个服务对象感兴趣的话题，如果服务对象回答情绪低落，开始厌倦回答问题，也可暂停交谈休息一下，借此维持其访谈动机。

（5）注意非语言交流

服饰、语气、目光、动作、姿态等也能表达某种意义，禁毒社会工作者要善于察言观色，分析和利用相关的非语言信息。如，访谈过程中被访者连连点头，意思是“赞成”“同意”；匆匆记录问题，表示问题可能非常重要；与社工保持较远的人际距离，可能暗示对访谈不感兴趣或怀有敌意；东张西望，表明注意力已经转移；频看钟表，意味着希望尽快结束访谈等。

（四）结束阶段

1. 结束阶段的定义

结束阶段是指已到约定时间、访谈的目的已达到或因其他原因需要结束本次访谈的阶段。一般情况下，禁毒社会工作者可以在访谈结束前的5~10分钟开始进行访谈的结束工作。

2. 结束阶段的内容及要素

结束阶段应该包括以下要素：

（1）指出访谈时间已到或访谈目的已达成；

（2）询问是否还有补充。在访谈结束前，与服务对象共同回顾本次访谈的内容，询问服务对象的收获、感受；

（3）总结核实访谈要点。询问服务对象对本次访谈内容是否存在疑问或者需要补充的地方；

（4）布置“家庭功课”。向服务对象布置“家庭功课”，交代服务对象在下次会谈前的这段时间内应该做的努力以及需要注意的地方；

（5）约定下一次访谈。向服务对象交代下次会谈的时间、地点及会谈的大概内容。

3. 结束阶段的注意事项

在会谈中，服务对象可能会因谈话内容或与工作者沟通互动方式而产生强烈的正面或负面情绪，社会工作者有责任在服务对象离开之前帮助服务对象恢复平静。

社会工作者应对服务对象“礼貌送客”，社会工作者不可以先于服务对象离开会谈室。不可小视“礼貌送客”的意义，它意味着社会工作者对服务对象的关怀自始至终，而离别时的温暖也许会令服务对象在一段时间之内都能保持好心情。

二、访谈的分类

（一）收集资料的访谈

收集资料的访谈是指为解决服务对象的问题或者为达成服务目标，迅速、全面且广泛收集有利于目标达成或服务对象问题解决的相关线索和信息的一种访谈类型。

1. 收集资料访谈的常见应用

按照访谈对象划分，主要分为对服务对象，对与服务对象关系密切的家庭成员、朋友、同事、社区居委会、派出所民警、服务购买方等利益相关群体进行的收集资料的访谈。

按照访谈目的划分，主要分为档案建立、就业安置、相关救助或补贴申领、家庭纠纷解决、相关项目或活动开展等需要收集资料的访谈。

（1）建立档案的访谈

为了完成服务对象个人基本档案建立这一目的，通过访谈对服务对象的个人基本情况、滥药史等进行资料收集。

其中，个人基本情况包括服务对象的家庭状况、婚育状况、居住环境、教育程度、就业情况、财政状况、违法犯罪记录、社交状况等方面。药物滥用历史包括服务对象的滥用药物情况、戒药历史等。

（2）就业安置的访谈

为了解决服务对象出所后的就业问题，以访谈的形式收集其以往的工作情况、工作经验、相关的职业证书等资料，为下一步的就业辅导服务提供方向。

（3）相关救助或补贴申领的访谈

这个类型的访谈主要包括低保评定、公租房申领、工伤赔偿、创业补贴申领等，可以根据相关政策对服务对象的实际情况进行收集。比如，协助服务对象申领城镇低保，需要根据城镇低保认定办法的条件，通过访谈收集家庭成员、家庭收入、家庭财产以及家庭消费支出等有效信息，判断其是否符合城镇低保的申领资格，再协助其进行相关证明材料的整理和递交。

（4）相关项目或活动开展前期的访谈

为了保证项目及活动的有效、顺利开展，前期需要对服务对象及其所在的环境系统进行资料的收集。比如开展一场毒品预防宣传教育的社区宣传活动，可以通过访谈了解社区居民的年龄分布、作息时间、参加意愿等信息，另外还可以向村委会、社区居委会了解其可以提供的相关资源的信息，包括场地、物资的申请，活动开展的审批等。

2. 访谈要点

（1）建立档案的访谈要点

准备阶段：与服务对象提前进行访谈时间和地点的预约、熟悉相关档案表格以及问卷的问题设置。

开始阶段：说明本次访谈是为了收集基本资料进行建档，解释建档的目的是为了下一步工作计划的制订，此外，还需要说明社会工作者会对档案内容进行保密。

发展阶段：按照既定的访谈提纲内容进行逐一提问。

结束阶段：询问是否有补充，约定下次访谈的时间和地点，大致确定下次访谈的基本方向。

（2）就业安置的访谈要点

准备阶段：与服务对象提前进行访谈时间和地点的预约、制订访谈提纲，主要从服务对象的经验、动机、能力、技能、要求、资源六方面进行问题设计。

开始阶段：开场白，说明本次访谈是为了收集服务对象就业方面的相关资料，以便进一步提供就业辅导服务。

发展阶段：首先，询问其求职的意愿或者动机，以及要求、资源等，确定目标岗位。其次，帮助其从以往的工作经验中进行相关工作经历的匹配，梳理求职该岗位必备的技能，并对比自身的技能查漏补缺。

结束阶段：询问是否有补充，约定下次访谈的时间和地点，大致确定下次访谈的基本方向。

（3）相关补贴申领的访谈要点

准备阶段：与服务对象提前进行访谈时间和地点的预约，提前了解相关补贴申领的政策以及所需要的表格资料。

开始阶段：说明本次访谈是为了协助其进行补贴申领。

发展阶段：匹配服务对象目前的情况是否能申领补贴，若可以，告诉其相关的申请流程并帮助其准备相关的申请材料；若不行，耐心解释不可行的原因，并共同讨论解决服务对象困扰的办法。

结束阶段：询问是否有补充，约定下次访谈的时间和地点，大致确定下次访谈的基本方向。

（4）项目或活动开展前期的访谈要点

准备阶段：确定项目或者活动的目标群体，制订有关活动或项目开展的访谈提纲。

开始阶段：向目标群体说明即将开展的活动，针对具体的活动内容通过收集资料进行意见征集。

发展阶段：了解目标群体的类型特征，对活动和项目开展的需求，以及客观的场地、资源等支持，了解以往是否提供过类似的活动，开展的效果、内容及形式如何。

结束阶段：询问是否有补充，约定下次访谈的时间和地点，大致确定下次访谈的基本方向。

（二）评估问题或需求的访谈

评估问题或需求的访谈是指为了提高服务的匹配程度，前期运用访谈的方式对服务对象需求和问题的形成、造成影响的主客观因素及其与环境的关系进行评估的一种访谈类型。

1. 评估问题或需求访谈的常见应用

对于戒毒人员而言，主要包括对其戒毒动机的评估、社会功能的评估、就业评估、健康评估、成瘾评估以及疾病筛查评估、个案动机评估等。

（1）健康状态评估

健康评估主要分为身体状况和精神状况两方面，包括身体特征、衣着及个人卫生、清醒程度、动作、面部表情、眼神接触、谈吐（言语的流畅度、对社工的态度）、知觉、情绪、自杀风险、暴力行为、接受治疗记录以及识病行为等。

（2）就业评估

为了后期给服务对象提供更好的就业辅导服务，需要从服务对象的经验、能力、技能、要求、资源和动机对其进行就业需求评估。

（3）戒毒动机评估

戒毒动机评估主要包括三方面的要素，首先评估其对毒品的认知是否正确，其次评估其对戒毒的态度与期望，最后评估其是否有具体的行动意愿和打算，比如自身一个月不吸毒的把握有多大等。

2. 访谈要点

准备阶段：与服务对象提前进行访谈时间和地点的预约、熟悉相关档案表格以及问卷的问题设置、准备相关的评估量表。

开始阶段：告诉服务对象本次访谈是为了了解其健康状态，或就业状况，或戒毒动机并进行评估，以便日后介入干预工作的顺利开展。

发展阶段：按照既定的问卷内容分板块、分维度逐 地进行提问。健康评估主要分为身体状况和精神状况两方面。身体状况主要就疾病、并发症、共病、传染病等病史和现状进行评估，精神状况主要包括共病史、清醒程度、语言表达、个人行为、衣着状况、卫生状况等。就业状况评估主要包括劳动技能、工作经历经验、就业动机、待遇要求与市场匹配度、通勤时间等。戒毒动机包括认知、改变的意愿和改变行动等。

结束阶段：询问是否有补充，约定下次访谈的时间和地点，大致确定下次访谈的基本方向。

评估与诊断的访谈可能需要用到一些常用的量表，禁毒社会工作者需要掌握和熟练使用。

（三）咨询与干预的访谈

咨询与干预的访谈是指运用访谈的技术试图对服务对象所出现的问题进行解决的一种访谈类型。

1. 咨询与干预访谈的常见应用

咨询与干预的访谈包括心理咨询、就业与生计事务咨询、政策咨询、动机强化干预、行为强化干预、家庭关系调适等。

咨询与干预访谈的目的一方面是为了改变服务对象的吸毒状况，如提高治疗依从性、改变认知、强化动机、预防复吸等；另一方面是为了改变吸毒导致的生活生计发展状况，最终使服务对象融入社会，过上健康的生活，如就业动机强化、家庭关系调适、社会支持体系重建等。

2. 访谈要点

准备阶段：需要提前与服务对象做好访谈时间、地点的预约，准备本次访谈的访谈提纲。

开始阶段：此阶段的内容包括建立咨询关系、收集相关信息、进行心理诊断、调整求助动机、确立咨询目标、制订实施方案等一系列步骤。其中，实施方案的内容包括咨询目标、双方的特定责任、双方的权利与义务、咨询的次数与时间安排、咨询的具体方法、咨询的过程和原理、咨询的效果及评价手段、其他问题及有关说明。

发展阶段：发展阶段是咨询与干预访谈最核心、最重要的实质性阶段，禁毒社会工作者的主要任务是帮助服务对象分析和解决问题，改变其不适应的认知、情绪和行为。咨询与干预访谈专业性要求比较高，常常会用到动机式访谈技术、认知行为治疗技术、家庭治疗技术等专业技术，需要禁毒社会工作者接受这些技术的训练。

结束阶段：确定咨询结束的时间、全面回顾和总结、帮助求助者运用所学到的方法和经验。

三、访谈记录

访谈记录是指将禁毒社会工作者与服务对象在会谈过程中的互动内容详细记录下来。按照表达角度的不同，过程记录可分为问答式记录和描述式记录两种。

（一）问答式记录

问答式记录相当于以逐字稿的形式，一字一句地还原会谈过程中禁毒社会工作者与服务对象之间的对话，如同剧本一样，将会谈过程呈现出来，使记录有立体感，给人以真实的现场感受。问答式记录更多地用在观摩个案实务中，由观察员进行记录。如下所示（禁毒社会工作者简称“工”，访谈对象李女士简称“李”）。

李：是的，我们很少有机会能见到他，年轻人的东西我们也不懂。

工：他吸毒的事情你们知道吗？

李：知道，我们说过他很多次，但他就是不听，我们也没有办法。有一次，还偷拿了家里的钱去吸毒，半个月不见人影，我跟他爸找遍了他平时可能会去的地方，差点都要报警了，最后还是他的一个朋友带我们去找的他，才把他带回家里。

工：回来之后，你们跟儿子坐下来聊过这件事吗？

李：没有，我跟他爸平时都要上班，哪里有时间。

工：儿子平时跟你们的关系怎么样？

李：比较冷漠吧，可能是我们太忙了，也没心思照顾孩子的情绪，孩子跟他爸说不上几句话就开始吵架，家里没消停过。

（二）描述式记录

描述式过程记录是指记录者或工作者以第一或第三人称的角度，陈述访谈的过程。例如：

在会谈刚一开始，服务对象有些紧张，总是低着头，话不多，说话时不看我。我尽量表现出对他的友好和接纳，慢慢引导，渐渐地他的话也多了。当我问他是否记得是从什么时候开始变得内向时，他便滔滔不绝地告诉了我，他进强戒所之前是当销售的，性格开朗外向，嘴皮子很溜，朋友也很多。但是，没想到一进这里，不知道心事能够找谁倾诉，不知道别人会不会愿意倾听……他可能是对这里的环境感到恐惧和不适应……

从如上的例子中可以看到，描述式的过程记录，可能会因禁毒社会工作者把握上的差异，记录的详细程度有所不同。但是，一般而言，过程记录必须包括有关的基本资料、服务对象与工作者的谈话内容及身体语言、工作者的感受与反应、工作者的观察和思考等内容。

第二节　诊断与评估技术

诊断与评估是要探究服务对象的问题与需要，作出问题阐述、形成判断。可以从以下几个方面进行：第一，了解服务对象的问题与需要，包括问题是什么，问题的范围、严重程度及持续的时间。第二，了解问题是如何发生的及发生的原因，包括问题是在什么情况下发生的，发生的时间、原因与先后次序以及服务对象和其他重要系统的反应及应付措施。第三，了解服务对象的处境及其社会系统的情况，了解服务对象曾经为解决问题做过的努力，从中获知其是否有足够的解决问题的动力，用了什么方法，以及所用方法的原因和效果等。第四，探究服务对象问题得不到解决的原因。第五，了解服务对象系统的发展阶段。第六，了解并鉴定服务对象系统的资源状况，包括预估服务对象参与解决问题的动机强度、学习的能力、资源和时间等情况。

在诊断和评估需求的过程中，社会工作者需要具备以下的价值取向，如坚持个别化原则、判断过程中注重双方的参与、判断过程中警惕自己的价值偏见、避免将问题简单归因、坚持非批判态度。常用的诊断与评估技术主要包括资料分析、量表测评、个案分析和个案讨论。

一、资料分析

对访谈所收集的资料进行分析，需要经历以下 3 个步骤，分别是资料的整理和编码、分析与解读、总结与诊断。

（一）资料的整理与编码

1. 分析前的初步整理

（1）给每份资料一个编号，建立一个编号系统

该系统包括：资料的类型（访谈、观察或实物）；收集资料的时间、地点和情境；参与访谈的对象（包括访谈者和被访谈者的姓名、性别和职业等）；资料的排列序号。

（2）原始资料的备份，保存原件

2. 整理笔记与建立档案

在这一阶段，需要完成对资料的审查、分类、建档和编码等具体事项。

（1）资料的审查

对资料的审查主要是判断文字资料的真实性、准确性和适用性。其中，真实性审查的方法主要包括以下 4 种，分别是根据已有的经验和常识进行判断、根据材料的内在逻辑进行核查、利用资料间的比较进行审核、根据资料的来源进行判断。

（2）分类

分类是将资料分门别类，即根据文字资料的性质、内容或特征，将相异的资料

区别开来，将相同或相近的资料合为一类的过程。在进行分类的过程中，关键是要确立合适的分类标准，结合访谈的目的或者根据资料本身的特点（比如性质、内容、特征）来选择合适的分类方式。

（3）建档

建档分为4类，分别是受访谈者的背景档案、参考资料档案、传记档案以及分析档案。其中分析档案是最主要的档案类别，根据分析的主题将各种资料分别集中起来。

（4）编码

根据访谈的原始资料，访谈者可以从中组织不同概念的类别，创造出主题或者概念，再使用这些主题或概念来分析资料。比如，在对戒毒人员进行关于复吸风险评估的访谈时，对于所收集的资料可以按照戒毒人员以往的戒毒经历、同辈群体的影响、家庭的支持状况等主题进行资料的编码。

（二）分析与解读

资料本身并不会说话，它们在很多时候甚至是支离破碎的。要使资料具有意义，就要对它们进行整理，找出它们之间的逻辑关系，进而进行分析和解释。所谓分析是把整体分解为部分，以发现整体的性质、目的和作用；而解释则是阐明事件的含义使之能够被理解。分析资料的具体方法如下。

1. 排列次序

即按顺序和重要性对资料进行排序，将其排列成为在时间上有先后次序、在逻辑上有因果联系或者有其自身脉络的事件图。

2. 发现问题

即识别资料间的关系或形态，发现资料各部分间的逻辑关系，从而能够将零散的资料组合成为一个完整的整体，对服务对象的需要和问题有完整的了解。

3. 识别原因

识别是指将那些形成问题或者可以缓解问题的因素找出来，进而确定事件各因素的关系和形态，确定导致问题的原因。识别要求社会工作者从问题的表面深入问题的内部，通过探查问题内在深层的因素，找出问题形成的本质原因。

4. 对服务对象的问题与需要作出解释

所谓解释即是将所获得的有关服务对象系统的资料、直觉，及服务对象和禁毒社会工作者对需要与问题的认识加以整理和组织，形成概念性的认识，去解释问题。在解释清楚的基础上才能寻求解决办法，进而改变问题。解释资料的过程与分析资料是同步进行的。对资料的解释即是赋予资料以含义。禁毒社会工作者要注意，自己的解释是有界限和盲点的，服务对象才是他们自身问题的专家，所以要将自己的解释与服务对象进行讨论，不断澄清和修正原先的解释。如戒毒人员解除强戒后，由于受到歧视，出现难就业的情况，由此往往推断出就业问题成为影响复吸的重要因素。然而有部分戒毒人员以村里分红、房屋出租为主要收入来源，经济状况良好，收入稳定，就业需求并不强烈。可能禁毒社会工作者在与服务对象的交谈中会发现，影响服务对象多次复吸的真正原因是家庭关系恶化或其他原因，而不是就业原因。

（三）总结与诊断

1. 总结

总结是指通过对所收集的资料进行整理分析后，对服务对象的心理和行为问题就严重程度和归纳诊断形成大致判断。

总结包括：归纳提炼出服务对象的主要问题、次要问题及问题排序；对问题产生的原因进行归纳；对解决问题的方法、路径和资源进行归纳和排序。总结与诊断是进行干预治疗前的决策过程，始终贯穿在咨询访谈的全过程。

2. 诊断

诊断是指将临床资料相互对照和比较，以确定其真实可靠性。禁毒社会工作者要学会纵向和横向比较，抽象概括出牵动各种因素的关键点。

进行诊断的基本步骤包括：按档案中的表分类填写收集到的全部资料，包括个人基本资料、个案动机评估等。按先后顺序，列出临床表现，再列出收集到的各类有关资料，进行对比和分析。找到引起问题的关键点，其内涵在于，第一该因素是多数临床表现的原因或与多数临床表现都有内在联系，第二该因素无论形式如何改变，其本身性质不变。

需要注意的原则：分析资料时既要可靠真实，又要符合客观逻辑。确定心理和行为问题的关键原则不包括：服务对象家属提供的资料最有可靠性和真实性；禁毒社会工作者凭借经验可以对初期资料作定性分析；服务对象所提供的资料不能作为分析问题的依据。对于诊断而言，找到关键点或关键因素是最基本的也是最重要的技能。

二、量表测评

在诊断问题和评估需求阶段，需要借助量表工具进行科学的、可量化的评估。一般而言，需要对戒毒人员进行健康评估（包括躯体健康和心理健康）、成瘾评估和疾病筛查评估等，主要分为自评和他评两种形式。

常见的自评量表包括症状自评量表（SCL-90）、焦虑自评量表（SAS）、抑郁自评量表（SDS）、贝克抑郁自评问卷（BDI）、精神活性物质使用问题筛查量表（AS-SIST）、阿片类稽延性戒断症状评定量表、海洛因渴求问卷等。他评量表包括简明精神病量表（BPRS）、汉密尔顿焦虑量表（HAMA）、汉密尔顿抑郁量表（HAMD）以及社会功能量表（SFRS）等。成瘾严重程度指数（ASI）、匹兹堡睡眠质量指数（PSQI）属于自评和他评结合的量表。

（一）自评量表

下面介绍常用的 4 种自评量表及其主要应用。

症状自评量表（SCL-90）共有 90 个项目，包含有较广泛的精神病症状学内容，从感觉、情感、思维、意识、行为直至生活习惯、人际关系、饮食睡眠等，均有涉及，并采用 10 个因子分别反映 10 个方面的心理症状情况。其主要用于对心理健康的评估，是当前使用最为广泛的精神障碍和心理疾病门诊检查量表。

焦虑自评量表（SAS），是一种分析病人主观症状的相当简便的临床工具。适用于具有焦虑症状的成年人，具有广泛的应用性。国外研究认为，SAS 能够较好地反映有焦虑倾向的精神病求助者的主观感受。而焦虑是吸毒成瘾者中较常见的一种情绪障碍，所以近年来 SAS 是较为常用的了解吸毒成瘾者焦虑症状的自评工具。

抑郁自评量表（SDS），能够反映病人的主观抑郁状况，广泛应用于门诊对抑郁症的筛查。

精神活性物质使用问题筛查量表（ASSIST）是 1997 年由 WHO 设计的一种标准化、结构式访谈问卷，用于筛查评估受评估者一生中和最近 3 个月的烟草、酒精、大麻、吸入剂、镇静安眠药、致幻剂、阿片类、可卡因、苯丙胺及其他精神活性物质使用问题的风险。该筛查量表包括 8 个条目，可计算出每种精神活性物质使用情况的总评分。

（二）他评量表

下面介绍常用的 4 种他评量表及其主要应用。

简明精神病量表（BPRS）主要评定最近 1 周内的精神症状及现场交谈情况。为 7 级评分，根据症状强度、频度、持续时间和影响有关功能的程度进行评定。

汉密尔顿焦虑量表（HAMA）包括 14 个项目，由 Hamilton 于 1959 年编制，它是精神科中应用较为广泛的由医生评定的量表之一，主要用于评定神经症及其他病人的焦虑症状的严重程度。在使用时需要根据病人的口头叙述进行评分，同时特别强调受检者的主观体验。

汉密尔顿抑郁量表（HAMD）由 Hamilton 于 1960 年编制，是临床上评定抑郁状态时应用最普遍的量表，适用于有抑郁症状的成人。

社会功能量表（SFRS）主要是对“社会功能缺陷筛选量表（SDSS）”和“日常生活量表（ADL）”进行修订后编制的，SFRS 包括了 SDSS10 个项目和 ADL10 个项目。主要用于评定本次发病以来社会功能最差的 1 周的情况。SDSS 主要用于评定社区精神病人的社会功能缺陷程度，是进行精神医学调查中，较为常用的评定工具。SFRS 量表不适合于住院期间的评定或住院时间少于 2 周的病人的评定。评定时由评定者通过对受评估者的询问，参照每个项目的具体评分标准对病人作三级评定，评定范围为最近 1 个月的行为表现。

（三）自评和他评结合的量表

成瘾严重程度指数（ASI）是一种应用于药物滥用和依赖者的半结构式访谈问卷，主要用于评估成瘾的严重程度、决定治疗需求和评价治疗效果。此量表可以测量有关症状对被调查者的影响和被调查者渴望治疗的主观感受，在预测治疗和评价治疗效果方面用途广泛。

匹兹堡睡眠质量指数（PSQI）主要用于评估受评估者近 1 个月的睡眠质量，量表由 18 个自评条目和 5 个他评条目组成，多被应用于心理评估。

三、个案分析

常用的工具包括社会历史报告、家庭结构图、社会生态系统图、社会网络分析方法。

（一）社会历史报告方法及其运用

社会历史报告是通过对服务对象社会生活历史的梳理，将各种信息进行整理分析后形成的综合报告。社会历史报告的内容主要包括服务对象社会生活历史的资料及社会工作者对这些资料的思考和预估。社会历史报告包含的资料有：

（1）服务对象系统的资料；

（2）服务对象关心的事项、需要、与需要相关的问题，以及这些事项的发展过程；

（3）服务对象现在的能力和限制等。

社会历史报告示例见表10-2。

表10-2　强戒人员小王的社会历史报告/信息表

接案信息	详细说明
重要的事件导致现在的问题及求助行为	幼年5岁时曾经目睹父母发生暴力冲突，父亲醉酒后与母亲发生争吵，并掐住母亲的脖子，小王独自一人躲在床上很害怕，不敢阻拦。6岁时父母离婚，小王跟母亲居住，母亲在工厂上班赚钱养家十分辛苦，顾不上他，他渴望父母的关爱 后来读了高中，常常上网、唱歌，彻夜不归。虽然母亲开始关注他了，但是关注的方式却是：你怎么变成这样了？你为什么学坏了？可是这不是他想要的，他希望能够跟母亲一起待一段时间，不想做一个没有人要的孩子
处理和有效性	小王反映自己希望得到母亲的谅解，跟母亲分享更多的内心想法，但是每次都不好意思，自己也不太会说话
情绪状态	处于剧烈混乱时期，自卑、自责，不断逃避
精神疾病记录	无
健康情况	健康状况良好
经济情况	经济状况良好，出所后有村内分红，打算做点小本生意
暴力/虐待史	无
支持网络	小王的母亲和继父。小王保持每周与母亲和继父通话一次
结案社会工作者的评价——有风险处需进一步调查分析	与家人关系疏离并且没有充足的表达，需要更为频繁的表达与直接的沟通 以家庭治疗方式促进家庭成员沟通并巩固家庭支持，同时协助其学习心理学知识，帮助其更好了解自我
转介	无

（二）家庭结构图

家庭结构图也称家庭树或家庭图谱，是以图形来表示家庭中三代人之间关系的方法。家庭结构图可以直观地提供有关家庭的历史，婚姻、伤病等重要家庭事件，家庭成员间的沟通和互动状况等重要信息，帮助禁毒社会工作者了解服务对象的家庭模式、服务对象在家庭中所处的位置以及家庭对服务对象的影响等。家庭结构图的内容与功能如下：

一是表达家庭的历史。二是提供家庭婚姻、家庭成员的死亡、家庭成员所处的地位和位置、家庭结构等与服务对象有关的摘要式信息。三是包含家庭几代的关系资料，提供服务对象的家庭关系、资源、问题与家庭的关系等资料。

使用家庭结构图作预估时，需要禁毒社会工作者和服务对象一同为家庭结构图加上图示，包括家庭的代际关系、主要家庭事件、家庭成员的职业、家庭成员的死亡、家庭的迁移和分散、角色的分配和指派、家庭内关系和沟通模式等。

在家庭结构图中，要使用不同符号来表示包括上述内容在内的特定的含义。一般用方形和圆形分别表示男女性别。用线段表示家庭成员的关系形态或者婚姻状况：实线代表已婚，虚线代表未婚；从夫妇关系衍生下来的孩子以线段相连，父母和子女之间、子女之间用粗细实线表示关系的紧密和不紧密状况，细线表示关系有问题和关系不好。夫妇分居和离婚分别用“/”和“//”符号表示，孩子以出生时间从左到右排列，死亡的家庭成员在方形或圆形图上用“×”表示。还可以在每个图示上注出家庭成员的名字和年龄，以不同符号表示相关结婚、分居、离婚、死亡等情况。例如，M1999 表示 1999 年结婚，C2000 表示 2000 年同居，S2004 表示 2004 年分居，D2005 表示 2005 年离婚等。另外，还可以用一些简单符号来记录家庭生活中的重大事件，如家庭成员的出生/死亡、毕业、工作/工作变动、生病、搬迁、意外事故、伤害等。

家庭结构图示例见图 10-1。

服务对象何某今年 28 岁，学历大专，从事电梯维修工作，已婚，妻子比自己小 2 岁，育有一个 6 岁的儿子。何某家庭有爸爸妈妈及大哥，爸爸今年 56 岁，妈妈 55 岁，二哥在两岁时溺亡，大哥因为身体残疾，不能参加任何劳动。其与大哥、爸爸经常起冲突，关系较为恶劣；经常与母亲打电话联系，关系较为紧密。全家都把希望寄托在他身上。正因为承受太多期待，他感觉自己的行为与父母预期差距甚远，觉得自己不配得到他们的关心。

（三）社会生态系统图

社会生态系统图也可简称为生态系统图。生态系统图展示了服务对象的社会环境，清晰地呈现出个人、家庭及社会系统之间的相互作用和影响，有效地将服务对象与外在环境系统的关系通过图形呈现出来，帮助社会工作者了解服务对象与其他社会系统之间的互动，从而清楚地看出服务对象的需要、问题与系统提供的支持或者非支持之间的关系。社会生态系统图呈现了服务对象的生态脉络，具

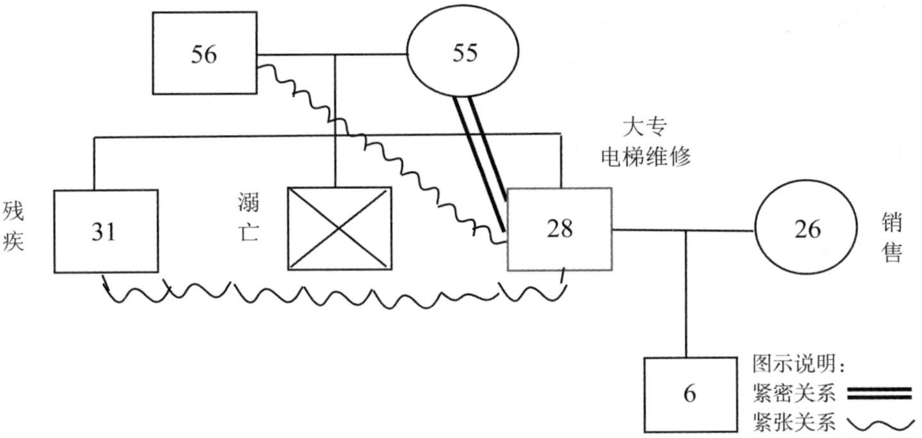

图 10-1　戒毒人员何某家庭结构图

体功能如下：

（1）描述服务对象的社会功能；

（2）以直观的方式呈现服务对象与这些系统的关系；

（3）勾勒出系统间的交流；

（4）呈现可使用资源的相关信息。

从生态系统图中可以看出：哪些是个人、家庭、群体和社区可运用的资源，哪些资源或支持不足或不存在，从而认识个人、家庭、群体和社区与环境之间关系的本质（通常以连接图中各系统的不同线段表示关系的性质，包括强、弱、紧张等，以箭头表示关系及资源的流向）。

根据服务对象的生态系统图，社会工作者可以问下列问题：

（1）服务对象收入能否满足基本需要；

（2）服务对象是否获得足够食物和合适居所；

（3）服务对象的邻里关系是否和谐？居住的环境是否安全；

（4）服务对象是否获得足够的预防性医疗服务和良好的医疗资源；

（5）服务对象能否获得所需资源？是否因地理环境、缺乏电话、交通设施等因素而使服务对象未能获得所需资源；

（6）服务对象是否与邻居、朋友及小区组织保持良好关系；

（7）服务对象是否属于某些群体组织或参与某些群体活动；

（8）社会系统是否能接受其他不同的文化、不同种族的价值观？个人、家庭、群体或社区现在持有的价值观是否与周遭的环境有所冲突？

生态系统图带出的这些问题帮助社会工作者认识和判断服务对象的需要、问题及满足需要和解决问题的途径与方向。

生态系统图的绘制方法：首先，用圆圈和方形将其家庭系统表示出来，并将服务对象置于家庭系统中。其次，将服务对象及其家庭的社会环境系统包含的人和团体、组织、机构等用圆圈或者方形表示出来。最后，用线段将各相关主体连接起来，相关主体间的距离表示了关系的亲疏连接，相关主体间的线条构成则代表关系的本质：实线代表关系紧密，虚线表示关系不紧密，曲线表示关系有问题、有张力或关系紧张，系统间关系线条的箭头则表示关系的方向性。

社会生态系统图示例见图 10-2。

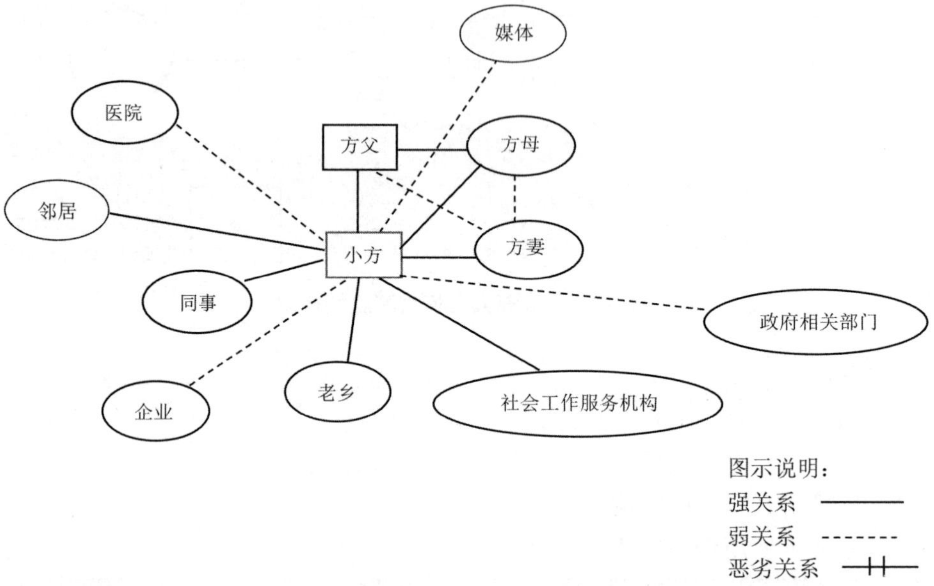

图 10-2　戒毒人员小方社会生态系统图

戒毒人员小方与家庭紧密联系，与配偶和父母关系亲近，但配偶与其父母有隔阂，家庭关系不是很和谐。其父亲最近遭遇严重车祸住院治疗，小方面临经济困难和照顾困窘，家庭和单位兼顾不暇，导致小方的情绪低落，负面情绪大。小方工作中多次出错，还出现擅离岗位的情况，领导对小方的工作态度不满。小方有较好的人际关系，与同事、邻居、老乡保持良好的关系，与社会工作服务机构关系较为紧密，不能妥善处理与企业、医院、政府相关部门和媒体的关系。

（四）社会网络分析

1. 社会网络评估表

一般来说，具有支持性的社会网络包括家庭和家庭成员及其亲属、朋友、邻里，以及正式的社会组织（如工作单位、学校、自助团体和其他正式的服务机构）。

禁毒社会工作者可以使用社会网络评估表（见表 10-3）作为进行社会网络预估的工具，找出服务对象正式和非正式的社会支持网络。方法如下：首先由服务对象找出其支持网络的成员，其次将支持网络成员和他们提供的支持按其所回应的具体问题进行分类，最后由服务对象描述其如何看待所获得的这些支持。

表 10-3　服务对象正式和非正式社会网络评估表

姓名、地址、电话	关系（亲戚、朋友、邻居、工作、社会工作者等）	帮助他人的愿望（高、中、低）	助人能力/情绪（简略说明）	资源/物资（简略说明）	接触次数（每日、每周、每两周、每月、更少）	相识时间（一个月、六个月、一年、一至五年、更长）	关系密切程度（简略说明感情和舒服程度）

2. 社会网络格

在社会网络评估表的基础上，为了清楚呈现服务对象社会网络提供的支持的性质和数量，可以用社会网络格预估服务对象的社会网络资源和社会支持。方法如下：

第一步，询问与服务对象社会网络有关的问题，如网络可提供或从网络得到的支持类型，网络关系交流的程度，网络成员对服务对象的重要程度，网络成员与服务对象关系的亲疏程度、接触的频率、关系维持的时间长度等。

第二步，将问题写在提示卡上，请服务对象依据从未、很少、有时候、总是的标准，描述所获得的社会支持的状况。

第三步，将这些内容汇总，填到网络格中，即可绘制出服务对象的社会网络格，并用于预估服务对象的社会支持。

表 10-4　社会网络格

支持者姓名	网格员序号	支持来源	提供的具体和实质性支持	情感支持	信息/意见	提供支持时的批判性	帮助的方向	与支持者关系的亲密程度	见面频率	认识时间
		家庭/工作单位/学校/机构/组织/朋友/邻居/专业服务	1. 很少 2. 有时 3. 时常	1. 很少 2. 有时 3. 时常	1. 很少 2. 有时 3. 时常	1. 很少 2. 有时 3. 时常	1. 双方面的 2. 你付出给他们的 3. 他们付出给你的	1. 不太亲密 2. 颇亲密 3. 十分亲密	0. 不见面 1. 一年 2. 每月 3. 每周 4. 每日	1. 少于一年 2. 一至五年 3. 五年以上

社会网络格可以提供直观的信息和以下方面的绝对数字与比例：网络的总规模、经辨识的网络中的全部人数、网络的种类，以及社会网络的总人数和各种社会支持在总体社会网络支持中所占的比例。分析上述资料，可以让服务对象和社会工作者知道服务对象的社会网络构成和性质，包括：

（1）是谁提供了社会支持；

（2）提供了哪些支持；

（3）有哪些空缺资源；

（4）支持网络双向互惠交换的机会；

（5）获得支持可能出现的负面影响和可能招致的批评的压力；

（6）使用现存网络资源的障碍；

（7）服务对象优先选择的社会支持是什么？

使用网络格，禁毒社会工作者可以通过对服务对象微观和宏观社会处境的分析，整理出其个人和家庭的社会网络及网络提供的资源和支持，为禁毒社会工作者制订介入计划提供依据。

3. 社会网络图

在确定了网络的构成后，就可以绘制出社会网络图，具体方法是：由服务对象找出他们支持网络的成员，然后将支持成员和支持内容按其所回应的具体问题进行分类，描述他们如何看待所获得的这些支持。经过这样一个过程，社会网络图可以让服务对象和禁毒社会工作者知道：

（1）是谁提供了社会支持；

（2）提供了哪些支持；

（3）资源有哪些空缺；

（4）支持网络互惠双向交换的机会；

（5）获得支持可能出现的负面影响和可能招致的批评的压力；

（6）使用现存网络资源的障碍；

（7）社会支持的优先选择是什么？

依据上述7个方面列出网络的成员，包括家庭和家庭成员，扩大家庭的成员和亲属、邻居、朋友、工作或学校中的支持网络成员、自助团体的成员以及其他正式的服务提供者，并在每一个圆形中间写下成员的名字或系统简称。

四、个案讨论

个案讨论既是禁毒社会工作中个案工作的重要形式，也是禁毒社会工作督导的重要内容。禁毒社会工作的服务对象，问题和需求往往多元复杂，而每个禁毒社会工作者的知识、方法、技能都是局限的，因此，定期开展个案讨论很有必要，应该将其作为禁毒社会工作实务中的常态。随着网络通信的发展，个案讨论也可以在线上开展。个案讨论一般包括5个步骤，分别是会议准备、个案介绍、疑问澄清、个案分析、总结。

（一）基本步骤

（1）会议准备：包括准备案例，确定主持人和参与讨论的人员。准备案例的人要把案例资料准备齐全。每次会议需要选定一名主持人，如果是个案督导中的案例讨论，督导可以作为主持人，也可以是督导以外的社工作为主持人。案例讨论以5~8位社工参与比较合适，也可以邀请其他团队共同参与。

（2）个案介绍：服务对象的关系、支持系统、需求问题以及禁毒社会工作者的跟进情况和困扰等。提案人需要向各位成员详细阐述该讨论个案中服务对象的背景、人际和朋辈关系、管控状态、服务对象的需求问题以及禁毒社会工作者介入服务的情况、服务对象的改变和禁毒社会工作者跟进过程中产生的疑难困惑等。参与讨论的成员此时要认真聆听，做好个案记录并整理出不明确事宜。

（3）疑问澄清：团队成员提问，提案者澄清不明确事宜。在提案人介绍完个案情况后，团队成员可就不明确事宜提出询问，务必注意是提出疑问而非批判，提案者需对疑问作出澄清。

（4）个案分析：对跟进好的地方进行分析，分享自己可能不一样的处理方式，开展对困难问题的头脑风暴。在明确个案情况和疑问后，进入共同探讨和分析阶段，此处也是讨论会议的核心步骤。对于个案服务中好的地方应给予肯定，提案者得到认可，能大大提升提案人的信心且得到心理支持和鼓励。然后每位成员要积极分享对该案的想法和处理方式，分享可能不一样的介入方法，让提案者得到思维开发、拓展，同时就所提出的困难问题，共同思考，开启头脑风暴状态。

（5）讨论总结：提案者分享所得，提出需要继续解决的问题，分享团队的投入程度以及每个人的收获。讨论会议的最后，必须要有一个详细总结，提案人分享自己讨论会议所得，并提出下一步需要解决的问题。团队成员也各自分享自己的投入程度和收获，共同梳理学习所得，总结成效，提升个案服务能力。

（二）注意事项

（1）问题的症结可能零散而繁多，归纳出来的对策也可能零乱不整，因此小组有必要根据重要性、相关性整理和挑选出适当的对策。

（2）在全体讨论解决问题的策略时，其他组员提出质询，并阐明观点的差异所在，以相互激发灵感，然后再作进一步的讨论。

（3）主持人进行总结时，既要对各组员提出的对策的优缺点进行点评，又要对个案的解决策略进行剖析，同时还可以引用其他案例进一步说明问题。

第三节 干预与服务技术

一、动机强化干预

动机强化是一种针对吸毒成瘾人员戒毒心理的干预方法，主要是通过动机晤谈法来激发潜藏在戒毒康复人员内心深处戒除毒瘾、回归社会的意愿和改变动机，从而达到戒断毒瘾、预防复吸、保持操守的结果。动机强化是一种常用的心理干预方法，该方法认为每个人的行为背后都有一套相配适的动机，并且人的动机在重大人生事件的影响和适当的引导下能够发生转变。只要激发了戒毒康复人员正向的戒毒动机，就能促使其产生戒毒行为。大量研究也证明，合理科学地使用动机强化干预能够显著地提升戒毒康复人员的戒毒动机和治疗依从性。

动机强化干预以动机式晤谈法作为主要的干预手段。动机式晤谈法（Motivational Interviewing，MI）也叫动机式访谈、动机促进访谈，通过帮助服务对象找寻并挖掘改变自身行为的内在愿望和动机，通过愿望与现实的对比，使服务对象从内心的意愿出发，达到彻底改掉不良习惯的目的。动机式晤谈法强调不采用强制的手段，而是在充分尊重案主的基础上，使之认识到不良行为的隐患，鼓励案主憧憬改变后的美好未来，激发改变的动机，达到彻底改变的目的。

动机式晤谈法最常用的领域有戒酒、戒烟、戒网瘾和戒毒，因为其短期见效快、操作简单的特性被广泛使用。但是由于动机强化干预普遍存在复发期，动机式晤谈法的效果得不到长期的保证，使用该疗法应注重跟踪和回访，进一步巩固戒断效果。还需要结合行为强化干预等干预手段，将动机转化为行动才能达到动机强化的最终目的。

（一）动机强化的改变阶段

动机强化理论认为动机的激发需要一个改变的过程，改变药物成瘾状态更是一个可能发生反复的过程，一般将戒毒康复人员的戒毒动机分为以下6个阶段：

1. 懵懂期

在此阶段的戒毒康复人员尚未意识到毒品的危害，或者不相信治疗能够产生明显的效果，对改变没有兴趣。

2. 沉思期

药物滥用的副作用逐渐显露，药物成瘾者开始权衡利弊，思考是否要进行改变。

3. 决定期

经过思考和权衡利弊，药物成瘾者作出了要改变现状的决定。这时候的药物成瘾者开始设计改变的计划，例如，远离毒友，收集戒毒医疗的相关信息，为戒除毒瘾做初步的准备。

4. 行动期

药物成瘾者在做好改变的准备后，开始采取行动改变自己的药物滥用行为，如联系社工开始戒毒康复计划，停止滥用药物。

5. 保持期

通过一段时间的行动，改变已经发生了效果。此阶段最重要的是保证行动和效果的持续性，防止出现倒退现象。

6. 复发期

戒毒康复人员无法长期保持戒毒效果，因为遭受挫折等各种原因又倒退回开始时的状态。

戒除毒瘾是一个长期的过程，也是一个充满挑战的过程，不可能毕其功于一役，需要戒毒康复人员和专业社工的共同努力。每一个戒毒康复人员都可能会循环反复经历以上几个阶段，甚至在保持操守很多年后因为一个偶然事件的发生而复吸。每一个从事社区戒毒社区康复工作的从业人员都应该认识到这个事实，科学遵循六阶段的特点和任务要求，如在懵懂期帮助服务对象分析毒品的危害，促使其认识到治疗的希望。在沉思期可以鼓励服务对象阅读关于戒毒的书籍和观看关于戒毒的影视作品，帮助服务对象下定决心。在决定期和服务对象一起搜集相关信息，制订计划。在行动期挖掘服务对象的戒毒动机，停止药物滥用行为。在保持期，社工做好督促工作，防止服务对象出现复吸倾向。如果服务对象的成瘾行为复发，则需评估是继续进行社区戒毒社区康复，还是向公安机关报告。

（二）动机强化干预的基本原则

动机强化作为一种以服务对象为中心的干预手法，需要社工遵循一定的原则。动机强化以动机式晤谈法作为主要干预手段。动机式晤谈法作为一种访谈方法，除了要遵循个案访谈的相关原则之外，还需要在一定特殊的要求下开展，才能有效激发服务对象的动机和意愿。

1. 同理心

同理心是指设身处地站在服务对象的角度去考虑问题，不带任何预设去理解服务对象，敏锐地洞察其情绪的变化，同时还要将这种理解适当表达出来，使服务对象意识到其是被理解、被支持的。干预前期的专业关系是比较脆弱的，在此时表达同理和共情是非常重要的，社工需要做的是多倾听，多表达理解、接纳和尊重。

2. 发现差异

鼓励案主分析自身的现状，使其察觉目前的自己和理想中的自己之间的差距，进一步引导服务对象认识到毒品成瘾是造成这种差距的主要原因，引发和强化服务对象戒除毒瘾的动机和愿望。很多毒品成瘾者会将吸毒行为正常化，宣扬吸毒是自己的事情。当服务对象出现此类言行时，社工可以先使其冷静下来，分析在滥用药物前后生理和心理上发生的变化，这种变化具体是正向的还是负面的，帮助其深刻体会到毒品成瘾的危害。

3. 避免争论

社工要遵守专业伦理，避免一味地劝服、说服服务对象。任何试图逼迫服务对象接受自己观点的行为，都是不专业且无效的，甚至会“赶跑”服务对象，破坏专业关系的建立。当服务对象表达自己的观点时，无论这种观点多么离谱和不切实际，社工都应该认真倾听，表达尊重。社工的目标是“与来访者一起前进”，应避免与服务对象发生争论，避免争论的具体策略有选择性同意、双向反馈、重建解释等。

4. 化解阻抗

在访谈初期，专业关系尚未稳固，服务对象对社工的身份和能力存疑，可能会出现阻抗心理。这时社工需要使用一定的技巧，如协商、澄清、自我暴露等，帮助服务对象及时适应专业关系，以方便开展后续的动机强化服务。

5. 支持自我效能感

成瘾者因为长期受到毒品的侵害，加之受到社会的歧视，内心会极度不自信，不相信自己有改变的能力。社工首先要提高服务对象的自我效能感，帮助案主认识到自己是有改变的希望和能力的，一方面可以向其分享其他戒毒者的成功戒断案例，另一方面可以帮助服务对象设立可行的目标，并且划分为阶段性小目标，如一周不想毒品，一个月不复吸，一个月参加一次禁毒宣传活动，之后再逐渐加大目标的难度。

（三）动机强化干预的应用技巧

在动机式访谈中，除了要遵循以上5个基本原则，有的学者还提出了以下几个干预技巧，本书引用马萨诸塞州州立大学发布的 Motivational Interviewing Definition Principles and Approach 中关于动机式访谈的技巧内容。

1. 使用开放式提问

多使用开放式提问，可以收集更多的信息，使对方产生继续交谈的兴趣，还可以帮助服务对象进行深层的思考，挖掘改变的动力。开放式问题例如："当你想吸毒时，是一种什么样的感觉？哪一种感觉促使你选择了毒品？""你的家人因为你的吸毒行为发生了哪些变化？"

2. 探讨关于改变的不同可能性

如果服务对象极度抗拒社工的服务，社工可以做一些启发性提问，刺激其进行思考。帮助服务对象分析保持现状的好处和坏处，而努力改变的好处和坏处又有哪些，如："如果你继续吸毒，将来你和你家人的生活将会如何呢？这种进展是必然的还是由你沉迷于毒品而造成的呢？""如果要戒除毒瘾，你设想你要付出哪些努力呢？""假设戒毒成功，你的人生和现在会有哪些不同呢？"

3. 适当追问细节

社工在和服务对象交谈时，对于一些对方表达不清晰的话题可以继续追问，鼓励案主阐述更多的细节信息。如："你刚才说吸完海洛因就舒服了，这种舒服可以具体说一下是什么感觉吗？是身体上还是心理上？这种舒服的感觉每次吸完后能持续多久呢？是否存在药效时间递减的现象呢？"

4. 向后看、向前看

适当地引导服务对象思考在采取行动进行改变之前和之后，自己及家人的生活发生了哪些变化，是比现在更好，还是比现在更差。如："如果戒毒成功，你的人生会是什么样的？你的生活和现在比会有哪些不同？这种变化是好的还是坏的？"

5. 探索目标和价值

和服务对象探讨对其而言最重要的价值观是哪些，其希望自己的人生是什么样的，然后继续追问，其目前的行为和生活状态是否符合自己的价值观。如"你说你觉得人要有责任感，要对家人负责，那你觉得你现在的行为符合你的目标和价值观吗？"

（四）动机式晤谈法的八个步骤

1. 建立治疗联盟

和谐稳固的专业关系是治疗成功的保障，社工应该运用同理心和积极反馈的技巧，与服务对象建立良好的专业关系，让戒毒康复人员能够感受到社工是和其站在统一战线的盟友，与其一起对抗毒品的诱惑，而不是站在道德制高点的监督者和指责者。在治疗的过程中，社工可以针对服务对象的需求和问题，联系不同领域的专家建立合作关系，共同帮助服务对象解决问题。

2. 增强改变技能

这要求社工必须提升自己的专业能力，以在服务对象有需求时可以提供针对性服务。这些能力包括但不限于个案、家庭治疗、各种类型小组活动、社区服务、资源链接、政策解读和关系协调。在服务计划制订中，应注重服务对象的主体性，弱化其问题者身份。在计划执行的过程中，服务对象解决问题的能力增长是最重要的，如对高危情景的应对和处理。

3. 评估当事人的行为

在建立稳固的关系后，社工可以邀请服务对象描述一个戒毒过程中的情境，从服务对象的描述中，观察其语言和行为，得出评估结果。在此过程中可以采用辅助工具来评估服务对象的意愿和行为，如画线法。

4. 探讨某种行为带来的好的和不好的方面

和服务对象探讨采取行动、作出改变会带来哪些影响，这种影响是好的还是不好的。主要是启发服务对象衡量利弊，意识到采取行动会获得好的改变，但同时也需要付出一定的代价，如“执行这个计划，会给你带来哪些挑战（会让你付出些什么）？又会给你带来哪些好的转变呢”？

5. 使用做决定四格表

在经历了上一步之后，可以鼓励服务对象设计一个做决定四格表（见表10–5），此表涵盖了进行改变的好处和代价，可以帮助服务对象进一步清晰自己的选择。

表10–5　做决定四格表

	短期	长期	得分
好处			
代价			

6. 接受矛盾

服务对象在对比了改变带来的短期和长期的好处和代价之后，可能会出现矛盾心理，即产生“我是否能接受这个代价？”的疑惑，甚至会有退缩心理。此时，社工应该帮助服务对象接受矛盾，理性思考，着重展望作出改变之后的美好未来。

7. 帮助当事人设定目标

在做好前面的准备工作后，社工应协助服务对象设立切实可行的目标。目标应该设定在服务对象的能力所及范围之内，且可以具体量化，如“坚持三个月不复吸”“至少每两天和家人一起共用晚餐”“一个月内至少参加两次行为矫正小组活动”。服务对象是目标制定的主导者，社工作为辅助者在一旁进行引导。

8. 促进当事人的正向改变

制定目标之后，就可以按照目标开始正式执行了。因为成瘾是反复发作的脑疾病，即使在作出了决定和准备后，戒毒人员也会时时刻刻饱受毒瘾发作的痛苦。社工应该定期和不定期地做好动机强化访谈，配合公安的尿检和毛发检测，及时遏制复吸行为的发生。同时，要根据服务对象的需求，酌情提供家庭治疗、社会关系修复等服务，鼓励服务对象朝着目标迈进，促进当事人的正向改变。

二、行为强化干预

行为强化指的是某种行为引发的后果会影响这种行为发生的可能性。行为强化理论是美国心理学家斯金纳等人提出的，认为行为是可以通过操作获得的，若想增加某种行为发生的频率，可以对这种行为进行强化。强化可以分为正强化、负强化、惩罚和消退。

（一）行为强化的分类

1. 正强化

正强化指的是为了增加个体良性行为的发生频率，所给予的正向的刺激。如“若服务对象坚持这份工作三个月，则奖励500块钱”，这是典型的正向强化。除此之外，社工还可以使用“代币法”，将奖金兑换为其他等价值的物品，防止戒毒康复人员将奖金用作毒资。

2. 负强化

负强化同样也是为了增加个体良性行为的发生频率，不同于正强化的是，负强化通过撤销某个负面刺激来达到目标。如“若服务对象坚持这份工作三个月，则减少一次家访（如果案主将家访行为看作是一个负强化）”。

3. 惩罚

指的是实施一个负性刺激从而减少某种行为。惩罚常常和负强化混淆，在此需要进行辨析，例如，“若服务对象坚持这份工作三个月，则减少一次家访”，这是负强化，“若服务对象的这份工作没有坚持到三个月，则罚款500”，这是惩罚。惩罚与负强化的区别在于，惩罚是为了减少某种行为而施加的负性刺激，负强化指的是增加某种行为而撤销的负性刺激。

4. 消退

消退指的是不采取任何措施，无强化来减少行为发生的频率。个体在之前做出此类行为可能是因为受到过正性的或负性的刺激，但随着该刺激的消失，该行为也会逐渐减少，直至消失。如戒毒人员小A喜欢将工作中遇到的各种小事夸张化，来吸引社工的关心，社工发现了小A的意图，此后在听到小A的任何事情都仔细甄别，如不是重要的事情，就不理睬小A，采取冷处理的方式，久而久之小A这种小题大做的行为就逐渐消失了。在此，“社工的关心”是一种强化刺激，失去这个刺激，小 A 小题大做的行为也就逐渐消退了。

（二）对戒毒人员的行为强化干预应用

1. 干预原则

（1）目标明确且符合实际。社工协助戒毒康复人员设置的目标应该是切合实际的，符合服务对象的能力。若服务对象从年轻时就在强戒所内被执行强戒，由于长时间脱离社会而缺乏职业技能，这时社工若鼓励其去应聘一些技术性岗位，并且设置一系列的强化和惩罚，这是不切实际的，会打击戒毒康复人员回归社会的信心和动力。

（2）及时使用强化。在设置了强化内容之后，若服务对象出现目标行为，立即对其实施强化，这样才能发挥最大的行为强化作用。

（3）“责任代价”原则。若戒毒康复人员没有达到目标行为，则要付出一些责任与代价。如“服务对象因为自身原因没有坚持这份工作一个月，则取消相应的奖金”。

（4）激发戒毒康复人员的潜力和动机。在行为强化的过程中需要使用优势视角，动用其身边的资源和社会关系网，同时要注重挖掘戒毒康复人员的潜能，增强其学习正性行为的动机。

（5）巩固目标行为。在强化的作用下，戒毒康复人员良性行为的出现频次上升，此时应继续保持一段时间的强化刺激，直至该行为稳定后，再逐渐撤除强化物。

2. 干预步骤

在实务中运用行为强化干预应该遵循一定的步骤和程序。美国学者托马斯认为，行为治疗模式可以划分为十二个具体步骤：

第一步，列出问题。社工将服务对象的不良行为全部列出，以清单的方式呈现。

第二步，确定问题。在列出的清单里选择需要矫正的不良行为，以及要学习或增加的行为，确定行为强化干预的目标。

第三步，要求合作。和服务对象签订协议，约定规则，达成合作。

第四步，探究问题。社工帮助服务对象分析问题，帮助服务对象达成比较深入清晰的认识，为行动做准备。

第五步，收集基本资料。了解不良行为出现的地点、时间、情景和频次。

第六步，识别可控制的环境。评估服务对象的生活环境，获取帮助案主解决问题的资源渠道。

第七步，评估环境资源。包括家庭、社区和社会环境资源，了解导致服务对象出现该行为的环境刺激。

第八步，确定强化目标。服务对象是目标的主要制订者。

第九步，制订强化计划。根据目标，和服务对象一起制订切实可行的矫正计划。

第十步，介入。执行行为强化的计划，综合运用正强化、负强化、惩罚和消退的方法增加目标行为的出现频率，减少甚至消除不良行为的出现频次。

第十一步，评估。对强化结果进行全面评估，总结经验和不足之处。

第十二步，跟进。为了维持强化结果，需要社工进行长时间的跟踪回访，不可在结案时就立即撤销环境中的强化刺激。

三、家庭治疗

家庭治疗是以整个家庭系统作为干预对象的一种心理治疗方法。家庭治疗理论认为每个个体都是在家庭中成长的，其心理结构、行为特点、交往方式都是在家庭成员之间的互动和沟通经验下构建的。若想要解决服务对象的问题行为，应将其放在家庭这个系统中考虑，需要在其家庭的交往沟通模式和家庭结构层面作出改变的努力。家庭治疗目前已被广泛使用于婚姻问题、亲子关系问题、婆媳矛盾的解决中，在解决因家庭遭遇巨大挫折引起的失范问题中也非常有效。家庭治疗领域存在不同的流派，主要有米纽秦的结构家庭治疗模式、沟通派家庭治疗、米兰系统派家庭治疗、策略派家庭治疗。家庭成员吸毒容易导致家庭矛盾，使家庭结构和家庭功能发生改变，甚至影响整个家庭的生计发展。因此在禁毒社会工作中常常用到结构式家庭治疗。

（一）结构式家庭治疗模式的核心概念

（1）家庭结构。家庭结构是家庭成员在互动中的产物，是在日常的交往中形成的稳定的家庭关系，解决个体的问题可以从修复不良的家庭结构开始。

（2）家庭次系统。也被称为子系统，指家庭大系统之下的小系统，家庭系统中往往会有夫妻次系统、手足次系统、亲子次系统等。次系统之间相互区别又相互联系，一个次系统一般包括两个或两个以上的家庭成员。家庭系统的变化会影响次系统的变化，反之亦然。

（3）界限。指的是家庭次系统之间的分隔与交互关系，次系统之间是否存在明确的界限是组成良好家庭结构的重要影响因素。米纽秦认为，健康的家庭系统中的次系统之间的界限应该是清晰的、半渗透式的、有弹性的。界限的治疗包括界限的认定、重建和巩固。

（二）常见的不良家庭结构

（1）纠缠与疏离。指家庭系统中的次系统之间边界模糊或缺乏渗透，导致家庭角色错位、家庭责任不明、家庭权力混乱，从而引发家庭矛盾。如婆婆和儿子过于亲密导致的婆媳矛盾。

（2）联合对抗。指部分家庭成员之间联结起来，攻击和对抗其他家庭成员。联合对抗会引起家庭问题，更有甚者会分裂整个家庭结构。例如妻子和子女联合起来对抗丈夫。

（3）三角缠。三角缠的存在一方面表明了家庭成员之间的割裂，另一方面表明了家庭成员的错置，容易引起家庭关系的混乱。例如夫妻之间关系差，日常的交流和互动是以子女为媒介的，即在夫妻次系统中引入子女这个第三方角色。

（4）倒三角。指家庭权力分配的错位，比如父母溺爱子女，导致出现子女支配父母的情况。

（三）家庭治疗的一般操作流程

1. 了解家庭背景

社工首先需要进入家庭，之后观察家庭成员的交往方式，收集相关资料。需要注意的是，在这一步时，社工不需急于实施服务计划，而是要接纳该家庭的一切，即使服务对象的家庭关系过于混乱无序。这样才能真正进入家庭，从而接触问题的本质。社工进入家庭的立场有贴近、中立和远离，需要结合实际选择恰当的进入立场。

2. 评估

在进入家庭之后，社工需要关注家庭成员/次系统之间的交往过程与关系，将评估作为资料收集的工具，对家庭系统的功能失调状态进行评判和界定。资料收集内容包括家庭的状态、家庭成员之间的互动方式、家庭系统之间的界限、家庭系统的回馈、家庭成员的问题行为、家庭的生命周期等。

3. 介入

在经过评估之后，社工基本掌握了家庭系统的信息，进入到正式的治疗过程中。着重从病态的家庭结构入手，打破原有的平衡，改造原有的次系统之间模糊的界限和不良的家庭结构，改变家庭错误的世界观。常用的方法有绘制家庭结构图、家庭讨论、“似是而非”的技巧、强化优点、情景重演、角色扮演、重构等。

（四）开展家庭治疗的注意事项

社工在开展家庭治疗时，首先要转变自己的观点。要认识到，即使是服务对象个人的问题，也应该将其放在家庭这个大系统中去考虑，个人的问题是由家庭中次系统间界限模糊和家庭成员不良的互动关系造成的，解决服务对象的问题应该从改造病态的家庭结构入手，着眼于家庭整体，保持全局视角。其次，无论采取贴近、中立、远离中的哪一种立场，社工都不应该介入家庭成员之间的具体矛盾，应采取非评判的态度。最后，社工对难以解决的问题，可以从另一种视角出发，重新定义问题，采取“积极赋义”的技巧。对难以“积极赋义”的问题可使用“未来取向”进行解释，鼓励家庭脱离目前的条件困境，憧憬美好的未来。

四、认知行为治疗

认知行为疗法是心理学界比较常用的一种治疗技术，它是将行为治疗和认知治疗进行结合，从改变服务对象负面的认知开始，最后达到改变其不良行为（如药物滥用）的目的。20 世纪初，行为主义心理学创建于美国，旨在将当时心理学的焦点由虚无缥缈的意识层面转移到易测量的行为层面。华生和斯金纳是该理论的主要倡导者。20 世纪 60 年代，班杜拉提出了社会学习理论，社会学习理论将认知和行为进行整合，从交互的角度考察人类的行为，构成了认知行为治疗的重要理论基础，深刻影响了各类认知行为治疗流派的发展。

与此同时，认知心理学开始兴起。认知心理学聚焦于人的认知过程，贝克和艾利斯是该理论的主要创始人。艾利斯在20世纪50年代创立了理性情绪疗法，也就是ABC理论。20世纪70年代之后，行为主义疗法和认知疗法的融合已是大势所趋，贝克等人提出，在行为治疗中，对认知的治疗占有重要作用，即思想决定内心体验和行为反应，将行为治疗和认知治疗结合起来，确定了认知行为治疗的概念体系。

（一）概念框架

1. 认知疗法

20世纪70年代，贝克在进行抑郁症的临床治疗中提出了认知疗法，基本原理是：认知是情感和行为的中介，负性情绪和负面认知是相互影响的，要达到治疗效果，就必须打破两者的联结。认知曲解也是引起情绪障碍的原因，识别和纠正认知曲解，也能使患者的情绪得以改善。认知概念包括三个层面：自动思维、条件性假设、图示或核心信念。自动思维是认知中比较表面的一部分，是个体在一定情境下自动出现的。条件性假设是处于中间地带的，由规则、态度和假设组成。图示或核心信念在认知中处于核心地位，是个体如何看待人、事、物的重要信念和假设。例如：吸毒人员小A的核心信念“我是个废人”，条件性假设“如果我连戒毒都做不到，说明我是个废人”，自动思维“我是戒不了毒瘾的”。

2. 操作性条件反射

操作性条件反射强调行为的后果对该行为造成的影响，通过对行为进行正强化、负强化、惩罚和消退，能决定该行为的未来发展。“代币法”即基于这一原理而进行操作。

3. 经典性条件反射

经典性条件反射来自巴甫洛夫设计的狗的唾液实验，每次给狗食物时，摇铃示意，狗听到铃声就可以获得食物，长此以往，即使不给予食物，只有铃声，狗也会分泌唾液。它是以无条件反射为基础形成的，与中性刺激建立条件反射，即一个中性刺激与另一个无条件刺激多次联系，以后单独实施这一中性刺激时，这个中性刺激会转化成条件刺激，也能触发类似无条件反应的条件反应。影响经典性条件反射的因素有强化、消退、泛化、分化、抗条件作用。厌恶疗法和系统脱敏即是基于经典性条件反射原理而提出的。

4. 社会学习

社会学习理论由班杜拉提出，认为行为不一定需要通过亲自实践获得，而可以通过观察他人习得。认知、行为和环境因素三者的互动影响个体的行为，强调个体的行为受到后天社会环境的塑造影响。社会学习的成功与否，受到四个触发条件的影响：示范、记忆、再现、强化。

（二）治疗技巧

认知行为治疗是一种问题导向的短期治疗模式，由于治疗过程中强调认知的重要性，需要社工准确辨认出服务对象的认知偏差，包括认知中的核心信念、条件假设和自动思维，还需要建立起积极的、新的认知。因此，对于社工的专业水平要求更为严格，治疗技术也就显得极为重要。

1. 个案概念化

指社工对服务对象的问题进行理论假设，基于这种假设形成进一步的治疗计划。个案概念化有助于确定适当的干预方向、选择正确的治疗切入点和干预方向、把握干预进程。

2. 合作式的治疗关系

指社工与服务对象建立良好、友善、平等、信任的专业治疗关系。

3. 苏格拉底式的提问

认知行为流派大师贝克提出了苏格拉底式的提问技术，指在治疗中不评判服务对象的认知和想法，只提出一系列的具有前后逻辑性的问题引发服务对象的叙述和思考，引导服务对象自己得出问题的结论。

4. 结构化和心理教育

结构化指的是提供服务对象的行为习惯。心理教育指促进服务对象的自我反思。

5. 认知重塑

通过对非理性认知的辨认，帮助服务对象改变消极的自动思维和核心信念，重新塑造积极的认知架构。社工首先需要帮助服务对象辨认非理性认知，其次需要对这些偏差认知进行挑战，鼓励案主探寻替代性思维和信念。

6. 放松训练

指通过循序渐进地放松肌肉群，最后达到全身放松的目的。

7. 系统脱敏

也称交互抑制法，由沃尔普创立和发展。通过引导服务对象逐步、缓慢地暴露于引起焦虑的情境中，并用放松状态来对抗，最终消除神经性的焦虑反应。具体操作步骤：首先根据相关量表，评定引起服务对象焦虑反应的事件层级，其次使用放松训练使服务对象处于放松的状态，先从事件层级的最低级开始，触发服务对象的联想，然后逐级上升，建立起“焦虑刺激—放松”的反应程式，最后达到脱敏。

8. 暴露疗法

也称为满灌疗法，与系统脱敏不一样的是，暴露疗法不需要进行事前放松训练，在一开始就通过想象或模拟的方式使服务对象暴露于最令其焦虑的场景中，因为场景是虚拟的，服务对象预期中的可怕结果没有出现，焦虑和恐惧自然就消除了。暴露疗法见效快，对服务对象的冲击较大，掌握不好可直接引发渴求引起复吸，社工需要谨慎使用。

9. 厌恶疗法

根据回避学习的原理，将服务对象的不良行为与令人厌恶的刺激相结合，如电击、催吐等，形成新的条件反射，最终消除不良行为。厌恶疗法最常使用于戒酒、戒烟等领域。

（三）认知行为治疗在戒毒领域的应用

1. 识别吸毒人员的不良认知

主要有：将吸毒原因外化，认为吸食毒品单纯是由外界因素引起的，自己很无辜；将吸毒行为合理化，认为吸毒花自己的钱，毒害的是自己的身体，与他人无关；将戒毒过程简单化，认为自己虽然深陷毒品的沼泽，但只要自己想戒就一定能戒，将“下次再戒”挂在嘴边，实际上是为继续吸毒找借口；将戒毒过程困难化，过分强调戒毒的难度，给自己和家人造成心理压力。

2. 戒毒人员不良认知和不良行为的矫正

辨识了不良认知之后，着手重建新的认知，从而矫正不良行为。对将吸毒原因外化的吸毒人员，善用苏格拉底式提问，使其认识到自己的问题。对将吸毒行为合理化的吸毒人员，社工可以引导其分析吸毒前后的变化，使其认识到吸毒行为不仅伤害了自己的身体，还损害了家庭关系，更危害了社会秩序，促进服务对象的反思。对将戒毒过程简单化的吸毒人员，社工可以巧妙地利用这种思维，引导服务对象戒毒。对将戒毒过程困难化的吸毒人员，社工需要结合动机强化，同时引用成功案例，调动服务对象的积极性，必要时可以使用厌恶疗法。

3. 复吸的认知-行为模型

1980 年 Marlatt 和 Gordon 根据班杜拉的社会学习理论的基本概念，针对酒精和药物依赖行为，认为戒除酒精和药物滥用、回归正常生活是一种典型的社会学习过程，提出了复吸的概念，后又于 1985 年提出复吸的认知-行为模型。Marlatt 和 Gordon 认为，戒毒者对高危情境的认知和信念决定了复吸行为的出现与否。毒品成瘾人员在戒除毒瘾的过程中，以前的毒友圈子、毒品的诱惑、家庭矛盾、失业等因素都会导致复吸行为的发生，但是导致复吸的最根本原因还是药物滥用者的认知。

复吸是一个过程，包括三个阶段。第一阶段：偶吸，成功戒毒后，由于遇到高危情境或其他某些原因，再次吸食毒品，此时服务对象的心情会非常恐慌和后悔，很可能会第一时间求助社工，社工应该做好危机介入，安抚情绪，之后再考虑如何应对。第二阶段：偷吸，在偶然吸食毒品后，服务对象可能会再次或多次偷吸毒品。第三阶段：复吸，屈服于心瘾，此时的服务对象已经完全回到之前的药物依赖状态。

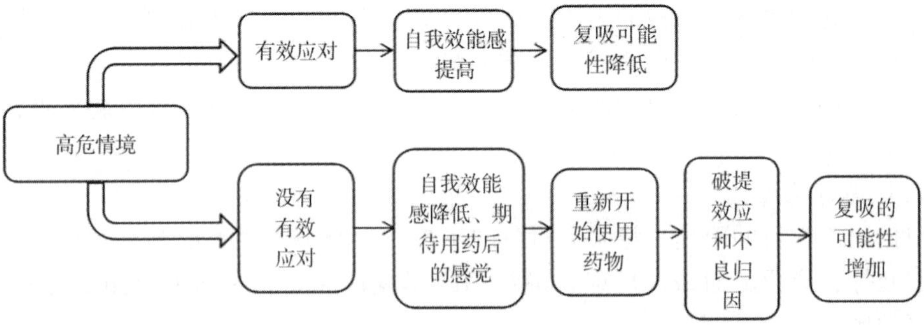

图 10-3　Marlatt 和 Gordon 的复吸的认知-行为模型

五、防复吸技术

复吸是指药物成瘾者在进行脱毒治疗后，保持了一段时间的操守，又因为种种原因再次回到脱毒治疗前药物依赖的状态。根据复吸的认知-行为模型，社工可以帮助服务对象进行认知和行为训练，如将吸毒和令人厌恶的刺激联系起来，一旦服务对象面临复吸的诱惑，立即引发令人不适的感觉体验。正确处理高危情境的诱惑，就可以达到预防复吸、保持操守的目的。

（一）防复吸技术介绍

1. 金钱管理

对戒毒康复人员的金钱管理，主要目的是防止其购买毒品。社工可以帮助其做好财务规划，如将每月收入中的一部分作为家庭的生活费开支，一部分存至银行。社工应严格遵守专业伦理，不可直接帮助服务对象保存财物，即使服务对象主动提出这个要求。

2. 情绪管理

情绪管理包括对情绪的识别、控制和处理。因为毒瘾是一种反复发作的脑疾病，长期接触毒品的成瘾者脾气差，对情绪的控制能力较弱，很多戒毒人员会因为不知如何处理生活中的负面情绪而选择复吸来逃离现实，所以在预防复吸训练中进行情绪管理就显得十分必要。

社工可以协助案主将引发自己负面情绪的场景进行排序，案主先想象自己处于最低一级的场景中，放松自己，再设想自己可以采取的应对方式，如暂停 5 秒、听音乐、微笑等，之后再逐级递升。此方法借鉴系统脱敏法，将情绪管理和系统脱敏法进行结合，直至服务对象学会如何管理自己的负面情绪。

3. 高危情境应对

Marlatt 和 Gordon 认为高危情境的应对结果决定了服务对象的复吸与否。首先，社工要帮助服务对象识别环境中的高危情境，例如“以前毒友的聚会邀请”“吸毒的地点”“注射器等吸毒工具”“被家人和朋友误解”等，针对这些高危场景，通过角色扮演的形式模拟体验类似情境，设想自己可以采取的应对方式。

4. 渴求应对

戒毒人员成功脱毒后，在心理上依然时常存在对药物的渴求，这是很正常的现象，并不代表戒毒失败，重要的是如何处理和控制渴求。社工可以协助服务对象按照渴求感的强度列出渴求的内容、引发渴求感的因素，分析渴求感出现的原因，最后思考如何控制渴求感，引入其他刺激替代药物的使用。

实际上，以上的几项防复吸技术都可以与本书前面所介绍的干预技术相联系。面对高危情境的诱惑时，可以使用厌恶疗法，经典性条件反射理论可以用来应对戒毒人员的渴求感，社会学习理论可以用来帮助服务对象进行财务管理，社工在实际操作中需要根据服务对象的特点和需求进行多项选择。

5. 貌似无关的决定

即使戒毒康复人员和社工每时每刻都防范复吸的发生，有时候某些看似无关的决定也会使戒毒人员陷入复吸的高危情境中。戒毒人员最初会将这些决定合理化、无视化，最终滑向复吸的深渊。例如，某戒毒康复人员小 A 最近已经完成了 3 年的社区康复，也找到了满意的工作。某一天在下班的路上看到以前的毒友，外表光鲜，思考之下，小 A 决定上去打个招呼，然后又接受了毒友的邀请去以前常聚会的地点“小酌一杯”，最后，在毒友的诱惑下发生了吸毒行为，从此复吸了。在此，“与毒友打个招呼”就是貌似无关的决定，最终引发了吸毒的行为，导致复吸。戒毒康复人员需要时刻保持警醒，提高自身的识别能力，及时约束自己，避免让自己神不知鬼不觉地陷入复吸的高危情境中。

（二）防复吸训练的基本原则

1. 社工的角色定位

除社工之外，在禁毒实务中，还有一些其他的服务者，他们或是心理咨询师和医生等专业性较强的角色，或是承担了管控和一般服务工作的民警、社区网格员等，或者是禁毒专干。社工要明确自身的角色定位，即《关于加强禁毒社会工作者队伍建设的意见》中提到的提供戒毒康复服务，开展帮扶救助服务，参与禁毒宣传教育，协助开展有关禁毒管理事务。其中，提供戒毒康复服务就显示了社工应该提供专业服务，这种服务是以社会工作个案、小组、社区三大工作方法为基础，遵循禁毒社会工作的伦理与价值观，与禁毒场域中的其他专业人员相区别。

2. 态度灵活

这种灵活体现在防复吸计划的制订中，包括目标和执行步骤。首先，计划和目标的制订应该充分考虑服务对象的需求和主体性，让案主自己来制订计划。其次，计划和目标的设定应该可以灵活调整，不可过于死板。最后，社工要根据服务对象的表现及时提供配适的服务。

3. 共情

在前期的预估中，社工要掌握服务对象的全部信息，这样才能有效做到共情，对服务对象的情况感同身受。社工的共情贯穿整个服务过程，尤其是在专业关系初建中十分重要，要求社工把自己放在与服务对象相对应的位置，始终倾听案主的需求，保持接纳和非评判。

4. 积极关注

首先，积极关注服务对象的需求和变化；其次，保持优势视角，关注服务对象表现出的积极的一面，挖掘潜能，使服务对象的改变动机具象化。

5. 重点突出

一项服务计划中，往往包含了大量的内容。在每次服务中，社工应该抓重点，充分尊重服务对象的要求和实际情况，以一种干预技术为主，辅以少量其他的技术。若是重点太多，追求面面俱到，那只能是止于表面，难以达到深层次的改变，也会给服务对象造成一种社工不专业的印象。

6. 掌握节奏

社工要掌握服务的节奏，防止服务进程偏离目标，同时又要保证服务对象的主体性，及时沟通，双向互动。

7. 运用技巧

在防复吸训练中，社工需要灵活运用干预技巧，例如放松技巧、系统脱敏、苏格拉底式提问、厌恶疗法等。

8. 发掘服务对象的能量

社工要时刻保持优势视角，相信服务对象是有潜能的，即使目前的处境比较困难，案主也有触底反弹的能力。从服务对象的家庭、社区和社会关系入手，发掘服务对象的能量。

9. 避免冲突

因为禁毒社会工作的特殊性，服务对象对于服务的依从性差，可能存在抗拒的心理，社工应该做好引导工作，保持平和的心态，遵守社会工作伦理，避免与服务对象产生冲突和不愉快，破坏专业关系。如果服务对象对社工持续保持挑衅的态度，社工可以求助上级领导和同事，将服务对象进行转介。

六、社会融入技术

在戒毒康复的过程中，促进戒毒康复人员顺利回归社会是非常重要的，社工可以从个人、家庭、同伴、社区、社会关系入手，推动服务对象的社会融入。

（一）家庭支持

1. 家庭关系治疗

家庭是个体成长的主要场域，个体在家庭中成长，不仅依赖于家庭提供的物质层面的支持，自身的人格发展亦受到形塑。家庭支持是戒毒康复人员顺利回归社会的重要影响因素，良好的家庭关系更是重中之重。实际上，由于吸毒人员的药物依赖行为，给家庭带来了沉重的打击，家庭关系一定程度上受到影响。由于两者之间的双向影响关系，坚韧的家庭关系、良性的家庭支持，也能促进戒毒康复人员融入社会。

家庭治疗将个人的问题放在家庭系统中统一考察。认为个人的问题是由不良的家庭关系和互动方式导致的，家庭治疗的关注点集中于发现不良的互动关系，从而采用各种技巧进行修复。病态的家庭互动类型有三角缠、倒三角、纠缠与疏离、联合对抗，使用的治疗技巧主要有绘制家庭结构图、家庭讨论、“似是而非”的技巧、强化优点、情景重演、角色扮演、重构等。家庭的支持力度反映在良性的家庭互动关系中，从而为戒毒康复人员提供家庭支持。

2. 家庭氛围营造

除了可以从家庭关系治疗的角度入手营造和谐互助的家庭氛围，社工还可以通过服务促进家庭价值观的转变，改变对吸毒行为和戒毒康复人员的认知和看法，给予有戒毒康复历史的家庭成员更多的关爱和帮助，而不是歧视和冷眼旁观。社工鼓励家庭成员之间多交流，表达对彼此最真实的感受，营造良好的家庭氛围。

3. 家庭能力建设

促进家庭成员能力建设，主要体现在：对未成年子女的教育层面，在家庭内部进行毒品宣传预防教育，家长要以身作则，发挥榜样作用，提升对未成年子女的教养能力；毒品常识层面，家庭成员要多参与社区禁毒宣传活动，具备基本的艾滋病预防和毒品知识，并相互普及，及时识别毒品的高危情境；通过家庭内部的良性互动，帮助戒毒康复的家庭成员完成社会融入。

（二）朋辈群体

1. 远离毒友圈

吸毒是一种群体性行为，也是一种圈子文化，要想吸毒人员彻底脱毒，首先就要让其脱离毒友圈子。社工可以组织社区和小组活动，例如志愿服务活动，鼓励戒毒康复人员的参与，促使其认识更多的新朋友，逐渐脱离原有的毒友圈。大量的戒毒康复人员在结束两年的强戒生活后，容易出现所谓的“还愿”行为，即和原有的毒友们一起吸毒，弥补两年的空虚。为了避免出现这种现象，远离毒友圈活动可以从所内帮教开始，通过开展持续性的、有意义的活动，引导其建立良性的同伴关系。

2. 同伴教育

同伴教育指的是具有相同或相近年龄、背景、社会经历、生活经历与社会地位，或由于某些原因而具有共同语言的人在一起分享信息、观念或行为技能的教育形式。同伴教育起源于澳大利亚，最初被广泛使用于艾滋病预防等领域。社工在开展同伴教育时，往往先树立一个典型，也就是引入一个成功脱毒且有助人意愿的榜样作为同伴，戒毒者能从这样的戒毒同伴身上获得心理支持，从而培养戒毒的自信心，保持操守。同伴教育在我国起源较晚，上海市自强社会服务总社经过十几年的探索，逐渐形成了具有地方特色的同伴教育服务模式，既有同伴个别辅导，还有同伴小组活动，同时开展丰富多彩的艺术疗法，其中特别注重培养同伴辅导员，发挥同伴的作用。

（三）社区支持

1. 营造有利于康复回归的社会环境

社区宣传的最终目的是打造有利于戒毒康复人员回归社会的氛围。社工可以结合社区需要，开展主题多种多样、形式丰富多彩的社区宣传活动，一方面向社区居民普及禁毒戒毒知识，另一方面增加社区居民对戒毒康复人员的接受度和关爱程度，减少歧视和排斥，引导全社会对戒毒康复人员的包容和了解。社工在设计社区宣传活动时，要注重结合时事和国家禁毒政策，同时挖掘社区居民和戒毒康复人员的共同利益点，在活动的设计和开展阶段，都要吸引社区居民的参与，适时培养社区领袖。

2. 参与社区志愿服务

社工鼓励戒毒康复人员参与社区志愿服务，在与其他社区居民一起合作解决社区事务的过程中发展友谊、增长能力。戒毒康复人员在参与社区志愿服务的过程中，能够产生主人翁意识，增加对社区的归属感，培养社会责任感。社工可以先从参与意识开始，鼓励戒毒康复人员关心社区事务，接着从能力培育入手，提升社区事务的处理能力，最重要的是要让他们认识到自己的能力和应该承担的责任。

3. 社区资源挖掘

包括社区就业资源的挖掘，《关于加强戒毒康复人员就业扶持和救助服务工作的意见》中提到“积极开发社区就业岗位”，利用社区资源，在社区内开展劳动技能培训，鼓励戒毒康复人员就业创业；社区“两委”资源，发挥社区“两委”的带头作用，积极完善戒毒康复人员的帮扶工作体系；社区草根组织资源，开展公益创投活动，组织社区居民开展帮扶结对工作，满足戒毒康复人员的社区融入需求；志愿服务资源，组织社区志愿者队伍定期开展志愿服务，同时鼓励戒毒康复人员参与到相关的志愿服务中，促进其社区融入。

（四）社会支持

1. 相关政策支持

为了解决戒毒康复人员的社会融入问题，国家制定了大量的法规和政策，如《关于加强戒毒康复人员就业扶持和救助服务工作的意见》《全国社区戒毒社区康复工作的规划（2016—2020 年）》等，内容涉及戒毒康复人员的就业、社会保障、医疗救助、社会支持等。政策普遍倡导戒毒康复人员要回归社会，融入社会，保持操守，完成吸毒人员向正常社会成员的转变。社工要熟悉政府的各项政策，当戒毒康复人员有需求时，及时做好政策解读工作。

2. 就业帮扶

社工要关注社会中的就业信息，并将信息及时提供给有需要的戒毒康复人员，做好就业安置工作。链接相关资源，做好职业技能培训工作。有些戒毒康复人员由于长期脱离社会，就业意愿不高，社工应该挖掘其就业动机，关注在就业过程中是否存在着歧视和不公平对待的现象，运用法律工具维护戒毒康复人员的劳动权利。对有能力的戒毒康复人员，社工可以利用相关国家政策资源，帮助其进行创业，同时协助其做好登记、工商证件等手续办理。

3. 社会支持体系重建

社会支持网络涉及戒毒康复人员自身能力、朋辈支持、家庭支持、社区支持、就业和其他社会支持，将这些因素串联起来，形成全面而坚实的网络体系，就是社会支持网络。社工应认识到，强大的社会支持网络能自发性地为戒毒康复人员提供心理和物质层面的支持，是预防复吸的关键。社工可以先从评估服务对象身边潜在的资源入手，将以前的毒友剥离出去，之后开展小组和社区活动，鼓励戒毒康复人员在小组的互动中建立友谊，通过不断认识新的朋友来扩充社会网络的节点，扩大社会支持网络的密度和力度。

七、个案管理技术

个案管理是一种新的服务设计，用于提供有复杂、多重问题或障碍的个人或家庭服务。由专业的社会工作者评估服务对象及家庭的需求，适当地安排、协调、监督、评估及倡导多元的服务，以满足特殊案主的复杂需要。个案管理是社会福利服务援助技术的一种专业社会工作方法，它是在去机构化、社区服务的去集权化、多重居家服务需求的案主人数的增加、照顾服务的分散化、对社会支持的重要性和照顾者需求的认知增加，以及成本抑制的基础上发展而来的，个案管理的产生既是社区照顾政策推行的结果，又是对传统社会工作方法的发展和完善。

（一）个案管理的定义

个案管理社会工作是一种社会服务方法，有的学者甚至将个案管理社会工作独立于个案社会工作，列为一种单独的社会工作方法。个案管理可以说是介于社会工作直接服务的工作技巧与间接服务的一种整合性服务方法，或者是一种综融性社会工作。个案管理是由专业社会工作者评估案主及家庭的需要，提供多元服务，以满足案主多元的、复杂的需求，适用于复杂的、有多重需要和障碍的特殊案主。

本书采用美国社会工作者协会对个案管理的定义。个案管理指的是由社会工作专业人员，为一群或一个案主统整协助活动的一个过程。过程中不同机构的工作人员之间相互沟通协调，以团队合作方式为案主提供所需的服务，并以扩大服务效果为主要目的。

（二）个案管理的特点

（1）沟通、协调：在个案管理团队中，不同领域的专家需要沟通和协调；

（2）合作：需要通过合作改善案主的现状；

（3）倡导：通过倡导获取外界资源，消除社会歧视。

（三）个案管理的要点

（1）优先级排序：服务对象的问题、服务目标以及解决问题的方法需要进行优先级排序，以便解决最紧急重要的问题和用最快最优的方法解决问题。

（2）协商谈判和倡导：个案管理者要打破环境的限制，获取外界资源。最关键的技术是协商、谈判和倡导。个案管理者要与问题解决参与方、资源拥有方为案主争取最大的利益和得到帮助，展开协商、谈判和倡导。不是所有的力量和资源都能够被支配，只有通过协商、谈判和倡导才能为案主争取到资源最大化。

（四）个案管理的通用过程

个案管理的通用流程一般有：建立关系—预估—计划—获取资源—整合—结束关系。建立可靠的专业关系是开展社会工作服务的开始，也是个案管理服务的基础。

1. 建立关系

由于禁毒社会工作的特殊性，禁毒社工和案主建立关系的过程中，案主没有太多的选择性，大部分都是政策的强制性致使案主接受社区戒毒/社区康复服务。但是这不代表专业关系的建立就是如此简单，很多案主往往会因为政策的强制性而产生阻抗心理，表现为表面上接受社工的服务，其实内心极度抗拒，这种关系极其脆弱，不利于后续服务的开展。在建立专业关系的过程中，需要社工表现出接纳、尊重、信任的专业态度，保持同理心和共情，同时展现自己的专业能力。

2. 预估

建立专业关系后，社工需要对服务对象的问题和所需资源进行预估，在了解服务对象的需求之后，链接相关资源。在预估阶段，需要确认3件事：对于案主所需要解决的问题及原因；案主所需要运用在解决问题上的任何可执行的方法；案主在运用这些可执行的方法时会遇到的障碍。个案管理者需要列出问题清单，并且排出问题处理的优先级别。

3. 制订服务计划

对服务对象的问题、需求、资源以及资源障碍进行评估之后，社工需要制订个案管理服务计划，根据计划为服务对象提供服务。个案管理服务计划包括4个步骤：建立目标、在所建立的目标中排出要执行的优先级、选择可以达成目标的执行方法、确定评估时的时间及优先级。

4. 取得资源

在资源获取阶段，需要通过一定的策略动员相关的资源方，在获取相关资源后，才能将个案管理计划书付诸实际，使服务对象发生实质的变化。

链接：个案管理模式中，社工将服务对象和所需要的资源链接起来，扮演中间人的角色。服务对象的需求是复杂多样的，首先要帮助服务对象发现并表达自己的需求。接着要链接服务对象所需要的资源，如就业、医疗等。

协商：协商为的是增加服务的需求者和服务的提供者两者之间的交涉工作和倡导工作的配合。

倡导：为了服务对象能享受更多的服务和资源，需要社会工作者进行呼吁和倡导，打破外界条件的限制，以及替案主确保必要的资源、权利和服务。

5. 整合

社工作为个案管理师的职责就是帮助服务对象整合资源，并且观察服务对象在使用资源的过程中是否存在阻碍和困难，保证资源系统能正常被使用。对于社工来说，平时要多关注政策变化，多参加活动积累人脉，维持与各专业领域工作者的良好关系。整合工作能帮助社工提升资源获取能力，扩大人脉和完善资源获取网络，方便以后各类个案管理服务的开展。

6. 结束关系

当社工发现服务对象的各种问题已经得到解决，社会功能得到修复，服务对象已经回到正常的生活轨道，且其生活环境中已经具备一定的资源支持网络时，就可以考虑结案了。

个案管理师需要提前2~3周将结案的消息告知服务提供者和服务对象。这2~3周的时间内，个案管理师需要帮助服务对象处理分离情绪、强化服务对象的改变、巩固服务对象的资源支持网络。个案管理师应该避免突然性地结束关系，避免服务对象因为难以接受离别而选择倒退回以前的状态，从而导致个案管理计划的失败。给予服务对象一定的缓冲时间消化离别情绪，是服务成功的重要因素。

（五）应用

由于个案管理技术的独特作用，其适用的领域越来越广，使用的频率也越来越高，在养老、医疗、戒毒等领域中扮演着重要的角色。

1. 养老领域

随着老龄化社会的到来，养老成为一个亟待解决的社会问题。传统的家庭养老已经无法满足老年人的需求，需要建立新型的社会养老模式。个案管理技术介入养老服务中，将老年人需要的心理慰藉、疾病监测、休闲娱乐等跨领域的专业服务连接起来，适时进行倡导，打破现有条件的限制，获取更多的资源。

2. 医疗领域

在医疗领域，有些病人的病因复杂，需要不同专长的专家提供服务，只靠病人家属的力量难以找到符合要求的医疗资源。运用个案管理的技术，个案管理师可以为需求多样的病人寻找不同的医学专家，在其中扮演协调和联结的角色，做好全病程管理。

3. 戒毒领域

戒毒领域的问题具有多元性、复杂性的特点，需要多部门的协调和合作。戒毒康复人员具有心理康复、防复吸、医疗、就业就学、家庭生计发展、社会支持、法律援助等多种需求，要适时突破障碍，进行积极倡导，建立集政府资源、社会资源、医疗资源和家庭资源为一体的资源网络。个案管理技术尤其适用于此领域。

（六）个案管理技术的应用原则（BRACES 原则）

1. B：行为取向原则（Behavior-Oriented）

身为个案管理者，首先必须了解什么是案主或者是案主族群的问题，案主本身对自己或是他人有什么行为，对此行为又有何看法，何种的行为模式才较适合案主去遵循。

2. R：转介机构原则（Referring to Related Agency）

个案管理者应先对案主的问题作评估，若不是个案管理者能解决的或是不在个案管理者解决范围之内的，转至有关机关寻求协助。

3. A：专业责任原则（Accountability）

个案管理者应该对案主的处置计划负责，有责任为案主提供适当的服务，案主也有责任参与处置计划，并执行计划中约定的事项。

4. C：协调原则（Coordination）

当案主的问题复杂，需要两个以上的机构或者专业人员共同处理时，个案管理者应该从中协调，并召集有关机构和人员共同帮助案主。

5. E：评估原则（Evaluation）

个案管理者应随时注意案主的情况，并评估方案的可行性、适切性和案主改变的程度。

6. S：系统取向原则（System-Oriented）

个案管理者需注重个体所存在环境内的各系统状况，任何分析、诊断、辅导计划都需要包括与案主有关的任何系统。

（七）个案管理的运作体系

1. 案主体系

案主处于个案管理体系的中心位置，包括 3 个方面：第一，案主的能力，包括案主的资源、案主的改变意愿、案主对服务的态度；第二，案主的困境和需求；第三，与案主有关的重要他人，如案主的家庭、朋友等。

2. 资源体系

指服务对象周围可利用的服务、人力、物质、政策等资源，对这些资源进行评估和整合，从而促进服务对象的改变。

3. 改变体系

指个案管理运行过程中参与协助过程的专业工作者及相关人员。在改变媒介中，社工不直接提供服务，而是作为个案管理者，负责协商和沟通连接。

4. 运作体系

个案管理在付诸实行时，所采用的工作要项（步骤和程序）。改变体系是借由运作体系将案主体系及资源体系相互结合起来共同去达成目标体系的。

5. 目标体系

目标体系是个案管理计划的核心，决定了服务的方向，包括社会工作的价值理念、个案管理的目的，以及对案主照顾的具体目标。

上述 5 个体系之间相互作用，目标体系决定个案管理者的行动理念，决定了个案管理服务的方向和目标。案主体系是个案管理的中心，一切服务以案主的需求为本。改变体系是具体服务的提供者，通过个案管理者了解服务对象的需求，结合资源体系展开活动，个案管理者的专业知识技巧将影响个案管理服务目的的实现。运作体系是个案管理服务的具体程序和行动，没有这个行动过程，个案管理只是一种理论的假设。

八、转介

在社会工作的接案阶段，社工会遇到以下的情况：一是服务对象的问题超出了本机构的服务范围；二是服务对象生活在本机构的服务区域之外；三是社工发生工作调动。此时，社工不可以以常规处理，应本着服务对象能享受到最适合的服务的原则，适时将服务对象进行转介。转介需要征求服务对象的同意，说明转介理由，并开具相关文书资料。

（一）跨服务范围的转介

在禁毒领域，由于服务对象的问题很多，社工和专干不是全才，难以满足其全部的需求，为了服务对象能享受更好的服务，通常存在着跨服务领域的转介。

1. 禁毒专干向禁毒社工转介

禁毒专干是从事禁毒/戒毒管控工作的人员，禁毒社工是从事禁毒/戒毒专业服务的人员，两者是分工与合作的关系。当禁毒专干收到了戒毒康复人员的求助，应该立即转介给禁毒社工，保证服务对象接受专业的戒毒康复服务。

2. 社工向医疗机构转介

当社工评估发现服务对象有接受医疗服务的需求时，例如精神障碍、生理疾病，应及时转介给相关医疗服务机构。社工可以与医疗人员一起提供服务，也可以在服务对象结束医疗服务后继续提供戒毒康复服务。

3. 社工向心理咨询师转介

当社工评估后发现服务对象有心理服务的需求，且超过社工的专业范围时，应及时向专业的心理咨询师转介。

4. 社工向律师转介

当服务对象的权利被侵犯，需要接受法律服务的时候，社工应及时调动身边资源，为案主寻求法律援助，将服务对象转介给专业的律师。

5. 禁毒社工向其他社工领域转介

当服务对象的需求与社工的服务方向发生冲突时，需要进行跨服务范围的转介，例如本机构提供的是戒毒社会服务，而来访者需要接受的是青少年服务，此时就需要将来访者转介至合适的社会工作机构。因为禁毒社会工作的特殊性，服务对象是经过公安机关责令来接受社区戒毒/社区康复的，实际上很少会出现此类跨服务范围转介的情况。

（二）跨服务区域的转介

1. 变更执行地（人在，户籍在）

当戒毒康复人员因为户籍所在地或者现居住地发生变化，需要变更社区戒毒/社区康复执行地的时候，社区戒毒/社区康复执行地乡（镇）人民政府、城市街道办事处应当将有关材料转送至变更后的乡（镇）人民政府、城市街道办事处，变更后的乡（镇）人民政府、城市街道办事处，与社区戒毒人员签订新的社区戒毒/社区康复协议，继续执行社区戒毒/社区康复。

2. 异地管控

由于现代社会的流动性，戒毒康复人员的户籍所在地和常住地往往相距较远，此时若强制要求在户籍所在地接受社区戒毒/社区康复服务，会给戒毒康复人员的生活和工作带来不便，所以，建立户籍所在地和常住地之间的转介机制，发展戒毒康复人员的户籍地和常住地的双向管控势在必行。如为了解决广西灵山外流贩毒问题，广东联众戒毒社会工作服务中心开始探索为在粤灵山籍吸毒人员提供异地管控帮扶服务，全国首个吸毒人员异地双向管控服务社工站在广州和佛山揭牌成立。未来，联众社工将在广州、佛山、东莞等珠江三角洲城市建立广西吸毒人员异地管控社工站，服务全国各地在这些城市工作生活的戒毒康复人员，全力为跨服务区域的吸毒人员提供戒毒康复服务，创新毒品问题治理新模式。

（1）人在，户籍不在

通过异地双向管控措施，为居住地与户籍所在地分离的戒毒康复人员提供专业服务。在居住地为服务对象提供尿检、报到、谈话等戒毒康复服务，建立起居住地与户籍所在地的双向联动机制，定期将外流戒毒康复人员的尿检记录等传回户籍所在地的城市街道办事处、乡（镇）人民政府。

（2）户籍在，人不在

通过异地管控的双向联动机制，户籍所在地和居住地定期进行沟通联系，了解外流吸毒人员的戒毒康复动态，谨防脱管和失联，做好外流吸毒人员的档案管理，达到对外流吸毒人员的双向动态管控。

3. 临时托管（短期托管）

当戒毒康复人员有暂离社区戒毒/社区康复执行地的需求时，则需要提前向社区戒毒社区康复执行机关提出外出请假申请，经审批同意后戒毒人员方可暂时离开，并开具相关材料，委托当地进行临时托管。

（三）工作交接

1. 项目结束

通常的戒毒项目以 1 年或者 3 年为一个周期，当社工所属的项目结束时，意味着服务关系的终结，就需要进行工作交接，将服务的戒毒康复人员转介给同事。

2. 离职

当社工离职或因为其他原因离开本机构时，就需要进行机构内的转介。社工需要将所服务的戒毒康复人员按照本机构的相关规定转介给其他同事。需要注意的一点是，社工在工作中应该使用工作手机，当服务结束时，上交工作手机，结束专业关系。

3. 职位调动

（1）当社工因为职务的升迁而产生职位调动，离开原有的工作岗位时，需要将原来的服务对象转介给其他同事。

（2）当社工因为管辖范围的变动而产生职位调动时，需要将原管辖范围的服务对象转介给管辖该村居的社工，保证其不间断地接受服务。

4. 回避

专业关系是一种去私人化的关系类型，能够最大限度保障服务效果和服务对象的利益。当来求助的服务对象和社工存在私人关系时，例如亲戚关系、有恩怨过节等，就不适合由该社工提供服务，此时社工需要按照回避原则，将服务对象转介给其他社工。

九、其他干预方法

除了上述比较常用的几种干预方法外，在开展禁毒服务中，可使用的技能还有表达性艺术治疗、正念疗法等。因为理论层面比较新颖且小众，所以在内地被使用得比较少，技能层面还不太成熟。

（一）表达性艺术治疗

表达性艺术治疗指的是在一种支持性的环境中运用各种艺术形式，包括绘画、舞蹈、诗歌、冥想、表演、即兴喜剧等，发现自我、表达自我思绪、感受及经验的过程。表达性艺术治疗通过一种非语言的沟通技巧来介入，对有心理重建需要的创伤者特别有效。沙盘游戏治疗、绘画治疗和音乐治疗是目前最常使用的 3 种表达性艺术治疗方法。

1. 沙盘游戏治疗

沙盘游戏治疗是荣格的分析心理学与中国文化的结合。其中，无意识、象征起着重要作用。沙盘游戏治疗的工作原则并非单纯以来访者的心理状态为主要目标，它更注重人格的整合和发展，促进来访者的健康成长。将沙盘游戏融入现代的心理健康教育是沙盘游戏治疗发展的一个新方向。

（1）沙盘游戏的分类

体验式沙盘游戏。体验式沙盘游戏注重服务对象在沙盘游戏中的体验感，通过摆放沙盘里玩具的位置来抒发心中的感受，暂时远离实际生活中的烦恼，获得内心的宁静。体验式沙盘游戏适用于青少年、上班族、家庭妇女等人群，通过体验式沙盘游戏，用自己喜欢的方式组合沙盘玩具，最后分享自己的思考和感悟。

箱庭疗法。箱庭疗法意指“在沙箱中制作一个庭院”，作为一种心理疗法，让来访者在特制的纸箱里随意摆放组合玩具来再现多维的现实生活。箱庭疗法最初是由英国伦敦的医生劳恩菲尔德将收集的各式玩具模型放在箱子之中，让孩子们在箱子这个限定的空间内摆弄玩具模型，鼓励儿童通过组合玩具来表达他们的非语言思想和情感。瑞士的精神分析学家卡尔夫将这一疗法与荣格的精神分析心理学结合起来，注重来访者与其自我的无意识联系，激活来访者的自我治愈力，从而促使来访者逾越心理障碍。20 世纪 60 年代，河合隼雄在瑞士的荣格研究所留学时跟卡尔夫学习了这一技法，他发现箱庭疗法其实很类似中国和日本古代的盆景，于是结合东方的意涵，将“Sandplay Therapy”翻译为箱庭疗法。在日本，箱庭疗法已成为心理治疗的主流之一。

箱庭疗法多用于儿童治疗。在治疗开始之前，治疗师需要征求儿童及监护人的同意，用通俗易懂的语言向孩子和监护人明确箱庭疗法的基本要求。箱庭内玩具的组合方式是儿童的自我臆想或某种自我期待的外在表现，具有象征意义，需要治疗师从中获得关键信息进行精神分析，因此对治疗师的专业要求较高。

（2）沙盘游戏治疗的操作方式

指导语。指导语是社工在服务对象进行沙盘创建的过程中，进行的解释和指导话语，包括对沙盘工具的介绍和创作引导。服务对象第一次面对沙盘时可能会不知所措，此时社工应该及时进行介绍，善用指导语，通过指导语打破服务对象的疑虑，引导其按照自己的意愿搭建沙盘。

沙盘作品的创作和分析。在此过程中，社工除了使用指导语之外，应该保持见证者的立场，不打断服务对象的创作过程，默默做好沙盘作品的记录与拍摄工作。在创作完成后，服务对象对自己的作品进行体验，并从作品主题、内容、自我像等方面进行分析与解释，社工做好对话记录。

沙盘作品的拆除。征求服务对象的意愿，如果其愿意自己拆除，就由其本人拆除，如果不愿意自己拆除，则在服务对象离开后由社工拆除。

沙盘游戏治疗有个体和团体两种形式，团体形式一般是服务对象及其家庭成员一起参与，操作步骤与个体形式无异。在开展沙盘游戏治疗时，注意吸引服务对象及其家庭的加入，不仅能有修复家庭关系的作用，还能利用家庭的力量使沙盘治疗起到事半功倍的效果。

2. 绘画治疗

绘画治疗是鼓励服务对象在限定主题的画面创作中呈现自己的心理内容，社工通过对绘画的内容进行分析和诠释，能够帮助服务对象了解自己的内心世界。画面本身是符号化的，用它来进行表达时，服务对象是不受约束的，可以完全自由地呈现自我。绘画治疗的先驱者南伯格认为，绘画可以帮助儿童表达深层次的潜意识心理内容，很多孩子的问题在绘画创作的过程中发生了转变。

绘画治疗目前应用较多的是“房-树-人”测试。“房子”代表的是家庭，是服务对象的生活场所；“树”能够反映个体自我的成长，投射出服务对象对环境的体验；“人”投射个体的自我形象和人格完整性。需要的工具有白纸、铅笔、橡皮，服务对象将房子、树、人画在一张纸上，又称为“动态房-树-人图”。指导语可参考绘画治疗师李洪伟和吴迪老师的观点：“请在这张纸上画一间房、一棵树和一个正在做某一动作的人。尝试去画一个完整的人，不要画漫画或火柴人。”

对绘画作品的分析包括：

画面描绘情况。画面结构是否完整，房子、树、人物是否清晰，人物是否有动感，是否呈现出较好的生活状态。

画面大小。画面比例过大体现了服务对象过分自信的倾向，过小反映了服务对象不够自信的特点。

画面的位置。处在画纸中心位置的可能具有刻板、固执的性格特质；处于画纸左侧的表示关注感情世界，喜欢留恋过去的生活；处于画纸右侧的关注理智世界和未来的生活；处于画纸上方的表示追求精神生活，容易幻想；处于画纸下方的表示关注现实，追求安全感。

图形切断。在绘画作品中，可能会出现画面被纸张边沿切断的情况。被画纸上端切断的，可能表明个体的行动力相对比较弱，追求的目标太理想化而不现实；被画纸下端切断的，可能表明个体有一定的压抑情绪；被画纸左边切断的，表明个体对过去的事物比较留恋；被画纸右边切断的，表明个体处于矛盾的心理状态下，想逃离过去的人和事物。

线条特点。服务对象在绘画的过程中使用的线条特点不一样，表达的性格特征也是不一样的。线条黑而粗的特质是过于自信，心态较积极；线条浅的特质是不够自信，心态较压抑；线条笔直的特质是对目标执着，抗压能力较强；反复描绘线条的特质是缺乏自我满足感。

3. 音乐治疗

音乐能直接作用于下丘脑和边缘系统等人脑主管情绪的中枢，对个体的生理和心理情绪进行调节，使人肢体放松，心情愉悦。音乐治疗的应用主要有：用音乐激发个体内心的积极力量，调整负面情绪，培养正向态度；通过音乐这种非言语性的沟通方式，达到心灵上的共识，改善服务对象的人际沟通困境；通过音乐治疗改善睡眠障碍和焦虑抑郁症等。

4. 其他艺术治疗

其他艺术治疗还包括十字绣、篆刻、书法、园艺等疗法，这些疗法都是通过各种各样的艺术创作方法来表达内心世界的。需要注意的是，在使用艺术表达的过程中，艺术创作只是释放、表达的符号工具，社工不应将关注点放在美学标准上，而应时刻关注创作者内心的沟通信号。

（二）正念疗法

正念疗法是对以正念为核心的各种心理疗法的统称，包括正念减压疗法、正念认知疗法、辩证行为疗法、接纳与承诺疗法。“正念”最初来源于佛教的冥想，是佛教的一种修行方式，在西方，正念已经成为人们行为和生活方式的一种倾向。研究证明，正念疗法在改善心血管系统问题、提升免疫力、缓解疼痛方面有很明显的效果。正念减压疗程和正念认知疗法是两种最常用的正念心理干预方法。

1. 正念减压疗程

可简称为MBSR，由美国麻省大学医学中心附属减压门诊的Jon Kabat-Zinn博士创立，原称为“减压与放松疗程”（Stress Reduction and Relaxation Program，SR-RP）。MBSR的目的是辅助（而非取代）一般的医疗方法，其目的是教导病患运用自己内在的身心力量，为自己的身心健康积极地做一些他人无法替代的事——培育正念。

在MBSR的训练中，服务对象需要持有下列态度来进行正念练习：不对自己的情绪、想法、病痛等身心现象作价值判断，只是纯粹地感知它们；有耐心地与自己的身心状况和平共处；保持“初心”，以“初心”面对每一个身、心事件；相信自己的智慧与能力；不强求治疗效果，只是无为地觉察当下发生的一切身心现象；接受现状；放下种种好恶。

2. 正念认知疗法

正念认知疗法是将正念疗法与认知行为疗法相结合而形成的一种治疗方法。传统的认知行为疗法的治疗重点在于发现和纠正服务对象不良的认知，而正念认知疗法的重点在于接纳这些认知内容，不是采取排斥和厌恶的态度，从而进行“去中心化”，最后导致负性认知的减少。研究结果证明，正念认知疗法对焦虑、抑郁、社交障碍都有一定的治疗效果。

3. 正念疗法在戒毒领域的应用

因为长期吸食毒品，大部分戒毒康复人员都存在一定的抑郁焦虑情绪，对人生有一定的负面认知。正念疗法提倡感知与接纳，且容易操作，不受时间和场地的限制，所以特别适合在戒毒康复人员中使用。2010年，鲍恩和她的同事将正念疗法和防复吸技术进行结合，开发出一套行为干预方法——以正念为基础的复发预防治疗方法，这套方法包括冥想、瑜伽、呼吸、体育锻炼等。研究证明，正念为基础的复发预防治疗方法在戒除物质成瘾方面具有很强的治疗效果。

正念为基础的复发预防治疗方法包括（MBRP）：

（1）冥想。戒毒康复人员闭上眼睛，伴随着轻缓的音乐开始冥想，冥想的内容可以是自己的人生经历，通过冥想，觉察自己的思维模式，接纳和认识自己，减少渴求和觅药行为，获得心灵上的舒缓。

（2）防复吸。戒毒康复人员在面对高危情境时，及时停下来想一想，有意识地作出选择，而不是顺应以往的思维方式自发地使用毒品。正念疗法可以增强内部认知控制能力、思维觉察力和情绪体验能力，通过将正念实践融入日常生活，在高危情境时就能够利用所学的技巧有效应对，中断复吸的循环反应过程，避免复吸的出现。戒毒康复人员要认识到渴求是一种正常的身体感觉而不是必须及时满足的行动，如果能在一次高危情境中有效应对，相应的自我效能感就能提升，通过正念训练，戒毒康复人员在认知控制、对诱发线索的注意偏差及情感状态方面有较大的改善，复吸的可能性就会降低。

（三）运动疗法

运动具有一定的减压作用，还可以锻炼身体，调节精神。相关研究证明，适当范围内的有氧运动能使机体产生内源性的阿片肽等物质，可以改善抑郁、焦虑等不良心理状态，帮助戒毒康复人员重建积极的生活方式，是一种低成本、易坚持的戒毒康复手段。

戒毒康复人员在进行运动疗法前，应先咨询医师，对自身的健康状态进行评估，确定是否适合开展运动治疗，是否与正在服食的药物相冲突。运动种类可以选择做家务、散步、慢跑和健身操等，运动前注重拉伸和热身。由于戒毒人员长期接触毒品，身体素质较差，在运动时，应实时监控心率的变化，保持合适强度内的运动，从实际出发，科学锻炼，循序渐进。运动疗法追求心理上和身体上的愉悦，切不可操之过急。

第四节 职业暴露与防范

职业暴露是指由于职业关系而暴露在危险因素当中，从而有可能危害健康甚至危及生命的一种情况。常见的职业暴露情况有物理性职业暴露，包括针具等；化学性职业暴露，包括有害化学物质、成瘾性药物、工业废气等；生物性职业暴露，包括肝炎、艾滋病、肺炎等传染性较强的疾病。

禁毒社会工作者的服务对象是长期毒品成瘾的人员，在服务过程中需与吸毒人员近距离面对面接触，如面试、尿检、家访等其他外展服务场景。吸毒人员因为长期吸食毒品导致的艾滋病、肝炎带有很强的传染性，因为毒品引起的精神紊乱使吸毒人员带有很强的攻击性。因此，禁毒社会工作者在服务的同时，要做到仔细辨别风险，同时做好预防与防范，保护自己的人身安全。

一、识别职业危险

禁毒社会工作者常见的职业暴露危险有精神病、结核病、艾滋病、肝炎等，以及其他职业暴露类型，例如性骚扰和暴力等。

（一）精神病

成瘾是一种反复发作的脑疾病，长期吸食苯丙胺类毒品的人，如冰毒、K 粉、麻古等，其中枢神经会受到很大的损坏，发生器质性病变。患有精神疾病的吸毒者在受到刺激的情况下会产生偏执、妄想和幻觉，甚至产生自残、杀人等暴力行为，严重威胁到禁毒社会工作者的人身安全。

（二）结核病

结核病俗称“痨病”，是一种由结核杆菌经呼吸道传播引起的严重危害健康的慢性传染病，对个人和家庭都有极大的危害。得了肺结核如不能彻底治疗就会完全丧失劳动能力，而且还会传染给他人。肺结核病人的主要表现有低烧、咳嗽、疲乏无力、咳痰、痰中带血、体重减轻、夜间盗汗，禁毒社会工作者如果发现服务对象有上述的症状，应该引起警觉，避免被传染。

（三）艾滋病

艾滋病的医学全称是“获得性免疫缺陷综合征”，传染途径有血液传播、母婴传播和性接触传播。艾滋病病毒十分脆弱，一旦离开人体后在外界的生存能力便很快消失，HIV 对环境中的物理因素和化学因素抵抗力均较弱。日常的接触，如拥抱、握手、一起吃饭、一起游泳、工作接触都不会传播艾滋病，所以，禁毒社会工作者与有艾滋病的吸毒人员在服务中的正常接触是不会受到传染的，不应该歧视和远离他们。

（四）其他传染病

由于吸毒者喜欢聚集在一起“共享”毒品，使用同一支注射器进行静脉注射，增加了肝炎性病毒的传染和扩散，所以吸毒者容易患上甲肝、乙肝和丙肝等肝部疾病。

有些吸毒者在吸食毒品之后，会出现性欲高涨的情况，女性吸毒者为了获取毒资还会出卖自己的身体，极易患上淋病、梅毒和尖锐湿疣等性病，并通过滥交进行交叉传播。

在使用“烫吸”的方式吸食海洛因时，毒烟会通过鼻子和嘴巴进入肺部，造成肺部的炎症，患者的飞沫携带病毒，在日常交谈中进行传播。

二、采取防范措施

（一）精神病的防范

为了避免患有精神疾病的戒毒康复人员的暴力伤害，社工应保证自己处于安全的场景中。

第一，在谈话时，社工选择坐在靠门边的位置，方便出现冲突时及时逃出。

第二，服务中 AB 角均为女性社工时，女性社工可以邀请一位男性社工或其他相关工作人员（民警、辅警、治安员、网格员等）一起进行访谈或开展服务。

第三，服务对象出现眼圈发红、瞳孔胀大、身体紧绷的状态，是暴力发生的前兆，社工应该及时停止服务，远离服务对象，撤出服务场景。

（二）结核病的防范

肺结核主要通过咳嗽传染，患有肺结核的病人（肺结核病人肺组织和痰液含有大量结核菌）通过咳嗽、打喷嚏、大声说话将病菌喷出，传播给健康人。

第一，社工站应每天开窗通风，减少病菌停留的机会。

第二，社工也要锻炼身体，增强免疫力。

第三，社工在提供服务时，需要提前查阅服务对象的基本资料，注意坐在上风口，保持坐姿角度与距离，仔细观察服务对象的状态。一旦服务对象表现出肺结核症状，立即建议其就医，并且帮助服务对象了解相关的医疗政策，协助其积极就医。患有肺结核的病人一般都可以享受免费的抗结核药物的治疗。

第四，社工在日常服务中，应该佩戴口罩，防止吸入飞沫。

（三）艾滋病的防范

一般的工作接触是不会有传染艾滋病的风险的，根据艾滋病的传染途径，社工要做到：

第一，不接触服务对象的血液，包括吸毒人员使用过的针具、剃须刀、牙刷等。

第二，严格遵守社会工作专业伦理守则，不与服务对象产生除了专业关系以外的私人接触，严禁与服务对象发生性行为，如此基本上可以断绝传染的可能。

艾滋病虽然被社会深恶痛绝，但其并非洪水猛兽，因为其传播途径较为清晰，只要规范自己的行为就可以达到有效预防的结果。

（四）其他传染病的防范

第一，为了防范甲肝、乙肝、丙肝等肝病，禁毒社会工作者在对戒毒康复人员进行服务时，应该与戒毒康复人员保持一段距离，并佩戴口罩，严禁和服务对象使用同一个杯具。

第二，禁毒社会工作者严格遵守职业操守和伦理规范，避免与服务对象的私人接触，防范梅毒等性病的传播。

第三，禁毒社会工作者和服务对象佩戴口罩，保持安全谈话距离，防范肺炎病毒的传播。

三、应对突发危机

有的时候，因为生活中充满了大量的不确定因素，社工即使做了充足的防范，还是会不幸受到感染。面对这种突发性危机，社工应该第一时间镇定下来，暂时脱离危险场景，寻找他人和医疗帮助。

（一）突发危机

（1）不小心接触了患有艾滋病吸毒人员的针具、血液；

（2）与患有肺结核的服务对象进行访谈的过程中，不小心吸入飞沫或者肺结核的其他感染物；

（3）服务对象毫无征兆地暴怒、发脾气，甚至想要动手打人，发生暴力事件。

（二）处置原则

（1）及时局部处理；

（2）及时报告与记录；

（3）及时进行风险评估；

（4）预防性治疗；

（5）提供咨询与定期随访监测；

（6）资料整理上报与总结。

（三）如何处置

1. 艾滋病暴露

如不小心接触了患有艾滋病吸毒人员的针具、血液，此时社工就处于高暴露风险状态，应按照以下步骤有条不紊地应对：

（1）局部处理。首先清洗伤口，挤出伤处的血液，用肥皂水和流动清水清洗污染的皮肤，用生理盐水冲洗黏膜，用75%的酒精和0.5%的碘伏等消毒剂处理伤口。

（2）事故报告。报告主管领导、将事件进行详细记录、了解病人情况，包括病毒载量、治疗情况和药物的种类。

（3）暴露源和暴露者检测。填写个案登记表时，抽血检测 HIV 抗体。

（4）危险度评估。高危险性的暴露因素包括伤口深、造成伤口的器械上有明显的血迹、器械曾置于病人的静脉或动脉血管内、体液离开身体时间短、病人在事故60天内死于艾滋病。

（5）预防用药治疗。最好在 4 小时内用药，最迟不要超过 24 小时，越早用药越好。

（6）暴露后随访。在暴露后的 4 周、8 周、12 周、6 个月进行随访检测 HIV 抗体，特殊情况需要延长至 1 年。

2. 呼吸道传染病暴露

（1）观察。首先要自行观察，是否出现浑身乏力、盗汗、低热、食欲不振等现象。如出现这些症状，尽快前往医院或当地结核病防治所进行治疗。

（2）防护。其次要进行防护，避免与他人亲密接触，自行隔离，佩戴口罩，室内通风，谨遵医嘱服药。

（3）检测。常用的结核病检测手段有胸部 CT，通过肺部影像可以初步判断是否患有肺结核。除此之外，还可以进行结核杆菌培养，进一步确诊。

（4）治疗。检测后一旦确诊及早治疗，通过长时间服食利福平、异烟肼等抗结核药物，杀死结核菌以达到彻底治愈的目的。

3. 暴力事件

在服务的过程中，如果服务对象毫无征兆地暴怒、发脾气，甚至想要动手打人，此时社工应该中止服务，及时撤出服务对象所在的场地，与其保持距离，以免受到伤害，并且通过大声呼喊，获取路人的帮助，情况严重时可以报警。

禁毒社工每一场服务都可能处于职业暴露的风险中，社工要敏锐识别职业中的危险，提前做好防范和预演，在突发危机中灵活应对。在利他的过程中，社工也应该保护好自己的生命安全，因为生命才是最珍贵的。

参考文献

［1］何雪松．社会工作理论（第二版）［M］．上海：上海人民出版社，2017.

［2］朱眉华，文军．社会工作实务手册［M］．北京：社会科学文献出版社，2015.

［3］赵敏，张锐敏．戒毒社会工作基础［M］．北京：军事医学科学出版社，2010.

［4］廖荣利．社会工作理论与模式［M］．台湾：五南图书出版公司，1998.

［5］米纽秦．家庭和家庭治疗［M］．北京：商务印书馆，1974.

［6］马莹，顾瑜琦．心理咨询技术与方法［M］．北京：人民卫生出版社，2009.

［7］李瑶．试论结构式家庭治疗中次系统界限的重要性［J］．青春岁月，2016（6）：407.

［8］厉济民．同伴教育在社区戒毒康复领域的运用［J］．中国药物依赖性杂志，2017，26（06）：480-282.

［9］仝利民．个案管理：基于社区照顾的专业社会工作方法［J］．华东理工大学学报（社会科学版），2005（2）：29-33+44.

［10］曾垂峰．动机式晤谈法在禁毒帮教服务中的运用［J］．中国社会工作，2019（18）：35-36.

［11］石林，李睿．正念疗法：东西方心理健康实践的相遇与融合［J］．中国临床心理学杂志，2011，19（4）：566-568.

［12］齐萱，李勇辉．以正念为基础的治疗方法在物质使用障碍复发预防中的应用［J］．中国药物依赖性杂志，2014，23（6）：412-416.

［13］王云翠．甲基苯丙胺依赖患者“动机强化-脱敏-神经递质调节”模式的干预效果研究［D］．华中科技大学，2019.

第十一章　禁毒社会工作行政

第一节　服务项目管理

社会工作服务项目是指在一定的时间内，运用一定的资源，按照预定的服务目标、服务内容、服务要求所设计并实施的社会工作服务任务。社会工作服务项目管理包括项目需求调查、项目服务策划、项目服务过程管理、项目评估以及项目危机干预。

一、项目需求调查

项目需求调查是开展社会工作服务项目最重要的前期工作，其核心在于通过调查收集资料，分析项目实际情况是否与政策及政府禁毒职能部门要求一致，预估项目的问题需求是否在机构或社工团队解决能力范围内，是社会工作项目服务策划最直接的依据和指南。科学合理的需求调查能够使社会工作服务更贴近服务对象的实际需求，更具有针对性和指向性，也更有利于社会工作服务的专业化和职业化。

（一）调查范围

1. 项目主导方

项目主导方是指项目领导单位、负责单位或者项目购买单位，有时有多个单位，例如项目购买方为区县禁毒办，乡镇街道禁毒办则是该街镇的主导单位之一。项目主导方是项目需求调查的首要对象。社会服务机构、社会工作团队应先对项目购买方提供的资料进行分析，查看其描述与实际情况是否相符；应该对项目主导方主要负责人员进行深度访谈，对项目要求听取和交换意见；也应该对基层具体执行单位及相关配合部门的需求、理念及做事风格有所了解，为项目服务策划做参考。

2. 服务对象

服务对象是项目服务的主要人群。在做需求调研时，一般要了解服务对象的数量、性别、教育程度、区域分布、吸毒史、管控状态及问题需求，以便对项目的服务对象有一个全面的认识。

3. 社会环境

首先，要找出服务群体的明显特征，例如，了解该地区是否外流贩毒严重、药物滥用严重、制毒严重等，以便根据实际情况对症下药。其次，观察服务群体的生活环境有哪些可利用的资源。最后，调查服务群体所在地的就业环境是否有针对戒毒人员的就业优惠政策、是否有企业愿意招收戒毒成功人员等。

（二）调查方法

1. 资料分析法

对现有数据和资料进行查阅分析，找出与项目紧密相关的资料，提取有用信息。例如，项目主导方提供的项目资料、相关政策文件、社区调查报告等。

2. 访谈法

是指调查者通过面谈、电话访谈等方式向项目购买方、服务对象等相关方收集资料并进行分析的方法，访谈过程不仅是在收集资料，同时也是在与服务对象建立关系。

3. 实地观察法

观察者有目的、有计划地运用自己的感觉器官或借助科学观察工具，能动地了解项目环境、服务对象情况等，这种方法最大的优点是收集到的资料直观可靠。

4. 问卷调查法

调查者运用专业的量表或自行设计的问卷，向被选取的调查对象了解情况或征询意见。要了解的内容包括服务对象觉得哪些地方需要改变、现有服务状况等。

（三）项目需求分析

1. 服务区域毒情分析

（1）政策背景

毒品问题危及社会和谐稳定、百姓平安生活，属于社会综合问题。当地政府购买禁毒社会工作者服务说明需要禁毒社会工作者协助解决问题。社会工作机构分析项目需求时，要先了解服务区域的禁毒相关政策以及禁毒工作现状。

（2）经济社会背景

有毒品的地方就会有交易，毒品市场是典型的地下黑经济，毒品泛滥的地方极易形成巨大的毒品地下利益集团，因此，要摸清服务区域的经济状况。同时，也要了解当地的人文社会环境、大众对吸毒人员的态度等。

（3）社区戒毒社区康复工作背景

分析服务区域以往做过哪些社区戒毒社区康复项目，工作任务是否完成，有哪些工作经验、工作亮点可以借鉴，以及在册吸毒人员管控状态分布情况。

2. 服务对象需求分析

服务对象需求是设计项目服务方案的主要依据，社会工作机构应选择合适的调查方法了解服务对象在基本生活、就业、毒品认知、社会融入等方面的情况，并且依据调查数据对服务对象的问题和需求进行分析。

二、项目方案策划

凡事预则立，不预则废。项目成功的关键，首先就是项目方案策划。方案策划是在项目需求明确的基础上，从项目利益相关者及其所处环境出发，有规划地制订项目方案以回应需求的一系列活动。方案策划是项目持续良性运行的总体纲要，在项目执行过程中起到定航引导的作用，并被作为各方行动和问责的依据。

（一）方案策划要素

1. 弄清问题

方案策划要想体现项目是怎样回应问题的，首先便是要对项目需求进行分析，了解项目相关方对该问题的看法，厘清项目要解决的问题。

2. 找到原因

对问题进行探究分析，找出问题出现的原因，需要注意原因可能是多方面的，要根据项目服务区域的实际情况综合考虑。

3. 制定策略

根据问题和需求制定解决问题的策略，即拟采取哪些措施来解决项目需求的问题，满足项目的需求。

4. 形成方案

服务方案包括服务目标、服务内容及服务方法，服务目标即服务想要达成的效果，服务内容即拟对服务对象提供的服务，服务方法是促进服务目标达成的方式。

5. 做好预算

项目预算是指按照服务项目要求编制的符合实际情况的项目资金预估。编制预算应明确项目各项经费的用途，按照购买方的财务报告要求做好记录。

6. 贯彻落实

制订项目评估指标与方法，制订监测机制，对项目执行进行监测与评估。评估是保证项目目标达成的重要措施，监测是对项目的执行过程进行观察、测量、跟踪和记录，以保证项目顺利完成。

7. 控制风险

项目策划中应包括风险评估，即预估风险并制订相应的解决策略，形成风险预案，以便项目执行过程中出现问题可以及时解决，减少项目损失。

（二）项目方案策划方法

1. 问题导向

社会工作服务项目一般是为回应社会上的问题而开发的，问题导向的项目策划把焦点放在问题本身，思考项目要回应的问题，深入了解问题的成因，对症下药，找到能够解决问题的方法。如广西灵山县外流贩毒问题严重，灵山异地管控项目服务策划就要围绕此问题的解决措施展开。

2. 需求导向

需求导向的项目策划重点关注服务区域/服务群体的服务需求，寻找满足服务区域/服务群体需求的有效方法。如强制隔离戒毒所购买驻所社会工作服务，项目策划要分析戒毒所购买服务的原因、需求、想要达到的目的，提出满足戒毒所及所内戒毒人员需求的服务策略。

3. 成效导向

开展一个社会工作服务项目不是为了做些活动、完成指标，主要目的是协助服务对象解决问题，进而增强其能力，达到助人自助。成效导向的项目策划要求在写项目策划之前，先想明白项目的成果是什么，然后再考虑项目要怎么开展，需要怎样的方法、策略。

4. 科研导向

科研导向的项目策划重点关注项目可以产出的科研成果有哪些。项目负责人在做项目策划时要注意项目策略的创新之处，要有新的思考和布局，也就是项目策划不仅要围绕完成项目任务展开，也要重视项目方案的可实施性和创新性。

（三）项目策划书

方案策划书是项目执行的行动大纲，它将项目如何开展以文字形式呈现出来。项目策划书包括项目背景、需求分析、实施策略、执行方案、项目执行措施、项目预算、项目管理、风险控制及项目评估。

项目背景：项目服务区域的毒品问题现状，禁毒工作现有成效、存在的问题。

需求分析：项目利益相关方的问题和需求分析，可利用的资源分析。

实施策略：拟采用的服务方法及成果产出。

执行方案：包括方案目的和目标、为达成目标需要开展的服务内容等。

项目执行措施：为完成项目方案必须采取的措施及注意事项。

项目预算：项目各项任务预算。

项目管理：为保障项目完成所采取的管理方案。

风险控制：风险预估及解决策略。

项目评估：评估方法及评估内容。

三、项目实施过程管理

项目实施管理又称过程管理或项目管理，是通过一套系统的知识、工具和技术，帮助项目管理者在一定时间范围内，完成预定的目标，更好地规划、组织及管理各种资源，掌握何时该完成何种任务，避免因为项目管理者各自经验的参差而导致效果出现落差。由此可见，采用全面和系统的项目管理方法对项目的整个过程进行有效的管理是项目管理的重点。

（一）过程管理的 3 个阶段

1. 项目启动

项目启动是一个项目开始的标志，在该阶段管理者要将项目目标具体化，并根据这些目标组织合适的人员和必需的资源，制订出切实可行的项目执行方案。

项目启动需要有一定的仪式感，让团队成员都感觉到自己的责任，标志着工作已经开始，需要成员全身心地投入。

2. 项目执行

即按照项目方案完成各项工作。在项目实施的过程中，项目管理者必须对项目进行监督和控制，随时解决工作中产生的各种问题，并且根据实际情况对项目方案进行局部调整。需要注意的是一定要及时沟通，沟通的效率决定了团队协作效率，项目管理者要尽可能地创造更有意义和高效的沟通，以保证项目的正常运作。

3. 项目结项

项目结项是项目或项目阶段的完成，在这个阶段项目管理者要做好项目结项工作，包括收集和整理好文档资料、准备评估报告、回顾总结项目等。社会工作服务项目一般是引进第三方评估机构进行评估，或者项目购买方指定评估方式和机构进行验收。

（二）过程管理范围

1. 目标管理

目标管理是一种把个人需求和组织目标结合起来的管理方法，基本内容是动员项目成员参与项目目标制定并保证目标实现。目标管理将个人利益与项目利益紧密联系起来，极大地鼓舞项目成员为实现项目目标而努力，具有很好的激励功能。

2. 任务管理

项目任务管理是指管理者对项目进行任务派发、实时响应和进度更新，即将任务分配到人，记录每项任务所需资源、预计完成时间等；同时还需跟踪任务实时进度、状态，出现问题及时处理。

3. 人员管理

（1）项目成员管理

管理者组织、管理及带领项目团队成员完成项目各项工作，在此过程中，团队成员的工作能力也得到提升。

（2）项目相关方管理

识别及分析能够影响项目或者受项目影响的人员、群体或组织，制订相应的应对策略，管理及控制相关方的参与度。

4. 时间管理

合理地安排项目时间是项目管理的关键内容，时间管理的目的是保证按时完成项目、合理分配资源、发挥最佳工作效率。

5. 成本管理

项目成本是项目产生社会干预效果所必需的直接投入和间接投入，项目成本管理是保证完成项目投入的总成本与计划投入的预算额相一致的工作及过程，即确保项目能在预算内完成。

（三）过程管理内容

1. 落实人员

人员是项目执行的必备资源，把合适的人配置到适当的工作岗位上可以保证项目成员的能力和积极性得到最有效的发挥和利用。为有效地落实项目人员，项目管理者应充分了解项目成员，遵循“德才兼备、量才使用”原则，根据岗位要求将项目成员安排在合适的位置上。

2. 分配任务

首先，项目管理者要规划完成项目各项任务所需时间、人力及预算，按照规划开展工作；其次，监控项目进度，保证任务进度和所用工时的有效性，可以把项目执行过程中的成果作为记录资料上传并与任务关联；最后，项目执行过程中出现问题应及时拿出解决方案，不能拖延，以保证项目任务按时完成。

3. 分配资金

首先，管理者应规划成本，对完成项目各项任务需要资源种类和资源数量进行确定，包括人、财、物等资源，指出每一项工作需要什么资源以及多少资源，即确定资源需求，为估算成本提供参照。

其次，在确定资源需求的基础上估算完成项目所需要的各资源成本的近似值，需要注意考虑每种资源的单价和活动时间。估算成本的近似值可为后续的预算成本提供直接的依据。

再次，管理者要编制详细、合理的预算，把估算的总成本分摊到各项相对独立的工作任务中，建立基准成本以衡量项目执行情况，这是控制项目成本的重要手段。

最后，要对项目资金的使用进行监测，根据项目成本管理计划对项目实际产生的成本支出进行管理，包括监督预算成本的执行情况、找出实际成本与计划成本发生偏差的原因等，必要时进行变更。

4. 控制风险

风险是指可能会出现的问题，这种问题会带来积极或消极的后果，控制风险是识别和分析项目风险及采取应对措施的活动。项目管理者可以明确项目范围，将项目的任务细分为更具体、更便于管理的部分，避免遗漏而产生风险。在项目执行过程中，各种变更是不可避免的，变更会带来某些新的不确定性，管理者要根据具体情况灵活应对。

四、项目评估

（一）评估类型

对于社会服务项目评估的类型，不同的划分标准会产生不同的类型。根据项目发展的阶段，社会服务项目评估可以分为服务前期评估、阶段性评估和结项评估。

1. 服务前期评估

服务前期评估主要是收集资料并分析，确定服务对象、项目及社会服务机构的需求，它是项目策划、执行和总结的基础。对一个社会服务项目来说，了解服务对象的需求是有效开展社会服务的前提。通过前期评估，可以了解项目相关方的真实情况，确定社会工作者应该提供哪些服务。

2. 阶段性评估

主要是评估项目执行情况，提出项目改进建议。社会服务是一个过程，它既要按照既定服务方案开展，也要根据实际情况适当调整。通过阶段性评估，项目购买方可以了解项目工作进展，发现项目开展中存在的问题并提出改进意见，对项目执行起到监督作用。

3. 结项评估

结项评估是服务项目结束后对服务成效的评估，旨在评估项目目标的实现程度、专业服务效果及项目资金的使用情况，以此作为社会工作服务项目结项的依据，并为项目购买方判断项目执行方是否具备继续承担相关社会工作服务项目的资质提供参考。任何一个社会工作服务项目都需要进行结项评估，这不仅是在确认项目服务的成效，也是社会工作机构向政府、社会、服务对象进行交代的一种体现。

（二）评估方法

1. 资料分析法

对项目要求的存档资料进行检查，查看其完整性，包括项目服务记录、项目人员档案、项目相关的各类管理制度等资料。

2. 访谈法

与项目服务对象、家属及开展项目服务的相关人员，就服务满意度、服务成效及项目服务的具体意见进行访谈。

与项目执行方负责人进行访谈，向执行方负责人了解在项目运作过程中，在项目监管、资源整合方面所采取的措施。

与项目负责人、项目社工及驻站民警进行访谈，了解项目实际运作情况，包括项目运作过程中遇到哪些困难，以及困难是如何解决的。

3. 观察法

观察内容包括服务环境、服务内容、服务方法、服务的社会工作专业性体现和规范、社会工作者与服务对象的互动等。

4. 问卷法

依据项目总体目标和服务对象的实际情况，科学设计调查问卷，调查收集项目服务对象满意度和项目服务成效等信息。

（三）评估内容

1. 项目方案

项目服务对象界定是否符合项目基本要求。

社会工作服务项目的策划是否专业、规范。

服务计划是否具有逻辑性和可操作性，是否有效回应服务对象要求和项目目标要求。

对项目需求的调查分析是否准确，需求分析报告结构是否完整，是否能根据需求合理界定项目服务的覆盖范围和目标指向。

预算方案是否体现目标相关性、政策相符性、经济合理性、公益导向性的原则。

2. 项目实施

专业人员配备与使用。在项目实施中，是否能够按照项目方案中的计划配备相应的社会工作及相关专业人员，并在项目实施中发挥相应作用。在人员使用过程中，是否能够做到分工明确、优势互补、团队协作。

物资配置。在项目实施中，使用的场地、设备、服务设施及相关物资是否能够满足项目运行需求。

专业服务价值理念运用。在项目实施中，能否真正体现社会工作者“以人为本、助人自助”的价值观和“平等、尊重、接纳、保密”的专业原则。

专业服务理论运用。在项目实施中，是否正确依据社会工作专业相关理论开展实务工作。

专业服务方法运用。在项目实施中，是否恰当运用社会工作专业方法和技巧为服务对象解决问题。

3. 项目管理

（1）项目行政管理

是否制定和执行了项目人事管理制度、财务管理制度、物资管理制度及保密制度。

（2）专业规范性管理

是否制定和执行了完善的社会工作专业服务规范和章程，是否全面、原始、真实保存了项目服务档案，是否制定了服务对象权益保障制度。

（3）项目进度管理

项目团队是否依据服务方案制订了总体工作计划和阶段性工作安排，是否制定了服务进度管理制度，并合理安排工作进度。

（4）服务质量体系与督导

是否建立了服务质量评估指标体系，是否建立了专业督导和培训机制，是否建立了意见反馈与投诉处理机制。

（5）风险管理与应急预案

项目执行机构是否对其项目实施过程中存在的风险进行预估，是否制订了项目应急预案。

（6）项目资金管理

项目资金使用是否符合预算执行方案和财务管理制度。

4. 项目成效

（1）目标实现程度

包括合同规定的服务目标完成情况、服务数量完成情况、服务对象改善情况、服务组织及其专业团队从项目实施中得到成长发展的情况。

（2）相关方满意度

包括服务对象、购买方及其他相关方对社会工作服务过程与成效的满意度。

（3）社会效益

对项目的影响力、可持续性、可推广性进行评估。

（四）评估注意事项

1. 评估方

在开展服务项目评估时，评估者不仅应具备一定的专业素养和评估能力，还应遵守评估的伦理准则，如参与者无伤害。

2. 项目方

项目方应根据实际情况向评估方提供评估所需的资料，注意遵守匿名和保密原则，尊重服务对象的知情同意权。

3. 被调查方

项目购买方和服务对象都属于被调查方，在参与项目评估时应遵循自愿参与原则，以保证评估的真实性，达到项目评估以评促建的目的。

五、项目危机管理

项目实施过程中，风险和陷阱无处不在，即使项目管理者已经做好了项目计划，组织好了项目队伍，项目正常运转步入正轨，项目仍可能在实际执行过程中遇到危机。对项目管理来说，最大的问题不是什么时候出现问题，而是什么时候项目能够恢复正常，如何用最小的努力使项目恢复正常。危机是无法预测的，但是项目管理者可以做到未雨绸缪，事先有解决预案。

（一）项目可能遇到的危机

1. 来自项目购买方的风险

政策变化。禁毒项目是以政策为导向的，政策变化会影响项目的购买。

领导调动。项目主导方一般为禁毒相关部门，部门领导调动会影响项目。

资金滞后。资金不到位会影响项目开展。

执行落地难。项目吸引力不足，执行难度大，无法落地。

2. 来自社会工作机构的风险

机构突发事件。社会工作机构属于非营利组织，不确定因素较多，可能突然破产，也可能会发生破坏机构形象的舆论事件，对项目造成不良影响。

机构资金链断裂。社会工作机构的运营资金大都来自项目经费，项目经费不能及时到账会影响机构资金周转，致使资金链断裂，进而导致项目无法开展，形成恶性循环。

机构人力问题。社会工作机构人员流失率较高，项目成员离职，机构未能招募合适的人员组建项目团队，可能影响项目正常开展。

项目目标未达成，购买方解约。项目购买方购买服务会有明确的指标要求，社会工作机构如果未能按时完成，购买方可能会与机构解约，不再继续购买服务。

3. 来自项目服务对象的风险

服务对象排斥社会工作服务。在禁毒领域，服务对象具有特殊性，有些服务对象会排斥社会工作者介入，不愿接受社会工作者提供的服务。

4. 来自项目团队的风险

项目管理者独断专行。项目管理者负责项目执行的全过程，管理者如果独断专行，凡事不与团队成员沟通，可能会作出错误决策，引发项目危机。

团队成员关系不和。项目团队成员关系稳定是项目顺利进行的保障，团队成员关系不和会影响工作配合，造成项目执行进度缓慢。

（二）项目危机处理

1. 危机处理原则

（1）提前预案

项目管理者应根据以往的项目经验提前对项目进行风险预估，并做好应对方案。没有危机时人一般可以保持头脑冷静理性，当危机来临时，人可能高度紧张，不能集中精力思考问题。因此，提前准备完整的预案，做到心中有数，可以提高危机的处理效率。

（2）具体问题具体分析

虽然已经提前准备好危机应对预案，但是当危机发生时，项目管理者还是要根据具体情况确定有效可行的干预措施，及时将危机化解，避免危机给项目造成更大的损失。

2. 危机处理方法

（1）与项目购买方建立良好关系

项目购买方对项目开展起着决定作用，社会工作机构应与项目购买方建立良好的关系，及时获取项目有关的最新信息，以防有突发情况不能及时应对。

（2）完善社会工作机构管理

社会工作机构负责人要做好机构管理，包括资金管理、人员管理及项目管理，确保机构资金可以正常周转，人力资源充足，项目任务可以按时完成，避免由于管理不当引起项目危机。

（3）关注服务对象需求

项目服务对象的需求至关重要，根据服务对象的需求为其提供服务是项目的根本要求。禁毒社会工作者应密切关注服务对象的问题及需求，根据其需要为其提供服务，取得服务对象的信任，提升服务对象的依从性。

（4）做好项目团队管理

团队管理是提高项目运行效率的可行方式，团队成员是项目运行的重要人力资源，团队管理者应及时与成员做好沟通，共同决策，维护好团队内部关系，预防由于团队人员冲突引起的项目危机。

第二节　关系与团队管理

一、人才配置

人才配置是社会工作服务机构根据项目工作目标和任务，正确选择、合理使用、科学考评和培训社会工作者，安排合适的社会工作者去完成项目中规定的各项任务，从而保证整个机构目标和各项任务保质保量完成的职能活动。

（一）人才架构

1. 管理人才

（1）政府直接聘用的专职工作人员需适当配置管理人才

政府以购买服务方式直接聘用专职工作人员，如禁毒专干，他们在禁毒部门主导下，对戒毒人员进行管理、教育、服务和行为矫治，开展禁毒宣传工作。尽管禁毒职能部门有专门的人员管理专职工作人员，但在专职工作人员队伍达到一定规模时要适当配置管理人才。

（2）社会工作机构人才架构

一般来说，一个社会工作机构有一名总干事即机构负责人，负责制定机构的战略决策，规模较大的机构还设置了总干事办公室人员协助总干事处理各项事务；机构设置人力资源部、行政部、项目管理部、品牌战略部、财务部及科研部，每个部门有部门主管一名，其他工作人员若干名；每个项目有一名项目主管负责该项目区域若干个站点的社区戒毒社区康复管理工作；每个区县有若干个站点，每个站点配备一名站长、一名副站长、若干名一线禁毒社会工作者共同开展该站点所辖镇、街的社区戒毒社区康复工作。

2. 技术人才

禁毒社会工作跨学科领域多，需要配置以专业社会工作知识背景为主、辅以应用心理学、法学、医学、教育学等背景的相关专业技术人才。

3. AB 角设置

AB 角设置广泛应用于禁毒社会工作、精神健康社会工作。该设置的主要原因有，一是防范风险，二是公平公正，三是时间互补，四是技术互补，五是相互督促。禁毒社会工作服务项目一定要设置 AB 角。

（二）人才招聘

1. 设置招聘岗位

人才招聘的目的是找到足够数量且适合岗位要求的应聘者。岗位设置一是要满足项目需要；二是要配置合理，搭配好管理人才、技术人才、一线人员；三是要明确要求，包括学识背景、学历、资历经验、男女比例、年龄结构等；四是要合理规划薪酬福利；五是要设计培养方向和晋升通道。

2. 发布招聘信息

（1）线上招聘

门户网站：社会工作机构将招聘信息发布在猎聘、智联、前程无忧、58 同城等招聘类门户网站上。这种招聘方式覆盖面广且费用较低，但是需要招聘者花费精力筛选简历。

行业平台：社会工作领域有类似“社工招聘”的平台可发布招聘信息，社会工作机构可以将招聘信息发布在机构公众号上，还可以通过社会工作者的朋友圈传播招聘信息。

（2）线下招聘

校园宣讲会：主要是针对应届毕业生进行招聘，对学历、专业要求较高。这种招聘方式可以提高机构在高校圈的知名度，为机构储备人才提供人才库。

现场招聘会：每个城市都有人才交流市场，机构可以去人才市场进行现场招聘。招聘者可以和应聘者直接面对面交流，展示企业实力，招聘效率较高。

此外，招聘者还可以通过机构内部员工推荐来进行招聘，在急需人员时也可以联系猎头公司进行招聘。

3. 面试

通知简历符合招聘要求的应聘者进行面试，可以是一对一面试，也可以是一对多面试。面试主要是考察应聘者的专业能力、表达能力、临场反应能力等，招聘者可以就专业、工作经历、职业规划等问题对应聘者进行提问。

4. 录用

对面试人员的表现进行综合评比，选出面试合格人员，以邮件或者电话的方式通知其面试结果。与录取人员约定时间就工作具体事宜进行沟通并签订劳动合同。

（三）人才培养

1. 职业规划

职业规划是对职业生涯乃至人生进行持续的、系统的规划的过程。在人力资源管理中，员工职业生涯规划是指将员工个人职业发展需求与组织的人力资源需求相联系作出的有计划的规划。职业规划是人才培养的一部分，团队管理者应充当成员职业生涯规划的顾问，为其职业目标的设定和行动计划的制订提供指导和建议，帮助其制订现实可行的规划目标，以实现团队发展需求和成员个人职业规划需求之间的平衡。

2. 理论培训

禁毒社会工作者不仅需要掌握社会工作基础的理论知识与技能，如社会工作三大直接工作方法、通用过程、优势视角、社会支持理论、马斯洛需求层次理论等；还要掌握一定的禁毒知识，如我国的禁毒工作体系、毒品基本知识、职业暴露防护、吸毒人员的心理特征以及禁毒相关的法律法规等。团队管理者应根据成员成长的不同阶段为其安排相应的理论培训课程，以提高成员的专业服务能力。

3. 实务训练

社会工作是一门以实践为基础的专业和学科，在人才培养过程中也非常注重实务能力的培养。实务能力包括访谈的能力、为服务对象解决问题的能力、开展禁毒预防宣传教育活动的能力等，实务训练可以采取情景模拟、实地观察学习等方式，帮助团队成员提升自信心、加强情绪管理、打磨实务技巧。

4. 激发潜能

潜能通常是指一个人的身体、心理素质等方面存在的发展可能性。每个人身上都具有还没有被开发的能力，团队管理者可以通过培训、进修、学术交流、实践锻炼等方式进一步激发团队成员的潜能，促进成员成长成才，以免浪费人才资源。

（四）人才使用

1. 性别搭配

禁毒社会工作者的服务对象大多是戒毒康复人员，具有一定的危险性。在为服务对象提供服务时，社工最好是男女两名的组合，发挥各自的优势。这样更方便社会工作者开展工作，也有利于保护社会工作者的人身安全。

2. 语言搭配

有些吸毒人员年龄较大，只会用方言交流，社会工作者用方言与其沟通可以较快取得他们的信任，与其建立专业的服务关系。因此，团队管理者在使用人才时应注意其是否会当地的方言，根据社会工作者的特点将其安排在合适的岗位上。

3. 性格搭配

每个人的性格都是不同的，团队管理者在给成员安排工作岗位时应考虑员工的性格特质是否与岗位要求相匹配，把合适的人放在合适的岗位上。团队成员的性格是多样的，管理者合理搭配性格，才能打造出生命力旺盛的优秀团队。

4. 技能搭配

所谓的人才，并不是样样精通的人，而是能在某一方面做得特别出色的人。合理使用人才就是要用其所长，发挥其最佳才能。团队管理者要善于发现成员的优势，擅长管理的成员就为其安排管理岗位，技术很好的成员就为其安排技术岗位，充分利用成员的才能，为团队带来效益。

（五）人才储备

1. 管培生

管理培训生是一些大企业自主培养企业中高层管理人员的人才储备计划。通常需要在公司各个部门轮岗，了解整个公司运作流程后，再根据其个人专长安排工作岗位，通常可以胜任部门、分公司负责人。培训对象主要是应届毕业生。

禁毒社会工作专业性非常强，对人才各项能力要求较高，而禁毒社会工作行业起步较晚，社会招聘难以招到合适的人才，只能行业和机构自己培养，所以管培生这种人才储备方式再适合不过。如广东联众戒毒社会工作服务中心 2019 年招聘了第一批社会工作硕士（MSW）应届毕业生，以管理培训生的方式进行培养，为机构发展储备人才。2020 年广东联众戒毒社会工作服务中心继续招聘了第二批管理培训生，这种高端人才培养机制的建立，将为禁毒社会工作培养中流砥柱。

2. 实习生

社会工作机构中的实习生通常是未毕业的高校社会工作专业学生。为了提升高校社会工作专业在校学生或者即将毕业学生的实务能力，社会工作专业学生需要在毕业前完成 400 小时以上的实务实习。社工机构应承担社会工作专业学生实务实习的义务，制订规范的实习带教内容和流程，分配资深社工作为带教老师。承接学生实习也是社工机构储备人才的一种方式。

3. 人才库

人才库是企业或者团体储备各类人才的方式。社会工作机构要与项目所在地的社会工作人员（包括其他机构社会工作人员）保持良好联系，了解哪些是专业人才，将其纳入机构的人才信息库，并根据实际情况及时补充信息，保证关键性岗位有适度的力量储备。这样在双方都有需要的时候，人才库中的专业人才便可为机构所用。

二、任务分配

任务分配是指团队管理者将工作任务合理分配给每一个员工，以保证工作的高效运行。每个团队成员在团队中的角色和地位是不同的，因此所承担的工作职责和任务也会有差异，如何进行任务分配，是团队管理的重要内容。

（一）任务分配原则

1. 工作任务量适宜

分配工作任务时管理者应注意均衡分配，每个员工的任务量不宜过多也不应过少。应保证任务既能按时完成，也能充分发挥员工的才能。

2. 工作任务明晰

分配给员工的工作任务应该是具体明确的，如果同时有多项工作，应分清轻重缓急，以保证任务可以按时完成。

3. 完成时限明确

完成工作的时间节点一定是确定的，包括开始时间、阶段性时间以及结项时间。将这些明确告知员工，有助于员工合理安排工作任务，按时完成工作。

（二）任务分配方法

1. 按能力分配

即根据每个人的能力大小分配任务，能力强的人分配的任务多，对团队的贡献大，收入可适当倾斜，反之亦然。这种分配方法一定程度上可以提高工作效率，但也会打击团队成员的工作积极性。

2. 按人员分配

即按照团队成员人数平均分配工作任务。这种分配方法优点是任务明晰，缺点是可能造成人力资源浪费。需要注意的是分配任务时要让工作流程透明化，杜绝暗箱操作。

三、情绪管理

情绪管理是指通过研究个体和群体对自身情绪和他人情绪的认识、协调、引导、互动和控制，充分挖掘和培植个体和群体的情绪智商、培养驾驭情绪的能力，从而确保个体和群体保持良好的情绪状态，并由此产生良好管理效果的一种管理手段。

（一）正负面情绪

情绪没有好坏之分，由情绪引发的行为或行为的后果有好坏之分。因此，根据情绪引发的行为或行为的后果可将情绪划分为正面情绪、负面情绪两大类。

1. 正面情绪

正面情绪指的是一种积极的情绪，例如开心、乐观、欣赏、放松、自信、愉快、自豪、希望和爱等。正面情绪往往具有激励作用。

2. 负面情绪

负面情绪通常指不愉快甚至是引发人痛苦、愤怒的情绪体验，例如生气、委屈、压抑、烦恼、沮丧、焦虑等。一般来说，负面情绪并非一定都是消极的。

（二）情绪对社会工作的影响

1. 情绪对服务的影响

情绪劳动是指按照职业要求和组织所期望的方式调节和表达情绪。禁毒社会工作者在为服务对象提供服务时必须表现出礼貌、耐心和专业，即使服务对象表现得不耐烦，社工也要用微笑来应对。总之，社会工作是情绪劳动程度比较高的工作，这意味着社会工作者在服务时需要付出较多的身心能量。禁毒社会工作者如果长时间处于这种情绪劳动，身心能量得不到及时补充或修复，会导致负面情绪产生，进而影响服务质量。

2. 情绪对项目的影响

情绪不仅仅来源于自己，有的情绪反应来源于他人的刺激。因此，情绪可被分为指向他人的情绪（情绪与他人相关）和指向自我的情绪（情绪与个人状态相关）。团队情绪氛围会对项目产生影响，当团队情绪氛围积极时，团队成员关系良好，积极互动，可以激发团队成员创造力，促使其认真完成项目任务；消极的团队情绪氛围则会导致团队内部的合作与沟通受到影响，团队成员工作积极性下降，项目执行进度也受到影响。

3. 情绪对团队的影响

团队是一个需要人际交流的环境，团队成员交往时，一定会有交互体验的情绪表达。团队情绪氛围作为一种情感事件不仅会影响团队成员的态度和行为，还会影响团队协作、创新以及绩效，团队成员情绪良好可以提升工作效率，反之则会使工作效率低下。因此，团队管理者必须对团队的情绪管理给予更多的关注，善加利用，以改善和促进团队有效性。

（三）管理情绪的方法与技巧

1. 积极关注

团队管理者要提高对团队成员的情感需求以及团队成员之间的情绪关系的关注度，同时提高觉察他人情绪的能力，及时发现团队成员的情绪问题，根据团队情绪氛围的变化灵活采取适宜的管理方式。

2. 相互影响

情绪是可以相互影响的，团队管理者自身的情绪状态对团队成员会有很大的情绪感染力。管理者可以通过对团队成员灌输积极情绪，来改善团队情绪氛围，营造团队和谐人际关系，进而提升团队的工作热情。

3. 善用鼓励

团队管理者察觉到团队情绪氛围消极时，可以通过鼓励和奖励团队成员来改善团队情绪氛围，帮助团队成员恢复情绪平衡，激发团队成员的工作斗志，降低消极情绪氛围对团队的不利影响。

四、团队建设

团队建设是指为了最大限度发挥团队成员潜能，实现团队绩效而进行的一系列结构设计及人才激励等团队优化行为，团队建设的好坏是社会工作机构凝聚力和战斗力的充分体现。

（一）人才建设

人才是项目团队发展的重要资源，团队建设离不开人才建设。团队管理者应搭建好团队的人才梯队，做好团队人才建设。

1. 盘点人才

团队管理者应做好团队内部的人才盘点，清楚团队成员的专业能力，分清团队的重点培养对象、激励对象及淘汰对象。合适的人员更替率可以更好地刺激团队内部的竞争，促进团队成员向上发展。

2. 打通晋升渠道

团队要建立合理的晋升标准和制度，公平公正地培养、提拔人才，杜绝因私人关系提拔员工的关系论，让员工都有兴趣、有积极性去争取升职。当员工看到团队管理者能够公平公正对待员工晋升时，员工会更加相信团队，会更努力工作，这更有利于推动工作的开展。

3. 定期培训

培训是人才发展中必不可少的一个环节，团队管理者应根据团队成员的实际情况，定期为其安排禁毒专业知识及技能培训，既要提升团队成员的理论知识水平，也要增强团队成员在实务工作中解决问题的能力。

4. 及时沟通

在团队工作中，团队管理者应建立流畅的沟通体系，除了在处理日常工作时进行沟通，也要关心团队成员的日常生活，工作、生活两手抓。团队上下级之间、同事之间多沟通、多交流，相互配合，更好地促进工作目标的实现。

5. 职业规划

机构发展的本质是让员工个人得到全面发展，团队管理者应充分考虑成员想干什么、能干什么，帮助员工明确自我定位，确立个人职业规划，找到努力目标。这样不仅可以使员工实现个人目标，也可以促进机构发展，达到个人与机构双赢。

（二）品牌建设

品牌是一个团队的名称、标志、符号，是团队的形象，具有不可估量的价值，团队管理者要重视团队品牌建设。

1. 团队的概念

团队是由基层和管理层人员组成的一个共同体，它合理利用每一个成员的知识和技能协同工作，以完成团队共同的目标。团队需要两个或两个以上的人员，团队规模可大可小，一个社会工作机构是一个团队，一个社会工作服务项目是一个团队，一个社区戒毒社区康复工作站也是一个团队。

2. 品牌建设的作用

（1）增加团队凝聚力

团队凝聚力不仅能使团队成员产生自豪感，增加成员对团队的认同感和归属感，使成员愿意留在团队，还有利于使全体成员以主人翁的态度工作，产生同舟共济、荣辱与共的思想，共同为提升团队竞争力而奋斗。

（2）增强团队吸引力

团队品牌不应停留在美化团队形象层面，好的团队品牌不仅可以吸引投资，还能吸引人才，从而使资源得到有效集聚和合理配置，促进团队发展。团队品牌的吸引力是一种向心力，辐射力则是一种扩散力。

3. 团队品牌建设

（1）鲜明的特点

一个优秀的团队必定有属于团队自身的特点，如家喻户晓的“雷锋汽车班”，是一个人人称模范、年年当先进的光荣集体，是雷锋精神的代表。团队品牌对团队发展起着重要作用，团队管理者要带领团队打造出独一无二的团队品牌。

（2）特色的服务

社会工作团队要想专业化发展，必须树立自己的品牌，形成自己的服务特色，如广东联众戒毒社会工作服务中心的宗旨是服务禁吸戒毒减害，机构就专门承接禁吸戒毒减害的服务项目，不涉及其他社会工作服务领域。

（3）统一的宣传口号和形象标志

一个团队是一个整体，需要有统一的口号、宣传语、标志等，它们是团队品牌的一部分，代表着团队的形象。团队管理者可以和团队成员共同商讨出统一的团队宣传口号和形象标志，创建属于团队的品牌。

（三）文化建设

团队文化是指团队成员在相互合作的过程中，为实现团队共同目标而形成的一种潜意识文化。优秀的团队文化可以促成优秀团队的形成和发展，团队管理者必须要做好团队文化建设工作。

1. 文化的形成

一个团队是需要遵循一定的规则行事的，团队成员持续遵守团队规则，久而久之，就会形成行为习惯，即成为一个团队的文化。团队文化包括团队成员行为准则、管理制度、共同理想、价值观、生活作风、道德风尚等内容，通过宣传、教育、培训等方式最大限度地统一成员意志，规范成员行为，凝聚成员力量，为团队总目标服务。

2. 文化的推广

（1）准确定位团队文化

团队内部环境是团队文化生长的土壤，任何团队文化推广都和团队自身的发展历史、运行特色、队员素质等内在因素有关。因此，在进行文化推广之前，必须对构成团队内部环境的因素从不同的方位和角度加以分析理解，准确定位团队文化。

（2）推广团队文化

团队管理者可以把团队文化的核心观念写成标语，张贴于团队办公室的明显位置，潜移默化地影响队员；也可以通过表扬典型员工的方式，给队员树立一种形象化的行为标准；还可以在团队例会上用若干时间宣讲团队的价值观念、规章制度、共同目标等；也可以建立团队的官方网站，在网站上进行及时的团队目标、特色、思想、文化宣传推广。

3. 文化的影响

（1）提高团队竞争力

团队文化是打造团队竞争力的有力法宝，优秀的团队文化是团队的无形资产，是团队的形象与名片。团队文化促使团队成员之间加强沟通与联系，紧紧围绕团队目标凝聚在一起，从而提高团队的整体竞争力。

（2）创造团队驱动力

清晰而明确的团队文化可以产生强大的驱动力，驱动团队成员产生追求目标、实现目标的勇气和信心，激发团队成员的工作热情，使成员在工作时心往一处想、劲往一处使，为团队创造巨大的效益。

五、利益相关方关系处理

禁毒社会服务机构属于非营利组织，主要承接禁毒领域的社会服务项目，在资源获取及服务提供的过程中会涉及诸多利益相关方，这些利益相关方可分为直接利益相关方和间接利益相关方。其中包括关系上的直接间接，也包括影响上的直接间接。机构应处理好与各利益相关方的关系，争取更多有利于机构发展的资源。

（一）机构利益相关方

1. 利益相关方

禁毒社会工作机构利益相关方主要有禁毒办、公安部、司法部、卫健委、教育部、禁毒职能部门（支队、大队）、强制隔离戒毒所、拘留所及基层具体执行单位等。

2. 关系处理

禁毒社会工作机构的利益相关方大多是政府职能部门，社会工作机构与其是一种伙伴关系、合作关系，保持与这一利益相关方的长期而稳定的伙伴关系，对机构的发展将起到巨大的推动作用。具体来说，禁毒社会工作机构应做好以下几点：

（1）坚持诚信、平等、互惠、互利的原则

社会工作机构与利益相关方不是上级和下级的关系，而是一种合作关系，因此，必须坚持诚信、平等、互惠、互利的原则，这是能够维持长期关系的重要基础。

（2）主动了解相关方的需求，寻求合作机会

一方面，社会工作机构应多了解政府政策，主动去做那些社会有需求、有期望的项目，才能有机会得到政府的支持和资助。另一方面，社会工作机构要积极主动地和相关方打交道，主动和他们沟通，通过沟通交流，可以了解相关方的需求，也可以让相关方更好地了解机构，从而寻求更多合作机会。

（3）用成效赢得相关方的信任

禁毒社会工作机构与利益相关方的合作基础是信任，而信任是需要用实际行动和实际成果来赢得的。比如，双方第一次合作时，相关方可能还不是很了解社会工作机构，购买服务的资金也不会很多。社会工作机构就要努力把项目做出成效，让服务对象满意，让相关方满意，这样才能取得相关方的信任，为下次合作打下基础。

（二）项目利益相关方

1. 利益相关方

项目利益相关方主要有项目负责人、项目社工、服务对象、街道办事处、社区民警、强制隔离戒毒所及学校等。

2. 关系处理

（1）关注相关方需求

项目利益相关方通常是项目受益群体及合作伙伴，社会工作机构需要对其进行特别关注，了解他们的需求，从需求入手为其提供服务。

（2）与相关方保持良好关系

项目的完成离不开项目利益相关方的配合，社会工作机构需要与之保持良好关系，确保其对项目有足够的支持。

（三）服务利益相关方

1. 利益相关方

项目服务利益相关方主要有禁毒社会工作者、服务对象、服务对象家属、社区居民、志愿者、学生及学生家长等。

2. 关系处理

（1）与服务对象建立专业的服务关系

服务对象是最直接的服务利益相关方，禁毒领域的服务对象主要是戒毒康复人员，他们具有一定的特殊性，在刚接触时往往会排斥禁毒社会工作者，禁毒社会工作者应运用社会工作的专业技能努力取得服务对象的信任，与其建立专业的服务关系，以便后续为其提供戒毒康复及帮扶救助服务。

（2）服务兼顾各利益相关方

服务利益相关方涉及较多，他们的满意度关系到项目的成效，禁毒社会工作者在提供服务时要兼顾各方的利益，多与各方沟通交流，与各方合作共同完成项目服务。

六、资源链接

（一）资源分类

资源是指社会经济活动中人力、物力和财力的总和，是社会经济发展的基本物质条件。资源根据其归属可分为正式资源和非正式资源。

1. 正式资源

正式资源一般包括政府财政资源，或者经过合法登记注册的非政府的资源。禁毒社会工作服务机构在开展工作时可利用的正式资源主要有：

（1）公安部门：国家禁毒委员会办公室、强制隔离戒毒所、拘留所、派出所、法制科等；

（2）司法部门：强制隔离戒毒所、司法所等；

（3）卫生健康部门：自愿戒毒医院（科室）、精神病院、美沙酮门诊、社区卫生中心等；

（4）福利及相关单位：基层政府、协会、基金会、民政及其他社会组织。

2. 非正式资源

非正式资源一般是指那些属于个人的资源，只要经过个人同意就可以使用。禁毒社会工作服务机构在开展工作时可利用的非正式资源主要有：

（1）戒毒人员的家属、亲戚、朋友等；

（2）同伴辅导员；

（3）禁毒志愿者、社区志愿者等；

（4）基层自治组织：村委会、居委会，治保委员会等。

（二）资源配置

资源配置是指对相对稀缺的资源在各种不同用途上加以比较作出的选择。资源配置是否合理，对一个禁毒社会工作机构或项目发展的成败有着极其重要的影响。优化资源配置就是合理安排资源，利用有限的资源最大限度地满足人们的需求。在禁毒社会工作领域，市场和政府都对资源配置起着重要作用。

1. 看得见的手——政府

政府作为公共服务的供给者，可以通过价格机制或准价格机制选择公共服务产品的生产者，包括政府通过竞争招标或者采取直接的经费划拨的形式提供资金支持。社会工作机构属于非营利组织，政府购买服务是社会工作机构最主要的资金来源。

政府进行招标时，应尽量体现客观和平等，给予社会工作机构项目和经费支持，促进其发展。除了对社会工作机构直接提供资金、场所、办公设备的支持外，政府的政策导向对社会工作机构的资源配置起到无法替代的作用。

2. 看不见的手——市场

资源也可以通过市场配置。市场通常是商业组织资源配置的有效方法，在社会工作机构这种非营利组织，口碑、认可等因素起主导作用，但市场机制对社会工作机构的资源配置同样起到优化配置的作用。

社会工作机构本身也是市场经济的产物。在人才招聘、薪资待遇、办公场地及其他生产资料的购买和配置方面，社会工作机构都需要考虑价格因素和价格机制的调控作用，通过发挥“看不见的手”的作用，在机构运营中引入成本效益的概念，力图在成本最小化的同时获得最大的经济效益和社会效益。在市场经济条件下，社会工作机构不应只靠政府指令、志愿服务运行，也应通过自身卓越的绩效和良好的工作条件、工资待遇吸引人才和劳动力的流入。

（三）资源链接

1. 政府资源

政府资源是禁毒社会工作机构主要的资源。禁毒社会工作机构链接政府资源时首先要找到组织，例如机构所在省或市的禁毒办及其他禁毒相关部门。其次，禁毒社会工作领域与其他社会工作领域不同，机构管理者要审时度势，在为机构发展链接资源时，应注意吃亏是必要的，例如机构刚开始承接项目时，项目资金较少甚至不能支撑项目完成，社会工作机构也应尽力去做，以取得政府信任，继续承接更多的项目。

2. 社会资源

社会资源也是禁毒社会工作机构资源链接的重要来源，可分为本地资源和学术资源。本地资源指的是机构所在地与禁毒相关的可利用资源，例如当地的禁毒协会或者其他社会团体。学术资源是指与高校联合建立实习基地，联合培养人才等。

（四）资源战略

资源战略是社会工作机构为促进机构发展，合理利用机构内部及外部资源，挖掘机构潜力，促使机构增值，在机构各方面逐步建立完善机制的发展战略。

1. 人才战略

人才是社会工作机构发展必不可缺的资源，然而当前社会工作机构却普遍面临着专业社工人才不足的情况。为促进机构发展，机构管理者应制定合理的人才战略，不断地吸纳和培养人才，提高社会工作人才留存率，做好专业社会工作队伍建设。

2. 发展战略

随着社会工作专业的发展壮大，社会工作机构竞争也越来越激烈，机构管理者应为机构发展制定切实可行的发展战略。并且要根据实际情况不断调整战略目标，找到适合机构自身发展的特色道路。

3. 资金战略

社会工作机构作为非营利组织，资金大多来源于政府购买服务，很多时候会出现发展资金不足的情况。因此，社会工作机构应做好资金规划与管理，为机构发展储备资金，以备不时之需。

七、品牌建设

（一）品牌的含义

品牌是指消费者对产品及产品系列的认知程度。广义的“品牌”是具有经济价值的无形资产，用抽象化的、特有的、能识别的心智概念来表现其差异性，从而在人们的意识当中占据一定位置的综合反映。狭义的“品牌”是一种拥有对内对外两面性的“标准”或“规则”，是通过对理念、行为、视觉、听觉四方面进行标准化、规则化，使之具备特有性、价值性、长期性、认知性的一种识别系统总称。品牌是一种无形资产，它是企业的知名度，是企业发展的动力。

对社会工作服务机构而言，品牌的重要性是不言而喻的，它不仅是一种非营利组织的身份识别，也是一种组织理念、价值观的传递。一方面，品牌作为一种传递组织信息的有效工具，不仅包含了社会工作机构的名称、标志等有形要素，而且向社会传递着社会工作机构的服务宗旨与使命等无形要素；另一方面，品牌也有利于社会工作机构通过个性培育和开发等差异化手段，来获取竞争优势，提升机构的竞争力和影响力。社会工作机构管理者要树立品牌意识，要敢于打破传统观念对社会服务组织品牌建设的偏见，建立属于机构自身的品牌，从而保证机构可以在众多的竞争对手中脱颖而出，获得更多的社会资源。

（二）品牌建设

品牌建设是指品牌拥有者对品牌进行规划、设计、宣传、管理的行为和努力的过程。品牌建设的利益表达者和主要组织者是品牌拥有者。品牌建设具有长期性。

1. 社会工作机构开展品牌建设的必要性

社会工作服务机构品牌建设，对于机构自身发展、社会工作发展都具有重要意义。第一，品牌项目具有高影响力，它能使社会工作服务的专业性得到更广泛的彰显，使社会工作机构得到政府、社会及服务对象的普遍认可，让老百姓觉得有困难找社会工作机构能够得到有效的回应；第二，从政府购买社会服务的角度来讲，社会工作机构有了自己的品牌，能够更好地体现购买服务的成效，也能使机构获得更多的资源，更好地保障机构的发展；第三，我国各地社会工作事业的发展还很不均衡，社会工作机构品牌的涌现，有利于更好地宣传社会工作事业，并进一步推动各相关政府部门加强社会工作。

2. 品牌建设流程

（1）品牌市场调研

塑造品牌不是一蹴而就的，在进行正式的品牌宣传推广前，还需进行市场调研。通过调研，了解机构外部环境与市场真实需求，从而设计出能够凸显机构实力与独特性的品牌。具体来说，可对机构所处的地理位置、当地的政策条件、市场需求、机构自身条件等进行分析，找准机构定位，进行品牌建设。

（2）品牌设计规划

明确机构品牌定位后，需要进行品牌设计与规划。社会工作机构应树立品牌意识，确立机构自身明确的品牌目标和品牌诉求，制订具有前瞻性和可操作性的品牌发展战略规划，对机构品牌建设的意义、最终目标、基本原则等核心问题进行系统性的讨论和整理，将机构品牌建设正规化、专门化。

（3）品牌创建与推广

社会工作服务机构品牌的创建，首先要从外部形象做起。一个机构的名称与标志，是机构的形象，更是机构品牌的基础，品牌形象和品牌实力一起构成品牌的基石，是机构整体形象的根本。一个社会工作服务机构品牌的外在形象一般包括名称、图标（LOGO）、标语、网站设计等。

第一，名称。对于社会工作服务机构来说，品牌给人最直观的呈现就是机构的名称，这是一个机构的外在形象。和人一样，一个有特色的机构名称能够带给人最好的第一印象，第一印象虽然不是最重要的机构品质，但却是短时间内最能吸引人的特质。

第二，图标（LOGO）。图标是机构的招牌，也是标志，承载着机构对自身品牌的理念和文化精神，是机构形象传递过程中的关键元素。图标作为一个品牌最直观的视觉体现，对传播机构的文化和理念起到了决定性的作用。视觉是大众对一个品牌的第一认识，采用具体的符号来强化视觉冲击力，既可以凸显品牌的个性，又可以给人留下深刻的印象。

第三，标语。在品牌形象塑造的过程中，创造和运用富有煽动力的品牌标语会强化品牌形象。一个具有简洁易记的标语的品牌形象是极具竞争力的，这就是品牌标语赋予品牌形象的意义。社会工作服务机构的标语是多种多样的，包括机构宗旨的标语、项目的标语等，这些标语的特点是能够较为概括地体现机构的特色。

第四，网站设计。网站设计是社会工作服务机构品牌的应用设计部分，是线上品牌个性化视觉形象的主要组成部分。网站的设计应遵循实用性原则，不宜太花哨，主要是展示机构基本信息。首页是网页信息的第一入口，不仅起着信息传递的作用，对于品牌形象的展示也有很大的影响，首页中必须要将各项信息明确分类，方便需求者可以找到他们想要的信息。

（三）品牌战略

打造品牌战略是社会工作服务机构核心竞争力的关键所在，在建设机构内部文化、解决人才流失、获得社会认可和建立多元化资金来源结构等诸多方面具有重要意义。

1. 品牌战略与业务战略保持一致

品牌战略作为社会工作服务机构长期发展规划的法则，能够为社会工作机构谋得一个与目标市场定位相符合的品牌形象，以促进机构在行业内的发展。业务战略是机构围绕主要的业务范围展开的发展规划。随着社会工作机构专业化的发展，很多机构都有了自己主打的品牌，如深圳市融雪盛平社会工作服务中心是一家专门从事临终关怀服务的机构，广东联众戒毒社会工作服务中心是一家专门从事禁毒社会工作的机构。社会工作机构的品牌战略应与业务战略保持一致，共同为机构创造价值。

2. 设计合理的品牌结构

品牌结构是指一个企业不同产品品牌的组合，它具体规定了品牌的作用、各品牌之间的关系，以及各自在品牌体系中扮演的不同角色。不同企业的品牌结构不同，如英特尔（Intel）公司选择一种单一的、产品品牌与公司品牌一致的品牌结构，宝洁（ P&G）公司一直以来采用的是一种多个独立的产品品牌并存，而且与公司品牌完全区分开来的品牌结构。没有一种放之四海而皆准的最佳品牌结构，社会工作服务机构应根据实际情况选择适合机构自身发展的品牌结构。

3. 机构管理者深度参与品牌的创立

社会工作机构管理者决定机构的使命和目标，管理机构的资源运作，是机构发展的引领者，在品牌建设过程中起着关键的作用，他们丰富的工作经验、对机构发展的规划等指导着机构的品牌建设工作。社会工作机构管理者最好安排一个专门的品牌管理人员深入参与到机构的品牌创建工作中，全程跟进，创建出有机构特色的优秀品牌。

4. 由内而外打造品牌

唐·舒尔茨说，品牌是从内部开始的，它始于企业员工及其责任心和热情，而不是始于外部环境中的某种因素。社会工作机构品牌建设也是如此，在机构品牌价值链上的每一个人都应理解品牌的含义并且都能支持它。具体而言，就是在进行品牌塑造和品牌提升的过程中，管理者必须清楚参与品牌创建工作的工作人员和与品牌相关的一切利益相关者都是品牌传播推广的关键因素。尤其是参与品牌创建的工作人员，一个品牌只有借助他们的责任心和热情才能打造出独特的品牌个性。

第三节　志愿者管理

禁毒社会工作服务机构在开展服务时常常需要志愿者的帮助，志愿者队伍已成为我国禁毒社会工作的一支重要力量，为实现志愿者的长效发展，社会服务机构必须对禁毒志愿者队伍进行建设和管理。

一、禁毒志愿者分类

（一）普通禁毒宣传教育志愿者

凡富有社会责任感、遵纪守法、热心禁毒工作、具备从事禁毒志愿服务工作的能力，每年自愿参加 48 小时以上禁毒志愿服务的 18 岁以上公民，均可以申请成为禁毒志愿者，且国家允许并鼓励戒毒成功人员参与禁毒志愿者服务工作。普通民众及戒毒成功人员均可以成为普通禁毒宣传教育志愿者。

普通禁毒宣传教育志愿者主要面向大众开展禁毒知识普及工作。例如，发放禁毒宣传资料，讲解毒品危害及防范、禁毒法律法规等知识；参与毒品预防宣传教育，尤其是对青少年、学生毒品预防的教育工作。

（二）戒毒康复帮扶志愿者

满足普通禁毒宣传教育志愿者条件且掌握一定的戒毒康复及帮扶救助技能，愿意服务戒毒康复人员的普通民众及戒毒成功人员均可以申请成为戒毒康复帮扶志愿者。

戒毒康复帮扶志愿者需要协助禁毒社会工作者为社区戒毒（康复）人员提供个案指导、心理支援、家庭支援、就业支持、社区宣传、美沙酮医疗咨询的服务，为社区戒毒（康复）人员的康复和回归家庭、社会提供积极的帮扶和支持。

（三）同伴教育志愿者

有强烈的戒毒意愿，保持操守 3 年以上，具备较好的沟通能力、语言及文字的表述能力，认同同伴教育模式且有良好支持系统（包括家庭和社会工作者）的康复人员才能申请成为同伴教育志愿者。

同伴教育志愿者参与的活动主要有：尿检、家庭探访、座谈会等常规活动；巡讲、热线、同伴信箱、同伴教育志愿者培育等相关的同伴教育活动；同伴教育类活动策划与实施。同伴教育志愿者已经具备了一定的同伴教育能力，他们可以站在同类人的角度进行活动策划和实施，使得活动更加符合实际情况，更具有可操作性。

二、禁毒志愿者管理

（一）人员管理

志愿者管理是运用现代管理专业技能，通过计划、组织、协调和激励，合理配置志愿者人力资源，支持志愿者自愿、不为报酬而有效完成社会服务与发展的使命目标，满足服务对象的需求，同时使提供服务的志愿者获得自我价值实现，创造多重社会价值的系列活动。

1. 志愿者计划

在组建禁毒志愿者队伍时，首先需要有一个完善的禁毒志愿者规划，对志愿服务的计划、组织和实施做好充分准备，具体包括经费预算、根据需求预计招募人数及要求、明确服务内容和职责、安排志愿者参加相关培训、评估志愿者服务情况以及必要时给予激励等。

2. 志愿者招募

志愿者的招募旨在为机构招选到尽可能多的合适的志愿者，以成立一支志愿者队伍，为志愿服务活动做好人员储备。

（1）发布招募信息

常用的志愿者招募方式分为线上招募和线下招募。线上招募可以运用电视、微信、微博等媒介有针对性地面向广大群众进行招募信息的传播；线下招募则可以通过派发宣传单页、张贴宣传海报、开展讲座和招募会等途径进行目标志愿者的招募。管理者可根据实际情况选择合适的招募方式发布招募信息。

（2）选拔志愿者

首先，需要对报名人员进行初步筛选，选择符合招募要求的人员，有结果之后，给其通过初步筛选的通知，并告知其参加面试的时间及地点；其次，安排初选合格的志愿者进行面试，可以单个面试也可以群体面试，进一步观察志愿者的言谈举止，判断其是否能够胜任志愿者工作；最后，管理者与达成意向的志愿者签订志愿服务协议。签订协议是一种仪式感，可以加深志愿者对身份的认同感，提升志愿者的社会责任意识和契约精神。

3. 志愿者培训

由于志愿者各方面条件、水平不一，为更好地完成志愿工作，社会服务机构需要对志愿者队伍进行培训。

（1）设计培训计划

在进行培训前，管理者应先了解受训志愿者的现状和培训需求，比如，对毒品了解多少，然后根据实际情况设计培训计划。培训计划应尽可能详细具体，将培训的目标、师资、内容、时间、地点、方式以及所需费用等一一列清。

（2）开展培训

依据培训计划开展培训。志愿者培训有多种方式，如讲座、工作坊、实地参观等，管理者根据具体情况选择适当的方式。另外，不同培训的培训目的也不同，如通识培训主要是让志愿者学习志愿者常识、了解机构基本情况等，让志愿者对机构有更加立体的完整认知；而专业技能培训则是让志愿者学习与服务对象交流沟通的方法技巧等，以提升志愿者的专业服务能力。

4. 志愿者组织

志愿者队伍经过培训后便可以开始协助机构为服务对象开展服务，志愿者开展服务的过程就是志愿者组织的过程。

（1）合理规划志愿者工作

管理者应科学合理地规划志愿者工作，对志愿者队伍进行科学的分组与分工，使他们的潜能得到最大限度的发挥。并且，管理者要重视志愿者开展服务过程中的督导工作，在其有需要时为其提供必要的专业支持和情感支持，以保证志愿服务的顺利进行。

（2）给予志愿者关怀

在组织过程中，管理者应充分照顾志愿者的情绪，及时了解志愿者参与活动的感受。当志愿者情绪低落或对安排的工作无法胜任时，管理者要及时了解原因，作出反馈，使志愿者感受到机构给予的关怀，坚定投身志愿服务的决心。

5. 志愿者管理

随着志愿者队伍的发展，志愿者参与志愿服务的类型越来越多元化，志愿服务的效果也越来越受到关注。志愿者自身在奉献时间、知识和技能的同时，也更加重视自我的收获，因此加强志愿者管理变得尤为重要。

（1）满足志愿者需求

志愿者和企业员工不同，不能使用“经济利益”这个指标作为管理标准，只能从志愿者的志愿动机出发，以“满足志愿者需求”的体验感来管理志愿者。管理者可以用欢迎仪式、颁发证书、表彰等多种方式满足志愿者的需求，肯定他们的贡献，以维持他们对志愿服务的热情。

（2）明确志愿者权利

管理者应当赋予志愿者一定的权利和权限，保证他们在处理工作时能够有独立自主的权利，使其在赋予的权利和权限的范围内，可以为实现规定的目标制订工作方案。并且，可以适当让志愿者参与机构决策，发挥他们的主动性和创造性，提高他们的服务积极性。

（3）建立分层管理的志愿者队伍管理机制

志愿者队伍一般会有一名负责人，负责人负责志愿者队伍的队伍建设、日常运行及志愿服务工作开展。机构管理者可建立分层管理机制，与志愿者队伍负责人做好沟通，让志愿者变为协助者，增强他们自主工作的动力，在志愿者与服务机构之间建立稳定的关系。

6. 志愿者激励

志愿者服务常常源于奉献和爱心，但是平心而论，仅凭拳拳爱心、满腔激情是难以坚持长久的，管理者必须探索和建立有效的激励机制，以维持志愿者的服务热情，让他们在服务中感受快乐、获得回报，更好地投身于志愿工作。

（1）组织内部激励

物质激励：如对志愿者参加活动的食宿、交通等给予一定的补贴，为志愿者购买保险，保障志愿者自身的权益以及给予其他物质激励等。

精神激励：如建立一定的表彰制度，按照志愿者服务时数给予一定的奖励（如建立星级制度：设置一星、二星、三星等级，并给予相应的等级福利）。

（2）社会激励机制

社会荣誉激励机制。社会荣誉激励机制是一种普遍的激励方式。政府根据志愿者相关情况，给志愿者颁发志愿者荣誉奖。社会给予的精神激励、荣誉激励是对志愿者服务价值的肯定，可以使志愿者产生服务的满足感和自豪感。

社会回报激励机制。尽管志愿者从事志愿服务是不为回报的，但是为了志愿者队伍的长久发展，社会应创造条件，让志愿者的服务可以得到回报。如建立“时间银行”，将志愿者参与公益服务的时间存进时间银行，当志愿者自己遭遇困难时就可以从中支取“被服务时间”。

（二）活动管理

志愿活动管理也是志愿者管理的一部分，做好志愿活动有助于传播志愿精神，鼓励越来越多的人参与到服务社会的行列中，促进社会进步。

1. 活动计划

在活动的计划阶段，活动负责人应根据活动任务确定所需志愿者的数量及要求，将任务分配给每名志愿者，责任到人。应注意合理安排，任务量不宜过多也不宜过少，并且要提前告知志愿者活动流程及安排，以便志愿者做好准备工作。

2. 活动控制

在活动的控制期，要做好活动执行工作。需重点关注人、事、物这三个要素。

在人的方面，既要确保志愿者按照各自职责有序执行，也要确保活动参与人员有序准备；在事的方面，活动负责人要及时跟进需要协调的事项，确保外联事宜、协调事宜能够有序推进；在物的方面，物料在活动的筹备过程中要及时调整，以确保物料充足。

3. 活动总结

活动结束后，负责人要及时安排志愿者清理活动场地，整理活动照片并进行分享，也要对本次志愿活动进行总结反思，积累经验，对表现优秀的志愿者应给予奖励，鼓励志愿者继续参与志愿活动，传递爱心。

（三）资金管理

1. 公益性原则

公益性指服务于公共目的和为公众奉献。志愿者队伍属于公益组织，资金的使用及管理应遵循公益性原则，即资金的使用是以满足社会需要为目的的。

2. 合理性原则

合理性是指客观、适度、合乎情理。志愿服务组织的资金主要来自政府财政支持、社会捐赠资助以及其他合法来源。资金使用应遵循合理性原则，适度支出，量力而为，切不可随意乱用。

三、同伴教育志愿者管理

（一）同伴教育志愿者的特殊性

1. 同伴教育志愿者筛选严格

同伴教育志愿者的来源渠道主要有两种：禁毒社会工作者发掘（包括所内和所外）和同伴推荐或自荐。人员筛选主要由禁毒社会工作者和经验丰富的老同伴教育志愿者进行评估，评估内容包括行为品行、个人意愿、能力特长等，候选人通过筛选标准后，才能进入培养环节。

2. 同伴教育志愿者培养严格

同伴教育志愿者的培养需要经历同伴候选人、准同伴教育志愿者、同伴教育志愿者三个阶段，每个阶段候选人都需要参与多种培育环节和相关活动以及评估考核，通过考核才能进入下一阶段，未能通过考核的需要重复学习所处阶段必备的技能直至考核合格。

（二）同伴教育志愿者管理过程

同伴教育志愿者团队的形成，可以建立在同伴教育系列活动的基础上，经过多方的推荐、评估和筛选，选出符合条件的志愿者，组建同伴教育志愿者团队。参与禁毒志愿者团队后，根据其康复年限、服务资质、培训程度等安排其参加不同类型的志愿服务工作。同伴教育志愿者的管理与禁毒志愿者有所不同，具体体现在以下几个方面：

1. 同伴教育志愿者招募条件

（1）有强烈的戒毒意愿，保持操守三年以上的康复人员；

（2）有利他主义的核心价值观，有助人的意愿；

（3）有较好的综合素养及活动能力；

（4）有比较完善的支持系统（家庭支持等）；

（5）与禁毒社会工作者有比较良好的专业关系。

2. 同伴教育志愿者的选拔

（1）戒毒成功人员填写志愿者申请书，禁毒社会工作者依据申请书进行初步筛选；

（2）进行实际见面沟通，对志愿者的言谈举止作进一步观察；

（3）将介入社工、同伴辅导员、民警的评估纳入选拔依据；

（4）签订志愿服务协议或承诺书；

（5）对同伴教育志愿者进行定期的培训、评估。

3. 同伴教育志愿者的培养

（1）学习防复吸技巧，接受准同伴辅导员或同伴辅导员的辅导；

（2）积极参加各类综合活动；

（3）培养助人理念，学习服务同伴的技巧；

（4）参加成长小组活动，进行自我探索，获得自我成长；

（5）培养辅导同伴的能力，参加有计划的同伴辅导员培训，以及同伴教育辅导小组活动；

（6）学习和掌握辅导同伴的技能，提升助人的价值理念。

4. 同伴教育志愿者参与同伴教育服务活动

（1）常规活动

主要指尿检、家庭探访、座谈会等，与同伴交流分享各种积极的心理、情绪体验，通过分享自己的康复经验，向同伴传递戒毒康复的信念。

（2）同伴教育类活动

主要指参与到巡讲、热线、同伴信箱、同伴辅导员培育等相关的同伴教育活动中，向同伴灌输自助、助人、助己的同伴教育理念，发挥同伴教育志愿者的榜样示范作用。

（3）同伴教育活动策划与实施

同伴教育志愿者经过培育具备了一定的同伴教育能力，他们参与到同伴教育类活动的策划与实施中，可以站在过来人的角度进行策划实施，使活动更具有可操作性。同时，也可以激发同伴教育志愿者的潜能，提升其综合能力。

5. 同伴教育志愿者激励机制

对志愿者的助人行为、志愿服务成效给予激励与表彰。记录志愿者每次的服务时间、内容等，并根据总体服务时间、成效记录、被服务同伴的满意度调查、督导意见等进行分值登记，将其作为依据对优秀的同伴教育志愿者进行表彰，颁发相应的证书、确定星级。

同时，对提供志愿服务评估分值较高的成员，给予更多的参与相关社会活动和学习培训的机会，给予更多的资源辅助其自身社会角色和志愿者角色的发展。根据其提供志愿服务的实际效应给予一定参与各级评奖和奖励的机会，不断肯定其志愿服务的成效，并根据其能力承担相应的活动策划和管理工作。

（三）同伴教育志愿者管理注意事项

1. 同伴教育志愿者有暴露的风险

同伴教育志愿者本身是戒毒成功的吸毒人员，他们从事禁毒志愿工作，为正在戒毒的吸毒人员提供帮扶服务，等于再一次暴露在吸毒群体中，意志不坚定的人可能会复吸。禁毒社会工作者应注意定期对同伴教育志愿者进行情绪疏导，了解其想法，帮助其坚定戒毒信念，防止复吸。

2. 防止同伴教育志愿者目的不纯

管理者在选拔同伴教育志愿者时，要注意了解他们想要成为志愿者的目的，警惕目的不纯的人混进同伴教育志愿者队伍中，盗取戒毒人员的档案，收集情报，做出违法犯罪之事。

3. 成为同伴教育志愿者需要经过专业培训

同伴教育是一种专业的教育方法，戒毒成功人员要想成为一名正式的同伴教育志愿者必须要经过专业的培训，掌握一定的禁毒知识、心理疏导、日常辅导、社会实践、经验分享及其他服务技能。禁毒社会工作者要注意各项考核合格的同伴教育志愿者才能参与志愿者工作。

4. 定期对同伴教育志愿者进行督导

同伴教育志愿者参与各项志愿服务活动，在这个过程中禁毒社会工作者应注意为每个同伴教育志愿者配备专业督导，对其进行定期培训、指导，在发生突发事件时给予其支持，促进同伴教育志愿者成长。

同伴教育志愿者的发展向社会倡导了新的观念，说明人都具有改变的愿望与资源。搭建志愿服务平台，让戒毒康复人员成为禁毒宣传及社会帮教的力量之一，促使康复人员在体现价值的同时更好地保持了操守，也提高了禁毒工作成效。

参考文献

[1] 时立荣．社会工作行政［M］．北京：中国人民大学出版社，2015.

[2] 殷焕武．项目管理导论［M］．北京：机械工业出版社，2005.

[3] 项目臭皮匠．项目百子柜：一本社工写给同行者的工具书［M］．北京：中国社会出版社，2016.

[4] 徐本亮．社会组织管理精要十五讲［M］．上海：上海社会科学院出版社，2018.

[5] 国家禁毒委员会办公室，中宣部宣教局，团中央青年志愿者工作部．中国禁毒志愿者手册［M］．北京：中国言实出版社，2006.

[6] 全国社会工作者职业水平考试教材编写组．社会工作综合能力（中级）［M］．北京：中国社会出版社，2019.

[7] 刘小禹．团队的情绪管理［J］．北大商业评论，2013（08）：64-71.

[8] 朱照南．判断基金会公益性的五个基本原则［J］．社团管理研究，2012（02）：24-26.

第十二章　禁毒社会工作督导

第一节　禁毒社会工作督导体系

我国社会工作无论从制度层面还是技术层面都还没有形成督导工作的标准体系，禁毒社会工作作为其中的分支，也正在社会工作传统理论体系，社会工作督导的行政性督导、教育性督导和支持性督导的基础上，极力探索适合中国特色禁毒社会工作专业化发展的禁毒社会工作督导体系。

在社会工作督导体系中的行政性督导、教育性督导和支持性督导三大功能的基础上，探索建立禁毒社会工作督导体系，有国外和中国香港的经验可以借鉴，也有别的学科领域的模式可以参考。医学领域的三级带教制度在几千年的医学发展中起到重要作用，也逐渐被心理学领域、管理学领域、教育学领域所借鉴。

禁毒社会工作的督导体系可以从技能、管理和互助三个层面，发展以内部督导为主，外部督导为辅的中国特色的禁毒社会工作督导模式。内部督导包括机构内督导和区域内督导，从事禁毒社会工作服务的机构应该结合机构的管理架构建立一套完善的禁毒社会工作三级带教督导体系；区域内督导包括机构督导体系里对区域项目的督导计划，区域政府禁毒职能部门对项目的管理和指导的督导体系。外部督导主要指机构或者政府禁毒职能部门邀请的，服务机构和服务项目外的、具有禁毒社会工作丰富的理论和实务经验的机构或个人，对开展服务的机构或项目社工进行定期和不定期的督导。邀请个人，特别是香港的督导一般只开展培训等教育性督导，原则上不参与机构或项目内部管理的行政性督导。邀请内地机构督导则可以参与行政性督导，例如北京市“培新计划”，是北京市禁毒办通过招标采购广东联众戒毒社会工作服务中心的督导团队参与北京市禁毒社工的培训、管理，全过程建立北京市禁毒社工督导体系；贵阳市阳光春天社工服务社邀请了上海市浦东新区中致社区服务社为督导机构。

随着香港督导的逐渐退去，内地社工督导体系急需完善。禁毒社会工作作为行政性较强，保密工作要求高的领域，需要完善内部督导体系，积极开展培训等。加强以教育性督导为主的外部督导关系建立，完善禁毒社会工作督导体系，从技能层面、管理层面和互助层面为推进禁毒社会工作职业化、专业化发展发挥积极作用。

一、技能层面

禁毒社会工作是一项专业性很强的工作，需要禁毒社会工作者掌握专业的知识、方法和技能才能完成职业任务。知识、方法和技能的掌握，需要通过开展培训、经验分享、案例讨论和参加学术会议的方式，将禁毒社会工作所需的专业伦理、理论和实务方法技能由理论经验丰富的前辈传授给其他禁毒社会工作者，从而提高禁毒社会工作者的专业服务水平。

（一）开展培训

1. 培训目的

开展培训的目的是增强禁毒社会工作者的专业理论基础，促使其培养禁毒社会工作价值观，学习禁毒领域相关政策和基础知识，掌握禁毒社会工作专业技能和方法技巧，提升禁毒社会工作者专业服务水平。

培训之前要对培训对象开展需求调查，根据培训目的要求和培训对象的需求设置课程，以满足培训的需求，达到培训的目的。

2. 培训形式

开展培训的形式一般可以分为线上培训和线下培训两种。线上主要是在网上为禁毒社会工作者提供需要学习的教学视频，通过观看教学视频自主学习专业理论和实务技巧等相关专业知识。

线下根据内容和要求的不同可以进行大型的集中授课，也可以开展小型的工作坊。

3. 培训内容

禁毒社会工作涉及的知识体系多，需要掌握和了解的知识、方法、技能很广，政府禁毒职能部门、从事禁毒社会工作服务的机构应该根据现实需要规划禁毒社工培训。禁毒社工需要掌握和了解的知识、方法和技能框架，本书已基本罗列，能初步满足全国不同地区禁毒社工的培训需求。根据本书的知识框架，也全部录制了课程上传到“禁毒社工学院 AI 培训系统”供全国禁毒社工学习。除了线上学习和训练，面对面的培训和督导训练也是提升技能必不可少的形式。面对面培训包括岗前培训、日常培训、日常督导、专项技能训练等，根据不同的目的设置不同的培训内容。

岗前培训一般安排不低于 40 学时的面对面课程，培训的内容主要包括政策法规、禁毒社会工作基础理论、基本知识和基本技能。

日常培训和督导主要是理念的养成和知识、方法、技能的累积。包括禁毒社会工作价值伦理，如专业价值观、专业伦理、常见的伦理困境及解决办法等；禁毒社会工作相关理论，如心理动力理论、增权理论、优势视角理论、危机干预与任务中心理论、认知行为理论和社会支持理论等；禁毒领域相关基础知识，如毒品分类及危害、吸毒原因、吸毒人员心理和生理特征、禁毒相关法律法规与政策等。

禁毒社会工作专业技能训练一般采用工作坊的形式，训练内容包括个案访谈技术、个案管理技术、认知行为治疗技术、动机式访谈技术、家庭治疗技术等，还有禁毒社会工作实务操作技巧，如社区戒毒和社区康复工作流程与规范、职业暴露与自我防护技巧、禁毒文案写作技巧等。

（二）案例讨论

1. 案例讨论的意义

案例讨论是针对实务工作中常见的问题和工作方法，或者特殊案例、典型案例，用实际的案例召集社工进行讨论，督导参与其中进行指导的一种教学和督导方法。一般只运用于个案，所以又叫个案讨论。

案例讨论是一种教学方法、督导方法和学习方法。学生或社工通过接触实际的案例，运用自己掌握的理论和方法，开展个案服务的技能训练，能起到很好的作用。

2. 案例讨论的方法和要求

案例讨论的参与方包括案例提供人、讨论参与人和督导。

案例讨论流程是首先由案例提供人介绍案例，然后讨论参与人在督导的要求和指导下开展案例讨论，提出理论、方法，督导参与在讨论过程中进行指导，并最后在案例讨论结束前进行总结。

案例讨论要求提供的案例资料完整，案例提供人对个案非常熟悉而且经过了比较完整的服务过程，取得了服务成效或者遇到了服务困境。提供的案例一般有两个倾向：一是常见案例，常见案例的讨论是为了训练社工的基本服务技能，二是典型案例或特殊案例，典型案例或特殊案例的讨论能够使有一定服务技能的社工得到不断提升。

（三）经验分享

除了开展培训和案例讨论，还可以组织禁毒社会工作者通过经验分享的方式，将成功的实务经验和方法传播给其他有需要的禁毒社会工作者，共同学习和研究。

1. 分享方法

分享的方法可以分为分享经典案例、成功经验和心得体会等类型，将自己的成功经验分享给其他禁毒社会工作者。

2. 分享形式

经验分享的形式可分为线上和线下两种。线上可以通过拍摄视频记录自己成功的实务经验并提供给有需要的禁毒社会工作者参考学习。线下可以组织开展经验分享交流会，将成功的经验和典型案例进行分享，一同讨论和学习。也可以通过写文章和案例分享的方式，将成功案例和成功经验分享给其他禁毒社会工作者。

3. 分享要求

将经验分享交流作为日常工作督导方式，站点或者项目团队之间甚至机构内部要定期开展经验分享交流会。让有丰富实务经验的资深禁毒社会工作者向新入职或有需要的禁毒社会工作者分享他们的成功实务经验或经典的成功案例。同时，参加经验分享交流会的禁毒社会工作者要形成自主学习和自我反思的工作习惯，将学习到的优秀实务经验与实际案例相结合进行反思，寻求有效的解决办法。

（四）学术会议

学术会议是一种能够近距离接触到学术前沿专业知识的学术交流活动。禁毒社会工作者可以通过参加学术会议，了解本领域或相关领域学术前沿的专业知识，参与讨论行业存在的问题和挑战，学习前沿科学技术和成功实践经验。

1. 学术会议类型及特征

学术会议根据类型一般可分为研讨会、论坛、座谈会、专题讨论会、讲座、学术沙龙、培训班等。与禁毒社会工作相关的学术会议主要包括成瘾医学、心理学、社会工作、法学等方面的内容。根据内容又有不同的侧重点，可分为理论型、实务型和政策法规研究等，如中国药物滥用防治协会举办的学术论坛和专题讨论会主要以实务经验分享为主，北京大学中国药物依赖性研究所举办的学术研讨会主要以理论研究为主。除此之外，还有中国社会工作教育协会举办的学术研讨会，中国心理学会举办的全国心理学学术会议，国际成瘾医学学会举办的年会，中南大学湘雅二院精神卫生研究所、上海交大附属上海市精神卫生中心举办的成瘾行为研究与精神病学发展相关的学术研讨会，以及相关的专业委员会举办的讲座或培训班等。

2. 参加学术会议的意义

禁毒社会工作者通过参加不同的学术会议，可以学习到更多学术前沿的专业理论和实务知识，丰富自身专业知识、增长自身专业服务能力和提升自身专业素养。同时，将学到的最新技能和实务经验带回机构并传授给机构所有禁毒社会工作者，让机构全体禁毒社会工作者都了解行业最新知识。学到先进技能和成功实践经验，加强并保持机构内部与外部相同行业领域的紧密联系，提高机构学术水平和学术氛围，保持机构服务水平和服务技术的先进性、权威性和专业性。除此之外，参加学术会议，还可以让禁毒社会工作者重新认识自己，对自己的理论知识和专业技能进行反思和评估，反思自己和机构现状的不足，从而完善自身和为机构创新提供建设性建议。如果能够通过提交自己的论文在学术会议上分享交流，更能提升禁毒社会工作者的学习积极性和业务水平。

3. 参加学术会议的途径

可以通过多种方式及时了解并获得相关学术会议的信息。

第一，关注公众号。可以通过关注相关高校的公众号、社会工作相关的公众号、禁毒相关的公众号等，及时了解学术会议通知，比如中国禁毒报、社工中国网、社工观察、社工传媒、邂逅社工、定量群学、中国禁毒、社工客、群学南开、华理社工、社工学术、南大社会工作、公益时报等微信公众号。

第二，浏览官网。通过浏览高校官网、协会官网、学会官网、社团组织官网也可以了解相关的学术会议和专题讲座。如中国禁毒网、中国社工工作教育协会官网、中国心理学会官网、中国社会工作联合会官网等。

第三，关注期刊。通过相关学术期刊学习专业知识，同时还可以了解相关学术会议信息。比如与禁毒社会工作相关的期刊有《中国社会工作》《社会》《社会学研究》《中国药物滥用防治杂志》《中国药物依赖性杂志》《中国临床药理学杂志》等。

第四，加入相关的学术交流群。可以加入禁毒社会工作相关的学术交流群，了解最新消息，共同讨论和学习专业知识和实务技巧。

参加学术会议的方式也有很多种，有免费申请报名直接参加的，也有需要交纳报名费才能参加的，还有需要提交相关主题论文或案例才能参加的。

4. 回顾与分享

无论是公派参加学术会议还是自费参加学术会议，都要组织回顾和分享。回顾和分享既能巩固在学术会议上学习到的理念、观点、做法、技术，又能将这些学习到的理念、观点、做法和技术传授给同事。

回顾和分享的形式灵活多样，可以开小型分享会、可以在日常工作中分享、可以在案例讨论中分享、可以就某个先进的经验专门作分享讨论。

二、管理层面

禁毒社会工作督导中的行政性督导主要体现在管理层面。主要在任务安排、人事管理、项目管理层面开展行政性督导工作。

无论是从事禁毒社会工作服务的机构，还是政府职能部门主导的项目，管理非常重要，没有好的管理就没有好的效益。管理层面的督导主要以内部督导形式开展，管理架构的科学合理设置是落实管理层面行政性督导的关键。

（一）任务安排

任务安排包括项目任务、区域任务、个人任务的安排。

（1）项目任务安排。一般的项目都以区县市为单位，也有以街镇为单位的项目。禁毒职能部门主导的任务安排要以上级文件规定和要求为依据，结合本县域禁毒工作总体部署制定任务，通过文件、会议等形式安排到乡镇街道禁毒办，分配到社区戒毒社区康复工作小组。政府购买服务项目则按照项目合同要求安排任务。

（2）区域任务安排。区域任务安排是按照行政区域，根据上级要求和本级禁毒工作部署制定安排的区域工作任务。区域任务安排一般指区县市向街镇一级区域安排任务，设定考核指标。街镇再按照上级要求将任务分配给村、社区或者直接分配到负责村、社区禁毒工作的社区戒毒社区康复工作小组。

（3）个人任务安排。禁毒社会工作者的任务来自项目或者上级禁毒职能部门的直接任务部署。

（二）人事管理

1. 人才筛选

人才筛选的目的是配备能够完成工作任务的专职禁毒社会工作者队伍。根据工作任务的需要进行人才筛选，既要满足工作需要，又要控制人员薪酬福利预算。人才筛选要按照德、才、勤、能、稳的原则进行。“德”就是要具有责任心、认同禁毒社会工作理念；“才”是要具备学习能力或者具备开展禁毒社会工作需要的知识技能；“勤”是要有积极的工作态度和工作热情，敢想肯做；“能”就是要工作能力强、沟通协调能力强；“稳”是要保持队伍的稳定性，选择比较稳定的工作人员。

2. 岗位分配

在进行岗位分配的时候，根据岗位需求合理搭配禁毒社会工作者。比如根据政策法规和项目需求，每个站点都要遵循 1：30 的比例匹配禁毒社会工作者，且根据工作任务的特殊性，人事部门在进行岗位分配的时候，还要考虑到男女共同协作开展帮扶服务工作，以及实务能力搭配等方面。

3. 绩效考核

制定专门的绩效考核标准，定期对禁毒社会工作者的工作情况和工作质量进行评估考核，成绩优秀的禁毒社会工作者给予相应的奖励，然后通过这样的评估激励方式激发禁毒社会工作者的积极性。绩效考核制度是对服务开展进行监督和管理的必要手段。

4. 工作考勤

考勤制度是管理制度的重要内容。考勤的方法有很多，有严格型时间管理考勤制度，比如上下班打卡不得迟到早退，严格按照时间管理执行；也有松散型时间管理考勤制度，这种制度往往注重工作内容和效率，只要完成工作内容做出工作成效，对上下班的时间要求有一定的弹性。

在禁毒社会工作服务中，工作考勤制度的执行不仅是出勤考核管理的要求，也是风险管理的必要。

（三）财务管理

1. 财务管理的原则

（1）合法性原则：政府职能部门设立的项目需按照政府财政资金管理法规规定进行财务管理。政府购买的服务项目需按照《民间非营利组织会计制度》《政府购买服务管理办法》相关财务规定及国家其他财政政策法规进行财务管理。财务管理要做到合法合规。

（2）非营利性原则：政府购买的禁毒社会工作服务项目要按照《民间非营利组织会计制度》《政府购买服务管理办法》相关财务规定及国家其他财政政策法规进行财务管理。

（3）单独核算原则：每个项目要单独建立财务科目，单独核算。

（4）风险回避原则：从事禁毒社会工作服务的社会工作服务机构的性质是民办非企业单位，属于非营利性机构，没有市场风险承担能力，在财务管理上要注意回避市场风险，不得超项目范围投入。

2. 财务制度

包括财务预算制度、报销制度、财务审计制度等。

财务预算包括对资金的收入预算和支出预算进行管理。依据机构实际的需求，分别针对可能获得的用于各项事务开支的非偿还性资金和可能用于各项事务活动或其他活动的预计支出进行详细的计划。然后按照财务预算开展项目，严格控制项目资金的使用，确保每笔资金都能发挥最大效益。

通过制定相关的报销制度，严格规范资金使用程序和详细记录资金使用情况。

财务审计是对财政、财务收支的真实性、合法性、效益性进行审查和监督。又分为内部审计、国家审计和社会审计。机构通过内部审计对本机构的财务收支及有关的经营活动进行内部审查和评价，严格控制机构内所有项目资金的使用。必要时也可聘请具有法定权威的社会审计机构对本机构的财务收支情况和项目收支情况进行审计和监督。

3. 财务报表

财务报表一般分为财务会计的对外财务报告和管理会计的对内会计报告。财务会计的财务报告主要是为购买方、监管者和相关利益团体提供资金使用情况，目的是让购买方清晰了解所投资的资金使用用途和去向，严格监督资金使用情况。管理会计的对内会计报告主要是为了随时掌握资金的使用情况。通过财务会计报告和管理会计报告随时并准确掌握资金流动情况，保证资金信息透明度。

三、互助层面

（一）AB 角设立

基于禁毒社会工作的特殊性，在开展禁毒社会工作服务过程中，有一项很重要的规则就是设立 AB 角，这种设立既是禁毒社会工作督导体系的安排，也是禁毒社会工作行政的安排，其主要目的是风险防范、时间互补、专长互补以及相互监督、相互作证。

在中国特色禁毒社会工作督导体系建构中，AB 角设立有重要的意义。首先，体现了互为主体、相互促进的学习精神；其次，体现了协同行动、共同分担的工作方法；最后，还体现了相互监督、相互作证的合规意识。

AB 角的分配和安排要因地制宜，根据实际情况进行分配和安排。AB 角既可以互换角色，也可以相互代替、相互补充。

（二）技能互助

服务对象面对的问题和困难是多方面的，需要更多的专业知识才能更好地诠释服务对象的问题和困难，才能更好地开展针对性服务工作，帮助服务对象解决问题和困难。因此机构可以聘请各大高校心理学、社会学、医学等相关领域的专家、教授，为禁毒社会工作者传授相关专业的理论知识和方法技巧，协助禁毒社会工作者了解服务对象的基本特征以及问题本质。同时还可以招聘心理学、社会学、医学等相关专业的禁毒社会工作者，实现专业技能互补的作用。

在协同方面，可以实现具体实务技能互助的功能。即若当社工需要开展同伴教育时，可以邀请同伴教育工作经验丰富的禁毒社会工作者协助开展同伴教育；若需要开展心理辅导服务时，可以邀请心理辅导工作经验丰富的禁毒社会工作者协助开展心理辅导服务等。

（三）异地互助

在各服务站之间，以及各项目团队内部或团队之间也可通过 AB 角、协同、经典案例讨论和经验分享等形式形成互相督导模式。因为禁毒社会工作者所服务的服务对象存在异地管控的情况，所以需要服务站之间甚至项目团队之间进行协同管理，共同对服务对象开展帮扶服务工作。以此加强各服务站及各项目团队之间的合作，共同提升服务质量、服务成效以及服务水平，从而提高机构整体服务水平，促进机构整体综合素质。

以内部督导为主，外聘督导为辅，遵循互为主体、相互促进、协同行动、共同分担的理念，发挥行政性督导、教育性督导和支持性督导的功能，建构适合中国内地禁毒社会工作发展的、具有中国特色的禁毒社会工作督导体系，促进中国禁毒社会工作事业发展。

第二节　行政性督导

一、禁毒社会工作行政性督导内容

行政性督导的主要目的是保障服务的完成，内容包括组织架构、人员配置、标准建设、职责分工和工作规范的督导。

（一）组织架构与人员配置

禁毒社会工作服务的组织架构包括两套架构，一套是行政性架构，一套是业务性架构。

在社工机构承接政府购买服务中，行政性架构又分为政府管理架构和机构管理架构，政府管理架构的督导工作由政府禁毒职能部门安排督导或请第三方督导。

业务性架构中需按照业务能力安排组织架构，业务能力强的工作人员安排在管理和督导的岗位。

在行政性督导工作中，对组织架构的督导主要考核其完成服务的运行情况。合理的组织架构运行畅顺，欠合理的组织架构往往容易出现各种各样的问题，当问题的出现可能与组织架构设置有关时，就需要考虑进行架构的调整。

合理的人员配置是服务完成最重要的保障。行政性督导对人员配置的考量需要从岗位设置、人员配置、任务分配、工作运行、成本核算等维度进行。对人员配置的督导主要由人力资源部门内部督导，项目部门、财务部门、质量监督部门和政府职能部门也都要配合督导，从各自的专业角度对人员配置提出合理化建议。

（二）标准建设与工作规范

地方标准一般由政府禁毒职能部门牵头，联合地方质量监督部门和行业协会、服务机构来制定，经过认证后由相应地方质量监督部门向社会发布，在本地区执行，简称地标。禁毒社会工作地方标准一般由禁毒职能部门督导执行，质量监督部门、地方人大、政协也可督导执行。

行业标准一般由社会工作行业协会发起研制，其特点是得到行业广泛认可，在行业内执行，可以不需要质量监督部门的认证，由行业协会进行发布和督导执行。

大型的机构也会制定自己机构内部的“企业标准”。一般是邀请第三方质量标准研制服务机构与机构内服务管理监督部门一同进行标准制定。标准只在机构内部发布，由机构内部质量管理部门督导执行。如上海市自强社会服务总社和广东联众戒毒社会工作服务中心都制定了自己机构的 ISO9000 禁毒社会工作服务质量标准体系。

工作规范是对员工工作的一种标准化、规范化要求。工作规范的制定和督导执行一是为了完成服务，二是为了防范风险。无论是政府主导的项目还是机构开展的项目都要制定工作规范并由相应的政府禁毒职能部门和提供禁毒社会工作服务的机构去督导执行，因为禁毒社会工作服务领域特殊、服务对象特殊，没有工作规范或者工作规范执行不到位、督导不到位都容易引发风险。

二、禁毒社会工作行政性督导方法

为了监督项目完成进度、保证项目顺利开展、实施有效的行政管理工作，广东联众主要通过内部与外部督导两种督导方式来实现行政性督导功能。外部督导主要是指购买方督导也就是政府部门的实时监督和指导。一般项目从开展到结束都需要接受政府部门的随时检查和监测，定期监督，检查经费使用情况和项目执行情况，随时了解项目开展的具体情况和进度。同时政府部门也有可能会聘请第三方评估机构对项目执行情况进行监测评估，确保项目能够顺利开展。而在机构内部，主要通过制定相关管理制度、建立统一的工作流程和绩效考核机制、规范档案台账等多种方式对一线禁毒社会工作者的日常工作进行规范化、科学化管理，从而实现内部行政性督导功能。

（一）制定相关管理制度

为了建设一支综合素质高、业务能力强、服务意识优、专业水平高的专业化、职业化、社会化禁毒社会工作者团队，除了制定相关的禁毒社会工作者工作守则和岗位制度以外，还要相应地制定其他管理制度，规范禁毒社会工作者的日常工作。

1. 档案管理制度

机构通过制定档案管理制度，将档案相关的立卷、归档、保管、查阅、借阅、复印、鉴定和销毁等管理方法进行统一规范管理，进一步加强人员档案收集、整理和管理，适应机构工作科学化、制度化和规范化要求，保证档案的一致性和完整性。

2. 风险管理制度

在项目管理中，通过制定风险管理制度，明确应急管理原则，建构由应急管理委员会、应急执行委员会、应急办公室和应急常设行动小组组成的应急管理组织机构体系，形成预警和预防机制、应急处置及保障机制，针对突发事件进行分类分级管理和处置，减少和降低事故风险，预防和控制机构潜在的事故或紧急情况的发生，最大限度减少事故可能带来的影响和后果，保障项目顺利运行。

3. 绩效考核制度

通过建立绩效考核制度，为禁毒社会工作者营造一个工作积极、充满活力的工作环境，以此调动机构全体禁毒社会工作者的工作积极性，增强禁毒社会工作者的责任感和事业心，强化禁毒社会工作者的服务意识，树立禁毒社会工作者专业价值观，进而监督禁毒社会工作服务成效，提高机构整体服务水平。

4. 内部督导培训管理制度

通过建立内部督导培训管理制度，打造优秀禁毒社会工作者团队，提高机构综合素质和综合服务能力，增强机构核心竞争力，改善专业工作方法，提高工作效率。

5. 宣传管理制度

通过制定宣传管理制度，建立宣传管理机制，明确宣传管理职责和工作要求，规定宣传稿件形式和内容范围；展现机构各项工作成就，挖掘特色亮点工作。进一步加强和规范机构宣传工作，维护宣传工作的权威性和严肃性，增强宣传工作时效性、针对性、规范性，为机构经营管理提供科学决策依据，树立机构良好形象。

6. 意见收集及投诉处理制度

通过建立意见收集及投诉处理制度，规范机构禁毒社会工作者职业操守，促进机构行风建设，加强内部监督与投诉受理，提高服务水平和质量，为服务对象提供更加优质、高效、便捷、舒适的服务。

（二）建立运营管理机制

通过建立相应的运营管理机制，将禁毒社会工作者的工作内容和工作目标明确化，保障机构正常运营和服务工作顺利开展。

1. 建构行政体系

设置精准化部门，建构完善的行政体系，首先对行政性工作进行分类分级管理运行，其次再采用上级督导下级的方式对机构所有员工进行行政化管理。

2. 发放指导性文件

发放指导性文件，明确项目内容和服务目标，为员工指明服务内容和工作方向。

3. 制订工作计划

将项目服务内容和目标进行合理规划，制订工作计划，明确工作步骤，随时把握项目进度，同时也可以此作为工作绩效评估标准。

4. 提交工作日志

要求每个禁毒社会工作者都要提交工作日志，记录开展的工作情况和遇到的问题，每月都要提交工作总结并向站长和项目主任汇报工作情况。

5. 进行工作审批

督导者通过批阅工作日志，查看和回应禁毒社会工作者的工作情况和问题需要，为其提供帮助和指导，并以此来实现日常行政性督导工作。

6. 建立奖励机制

通过奖励的方式激发机构禁毒社会工作者的工作积极性；对有突出表现的禁毒社会工作者给予相应的奖励；对表现不是很优异的禁毒社会工作者给予相应的鼓励和支持，使其增强自信心和归属感，保持工作积极性。

7. 开展优秀案例评选

定期开展案例评选活动，鼓励禁毒社会工作者积极参与实务工作，学会反思和思考，将理论和实务相结合，归纳和总结自己的实务经验。

除以上内容外，运营管理机制还包括日常人事考勤、制定及检视督导程序等方面。

（三）行政性授权

在禁毒社会工作机构中还可以通过行政性授权来进行行政性督导。从本质上说，行政性授权是指行政组织内部领导通过指派任务和权力分配的方式实行监督和管理。也就是说上级领导在指派任务的同时将一部分职权赋予下级，下级在行使权力的同时需要担负相应的责任，以此实现授权管理。在管理禁毒项目过程中，机构领导直接授权，将整个禁毒项目交给项目主任管理运营，项目主任在分配任务的同时将部分权力赋予各站点的站长，让他们拥有独立的决定权。

三、禁毒社会工作行政性督导注意事项

（一）与政府部门工作任务指标一致

禁毒社会工作机构开展服务的任务指标与政府职能部门的任务指标相一致，项目考核时也是按照政府职能部门的考核要求，对禁毒社会工作机构服务进行考核。也就是说考核禁毒社会工作机构完成的服务目标和服务成效，就是考核政府职能部门完成的任务指标，这也是政府职能部门业务考评的重要指标。因此机构的禁毒社会工作者需要接受内部督导和政府督导的双重行政性督导，要以考核政府职能部门的标准要求禁毒社会工作者开展高水平、高质量的禁毒社会工作服务。

（二）数据信息的保密性

服务对象的特殊性要求禁毒社会工作服务具有更加严格的保密性义务，所生成的档案文档和数据信息都必须进行严格保密，保障服务对象合法权益。因此在开展项目服务过程中，政府禁毒职能部门要对禁毒社会工作者进行保密工作的培训和持续督导。

在开展行政性督导时要注重禁毒社会工作行政性工作的特殊性，抓住禁毒社会工作服务的特点，开展行政性督导。

第三节　教育性督导

一、禁毒社会工作教育性督导内容

禁毒社会工作教育性督导内容与其他领域教育性督导大体相似。首先是帮助禁毒社会工作者熟悉工作环境，了解机构相关管理制度、服务理念和服务宗旨。其次，从社会工作、医学、心理学、社会学等多学科角度帮助禁毒社会工作者全面了解关于吸毒人员的相关知识，包括吸毒人员的生理、心理和行为等基本特征；协助禁毒

社会工作者站在更高角度看待社会问题，了解社会问题的性质、形成原因以及对个体、家庭和社会造成的影响；帮助禁毒社会工作者解读政府部门为解决社会问题制定的相关政策，从政策和社会环境中找到解决问题的办法。最后，在实务过程中，传授禁毒社会工作者如何与吸毒人员进行有效沟通，如何进行家访，如何正确分析吸毒人员的问题和需求，如何针对吸毒人员问题需求制订切实可行的服务计划，以及在计划执行过程中，如何帮助吸毒人员寻找解决问题的突破口，为吸毒人员提供就业咨询、帮扶救助、链接资源等专业性服务。除此之外，还要在禁毒社会工作者遇到问题和困难时，及时提供专业性咨询服务，帮助禁毒社会工作者形成一套属于自己的行业价值观、专业理论知识和实务技能，提高自身综合素质和专业能力，让其能够独自对工作以及一些专业性问题进行分析和思考。

二、禁毒社会工作教育性督导方法

在社会工作督导中，教育性督导的目的不仅是传授工作所需的专业知识，还要运用不同的督导方法协助被督导者将学到的知识运用到实务工作中，在实务工作中巩固和真正掌握所学的专业知识和实务技能。目前，社会工作教育性督导方法根据不同划分理念分为个体督导、团体督导、线上督导（电话访问和网络咨询）、线下督导（现场督导）、跨领域督导、同辈督导等不同的督导类型。下面将从传授专业知识、实务方法和综合技能三个方面，叙述如何灵活运用督导技巧将一线禁毒社会工作者需要的专业知识、实务方法和技能传授给他们，并指导其开展实务工作，在实务工作中将学到的理论知识转化为自己的专业知识和技能。

（一）传授专业知识

就目前禁毒社会工作者队伍的专业化程度来看，禁毒社会工作者的专业水平还有待提升。在开展实务工作过程中，禁毒社会工作者常因缺乏专业理论知识的支撑，对工作中遇到的很多专业问题不知如何处理。因此为了加强禁毒社会工作专业化人才培育，很多社工机构选择聘请外部资深专业人士为机构员工进行专业理论知识培训，提高员工的专业理论知识水平。

如广东联众聘请心理学、医学、社会学和社会工作等相关专业，并在禁毒相关领域有突出成就的专家、教授，以及拥有丰富实务经验的资深禁毒社会工作者作为专业顾问，打造专业且全方位的专家团队，定期给机构禁毒社会工作者开展专业基础知识集中培训，系统讲授专业理论知识，强化其职业伦理，提高禁毒社会工作者的专业理论水平。协助禁毒社会工作者从多学科角度了解吸毒人员生理、心理和行为等基本特征，反思社会问题发生的原因，找到解决问题的突破口。协助他们理解社会工作专业理论知识，并将专业理论运用到实务工作中，从实务工作中领悟理论知识在实践中的运用。同时安排机构内部有资质的禁毒社会工作者到外地参观和学习，参加外部组织的各类专业理论知识培训，增强禁毒社会工作者的专业能力。

（二）学习实务技能

除了为机构禁毒社会工作者开展集中培训，传授专业理论知识以外，在禁毒社会工作者开展实务过程中，机构还可聘请外部督导作为督导顾问，挑选机构内部资深禁毒社会工作者作为内部督导人员，为机构禁毒社会工作者进行社区走访、个案访谈、个案管理、家庭治疗模式、动机式访谈模式、认知行为治疗模式、行动研究、艺术疗法、小组工作、个案工作、社区工作、戒毒动机挖掘与强化、心理辅导、同伴教育、仪式治疗等专业知识和实务技能的培训，补充和巩固禁毒社会工作者的专业知识，提高禁毒社会工作者的实务技能水平，强化禁毒社会工作者开展专业禁毒社会工作服务的各项实务能力，从而提高整个机构的服务质量和服务水平。

外部督导一般采用线上和线下两种督导方式为机构禁毒社会工作者开展督导服务。线上主要通过电话访问和网络咨询（微信、QQ 或其他聊天工具）的方式为机构禁毒社会工作者提供远程咨询服务，帮助禁毒社会工作者解决日常实务工作难题并给出指导性建议等。线下一般会亲自到场观察，对实务工作进行现场督导并给予评价和建议，对有困难和问题的社工进行一对一的个体督导或开展各种学习实务技巧的团体督导活动。团体活动中采用角色扮演、示范等模拟练习方式，帮助一线禁毒社会工作者深刻认识到问题的核心所在，协助其找到解决问题的办法。还可通过开展案例讨论和经验分享交流会的方式将自己的实务经验分享给一线禁毒社会工作者。

机构内部督导通常在实务工作中手把手带教新社工，与一线禁毒社会工作者协同工作，或在项目管理中通过工作批阅等方式帮助禁毒社会工作者规范实务操作技能，提升服务质量；还可组织专业的研习小组开展案例讨论和经验分享交流会，针对一线禁毒社会工作者实务工作中遇到的疑难问题和经典案例进行讨论研究，总结出行之有效的实务经验、方法技巧和实务模式。有时也可开展线上督导工作，安排一线禁毒社会工作者观看网上教学视频，学习专业知识和实务技巧；进行远程会议、线上案例讨论、线上协同批阅和指导工作等。

除此之外，督导者还可以通过参与到禁毒社会工作者的实践工作中，以同样的身份角色与禁毒社会工作者一起开展实务工作，共同分析和讨论服务对象的问题和需求、制订工作计划、实施服务方案，共同评估服务成效和总结实务经验，让禁毒社会工作者在参与过程中直接观察和学习督导者在实务工作中使用的理论知识和方法技巧。

（三）提升综合能力

地方政府禁毒职能部门或者禁毒社会工作服务机构需要定期聘请专业人士对禁毒社会工作者开展公文写作、办公软件操作、新闻稿撰写、讲解实操技能、典型案例撰写、员工关系处理、目标与绩效管理、高效绩团队建设与管理、机构管理技巧、招投标项目、项目管理方式与方法、项目运营、管理理念与角色认知、工作管理与执行、合同修订等综合能力的提升培训，传授实务工作中涉及的行政管理、项目管理、人力资源管理、志愿者管理、日常防护、沟通技巧、医学、心理学、社会学、社会工作等方面的相关专业知识，目的是让禁毒社会工作者都能够了解并掌握基本的实务技巧和自我保护技能，以及工作过程中需要了解的注意事项等，提高禁毒社会工作者综合素质、综合实务能力和自我管理能力，实现禁毒社会工作者的自我完善。

第四节　支持性督导

支持性督导不仅包括帮助禁毒社会工作者处理负面情绪，修复自我调适功能，增强自信心，还包括帮助禁毒社会工作者树立积极的工作态度，解决工作和家庭问题，减轻工作和家庭双重压力，增强禁毒社会工作者的工作成就感和专业价值感，并激励其在开展禁毒社会工作的过程中保持积极的心态。

一、给予支持

督导者要时常关注禁毒社会工作者的工作情况，对遇到困难的禁毒社会工作者，及时给予支持和帮助，协助他们解决困难。对有突出表现的优秀禁毒社会工作者，机构可以通过宣传优秀事迹的方式予以鼓励，还可以通过表彰奖励的方式给予相应的奖励和报酬，以此激励禁毒社会工作者的工作积极性，让其能够在工作中感受到机构的关心和爱护，增强他们的职业认同度和机构归属感，激发其工作斗志和积极的工作情绪，从而使其以积极的心态投入到禁毒社会工作服务中。

二、疏导情绪

社会工作者在开展服务工作时，经常面对来自服务对象、工作、服务机构和社会期望等不同方面的压力。尤其是禁毒社会工作者，面对的服务对象主要是非自愿接受服务的吸毒人员，这些服务对象除了长期具有负面情绪以外，还非常不愿意配合禁毒社会工作者的服务性工作。在禁毒社会工作者的观念里，禁毒本是一项助人为乐的服务工作，却因服务对象的不配合和不接受，使得禁毒社会工作者时常感觉自己无法帮助到服务对象进而陷入自我反思，难以获得工作成就感和满足感，情绪也会因此发生改变。再加上禁毒社会工作者需要长期面对和帮助吸毒人员处理负面情绪，久而久之不免也产生一些负面情绪和消极心理，从而影响工作积极性和工作态度。

督导者通过个体督导和团体督导的形式，定期给禁毒社会工作者开展情绪疏导服务。在活动中帮助禁毒社会工作者疏导负面情绪，减轻工作压力，针对禁毒社会工作者遇到的不同压力提出改进建议，协助禁毒社会工作者加强自我调适功能，从而提高禁毒社会工作者的自我管理能力。

三、增强自信

禁毒社会工作者在开展服务工作时，由于自身专业能力和其他因素，吸毒人员不愿配合工作，甚至工作任务难以完成时，就可能对自己的能力产生怀疑，出现不自信、自卑、焦虑等不良、负面心理，甚至还可能出现抑郁等精神症状，影响禁毒社会工作者的心理健康。

因此需要督导者针对禁毒社会工作者在工作中出现的负面心理进行辅导，增强其自信心。在辅导过程中，可以通过开展个体辅导和小组团体辅导的形式，帮助禁毒社会工作者消除自卑心理，增强自信心；还可以通过肯定工作绩效和表扬工作表现的方式增强其自豪感和自信心，从而激发其自身内在的潜质。督导者要协助禁毒社会工作者形成自我反思、自我欣赏的心理机制，完善自我修养，提高自身素质。

四、给予关怀

禁毒社会工作者除了是服务吸毒人员的工作人员之外，还是家庭的一分子，同时需要承担部分家庭责任，甚至有些禁毒社会工作者是家庭的主要经济来源，其来自家庭方面的压力就会更大。

因此，督导者需要时刻关注禁毒社会工作者的身体健康状况、工作情况和家庭情况，可以通过拜访和犒劳的方式，及时给予关心和帮助，并对家庭有困难的禁毒社会工作者给予物质上和精神上的支持。

五、寻求满足

禁毒社会工作者在开展服务工作的同时，也需要在工作过程中获得专业满足感和成就感，督导者可以通过慰问、实地观摩、发放节假日礼品等方式鼓励禁毒社会工作者，肯定他们在工作中的辛苦努力和取得的服务成效，时刻关注他们的内心感受。要让其在工作过程中能够感受到所从事专业的职业满足感和自身价值，进而促使禁毒社会工作者更清楚自身专业定位，发现自身价值，更愿意继续投身于禁毒社会服务。

参考文献

[1] 香港·社会服务发展研究中心．禁毒社会工作实务手册［M］．广州：中山大学出版社，2013.

[2]［美］阿尔弗雷多·卡杜山，［美］哈克尼斯著．社会工作督导（第四版）［M］．郭名倞等译．北京：中国人民大学出版社，2008.

[3] 赵静．社会工作督导实务手册［M］．北京：中国社会出版社，2019.

[4] 赵敏，张锐敏．戒毒社会工作基础［M］．北京：军事医学科学出版社，2010.

[5]［英］Jane Wonnacott. 社会工作督导［M］．赵环，魏雯倩译．上海：华东理工大学出版社，2015.

[6] 张洪英．中国社会工作督导的现状与未来发展［J］．中国社会工作，2017，(04)：1.

[7] 李晓凤，黄巧文，马瑞民．社会工作督导的历史演进及其经验启示——以美国、中国深圳社会工作督导实务为例［J］．社会工作与管理，2015，15（06）：12-17+91.

[8] 张洪英．本土处境下社会工作督导的研究［J］．社会工作与管理，2019，19（06）：5-6.

[9] 龙嘉慧．服务品质视角下社会工作督导实务模式研究［D］．深圳大学，2018.

[10] 陈莹莹．禁毒社会工作者操作困境探析［D］．华东理工大学，2019.

第十三章　禁毒事务管理

第一节　排查摸底

排查摸底指禁毒社会工作者协助公安、司法、卫生等有关部门，对吸毒人员全面开展调查和核实登记工作，切实摸清吸毒人员底数和现实状况，详细了解吸毒人员的家庭生活、思想动态、社会交往、就业等情况，全面了解吸毒人员的现状。其目的是最大限度地将吸毒人员纳入管控视线，切实提高社会面吸毒人员管控率。排查摸底的要求为“底数清，（管控）状态准，状况明，电话通，配合好，档案全”。

一、排查摸底的内容

（一）全面核查在册吸毒人员

（1）先从禁毒职能部门处获得在册吸毒人员的名单信息。

（2）通过村居、辖区民警核实名单。若找不到对应人员，需要核对市、区、镇街各级的名单信息是否一致，找出有出入的内容，并注意核实在所人员数据和实际情况是否对得上。

（3）取得联系。先根据已有的信息如联系电话，同吸毒人员或其家人取得联系。若无联系方式，则通过所在社区获取吸毒人员的联系方式。若社区提供的联系方式依旧无法联系到吸毒人员，再协助治安队、禁毒办或公安人员入户开展排查摸底工作。

（4）核对、补充、更新并反馈信息。对在册吸毒人员逐一进行核查，对登记的信息逐条逐项核对。对姓名、照片、身份证号码、违法记录和就业现状等主要项目登记不真实或不完整的，采取切实有效的措施查明更正。有信息更新的在册吸毒人员，要按照吸毒人员网上信息维护的相关规定，及时将排查出的吸毒人员最新现状报辖区派出所和禁毒办。派出所及时将相关信息更新到公安机关吸毒人员动态管控数据库中。

（二）核实管控状态并分类分级管控

1. 核实管控状态

排查摸底时需要特别注意核实在册吸毒人员现有记录中的管控状态与实际管控

状态是否一致，如果信息更新不及时，容易导致后续工作出现误差。

2. 风险分类分级评估管控

风险分类分级评估管控是指根据社会面吸毒人员的染毒情况、行为特征、处置状态、社会危害程度等，综合评定出不同的风险类别，有针对性地实施不同管控措施的工作。应根据国家禁毒办等 7 部门发布的《社会面吸毒人员风险分类评估管控办法》中的分类标准，并结合实际情况对吸毒人员的风险等级进行评估。需注意的是，除国家层面的要求外，一些省在国家文件要求的基础上，进一步制定了符合当地情况的规定，如广东省禁毒办等 7 部门联合制定了《广东省社会面吸毒人员分类分级管控工作规定（试行）》，禁毒社会工作者在实际工作过程中需要根据工作要求协助当地的禁毒专干进行评估分级。

二、排查摸底的要求

（一）底数清

底数是指吸毒人员动态管控系统中所呈现的吸毒人员名单数据。底数清就是指这部分数据是清晰的。具体包括：

（1）各层级数据清。市级禁毒职能部门通过吸毒人员动态管控系统调取本地吸毒人员名单，并按照户籍分到区县级禁毒部门。区县级禁毒部门再将吸毒人员名单分到属地派出所。禁毒社会工作者从派出所或其上级禁毒职能部门获取吸毒人员名单。这一过程中需要保证在册吸毒人员名单各层级、各部门的统计数据是一致的。如若出现不一致的情况，需要进行层层核对确认，看是哪个环节出现不同，并寻找原因。

（2）现实人员和名单数据、人和姓名对应关系清。人员和数量是相对应的，每个姓名和真实个人是相对应的。

（3）特殊情况数据及时更新。对发现吸毒人员确已死亡、出国（境）或戒断 3 年未复吸的情况，要及时上报，以在吸毒人员动态管控系统中更新信息；对因人户分离或外出务工等原因，一时无法与吸毒人员本人见面的情况，要采取调查走访等方式，摸清其实际居住地或暂住地，了解现实状况，填写登记表；对经工作仍未发现吸毒人员踪迹的情况，经核查派出所负责人签署意见后，集中上报至上级禁毒部门，由市、县情报、技侦、刑侦、禁毒、网安部门依托情报平台，进行综合研判、布控查找，由户籍地派出所落实核查登记措施，并与吸毒人员实际居住地公安机关建立协作管控机制。

（二）状态准

1. 常见的管控状态

管控状态是指公安禁毒系统中对不同吸毒人员、不同吸毒史、不同处置史，划分的不同管控类型状态。吸毒人员的管控状态主要分为 10 类，具体为：一次行拘（初次行政拘留），社区戒毒，社区康复，强制隔离戒毒，戒断 3 年未复吸，社会面有吸毒史，药物维持治疗，现状不明，服刑，死亡。

2. 核实管控状态

通过排查，核实吸毒人员名单中管控状态的信息和现实状况是否一致，如果不一致需要进一步向戒毒康复人员询问相关情况，并且询问戒毒康复人员有无相关证明文件（如解除强制隔离措施决定书或美沙酮停服证明书等）。然后依据国家规定将相关证明文件递交到公安部门，由公安部门对系统中的状态进行更正。

管控状态与现实状态不符的情形主要包括以下 5 种情况：

（1）管控状态为强制隔离戒毒但现实状态为社会面有吸毒史；

（2）管控状态为强制隔离戒毒但现实状态为戒断 3 年未复吸；

（3）管控状态为强制隔离戒毒但现实状态为所外就医；

（4）管控状态为社会面有吸毒史但现实状态为戒断 3 年未复吸；

（5）管控状态为药物维持治疗但现实已遵医嘱停用美沙酮。

（三）状况明

了解吸毒人员现实生存状况，通过走访等形式，全面了解其生活、工作、家庭、就业、人际交往等情况，以及戒毒康复情况，如是否正在接受药物维持治疗，是否和毒友有密切接触，戒断后有没有遇到诱惑吸毒的场景等。切实了解吸毒人员最新的状况，准确地对其进行评估，避免出现失联脱管等情况。

（四）联络通

在册吸毒人员联络通。确认吸毒人员的电话、微信等通信方式是否保持畅通状态，禁毒社会工作者及派出所民警等工作人员通过电话、微信等方式能够联系到吸毒人员本人。若有更换联系方式等情况，要及时更新信息。除吸毒人员本人的联系电话之外，还应有其家庭成员正常使用中的联系电话，或保证能够通过其家人联系到本人。

（五）配合好

处于不同管控状态的吸毒人员按照法律政策等要求，配合戒毒工作。尤其是重点管控的社区戒毒社区康复人员，需要按照协议等规定的要求进行报到、检测；对于拒绝或违反社区戒毒社区康复协议的，要及时进行沟通，了解其现实困难，情况特别严重的，禁毒社会工作者要及时出具书面证明材料报告给派出所。

（六）档案全

（1）档案材料全。吸毒人员动态管控系统中的信息在保证真实的基础上，应尽可能全面，档案主要包括基本信息、法律文书、管控材料和帮扶救助材料四大类。具体内容见本章第二节。

（2）有效信息全。要保证材料中要求填写的部分都如实填写，且内容丰富全面。

（3）签字盖章全。材料中需要服务对象或工作人员签字、按手印，有关单位盖章的地方，内容应全面完整。

第二节 档案与台账

一、档案与台账的关系

此处所提及的档案仅限于禁毒社会工作服务领域内的档案，而非《中华人民共和国档案法》中规定的档案。台账则指与禁毒社会工作相关的禁毒工作台账。档案与台账之间的关系大致可分为：从属关系，台账是从原始档案中经过遴选、整理、提炼、总结以后转化而成的，台账的完整性取决于档案的收集程度，台账整体呈现档案中所做的工作；交叉关系，部分台账与档案的内容是一致的，有些材料同时存在于台账与档案中；互相印证关系，部分档案是根据台账的相关指标制定的，用来表明实际工作的完成情况与质量。

二、档案

禁毒社会工作机构要实现科学化、规范化、精细化的管理，需要从建立完善的档案开始。档案是单位的“备忘录”，是监督工作进展的督查表。按照档案的内容，禁毒社会工作机构的档案可主要分为机构禁毒事务管理档案和吸毒人员档案两大类。

（一）禁毒事务管理档案

禁毒事务管理档案主要包括禁毒事务相关的人、事、物、财四大方面的档案。

1. 人的档案

禁毒工作中，将涉及吸毒人员、禁毒专职工作人员、社区民警、社区医务人员、戒毒康复人员的家庭成员以及禁毒志愿者等人员的档案统称为“人的档案”。其中禁毒社会工作者主要接触的是吸毒人员、禁毒专职工作人员（含社工）、吸毒人员的家庭成员和禁毒志愿者的档案。吸毒人员的档案资料在下文中详细说明。

禁毒专职工作人员（含社工）档案：应包括入职资料、资历、专业背景、学历资料、资格证书、从业年限、入职年限、岗位职责，以及实务能力、管理能力相关的佐证材料，如参加各级各部门禁毒工作或者社会工作优秀案例评选活动的获奖证明、荣誉证明，参加相关培训的学习证明等。

吸毒人员的家庭成员档案：作为吸毒人员档案的补充资料，应包括家庭成员与吸毒人员的关系及关系亲密程度，家庭成员的年龄、职业、健康状况、常住地址、工作单位、联系方式、收入等。禁毒社会工作者应在了解吸毒人员家庭成员及家庭基本信息的情况下，进一步对其家庭进行评估分析，了解其家庭的需求与优势，以便开展更深入的服务。

禁毒志愿者的档案：禁毒志愿者主要分为社会大众和同伴（“过来人”）

两种。需要了解禁毒志愿者的个人基本信息，如年龄、职业背景，尤其是兴趣爱好、个人特长，并据此与其协商制订更丰富的志愿服务方案。还要在禁毒志愿者档案中记录其参与志愿服务的时长、活动类型、服务内容、担任的职责、获得的相关荣誉表彰，以及志愿服务参与者的积极反馈等资料。同伴志愿者的档案需要在上述基础上，进一步补充其吸毒史、过往接受社工服务的记录、成功戒断经验等资料。

2．事的档案

服务内容记录：主要是禁毒社会工作者开展的面向戒毒康复人员的服务、禁毒志愿者培训活动、社会大众的宣传活动等专业服务工作的记录。例如家访、会谈记录，培训课程安排和总结，宣传活动计划书和总结，典型服务案例，月/季度/年度工作总结，前期需求调研报告、中期评估报告、末期评估报告等。

行政工作记录：主要包括工作人员工作考勤记录、量化指标完成情况统计、工作人员绩效考核资料等。

3．物的档案

机构要定期进行有关办公物品统计、申请、采购、领用、发放、回收、消耗和库存更新等内容的档案记录。禁毒工作中常见的物品主要分为办公用品类、宣传物资类、劳保用品类、办公设施类、办公设备类等。办公用品类，如文具、纸张、碳粉、硒鼓、饮用水、纸杯等低值易耗品；宣传物资类，如宣传环保袋、宣传画册、易拉宝等宣传物料，水杯、扇子等宣传活动派发的礼品，T 恤、马甲等工作服装；劳保用品类，如口罩、手套、酒精等防护用品；办公设施类，如桌、椅、沙发、文件柜、电风扇、空调、饮水机等；办公设备类，如给工作人员配备的电脑、手机、电话卡、打印机、复印机等。

4．财的档案

财务档案包括机构固定资产清单，资金申请、物资采买和费用报销制度，票据清单，差旅费用，外聘督导，讲师培训费用，禁毒社会工作者工资绩效等方面的内容。

（二）吸毒人员档案

针对社戒社康人员档案，禁毒社会工作者及社工站要设立档案室，制定并遵循档案管理制度，实行“一人一档”制；建立档案台账，及时更新档案信息；统一档案标注格式；坚持保密原则。

本节以佛山市禁毒委员会制定的吸毒人员档案为例，进行呈现说明。吸毒人员档案主要包括基本信息、法律文书、管控材料和帮扶救助材料四大类。封面应将 LOGO 统一更换为各区禁毒委员会的 LOGO。姓名等信息如实按照要求填写。

目录部分按照档案的实际内容进行标注，如档案中包含该项内容，在其后打“√”，并填写对应页码；若没有此项，则不进行勾选，页码栏保持空白。

表 13-1　吸毒人员档案目录

序号	内容	勾选（√）	页数
A	基本信息		
A-1	吸毒人员基本情况登记表		
A-2	社会面吸毒人员分类分级审批表		
A-3	吸毒人员网格化管理信息表		
A-4	病残吸毒人员信息登记表		
A-5	社区戒毒社区康复人员情况登记表		
A-6	社区戒毒社区康复人员评估个案服务首页		
A-7	社区戒毒社区康复人员积分评级登记表		
A-8	社区戒毒社区康复人员康复状况评估等级评定表		
B	法律文书		
B-1	行政处罚决定书		
B-2	吸毒成瘾认定意见书		
B-3	社区戒毒社区康复决定书		
B-4	社区戒毒社区康复权利义务告知书		
B-5	社区戒毒社区康复协议书		
B-6	社区戒毒社区康复人员违法/违规行为报告		
B-7	社区戒毒社区康复人员违规行为告诫书		
B-8	变更社区戒毒社区康复执行地审批表		
B-9	变更社区戒毒社区康复执行地通知书		
B-10	关于变更社区戒毒社区康复执行地的函		
B-11	解除社区戒毒社区康复措施申请书		
B-12	解除社区戒毒社区康复措施审批表		
B-13	解除社区戒毒社区康复通知书		
B-14	其他法律文书		
C	管控材料		
C-1	尿液检测记录		
C-2	毛发检测记录		
C-3	戒毒人员参加美沙酮药物维持治疗记录		

续表

序号	内容	勾选（√）	页数
C-4	社区戒毒社区康复人员外出请假审批表		
C-5	社区戒毒社区康复人员未报到证明		
C-6	社区戒毒社区康复人员严重违反戒毒协议证明		
C-7	分类分级记录		
C-8	评估材料		
D	帮扶救助材料		
D-1	社区戒毒社区康复人员帮扶服务登记表		
D-2	社区戒毒社区康复人员帮扶服务记录		
D-3	就业安置材料		
D-4	社会各类救助材料		
D-5	三个关系修复材料		
D-6	帮扶救助其他相关材料		
D-7	走访谈话记录		
D-8	社区戒毒社区康复人员帮扶工作小组成员名单		

说明：1. 吸毒人员档案实行“一人一档”；

2. 社会化档案要与动态管控系统档案保持定期对照，不相符的及时查证；

3. 档案目录供检索查找使用，在已有档案内容项打“√”。

1. 基本信息

该部分是吸毒人员的基本信息内容，内容和相关说明见下表：

表 13-2　吸毒人员档案基本信息材料说明表

序号	内容	材料说明
A	基本信息	
A-1	吸毒人员基本情况登记表	按照吸毒人员信息如实填写该表。部分信息暂时无法掌握的，可暂时不填，后续完善补充
A-2	社会面吸毒人员分类分级审批表	按照《社会面吸毒人员风险分类评估管控办法》规定，应每半年对吸毒人员重新进行定级
A-3	吸毒人员网格化管理信息表	根据吸毒人员风险等级的管控要求填写该表
A-4	病残吸毒人员信息登记表	如吸毒人员不属于病残吸毒人员，可在此部分简单说明“该人员不属于病残吸毒人员，无相关材料”

续表

序号	内容	材料说明
A-5	社区戒毒社区康复人员情况登记表	社区戒毒社区康复人员填写该表
A-6	社区戒毒社区康复人员评估个案服务首页	禁毒社会工作者在对社戒社康人员开展评估工作后填写此部分内容
A-7	社区戒毒社区康复人员积分评级登记表	同上
A-8	社区戒毒社区康复人员康复状况评估等级评定表	同上。是对社戒社康人员康复状况的评估材料

2. 法律文书

法律文书类材料源自《中华人民共和国禁毒法》《禁毒条例》等法律法规，为固定格式材料。该部分的材料可能以复印件的形式呈现，应按照要求签名、盖有效公章。内容和相关说明见下表：

表 13-3　吸毒人员档案法律文书材料说明表

序号	内容	材料说明
B	法律文书	
B-1	行政处罚决定书	依据我国行政处罚法，该文件由行政处罚机关出具，其中列明当事人姓名、住址、违法违规的事实证据。需盖有行政机关印章
B-2	吸毒成瘾认定意见书	公安机关或者其委托的戒毒医疗机构在对吸毒人员进行吸毒成瘾认定后出具的证明材料
B-3	社区戒毒社区康复决定书	公安机关可以责令吸毒人员接受社区戒毒，强制隔离戒毒的决定机关出具相应的决定书
B-4	社区戒毒社区康复权利义务告知书	该材料使社区戒毒社区康复人员明确相关法律责任、社区戒毒社区康复期限、尿检次数、享有的权利以及若未按时报到或严重违反协议将面临的处罚措施
B-5	社区戒毒社区康复协议书	协议书规定了社区戒毒社区康复人员的戒毒期限、权利和义务、违反协议的情形和将要面临的处罚措施以及协定的其他事项
B-6	社区戒毒社区康复人员违法/违规行为报告	社区戒毒社区康复人员违反社区戒毒社区康复协议时，社区戒毒社区康复工作站的工作人员出具该项报告，并递交给相关公安机关

续表

序号	内容	材料说明
B-7	社区戒毒社区康复人员违规行为告诫书	告诫对象为存在违规行为的社区戒毒社区康复人员，应写明其具体的违规行为、频次、时间，以及违反协议中哪一条的规定
B-8	变更社区戒毒社区康复执行地审批表	区县决定机关给予的关于执行地地点变更的审批资料
B-9	变更社区戒毒社区康复执行地通知书	由社区戒毒社区康复人员持该文件到新执行地报到
B-10	关于变更社区戒毒社区康复执行地的函	原执行地变更后，执行地之间关于该人员执行地变更交接的文件
B-11	解除社区戒毒社区康复措施申请书	社区戒毒社区康复人员提出的解除申请
B-12	解除社区戒毒社区康复措施审批表	镇街、派出所、法制部门、公安局等多级接收到解除申请书后进行审批的材料
B-13	解除社区戒毒社区康复通知书	经过多级审批并同意后，社区戒毒社区康复执行地公安机关发出该文件
B-14	其他法律文书	其他法律文书类补充材料

3. 管控材料

管控材料主要是用于禁毒社会工作者协助公安机关加强对社区戒毒社区康复人员的管控工作涉及的相关材料。

表 13-4　吸毒人员档案管控材料说明表

序号	内容	材料说明
C	管控材料	
C-1	尿液检测记录	按照尿检的时间顺序进行填写。要注明检测人姓名，检测为阳性的应备注标明
C-2	毛发检测记录	按照检测的时间顺序进行填写，包括检测结果、检测人、检测单位等信息
C-3	戒毒人员参加美沙酮药物维持治疗记录	按照用药的时间顺序进行记录，包括医护人员、用药时间、场所等信息
C-4	社区戒毒社区康复人员外出请假审批表	社区戒毒社区康复人员在请假外出前，需要填写此表并交给社区戒毒社区康复工作站。材料应包括个人基本信息、请假事由、起止日期、活动范围等信息。由工作小组与工作站进行审批

续表

序号	内容	材料说明
C-5	社区戒毒社区康复人员未报到证明	社区戒毒社区康复工作站针对未按时报到人员开具的证明
C-6	社区戒毒社区康复人员严重违反戒毒协议证明	针对经过多次告诫、多次违反协议或无法联系到人的情况，出具该证明
C-7	分类分级记录	根据实际情况更新的戒毒人员风险分类分级管控状态相关材料
C-8	评估材料	关于社区戒毒社区康复人员戒毒康复情况的评估资料

4. 帮扶救助材料

这部分材料是为解决吸毒人员生活实际困难、社会融入问题，由禁毒社会工作者及相关部门为其提供的帮扶救助服务的相关材料。

表 13-5 吸毒人员档案管控材料说明表

序号	内容	材料说明
D	帮扶救助材料	
D-1	社区戒毒社区康复人员帮扶服务登记表	按照接受帮扶服务的时间顺序依次登记的统计表
D-2	社区戒毒社区康复人员帮扶服务记录	每次接受帮扶的记录，如会谈记录、家访记录等
D-3	就业安置材料	包括戒毒康复人员参加就业培训的资料；获得的相关技能证书；所在单位的就业信息等可证明其就业的材料
D-4	社会各类救助材料	
D-5	三个关系修复材料	关于心理关系、家庭关系、社会关系三种关系修复的材料。如社工开展的个案、小组工作记录等
D-6	帮扶救助其他相关材料	禁毒办、民政局、人社局等相关单位帮助吸毒人员办理低保、社保、廉租房、医疗救助等的证明材料
D-7	走访谈话记录	包括家访、帮扶走访的记录或田野材料
D-8	社区戒毒社区康复人员帮扶工作小组成员名单	组成结对帮扶工作小组的成员名单

5. 健康管理档案

吸毒人员档案除上述四方面的内容之外，鉴于毒品对其生理、精神健康方面的负面影响，还应补充健康管理档案（佛山市吸毒人员档案中没有此部分内容，故前文“目录”中未呈现该项。沿原有目录的顺序，此处暂且将健康管理档案的序号定为“E”），丰富其资料。吸毒人员的健康管理档案中应主要包括下述材料。

表 13-6　吸毒人员档案健康管理档案说明表

序号	内容	材料说明
E	健康管理档案	从医学角度反映戒毒康复人员的身体健康状况、药物滥用情况，客观地反映吸毒人员疾病病情、检查、诊断、治疗及其转归的全过程
E-1	吸毒人员基本信息	姓名、性别、年龄、籍贯等信息
E-2	吸戒史信息	药物滥用情况、戒毒康复经历等
E-3	既往病史信息	包括既往健康状况、患病史、手术史、传染病史等资料
E-4	家族病史信息	家庭中长辈及其他成员的药物滥用情况、传染病史情况
E-5	诊疗检查信息	最新的体质检查、疾病筛查情况
E-6	其他	其他的心理评估和社会评估信息等资料

三、台账

制作台账应该坚持真实性的原则，切忌只讲形式不讲实际，甚至违背真实性和客观性。台账工作流程要坚持规范性，以项目或机构为单位，统一台账样式。此外，要注意平时积累，建立必要台账。建立台账制度，可以使工作更有条理。尤其对专项工作而言，通过台账真实记录整个工作活动的过程，无论是应对检查考核，还是对该项工作的进一步开展都具有特殊意义，也为现在和将来留下宝贵财富。

（一）台账资料的分类

面对整治工作开展过程中积累下来的繁杂的台账资料，分类放置才能让人一目了然。本书介绍 3 种分类方法供读者参考，各地可结合实际选其一对台账资料进行分门别类。

按文件性质分类。即将台账资料分为通知规范类、工作方案类、统计图表类、动态简讯类、工作图片类等，适用于周期长的常规性工作，如社区戒毒社区康复工作。

按活动事件分类。即把台账资料按单个活动事件分类，一个活动事件所涉及的台账资料存放在一个文件盒内，适用于周期短的特殊性工作，如开展打击工作中的各种扫毒行动。

按相关文件内容分类。根据文件的具体内容与要求，分类准备小项相关台账材料。

（二）台账的建立

台账是应工作需要而建立的，主要目的是呈现地方工作内容和工作成效。目的不同，建立台账的内容和方法也不同。如果是地方政府禁毒职能部门为了日常台账或争先创优，可以参考王高喜编著的《全国禁毒示范城市创建实务指南》中的指南，并结合地方工作要求和特色来建立台账。

重点整治迎检的台账要按照国家禁毒办《贯彻落实全国禁毒重点整治工作会议30项重点工作事项》的要求来建立。地方按照这30项要求开展禁毒整治工作、建立台账，可避免出现漏项的情况。若在这30项工作的基础上，地方有创新、亮点，可再突出、另设。本节以该文件为依据展开。

《贯彻落实全国禁毒重点整治工作会议30项重点工作事项》的第一项“加强传达学习部署”主要考察对本区域内关于全国禁毒重点整治工作会议精神的领会程度和传达情况，以及禁毒整治工作的落实部署和批示指示是否到位。各地需要根据文件要求，结合实际，整理台账内容。此处以该项为例详细说明台账的具体制作。

对该项的文字资料进行梳理之后，以表格的形式呈现如下：

表13-7　“加强传达学习部署”台账资料说明表

序号	项目	小项内容	序号	具体内容
一	加强传达学习部署	定期专题汇报	1	省级禁毒部门向本级禁毒委员会主要负责同志作专题汇报；禁毒重点整治地区（指国家级挂牌整治、通报警示、重点关注的县市区及所在地级市，同时包括省级禁毒重点整治地区，下同）禁毒部门向党委、政府主要负责同志作专题汇报
		传达会议精神	2	省级禁毒部门向本级禁毒委员会成员单位，向本地区市、县两级禁毒委员会、公安机关，向禁毒重点整治地区党委、政府传达会议精神
		积极落实部署	3	省级禁毒委员会、公安机关专题研究禁毒重点整治工作，采取有效措施对本地禁毒重点整治工作作出部署；禁毒重点整治地区党委、政府召开党委常委会、政府常务会、办公会等研究禁毒工作，采取有效措施对本地禁毒重点整治工作作出部署
		领导指示批示	4	省级领导同志以及禁毒重点整治地区党委、政府主要负责同志就贯彻落实全国禁毒重点整治工作会议精神、做好本地禁毒工作作出明确批示、指示

1. 一级子目录制作

一级目录标题体现在上表中为“项目”一栏的内容，如“加强传达学习部署”即可作为台账一级子目录。一级子目录应当作为封面，粘贴在文件盒正面。设计封面时，字体可选宋体、楷体等常用字体，配色应大方雅致，避免过于花哨，注意添加地方整治工作小组或整治工作办公室落款。封面亦可附上地方禁毒委员会 LOGO 或具有地方特色的图案，图案不宜过多，一个即可。

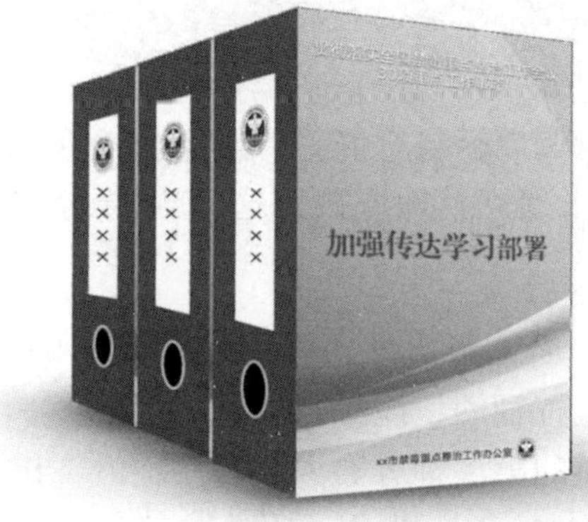

图 13-1　台账一级目录

2. 二级子目录制作

二级子目录标题体现在上表中为“小项内容”一栏的内容。如二级子目录可以定为“定期专题汇报”“传达会议精神”“积极落实部署”“领导指示批示”。

二级子目录应做成标签插放在文件盒侧面的标签插袋中。设计标签时，字体可选宋体、黑体等常用字体，亦需附上地方禁毒委员会 LOGO 或具有地方特色的图案，图案不宜过多，一个即可。标签需保持整洁大方，突出文字。

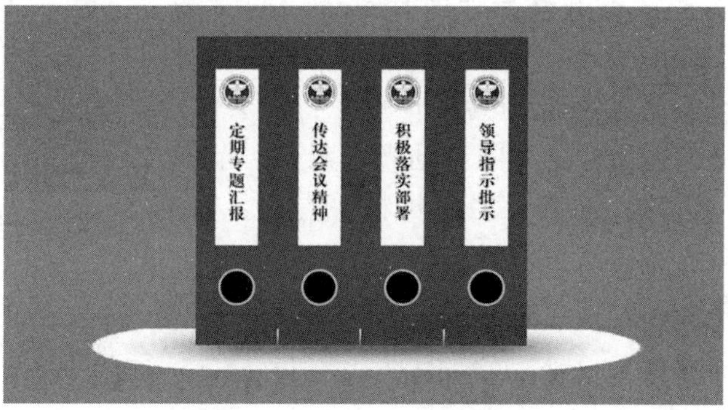

图 13-2　台账二级目录（一）

正常情况下，单个二级子目录的台账资料需两个或多个文件盒用于存放。因此在设计二级子目录时，还需根据实际台账资料的多少，做好分类。如二级子目录“定期专题汇报”可制作成“定期专题汇报（一）”“定期专题汇报（二）”“定期专题汇报（……）”等多个标签。

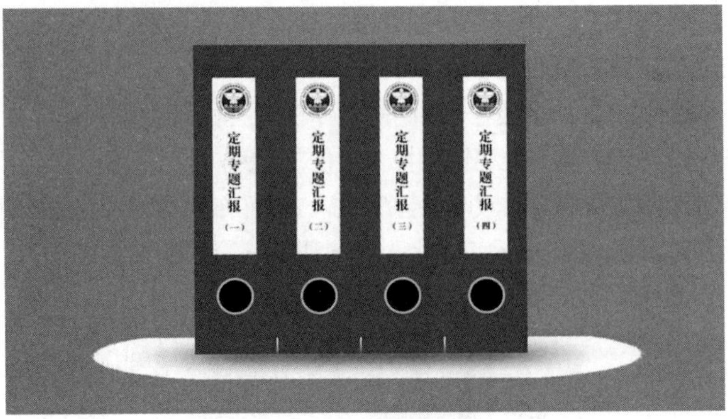

图 13-3　台账二级目录（二）

3. 三级子目录及台账内容示例

为充分展示当地整治工作措施与成效，文件盒中所放的佐证材料需完整全面，囊括所有工作细节。为方便检查翻阅，应根据所放的台账材料文件名制作三级子目录。根据前文所述的台账资料的第三种分类方法，按整治工作 30 项重点工作事项中的要求分类，结合文件的具体内容与要求，分类准备各项相关台账材料。如针对“领导指示批示”，可将台账内容分为“省级领导指示批示”“地区党委领导指示批示”“地区政府领导指示批示”。

三级子目录需对应该文件盒中的台账资料，用表格形式清晰罗列盒中台账的文件名及页码。三级子目录应放在台账资料上面，或插在文件盒内侧左边的插袋中。三级子目录及其具体台账内容要求示例如下：

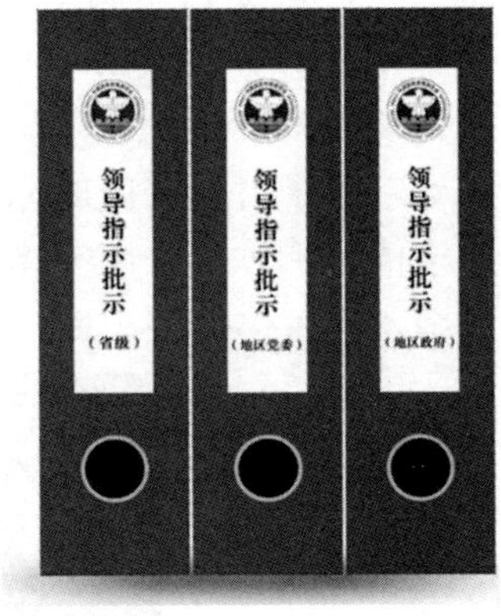

图 13-4　台账三级目录

（1）定期专题汇报

该项主要考察禁毒重点整治地区禁毒部门向党委、政府主要负责同志作专题汇报的情况。因此，需准备的台账资料有以省或当地禁毒部门为责任单位，以会议形式作出的专题汇报，包括会议时间、地点、人员、范围、主要内容、简报、图片、纪要、汇报材料等内容。以书面形式作专题汇报的需提供书面材料。

该项三级台账可以分为“会议专题汇报”和“书面专题汇报”两类，其中“会议专题汇报”可再分为“会议专题汇报（会议纪要类）”“会议专题汇报（汇报材料类）”等。

（2）传达会议精神

该项具体要求省级禁毒部门向本级禁毒委员会成员单位，向本地区市、县两级禁毒委员会、公安机关，向禁毒重点整治地区党委、政府传达会议精神，推动会议精神横向到边、纵向到底。台账方面，以会议形式传达的需提供会议时间、地点、人员、范围、主要内容、简报、图片、纪要等材料，以文件形式传达的需提供文件原件。故该项三级台账可以分为“会议文件”和“书面文件”两类，“会议文件”

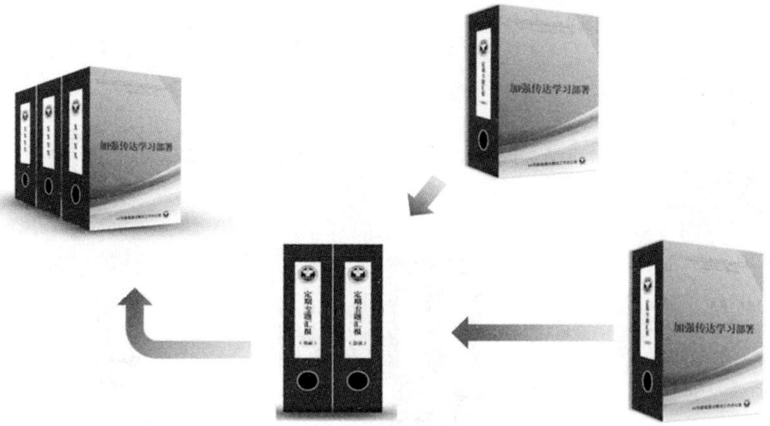

图 13-5　台账目录

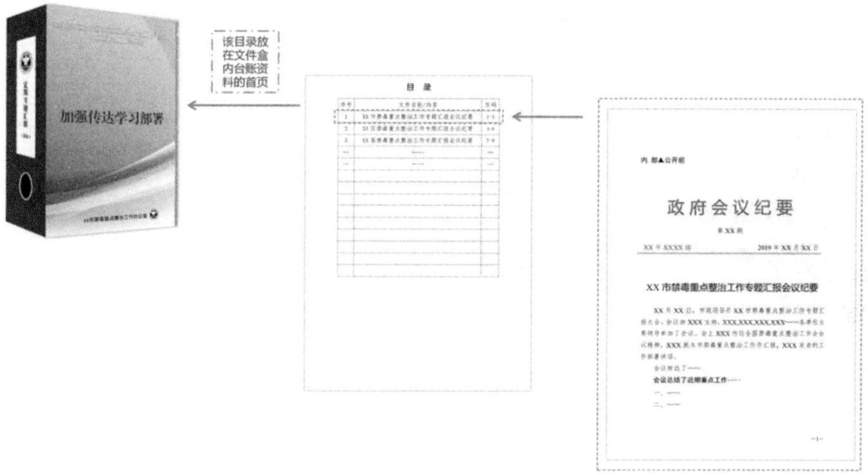

图 13-6　台账资料

可进一步细化为“会议文件（会议纪要类）”“会议文件（简报类）”等。其三级台账子目录及台账资料示例见下图。

（3）积极落实部署

该项具体内容提到：省级禁毒委员会、公安机关专题研究禁毒重点整治工作，采取有效措施对本地禁毒重点整治工作作出部署；禁毒重点整治地区党委、政府召开党委常委会、政府常务会、办公会等研究禁毒工作，采取有效措施对本地禁毒重点整治工作作出部署。台账资料的三级目录可按照省级禁毒委员会、公安机关，禁毒重点整治地区作出的部署进行划分。台账资料具体包括，省级禁毒委员会专题研

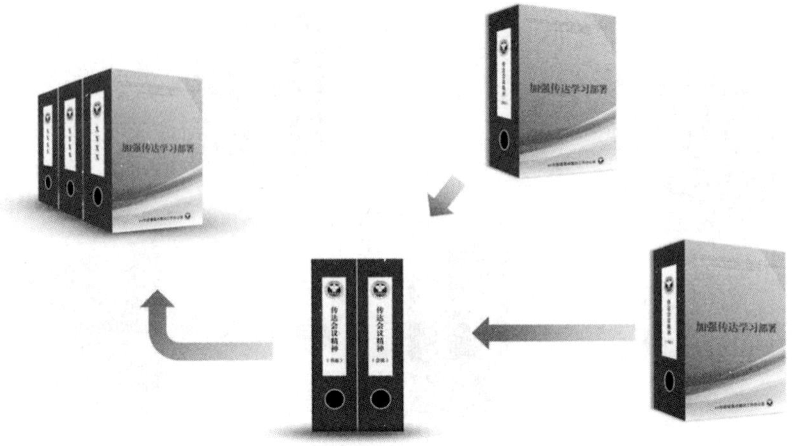

图 13-7　台账目录

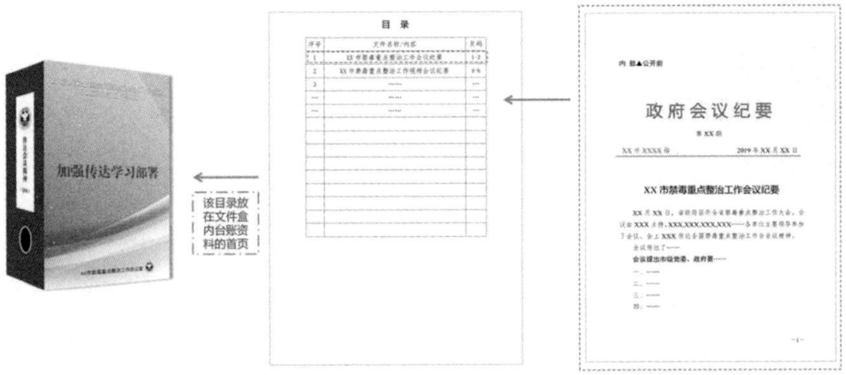

图 13-8　台账资料

究、部署、推动禁毒重点整治工作的文件、简报动态、图片、会议纪要、领导讲话等。省级公安机关专题研究、部署、推动落实禁毒重点整治工作的文件、简报动态、图片、会议纪要、领导讲话、工作方案等。为研究、推动、落实上级对禁毒整治工作的部署，禁毒重点整治地区及其下级行政区召开的党委常委会、政府常委会、办公会的文件、简报动态、图片、会议纪要、领导讲话等。

故该项三级台账可分为“省级部署”“禁毒重点整治地区部署”，进一步细化为“省级部署（禁毒委员会）”“省级部署（公安机关）”“禁毒重点整治地区（所在市区）”“禁毒重点整治地区（下级行政区）”。

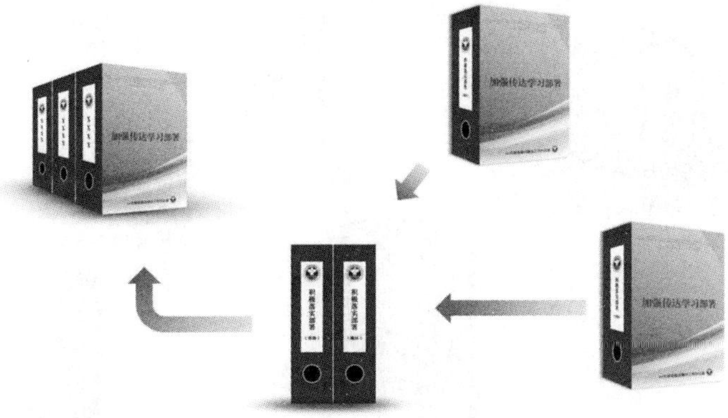

图 13-9　台账目录

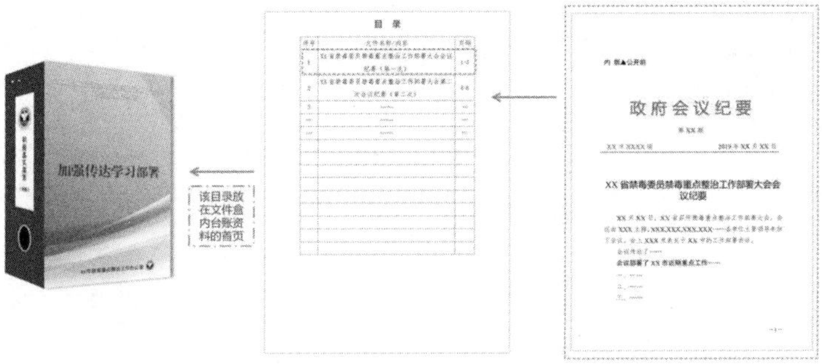

图 13-10　台账资料

（4）领导指示批示

该项具体内容提到：省级领导同志以及禁毒重点整治地区党委、政府主要负责同志就贯彻落实全国禁毒重点整治工作会议精神、做好本地禁毒工作作出明确批示指示。在准备台账资料的时候，需整理包括省级领导及禁毒重点整治地区负责同志对整治工作作出批示指示的文件、动态、图片等在内的资料。台账的三级目录可分为“省级领导指示批示”“地区党委领导指示批示”“地区政府领导指示批示”。

台账以“一县一册”为基本单位进行装订、彩印，档案盒统一为蓝色最佳。台账应该放在指定位置，存放在干燥、通风，不受太阳直射，且避免虫害与潮湿，远离火种的地方为宜。台账应有明确的负责人承担日常管理、维护等职责，定期查看台账材料。台账内容要根据实际工作进度及时补充更新。

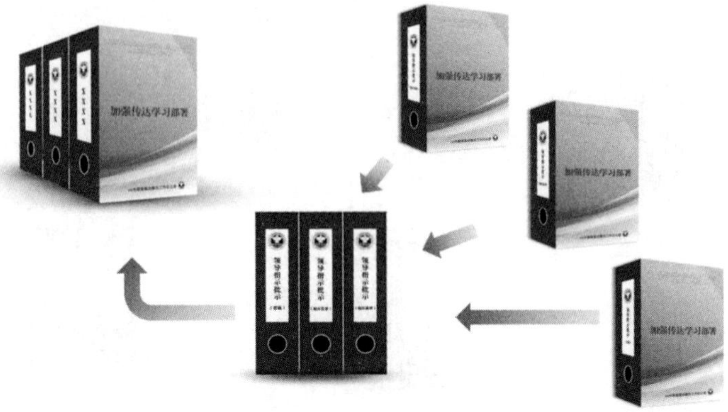

图 13-11　台账目录

图 13-12　台账资料

第三节　公文

一、公文的概念

从广义上讲，公文是指党政机关、社会团体、企事业单位等各种法定的社会组织在处理公务过程中形成并使用的文字材料，其包含法定公文、专用公文、事务公文和法律规定性公文等。其中，法定公文、专用公文和法律法规性公文都属于规范性公文。

狭义上讲，公文主要是指党政机关实施领导、履行职能、处理公务时所使用的文书，其仅指法定公文和专用公文。根据 2012 年《党政机关公文处理工作条例》第三条规定，党政机关公文是党政机关实施领导、履行职能、处理公务的具有特定效力和规范体式的文书，是传达贯彻党和国家方针政策，公布法规和规章，指导、布置和商洽工作，请示和答复问题，报告、通报和交流情况等的重要工具。

二、法定公文

所谓法定公文，包括《党政机关公文处理工作条例》（2012 年 4 月 16 日由中共中央办公厅和国务院办公厅联合印发，2012 年 7 月 1 日起施行，以下简称《条例》）中所规定的 15 种正式文种，即：决议，决定，命令，公报，公告，通告，意见，通知，通报，报告，请示，批复，议案，函，纪要。

本书仅呈现禁毒社会工作领域常见的公文，根据该领域的实际工作需要，将禁毒社会工作者常用的公文分为 4 类，并在每类中举出一例范文供读者参考学习。

（一）告知类公文

决定：适用于对重要事项作出决策和部署、奖惩有关单位和人员、变更或者撤销下级机关不适当的决定事项。

公告：适用于向国内外宣布重要事项或者法定事项。使用主体仅限于国家权力机关、行政机关，以及被授权的部门。

通告：适用于公布有关方面应当遵守或者周知的事项。通告的发布有时小于公告，如仅限对国内某一类群体的通告。一般无须写出通告对象的称谓，有时需加导语和结语，如“特此通告，望周知”等。通告的基本框架：为什么—怎么办；目的—要求；事由—措施。

❖ **通告的范例**

关于防范非药用类麻醉药品和精神药品及制毒物品违法犯罪的通告

为切实加强对非药用类麻醉药品和精神药品、制毒物品的管控，有效遏制此类违法犯罪活动，根据国家相关法律法规规定，现将有关事项通告如下：（此为通告的目的）

一、根据《中华人民共和国刑法》第 350 条之规定，严禁任何组织和个人非法生产、买卖、运输醋酸酐、乙醚、三氯甲烷或者其他用于制造毒品的原料、配剂，或者携带上述物品进出境。严禁任何组织和个人明知他人制造毒品而为其生产、买卖、运输前款规定的物品。

二、根据《中华人民共和国刑法》相关规定，明知某种非列管物质将被用于非法制造非药用类麻醉药品或精神药品而仍然为其生产、销售、运输或进出口的，按照制造毒品犯罪共犯论处。

三、根据《中华人民共和国禁毒法》第 21 条、第 22 条之规定，严禁任何组织和个人非法生产、买卖、运输、储存、提供、持有、使用麻醉药品、精神药品和易制毒化学品。严禁任何组织和个人走私麻醉药品、精神药品和易制毒化学品。

四、根据《非药用类麻醉药品和精神药品列管办法》之规定，非药用类麻醉药品和精神药品除《非药用类麻醉药品和精神药品管制品种增补目录》中列明的品种外，还包括其可能存在的盐类、旋光异构体及其盐类。

五、根据《易制毒化学品管理条例》第5条之规定，严禁任何组织和个人走私或者非法生产、经营、购买、转让、运输易制毒化学品。严禁使用现金或者实物进行易制毒化学品交易。严禁个人携带易制毒化学品进出境，个人合理自用的药品类复方制剂和高锰酸钾除外。

六、根据《易制毒化学品进出口管理规定》第47条之规定，严禁任何组织和个人未经许可或超出许可范围进出口易制毒化学品，严禁个人携带易制毒化学品进出境，个人合理自用的药品类复方制剂和高锰酸钾除外。

七、邮政、物流、快递企业发现非法邮寄、运输、夹带疑似非药用类麻醉药品或精神药品、易制毒化学品等制毒原料或配剂的，应当立即向公安机关或者海关报告，并配合公安机关或者海关进行调查。邮政、物流、快递企业应当如实记录或者保存上述信息。

八、任何单位或者个人出租、转让其反应釜、离心机、氢气钢瓶等特种设备的，应当如实登记承租或者受让企业、个人信息，并及时将登记信息向所在地县（市、区）安全生产监管部门和公安机关报告。

九、明知某种非药用类麻醉药品和精神药品或制毒物品已在国外被列为毒品或易制毒化学品进行管制而仍然向该国生产、销售、走私的，将可能面临该国执法部门的刑事指控或制裁。

十、鼓励广大群众向公安等有关行政主管部门举报新精神活性物质等毒品或者制毒物品违法犯罪行为。对举报属实的，将按照有关规定予以现金奖励。相关部门将对举报信息严格保密，对举报人依法予以保护。

特此通告。

（以上6条为具体的要求、措施）

国家禁毒委员会办公室

2019年8月1日

（二）函件类公文

请示：适用于向上级机关请求指示、批准。

批复：适用于答复下级机关请示事项。

通知：是把需要知悉和遵照执行的事项、情况、要求告知、晓示特定对象的公文文种，适用于批转机关的公文，转发上级机关和不相隶属机关的公文，传达要求下级机关办理和需要有关单位周知或执行的事项。

通知的基本框架：告知对象—原因理由—落实要求。

❖ 通知的范例

国务院办公厅关于转发国家禁毒委员会成员单位主要职责的通知

国办发〔2001〕4号

各省、自治区、直辖市人民政府，国务院各部委、各直属机构：（此处为告知对象）

国家禁毒委员会《国家禁毒委员会成员单位主要职责》已经国务院同意，现转发给你们，请遵照执行。（文件内容为落实要求，以附件形式附在后面）

毒品泛滥祸国殃民，危害极大。禁毒是长期、艰巨、复杂的社会系统工程，关系国家富强、民族振兴和社会安定，是各级党委、政府和禁毒领导机构义不容辞的责任。国家禁毒委员会各成员单位要切实增强责任感和紧迫感，以对国家、民族和历史高度负责的精神，积极参与禁毒工作，切实履行职责，齐抓共管，通力协作，组织全社会的力量开展综合治理，为禁绝毒品而努力奋斗。（原因理由）

国务院办公厅
二〇〇一年一月五日

（三）纪要

纪要：是用于记载、传达会议情况和议定事项的文种。纪要中记载的安排部署工作、解决和处理问题的思路、方案、措施的内容，属于对策范畴。与会议记录不同的是，记录往往属于原始记录，未加提炼加工，而纪要则须主旨突出、层次清楚，体式更加严格规范。

纪要的基本框架：是什么—为什么—怎么办；背景—理由—措施—要求。

❖ 纪要的范例（节选）

全国法院毒品犯罪审判工作座谈会纪要

为深入学习习近平总书记等中央领导同志关于禁毒工作的重要指示批示精神，贯彻落实《中共中央国务院关于加强禁毒工作的意见》和全国禁毒工作会议精神，进一步……，推动……，最高人民法院于2014年12月11日至12日在湖北省武汉市召开了全国法院毒品犯罪审判工作座谈会。出席会议的有……。最高法院副院长李少平出席会议并讲话。（本段介绍会议的背景）

会议传达学习了……，总结了……，分析了……，明确了……，研究了……，并对当前和今后一个时期人民法院的禁毒工作作出具体安排部署。（会议内容的整体总结）现纪要如下：

一、关于进一步加强人民法院禁毒工作的总体要求

禁毒工作关系国家安危、民族兴衰和人民福祉，厉行禁毒是党和政府的一贯立场和坚决主张。近年来，在党中央的高度重视和坚强领导下，各地区、各有关部门按照……，禁毒工作取得了阶段性成效。……

要认真学习领会、坚决贯彻落实党中央对禁毒工作的一系列重大决策部署和全国禁毒工作会议精神，切实采取有力措施，进一步加强人民法院禁毒工作。

一是毫不动摇地坚持依法从严惩处毒品犯罪。……

二是深入推进毒品犯罪审判规范化建设。……

三是不断完善毒品犯罪审判工作机制。……

四是加大参与禁毒综合治理工作力度。……

二、关于毒品犯罪法律适用的若干具体问题

会议认为，……。……就下列问题取得了共识。

（一）罪名认定问题

贩毒人员被抓获后，对于从其住所、车辆等处查获的毒品，一般均应认定为其贩卖的毒品。确有证据证明查获的毒品并非贩毒人员用于贩卖，其行为另构成非法持有毒品罪、窝藏毒品罪等其他犯罪的，依法定罪处罚。

（二）共同犯罪认定问题

……

（三）毒品数量认定问题

……

（上文为会议提到总体要求与关于重点问题达成共识的相关说明，为参会各方开展下一步工作的要求）

（四）报告

报告：适用于向上级机关汇报工作、反映情况，回复上级机关询问的文种。按用途可分为：工作报告、情况报告、答复报告、报送文件的报告等。

报告书写的基本框架为：陈述基本情况—指明存在的问题—提出解决的对策；是什么—为什么—怎么办；背景与内涵—重要性与必要性—重要举措；目的—理由—打算。

❖ **报告的范例（节选）**

关于全市禁毒工作情况的报告
市公安局副局长、市禁毒办主任 ×××

主任、副主任、秘书长、各位委员：

近两年来，全市禁毒工作在省禁毒委和市委、市政府、市禁毒委的正确领导下，在市人大常委会的关心支持下，紧紧围绕全省、全市禁毒工作要点，……受市人民政府委托，现将相关工作情况及下步打算汇报如下：

一、关于近两年来的主要工作（陈述基本情况）

（一）以破案攻坚为龙头，深入开展禁毒专项斗争

（二）以专项整治为抓手，深入推进毒品犯罪源头预防

（三）以学习贯彻《禁毒法》为契机，深入开展禁毒普法宣传

（四）以强制戒毒为重点，深度挤压毒品消费空间

二、关于禁毒工作存在的问题（指明存在的问题）

（一）禁毒委成员单位对禁毒重视不够。……

（二）禁毒专业队伍战斗力不强。……

（三）社区戒毒工作成效不明显。……

三、关于下步工作打算（提出解决的对策）

（一）强化严打整治，在挖掘缉毒破案新的增长点上有新突破。……

（二）强化教育宣传，在营造良好禁毒氛围上有新突破。……

（三）强化管理控制，在扩大禁吸戒毒成果上有新突破。……

（四）强化专业队伍，在提升禁毒工作专业化、长效化上有新突破。……

（五）强化协调配合，在进一步健全禁毒工作体制上有新突破。……

三、事务公文

事务公文也称事务文书，是机关、团体、企事业单位在处理日常事务时用来沟通信息、安排工作、总结得失、研究问题的实用文体。由于这类管理类文体处理的日常事务亦为公务，所以事务文书属于广义的公文范畴。它与狭义公文（党政机关公文 15 种）的区别在于：一是无统一规定的文本格式；二是不能单独作为文件发文，需要时只能作为公文的附件行文；三是必要时它可公开面向社会，或提供新闻线索（如简报）或通过传媒宣传（如经验性总结、调查报告等）。禁毒工作中常见的几种事务文书及基本框架和范例如下：

（一）汇报

汇报是向上级总结工作、反映问题、报告情况、提出意见和建议的文体，通常分为工作汇报和情况汇报两种。

汇报的基本框架：是什么—为什么—怎么办；背景与目的—调查方式—调查内

容—调查结果；目的—理由—安排；指导思想—目标任务—内容安排—工作总结；存在问题—原因和影响分析—解决对策。

❖汇报的范例（节选）

××街道20××年禁毒工作汇报

20××年，在××市禁毒委的指导下和××街道党委的领导下，××街道禁毒工作取得了一定的成绩，（至此为背景）具体汇报如下：

一、强化组织领导，确保工作顺利开展

××街道成立了禁毒工作领导小组，组长由街道党委书记××担任，街办主任××为第一副组长，副组长由××担任，成员由各科室长及各社区书记担任。街道党委经常研究禁毒工作和听取禁毒工作的汇报。按照“四帮一”的要求，对每名吸毒人员均落实了帮教小组。

二、强化各项措施，开展社区戒毒社区康复工作

……

三、强化宣传创新，大力开展禁毒宣传

……

（上述为工作开展的情况）

通过一年的努力工作，××街道禁毒工作得到上级部门的充分肯定和上级领导的高度赞扬。下一步，……（提出下一步工作开展的计划）

（二）调查报告

调查报告是带着一定目的，采取社会化的调查工作方法，在调查取得资料、进行分析研究的基础上，写成的有事实、有观点、有结论的书面报告。调查报告的基本内容是：反映问题现状，陈述事件经过，分析问题或事件做法的影响、危害、作用、意义，总结经验教训，提出对策建议。

调查报告的基本框架：是什么—为什么—怎么办；调查背景—调查方式—调查内容—调查结果—应对之策；调查背景—存在问题—解决对策。

❖调查报告的范例（节选）

××省人大代表关于××省禁毒工作的调查报告

为了解××省禁毒戒毒工作情况，2016年4月下旬，省人大法制委员会组织人大代表和专家，赴××市、××市进行调研，实地考察了××市第九中学、市第一强制隔离戒毒所，××市监狱、××市监狱等，并与相关部门座谈交流。（前文交代调查背景、调查方式）调研考察后，与省禁毒委员会联系沟通，进一步了解今年全省禁毒工作情况。现将调研情况报告如下。

一、我省禁毒斗争仍面临严峻形势（讲述调查的内容和调查结果）

近年来，在省委、省政府的坚强领导下，在相关部门不懈努力和社会广泛参与下，我省禁毒戒毒工作取得了一定的成效。但是由于我省受境外毒品渗透严重，省内制毒问题存在反复，外流毒贩高位运行，毒品滥用问题持续蔓延等因素影响，禁毒斗争形势依然十分严峻！主要表现为以下方面："金三角"毒品经云南内流我省中转格局没有根本改变。……全省登记入库吸毒人员已达××万人，20××年同比增幅为××%，以青少年为主体的滥用合成毒品问题日趋突出。

二、禁毒戒毒工作主要存在的问题（通过调查发现的问题）

（一）禁毒预防教育有待深化。有的地方因财政经费紧缺，学校、家庭、社会"三位一体"的毒品预防教育网络还没有实现全民覆盖，……

（二）戒毒工作机制有待完善。……

（三）禁毒戒毒工作保障有待加强。……

……

三、关于禁毒戒毒工作的建议（针对上述调查结果和存在的问题提出的解决对策）

（一）深化禁毒工作认识。……

（二）严厉打击毒品犯罪活动……

……

（三）新闻

新闻、消息、报道、通讯、简讯等为同类文体，即新闻体。撰写新闻稿也要体现新闻写作的六要素：5W1H，即"五个 W"：Who（何人）、What（何事）、When（何时）、Where（何地）、Why（何故），"一个 H"：How（如何）。综合起来，一篇新闻稿要包括：时间、地点、人物、事件的起因、经过、结果。这些要素应简洁地交代清楚，用要点的形式来呈现。同时工作中写新闻也要注意写作者的身份和使用范围，如网站新闻和报刊新闻的区别，可以体现在文头上——前者可写××网讯，后者可写本报讯、××报记者××地区讯、本台通讯员消息等。

新闻写作的基本框架：标题—文头（××讯）—导语—主体—结语；基本事实概括—发生背景—事件经过与亮点—意义总结或领导、专家等权威人士的点睛言论。

❖ 新闻稿的范例

南昌市禁毒办举办禁毒宣传活动
（标题）

2020 年 10 月 24 日 16：37　来源：人民网-江西频道（网站新闻）

人民网南昌 10 月 24 日电（记者 秦海峰）10 月 24 日上午，南昌市禁毒办主办、市禁毒志愿者协会承办的大型禁毒宣传活动在八一广场成功举办。（开头简单交代了时间、地点、人物、时间）活动以禁毒文艺演出的形式现场表现毒品危害、普及禁毒知识、倡导无毒健康生活，现场共表演禁毒文艺节目 15 个，接受禁毒咨询及答疑 366 条，分发禁毒宣传手册、折页 1000 余份，吸引近千名群众驻足观看并参与。（介绍活动的经过和主要内容）

近年来，南昌市禁毒部门依法严厉打击毒品违法犯罪，加大重点地区整治力度，坚决摧毁制贩毒团伙网络，深挖涉毒涉黑恶势力及其“保护伞”，铲除毒品问题滋生蔓延的土壤，坚持关口前移、预防为先，重点针对青少年等群体，深入开展毒品预防宣传教育，在全社会形成了自觉抵制毒品的浓厚氛围。（概括时间的起因和结果）

参考文献

[1] 赵敏，张锐敏．戒毒社会工作基础［M］．北京：军事医学科学出版社，2010.

[2] 王高喜．全国禁毒示范城市创建实务指南［M］．上海：华东理工大学出版社，2018.

[3] 国务院办公厅关于转发国家禁毒委员会成员单位主要职责的通知［EB/OL］．http：//www. gov. cn/zhengce/content/2016-09/30/content_ 5113962. htm，2001-01-05.

[4] 最高人民法院：http：//www. court. gov. cn.

[5] 中国人大网：http：//www. npc. gov. cn.

第十四章　毒品预防宣传教育

第一节　毒品预防的内涵

一、毒品预防的含义

预防分为广义的预防和狭义的预防。广义的预防即毒品的三级预防体系，包括宣传教育、筛查干预和戒毒康复，狭义的预防指以“尽早发现，尽早干预”为目标的二级预防。三级预防体系中戒毒康复的主要内容涉及的人群相对特殊、内容相对复杂，一般单独拎出来讲解。通常意义上的毒品预防指毒品的宣传、教育、筛查干预。

二、毒品预防的内容

（一）毒品的三级预防体系

毒品预防共有三道防线，构成三级预防体系。三级预防体系的概念来源于预防医学，毒品预防借用了这个概念，将人群分为社会大众、高危人群或发生高危行为的人群和吸毒成瘾者三类，根据不同的层次开展预防工作。一级预防的工作主要面向社会全体，重点放在青少年上。宣传的重点在法律意识，教育的重点是价值观。二级预防的工作对象主要是高危人群或发生高危行为的人群，有针对性地对其加强教育，帮助其不受毒品侵害或及时中止吸毒行为。三级预防工作对象是吸毒成瘾者，对这些人要有组织地进行强制性戒毒及心理治疗等，帮助他们摆脱毒瘾，恢复正常的心理、生理和社会功能，重归社会。

1. 一级预防

一级预防的工作面向全体社会成员，是泛众的，但重点放在易感人群青少年上。宣传的重点在法律意识，教育的重点是价值观。宣传面向全体社会成员，其主要目的是提高公众对毒品及其危害的认识，宣传的内容主要包括毒品的基本知识、吸毒的法律后果等，采取的主要手段是利用各种传播媒介，如广播、电视、报纸、标语口号、招贴画等进行宣传。

宣传的重点人群主要是易感人群，特别是青少年。青少年时期是价值观形成的重要时期，青少年对新鲜事物有着浓厚的兴趣并且易受朋辈群体的影响，帮助其树立正确的毒品观能真正实现预防的效果。宣传的主要内容是毒品价值的输出及培养良好的生活习惯、情绪疏导及生命意义的教育，主要通过课堂、展览馆等形式开展。传授拒绝毒品的相关技巧，让青少年不错用、误用、试用毒品，让他们了解吸毒的危害及可能产生的不良后果，建立正确的毒品价值观，主动避开毒品。

2. 二级预防

二级预防主要针对高危人群和发生高危行为的人群。高危人群主要指被药物滥用高度威胁的社区和人群，身边有朋友/亲属吸毒的人群或者处于高危情境中的人群，如高频进出娱乐场所的人员等。高危行为如酗酒等。对这类人群的预防要坚持“尽早发现，尽早干预”的原则，这一阶段的主要任务是运用量表、访谈等方法帮助筛查出高危人群，并对初筛的高危人群进行干预。对处于高危情境中的人可教授其识别毒品、拒绝毒品的技巧，对心理压力较大、生活环境压抑的人群可提供情绪疏导及心理支持。对接触过毒品的人群可提供相应的戒毒措施和医学帮助，如链接相关戒毒医院、戒毒互助会等戒毒服务相关机构，为他们早日摆脱毒瘾提供客观条件，从而达到早发现、早治疗、早控制，以制止他们进一步发展为成瘾者。狭义的毒品预防宣传教育特指针对高危人群和发生高危行为的人群进行的预防。

3. 三级预防

三级预防的对象主要是成瘾者，内容是对其进行戒毒康复。成瘾者对毒品产生了强烈的精神和躯体依赖。成瘾者的情感、意志和行为在毒瘾发作时可能会偏离正常人的精神价值或行为取向。对成瘾者必须有计划、有目的、有组织地进行戒毒康复，以帮助他们摆脱对药物的依赖，恢复正常的心理社会功能，重新回归社会。为实现这一目标，需要为其链接脱瘾治疗和康复机构的资源，同时协助社区戒毒社区康复人员定期尿检，为其提供心理支持、防复吸技巧、就业以及家庭关系恢复的服务，帮助其真正摆脱毒瘾，实现生理、心理和社会功能康复。

（二）毒品预防宣传教育

毒品的预防宣传教育包括宣传、教育和预防三个不同方面，分别针对社会大众、易感人群和高危人群采取相关措施。宣传主要侧重吸毒法律后果的宣传，教育主要是帮助青少年树立正确的毒品价值观，预防主要是对高危人群进行筛查干预。从宣传、教育、预防三方面共同构建毒品预防宣传教育网络体系。

1. 宣传

对象：宣传主要针对的对象是全体社会成员。

目的：通过毒品认知教育，让大众了解吸毒的危害，树立远离毒品的价值观。

内容：毒品宣传的主要内容包括，了解和懂得有关禁毒基本常识，树立禁毒意识，动员社会成员积极响应并自觉参与各种禁毒活动。在实施过程中要丰富毒品预防教育手段、更新并丰富毒品预防教育资料、利用互联网构建防毒宣传平台，跳出“就毒品论毒品”的浅层教育，通过知识传授、价值观教育、心理社会适应能力训练、美好生活引领等全方位的教育模式，促进“知、信、行”的统一，真正实现毒品宣传的目的。

2. 教育

对象：教育主要针对的对象是易感人群，尤其是青少年。

目的：帮助易感人群（尤其是青少年）树立正确的毒品价值观，掌握识毒防毒技巧，远离毒品侵害。

内容：结合各年龄段学生的身心特点、受教育程度等客观因素，寓教于各种活动，在玩乐中渗透思想教育。这样，既能生动形象，又能使学生明白道理。将传统的“填鸭式”教育改变为“渗透式”“滴灌式”教育，把毒品预防教育融入班级主题会、社团活动、各学科教育教学中，让学生更加深刻地认识到毒品预防教育的重要性，知道吸毒贩毒对国家、社会和家庭的危害，以及吸毒贩毒触犯法律等相关知识。同时，学校在实践中还可创新一些方式新颖、方法多样、富有时代气息、符合孩子兴趣、寓教于乐的教育形式，对学生进行渗透教育，突出教育的针对性和特色，让学生们在轻松快乐的氛围中接受教育、获取知识。

3. 预防

对象：预防的对象是高危人群（如亲戚/朋友有吸毒行为）。

目的：通过筛查干预，尽早发现可能的吸毒人员，对其提供正确的咨询、引导，及时采取干预措施，有效控制药物滥用行为。

内容：筛查干预是预防层面的重中之重，因高危人群相较于其他群体更容易接触到毒品，容易发展成为药物依赖者，对处于高危情境中的人群进行评估、筛查就变得非常重要。基于“尽早发现，尽早干预”的原则，通过量表、走访等方式对高危人群进行筛查，并根据实际情况提供咨询、指导和资源的链接，帮助其了解相关知识，提高保护自己不受毒品侵扰的能力。通过早期筛查，对发现已经处在药物滥用初期的人群进行干预控制，有效防止药物滥用行为的传播。

第二节　毒品预防宣传教育的理念

一、以价值观教育为核心

价值观是人认定事物、辨定是非的一种思维或取向，具有一定的稳定性和持续性。正确的价值观能够帮助人们作出正确的选择，毒品预防宣传教育的核心是价值观教育。毒品的流行很大程度上受享乐主义和自由主义的影响，享乐主义主张现时的快乐，放大感官的享受，毒品刚好可以满足他们的需求；自由主义认为吸毒是享受自由的表现，吸食大麻是自己的事情，与他人无关，从而挑战法律的底线。此外，毒品的流行还与个人的抗逆力有很大关系，遇到事情战战兢兢、想要依靠逃避解决问题的人抗逆力相对较弱，更容易沾染上毒品。而社区戒毒社区康复人员，复吸的很大原因是来自朋友的诱引。吸毒者在吸毒后，身边的朋友多是吸毒者，已经渐渐脱离了正常的社交圈子，戒毒后社会支持较少，融入社会困难；另一方面，熟悉的文化和毒友的热情劝导让本就艰难的戒毒过程更容易半途而废。因此，毒品预防宣传教育要帮助大众树立正确的价值观，远离毒品圈子。

二、坚持预防为主

《中华人民共和国禁毒法》第四条规定："禁毒工作实行预防为主，综合治理，禁种、禁制、禁贩、禁吸并举的方针。"其中，预防为主要求把禁毒宣传教育作为禁毒工作的治本之策，最大限度地防止新增吸毒人员的不断滋生而使毒品问题进一步蔓延、发展。同时，加强对麻醉药品、精神药品和易制毒化学品的管制，防止其流入非法渠道，也体现了预防为主的治本思路。加强禁毒宣传教育和毒品管制工作，在禁毒工作中能够起到事半功倍的积极作用。

禁毒社工在日常工作中不仅要做好社区戒毒社区康复人员的帮教和服务工作，更要树立"治未病"的理念。以往禁毒专干把更多的精力放在帮助已吸毒人员戒毒和打击毒品违法犯罪的工作上，但很多悲剧的发生是可以避免或者防范的，禁毒工作要坚持预防为主的工作理念，严筑三级预防体系。

三、坚持以人为本

以人为本是毒品预防宣传成效的重要影响因素。毒品预防宣传教育的目的是帮助更多人形成正确的毒品价值观，人们只有形成正确的毒品价值观才能从心底里远离毒品。而价值观的形成必须要长期地接收信息并内化，是一个循序渐进的过程。坚持以人为本就是要从人民群众的利益考虑，他们想要了解什么，他们接收信息的渠道是什么。毒品预防宣传教育必须要以科学的知识为基础，宣传者要承认毒品的客观存在，全面传播毒品的科学知识，避免片面的错误引导；毒品预防宣传教育必须要普惠，要以全体人民的利益为核心，改变上帝视角的说教，着力引导大众独立思考，真正重视毒品的危害；毒品预防宣传教育必须要便民，在宣传时切不可一味追求稀奇毒品，引人眼球，而应该让大众真正远离常见易染毒品。除此之外，毒品预防宣传教育必须要务实，从现实的行为入手，教授识毒、拒毒技巧，帮助人们抵抗毒品的入侵和朋友的引诱。

四、坚持依法禁毒

非法性是毒品最重要的属性，同时吸毒行为是违法行为，因此，开展毒品预防宣传教育必须要坚持依法禁毒。坚持依法禁毒主要有"三要""三不要"。

"三要"：要注重普法宣传，让大众了解吸毒带来的危害及法律后果，以增强禁毒宣传的成效；要承认毒品的客观存在，在肯定其正向作用的同时引导大众合理合法使用麻醉药品和精神药品，明确毒品与药品的界限；对已吸毒人员，要积极引导其合法合规地戒毒。

"三不要"：不要以身试法，强调吸毒可能产生的法律后果；不要非法行医，毒品是药品，但是是在法律监管范围内的"药品"；不要非法交易麻醉药品和精神药品，走私、贩卖、运输、制造毒品，无论数量多少，都应当追究刑事责任，予以刑事处罚。

第三节　毒品预防宣传教育的内容

下面主要从认知、态度、行为三个维度阐述毒品预防宣传教育的具体内容。

一、毒品的认知教育

认知，是指人们获得知识、应用知识、进行信息加工的过程，是人最基本的心理过程。它包括感觉、知觉、记忆、思维、想象和语言等。人脑接收外界输入的信息，经过头脑的加工处理，转换成内在的心理活动，进而支配人的行为，这个过程就是认知过程。学习科学的毒品知识是形成正确毒品认知的基础，毒品认知的内容主要包括毒品的客观存在、常见毒品介绍、毒品成瘾的知识。

（一）毒品的客观存在

毒品的客观存在主要包括毒品的起源和毒品的用途，具体而言主要包括毒品的来源、毒品的分布、毒品的使用等内容。在开展毒品预防宣传教育活动时，活动内容的选取要结合生活场景，优化内容传播。如毒品属于药品，从毒品的药理属性分为麻醉类和精神类，毒品本身没有好坏之分，正确合理地使用可发挥其正向的作用，不合理地滥用可能会带来负向的后果，要在法律规定的范围内发挥其最大的医疗作用，帮助有需要的人减少痛苦，避免非医疗目的的滥用。

（二）常见毒品介绍

正确毒品认知的形成要从正确的毒品认识开始。根据毒品对中枢神经的作用机制，毒品可分为中枢神经抑制剂、中枢神经兴奋剂、致幻剂和其他类（主要包括可卡因类和大麻类）。在介绍时既要明确其用于医疗目的时的积极作用，如吗啡、杜冷丁可用于临床镇痛；又要说明非医疗目的的滥用可能带来的伤害。客观全面地介绍常见毒品，为形成正确认知奠定基础。

（三）毒品成瘾的知识

吸毒成瘾相关知识的内容包括什么是成瘾、成瘾的原因（生物医学原因、社会学原因、心理学原因）、成瘾的表现等。吸毒成瘾包括药物依赖和药物滥用两种，两者的成瘾程度不同。药物依赖的成瘾程度更为严重，多为阿片类药物成瘾，在生理依赖上会出现强烈的强迫性觅药行为和综合性戒断症状，在心理依赖上则会出现强烈的主观渴求。滥用也属于成瘾的一种表现形式，其对药物的成瘾程度相对较轻，多为精神类药物成瘾，滥用者在生理依赖上不会出现太强烈的强迫性觅药行为和综合性戒断症状，在心理依赖上也不会出现过于强烈的主观渴求。成瘾的生物学机制主要包括疼痛机制和奖赏机制；成瘾的心理学原因主要包括主观渴求和强迫性觅药行为；成瘾的社会学原因主要包括同侪压力、亚文化圈子和抗逆力等。

二、拒绝态度的形成

态度是个体对特定对象（人、观念、情感或者事件等）所持有的稳定的心理倾向，这种心理倾向蕴含着个体的主观评价以及由此产生的行为倾向性。态度具有情感成分，包括对人、事、物的明显的情感倾向。态度具有稳定性和持久性，短期内不易发生变化，要改变必须经过相当复杂的过程。态度影响行为，因此，改变态度是阻止吸毒行为发生的前提。

（一）毒品文化

在预防宣传教育中，吸毒文化的内容传播要客观、真实，主要包括毒品文化的来源、发展、流行，以及吸毒文化其实是圈子文化等。如毒品原材料罂粟、大麻、古柯等的最初发现都是由于其药用、食用价值。这些原材料最初并不是用于制作毒品，而是用来榨油、煮茶、制药等。只是随着历史的发展，毒品原料的其他作用才被发现。毒品在发展过程中随着技术的发展和利益的驱动开始负向发展，在战争、享乐主义、自由主义、社会变迁等因素的影响下逐步流行。

（二）毒品经济

毒品经济的宣传教育主要是针对毒品交易的内容阐述，包括毒品地下经济和毒品违法犯罪等相关内容。非法的地下经济活动，如毒品的走私贩卖、生产、运输及其黑市等都构成经济犯罪。要让大众了解毒品交易对人类是有害的，是非法的，是危害社会的。走私、贩卖、运输、制造毒品，无论数量多少，都应当追究刑事责任，予以刑事处罚；就算自己不吸毒，但包庇走私、贩卖、运输、制造毒品的犯罪分子的，也需要承担相应的刑事责任或行政处罚；自己不吸毒，但是容留他人吸毒，也需要承担刑事责任或行政处罚。吸毒是非法行为，必须将吸毒的法律后果放在最重要的位置，同时要注重宣传教育内容的接受度，要让人民群众听得懂、听得进。

（三）吸毒后果

吸毒可能造成的后果包括法律后果、健康后果和社会危害，禁毒社会工作者要挖掘与宣传教育活动参与者息息相关的内容，形象生动地传递宣传内容。法律后果主要包括登记在册、特殊人群管理、法律处遇、强制性措施、其他处遇和社会影响。健康后果如吸食海洛因可能会导致胃病、牙痛等，长时间吸食可能会导致牙齿腐蚀，影响食物咀嚼；吸食 K 粉多用鼻吸的方式，极易破坏鼻黏膜功能，引起鼻炎或出血，容易造成鼻腔溃疡；神经兴奋剂类毒品会使整个神经系统过度兴奋、脑力疲劳，导致精神紧张，或压力过大等，从而导致神经衰弱的发生，严重的可能会导致精神障碍。社会危害如吸毒可能会导致家庭破裂，因为一个人一旦染上毒瘾，就会失去义务或责任观念，做丈夫的不能尽丈夫的职责，做妻子的不能尽妻子的义务，进而导致离婚。吸毒还会影响公共卫生、公共安全，扰乱社会秩序，影响国家安全。

三、禁毒行为的养成

行为，即举止行动，指受思想支配而表现出来的外表活动。行为受思想支配，阻止毒品相关不良行为发生的根本是树立正确的毒品价值观。阻止吸毒行为的发生，养成正向的行为习惯，主要从两个方面开展：一是拒绝毒品，二是参与禁毒。

（一）拒绝毒品

拒绝毒品的内容主要包括危机处理、高危情境处置、吸毒行为的辨识、咨询与求助。

1. 危机处理

危机处理主要是针对已经吸食毒品人员的及时处理办法。如被人下了迷幻药，当场应该采取的措施有：第一，如果发现得早，意识清醒，赶快喝大量的水催吐。如果已经出现头晕无力的现象，就不要再催吐了，意识不清醒的时候催吐容易呛到，甚至窒息。第二，及时求助，立刻拨打120就医，打电话给家人或者身边可信赖的朋友，向他们求助。第三，保持冷静，保存记忆和证据。证据包括留在身上的和脑海里的，要及时把脑海中残留的印象记下，醒来后回忆之前的事或许很难、很痛苦，但一定要尽快把事情写下来；把留在身上的证据保存下来，不要洗澡，立即去医院验伤。最后，建议选择报警。是否选择报警处理是个人的权利，但无论个人做何种决定，掌握的证据越多越有利。

2. 高危情境的处置

高危情境的处置主要是针对周围有吸毒环境的人群，如身边的亲戚朋友吸毒、和吸毒的人处在同一处。针对亲戚朋友吸毒的环境，当事人必须要有必要的防备心理，时刻警惕，避免自己陷入吸毒的旋涡；发现和吸毒的人处在同一处时，要及时安全离开现场，在保证自身安全的情况下可选择报警。

3. 吸毒行为的辨识

吸毒行为的辨识需要掌握一些必要的判断方法。一般来讲，吸毒行为都是在隐蔽的场所偷偷进行的，不会告知他人；吸食的毒品可能会宣称有神奇功效、不会上瘾等；毒品经由非法渠道获取，不是医生处方或药店购买，也不会有品牌和厂家。掌握这些技巧可以帮助大众判断可能的吸毒行为，及时采取相关措施，保护自己，远离现场。

4. 咨询与求助

如果自己或者身边亲近的人有吸毒行为，一定要寻求专业的咨询与求助。咨询求助渠道包括线上的渠道和线下的渠道，线上主要通过药物滥用咨询平台、药物滥用咨询热线等寻求帮助，线下可向心理咨询机构、戒毒康复机构、法律援助机构等寻求帮助。平台和机构要提供具备可行性的举措，帮助有需要的人得到正确的解决方案。

（二）参与禁毒

禁毒行为的养成要在日常的行为中进行正向引导，通过鼓励大众参与禁毒宣传活动培养其社会责任感，责任感的形成又会反过来促进正向行为的养成，从而形成正向的循环，真正帮助禁毒行为的养成。

禁毒是全社会的共同责任，国家鼓励公民、组织开展公益性的禁毒宣传活动。

公民可报名成为禁毒志愿者，协助禁毒宣传活动的开展，宣传禁毒法、《戒毒条例》及其他禁毒法律法规，介绍我国禁毒立场、方针和政策，普及毒品违法犯罪与禁毒法律法规对毒品违法犯罪活动的规定，使大众树立遵纪守法的观念。同时帮助大众将所学转化为所用，以实践践行正确的毒品价值观，真正做到拒绝毒品。

第四节　毒品预防宣传教育的形式

一、知识传播类

（一）大众传播

1. 流动课堂类

流动课堂是禁毒社会工作者最常使用的宣传手段之一，主要通过宣传横幅、毒品模具展示、现场咨询和讲解、发放禁毒宣传册等形式，深入毒品问题严重地区以及繁华街区、交通枢纽、社区人流密集处等场所，开展经常性的禁毒知识传播活动。除此之外，流动课堂还可以禁毒大篷车的形式开展，设有媒体宣传板，播放禁毒短片、公益广告等，通过禁毒游戏学习识毒、防毒、拒毒知识。

流动课堂的知识传播更适合用于提升大众毒品认知的整体水平。该形式具有随机性，主要聚集在人流量较大的地方，知识传播氛围较好。但流动课堂的设计无法兼顾系统性和连贯性。

2. 毒品知识竞赛类

信息加工理论认为根据信息加工的不同阶段有针对性地进行教育，不仅能够实现教与学的和谐统一，还能使受众学习动机明确，灵活高效地完成教育目标。毒品知识竞赛不仅能够刺激回忆，还可以增强对知识的掌握，帮助人们掌握更多识毒、防毒、拒毒技巧，经实践证明是有效的知识传播路径。通过竞赛的形式吸引更多的受众积极参与禁毒事业，不仅能起到禁毒宣传的作用，还能辅助禁毒品牌的建设。

针对毒品知识的掌握，毒品知识竞赛确实是有效的途径。但禁毒预防教育除了普及基本的毒品知识外，更重要的是价值观的培育。改变认知是终极目标，所以要搭配其他形式的禁毒宣传活动才能达到事半功倍的效果。

（二）精准传播

1. 线上知识推送类

随着新媒体时代的发展，人们接收信息的方式也随之发生变化，网上接收新消息成为日常，尤其是对于互联网时代下的青少年来说。禁毒知识的宣传也应逐步适应时代的发展要求，通过微信公众号、微博、抖音、快手、哔哩哔哩等平台，发布禁毒知识，如吸食海洛因的后果、走私毒品的后果等。平台利用 AI 算法，根据用户的喜好与需求推荐相应的内容，线上知识的推送会大大增强禁毒知识传播的广度，提升知识传播的速度。但知识传播的系统性和科学性有待考量，不利于形成连贯性和整体性的禁毒知识传播架构。

2. 毒品知识讲座类

禁毒法规定，国家采取各种形式开展全民禁毒宣传教育，普及毒品预防知识，增强公民的禁毒意识，提高公民自觉抵制毒品的能力。开展毒品知识讲座是其中重要的宣传手段，讲座的对象为社会大众，既包括社区居民也包括学生、职员等。毒品知识讲座的主讲人可以是警察、社工或者专家学者等相关专业人士。主要表现形式是以禁毒宣传片和禁毒故事、小视频等大众传播媒介为载体，以现场知识的互动为辅助。警察主讲法律法规及吸毒、违法可能带来的法律后果，犯罪分子吸毒、贩毒及引诱他人吸毒的不良手段的具体表现等知识，社工传授不良情绪的发泄、积极健康心态的培养等技巧，专家主要针对毒品的药理性、成瘾性等专业知识进行普及。

但当前毒品知识讲座还未形成各专业领域的合作网络体系，知识内容没有专业分工。未来需要进一步规范知识来源、充实讲座内容，针对受众的认知水平，形成政社合作的长效机制。此外，必须积极发动全社会参与到此项工作中来，如可以举办邀请戒毒康复人员现身说法的毒品知识讲座，提升禁毒宣传教育成效。

3. 课堂授课

青少年是新型毒品消费的主要群体，青少年正处于价值观形成的重要阶段，为减少毒品的社会危害必须要加强对青少年群体的预防教育。课堂授课主要通过禁毒绘本、禁毒教材、禁毒相关视频等知识载体进行授课。

当前课堂授课的主要受众对象是在校学生。课堂授课有两种主要的形式：第一，学校教师利用课堂知识与毒品机理相关的作用机制讲解毒品成瘾机制与吸食毒品可能带来的伤害，如化学课讲解毒品的成分、历史课讲解鸦片战争等；第二，学校根据每年禁毒主题，开展禁毒主题班会，让禁毒预防教育成为常态化工作。课堂授课的具体内容可根据学生的认知发展水平进行具体调整。

课堂授课更容易传播系统、科学的知识，是常态化的禁毒宣传，在内容形式上可能略显正式，知识的接收度难以准确评估。

二、展馆参观体验类

展馆参观体验类主要以禁毒教育基地、园地，网上禁毒展览馆的形式开展。

（一）禁毒教育基地

禁毒教育基地以青少年为主要服务人群，建成中央和省级、地市级、县级四级禁毒教育基地。各省、自治区、直辖市要建立一所大型禁毒教育基地，市、县要建立小型禁毒教育基地或园地。街道、乡镇因地制宜，利用社区文化中心（站）、宣传栏等建立小型禁毒教育园地。各级各类学校建立禁毒宣传教育橱窗、长廊等，将禁毒教育常态化、机制化。

（二）禁毒展览馆

互联网和新媒体成为当前获取信息的主要渠道，中国禁毒展览馆已实现实时参观、互动和测评，同时增加了禁毒 H5 游戏。展馆通过大量的案例剖析及调研材料，运用现代展示手段和传媒技术，结合实物陈列、影视播映、图片展示、漫画表现、互动参与等，寓严肃的禁毒教育主题于生动的展示体验之中。

禁毒展览馆是科技与传播技术的结合，符合现代人们知识接受的方式，是一种更直观、更有影响力的传播方式。但其由于资源有限且属于偶发式传播，缺乏知识层层递进的掌握感，难以形成长效的禁毒宣传机制。

三、活动类

（一）禁毒月的宣传活动

禁毒月宣传活动特指在每年6月（禁毒月）开展的禁毒宣传活动，如各级禁毒办举办的禁毒晚会、编排的禁毒话剧等。全民禁毒宣传月主题活动还包括举办禁毒作品展、禁毒书画创意大赛评比、禁毒短视频宣传活动评比等系列主题宣传活动。禁毒表演类的文化活动是一种无界限、无范围，面向所有人民群众的大众性质的文化活动。

晚会、话剧、舞台表演类的活动在内容上丰富多彩，目的是劝诫大众远离毒品，帮助吸毒人员摆脱毒瘾、恢复健康、回归并融入社会，打破了传统的禁毒宣传模式，寓教育于表演，融宣传于戏剧，能够有效提高全民禁毒意识，增强全民自觉抵制毒品的能力，具有良好的宣传效果。

禁毒短视频评选等活动因符合大众的信息接收渠道，比赛的形式能够让参与者变被动为主动，成为禁毒理念的积极传播者。

（二）其他禁毒主题活动

禁毒主题活动是以培养大众健康生活习惯，创建无毒社区为目的开展的系列活动，如禁毒主题马拉松、禁毒主题地铁、学校禁毒宣誓等。这类活动是日常的禁毒宣传，旨在提倡健康的生活方式，在短时间内收获大众的注意力，易引发传播效应。马拉松的健康主张和禁毒的目的不谋而合，具有非常契合的联结。其主题具有特定性，但缺乏针对性，没有针对社会中的易感人群及高危人群开展的活动。

禁毒地铁的宣传形式能够在短时间内收获大众的注意力，起到良好的心智占领的作用，但针对人群有限，主要是特定区域内乘坐地铁的部分人群，不能对农村、市区的其他区域等进行有效的传播，效果有限。

禁毒宣誓类的活动能够在短时间内让人意识到禁毒意识的重要性，增强社会责任感，需结合长效的教育活动方能事半功倍。

第五节　毒品预防宣传教育的渠道

一、线上开展的毒品预防宣传教育

毒品预防宣传教育要充分发挥大众传媒禁毒宣传的主渠道作用，促使大众传媒承担开展公益性禁毒宣传教育的社会责任，把互联网、手机等新兴媒介作为毒品预防宣传教育的重要阵地。多渠道开展毒品预防宣传教育，在微信、微博、抖音、今日头条、哔哩哔哩等青少年聚集地，多形式传播毒品知识及正确的毒品价值观，防范合成毒品危害。

（一）搜索引擎类

1. 百度

百度作为人尽皆知的网站，流量大，收录好，优质内容有可能会被推荐至首页。新闻源收录效果好，文章发布成功后，百度搜索关键词就能轻易展现。发布的禁毒相关信息或者文章能快速通过关键词提供给有需求的人，对青少年毒品预防起着重要的作用，这一渠道比较适合日常的问题咨询和知识发布。

2. 头条

今日头条是当前上升势头较好的媒体平台，“头条号”是针对媒体、国家机构、企业以及自媒体推出的专业信息发布平台，致力于帮助内容生产者在移动互联网上高效地获得更多的曝光和关注。禁毒宣传可通过官方头条号制造舆论话题，引起更多关注，这一渠道更容易产生爆炸性文章，比较适合将禁毒知识与实际生活相结合，选取话题性内容，引发讨论。

（二）社交平台类

1. 微信

微信公众号发布者会比较注重对信息的纵深研究和深加工，有利于受众的深度阅读，同时信息的发布有直达受众的效果。毒品预防宣传教育通过微信这一渠道更偏重于文字传播，以禁毒科普类文章为主要的表现形式。通过文字的表达传递毒品的基础知识、吸毒的法律后果以及生活中可能使用到的识毒、防毒技巧。微信公众号可定期推送文章给用户，方便用户日常浏览，形成日常宣传机制，让禁毒宣传常态化。

2. 微博

微博是一个开放性的社交平台，传统意义上的受众也可以成为“意见领袖”，通过自己开设的微博账号发表观点、意见，其最突出的特点是开放、融合。在信息的发布上具有即时性和话题性，禁毒相关的话题讨论可放在微博进行，引起关注后引流到官方网站深度学习相关知识。可定期发布毒品有关话题，如毒品与火锅、毒品与奶茶等全民都可参与的话题讨论。这一渠道更适合引流。

（三）短视频类

1. 抖音

抖音等短视频平台更注重短时间的吸引，顺应信息的碎片化需求趋势，将视频进行碎片化处理发布，相对而言不注重即时性，娱乐性占据主流。这类短视频平台适合投放相对轻松、有趣的禁毒故事和近期的禁毒重大案件破获等新闻关注。

2. 哔哩哔哩

哔哩哔哩作为年轻人的聚集地，用户黏性较高，平台比较有朝气、有活力。针对青少年群体的教育要通过青少年乐意接收信息的渠道发布信息，利用哔哩哔哩独特的弹幕文化及时与听众进行互动，提高用户的参与度，会更容易传播其内容。可将一本正经的科普以冷幽默的方式表现出来，真正做出适合青少年的传播内容，通过这一渠道直击内心，提升禁毒宣传成效。

二、线下开展的毒品预防宣传教育

2010 年国家禁毒办、中共中央宣传部、中央对外宣传办公室等 18 个部门联合下发《关于深化全民禁毒宣传教育工作的指导意见》，明确了全民禁毒宣传教育工作的指导思想、基本原则、任务目标和工作措施，其中提出，可以通过“六进”活动，深入开展具有针对性、实效性的毒品预防教育活动。“六进”指的是进学校、进社区、进家庭、进单位、进场所以及进农村，通过这六个毒品预防宣传教育的渠道，深入开展具有针对性、实效性的毒品预防宣传教育活动。

（一）进学校

青少年是毒品的易感人群，学校作为青少年的主要活动场所成为毒品预防教育的重要阵地。为全面推动禁毒教育进学校，帮助学生树立远离毒品、健康成长的观念，要充分发挥学校的主阵地作用，以防范合成毒品危害为重点，把预防毒品和药物成瘾知识与法制教育、心理健康教育有机结合起来，同时完善生理卫生、生物、历史等相关课程的禁毒渗透教育，逐步建立全面系统的禁毒教育教学体系。

加强对不同阶段学生心理特点和毒品认知能力的研究，丰富教学内容，开发教学资源，创新教学手段，不断增强禁毒教育的吸引力、感染力。要结合学生入学、入队、入团、成人宣誓、毕业典礼等活动，组织开展禁毒主题课外活动和社会实践，开展制作手抄报、模拟法庭、自护教育、参观戒毒所等禁毒宣传活动。

通过校内校外携手合作，组织开展学生禁毒志愿者等活动，积极推动学校禁毒教育与家庭、社会禁毒教育有效衔接，最终帮助学生建立毒品的科学认知体系。

（二）进社区

社区是社会成员居住、生活的场所，加强社区内毒品预防宣传教育活动是关系人民生活、稳定社会秩序的重要内容，是建设无毒社会的必要行动。全面推动禁毒教育进社区，提高社区禁毒宣传教育服务能力。有针对性地面向社区闲散青少年和进城务工青年开展禁毒宣传教育。结合无毒社区创建活动和社会治安重点地区排查整治工作，以社区为依托，针对毒品问题严重地区、城中村、城镇周边聚居常住人员、流动人员及下岗失业人员开展禁毒宣传教育，对可疑人员进行筛查干预，预防和减少涉毒违法犯罪行为发生。组织禁毒宣传教育辅导员、社区志愿者、禁毒社会工作者和社区居民等力量，积极参与禁毒教育进社区活动，逐步壮大活跃在社区、热心禁毒教育和戒毒帮教的禁毒志愿者队伍。

通过对社区内成员的宣传、易感人群的教育和高危人群的筛查干预，形成全网络的社区禁毒体系，守牢共同生活的家园，营造健康无毒的社区氛围。

（三）进家庭

家庭对青少年价值观的塑造有着至关重要的作用，做好青少年的毒品预防必须要帮助家庭树立正确的毒品价值观，要完善家庭自我教育、自我防范功能。要进一步扩大无毒家庭的覆盖面，积极引导家庭成员开展防范涉毒的自我教育、自我管理，推动父母对未成年子女进行毒品预防教育；以单亲家庭、流动人口家庭、涉毒家庭和妇女为重点，会同社区民警、居（村）民委员会等基层工作力量，深入居民家庭开展有针对性的禁毒教育和帮教活动；利用家长学校和家庭文明指导中心等阵地，组织禁毒志愿者、家长、戒毒专家和青少年参加禁毒讨论会和培训班，提高家庭防范毒品意识，帮助家人克服吸食毒品的危机和困难。

以积极健康生活为引导，以特殊家庭为重点，关注每一个家庭的禁毒宣传是家庭预防的主要内容。联结社区和社会组织的力量，尽可能多地让家庭成员能够自我教育、自我管理，共同为建设无毒家庭作出贡献。

（四）进单位

追求刺激、缓解压力是许多吸毒者最初沾染毒品的原因，企业职工是沾染毒品的重点人群之一。全面推动禁毒预防宣传教育进单位，帮助职工和个体劳动者认识和预防毒品危害就显得非常重要。要将禁毒教育纳入全国职工素质建设工程，作为职工岗前培训、岗位培训的重要内容，实现禁毒宣传教育工作的经常化和制度化；广泛开展为职工送图书、送电影、送法律、送文艺等多种形式的禁毒宣传教育活动；结合就业培训、岗位援助、创业指导等措施，开展禁毒宣传，以提高广大职工特别是农民工、下岗失业群体、易制毒化学品行业从业人员抵制毒品的能力和自觉守法的意识；要积极帮助吸毒职工戒断毒瘾、回归社会。

进企业既要全面又要有重点，增强普通企业的禁毒宣传，加大易制毒化学品生产、经营、运输和使用单位及化工市场等重点企业的培训学习力度，深化创建重点行业的无毒基层协会活动，真正做到拒毒、防毒。

（五）进场所

吸毒会威胁公共卫生和公共安全，歌舞娱乐、宾馆酒店、洗浴桑拿等公共服务场所的禁毒宣传是禁毒预防牢守的底线。要深入开展禁毒流动课堂活动，全面推动禁毒教育进场所，提高流动人口和戒毒人员抵御毒品的能力。对人员集中的特殊场所开展禁毒法、吸毒防治和预防艾滋病教育，鼓励戒毒成功人员结合个人经历开展同伴教育，对已染毒人员给予人文关怀，帮助他们认清摆脱毒品的途径，树立回归社会的信念。

重点场所的预防对维护社会公共卫生和公共安全有着重要的作用，不仅要做好宣传工作，更要进行吸毒防治和预防艾滋病等教育工作，同时还要为戒毒康复人员回归社会营造良好的社会环境。

（六）进农村

农村禁毒宣传基础较弱，大众对毒品的认识还未引起足够的重视，毒品预防宣传教育进农村要依托社会主义新农村建设，推动禁毒教育进农村，提高农民禁毒法制观念。乡镇人民政府、村民委员会要立足农村有线广播、墙报宣传栏等宣传阵地，抓住农贸集市、节假日等有利时机，在人群集中地点开展群众喜闻乐见的禁毒宣传教育，帮助广大农民特别是返乡农民工识毒、防毒、拒毒，免受毒品侵害。

参考文献

［1］朱晓莉．毒品预防教育中 VR、AR 技术应用的探索与思考［N］．中国禁毒报，2019-09-03（003）．

［2］吴米兰．校园毒品预防教育形式的实践创新与探索［J］．贵州教育，2018（16）：19-21.

［3］沈晓宇．全媒体时代大学生毒品预防教育探究［J］．云南警官学院学报，2019（03）：12-15.

［4］王道春，刘宏楚．自媒体时代公安机关禁毒宣传模式的创新［J］．辽宁警察学院学报，2019，21（05）：21-28.